Die Bank in der Krise ihres Schuldners

Hagener betriebswirtschaftliche Abhandlungen

Herausgegeben von

M. Bitz, G. Fandel, A. Kuß, D. Schneeloch
G. Schreyögg

Band 1
N. Winkeljohann
Nießbrauch an privatem und betrieblichem Grundbesitz
- Vorteilhaftigkeitsanalyse und Gestaltungsempfehlungen -
1987. 413 Seiten. Brosch. DM 79,-

Band 2
J. Wolf
Industriebetriebliche Energienutzung und Produktionsplanung
1988. 287 Seiten. Brosch. DM 65,-

Heiko Staroßom

Die Bank in der Krise ihres Schuldners

Eine entscheidungsorientierte Analyse

Mit 14 Abbildungen

Physica-Verlag Heidelberg

Dr. Heiko Staroßom
An der Hoffnung 3
D-5632 Wermelskirchen

NE: GT

ISBN-13: 978-3-7908-0408-9 e-ISBN-13: 978-3-642-48217-5
DOI: 10.1007/ 978-3-642-48217-5

Für Michaela

G E L E I T W O R T

Banken sind, wie andere Kreditgeber auch, stets dem Risiko ausgesetzt, daß sich die wirtschaftliche Lage ihres Schuldners so verschlechtert, daß die Kreditrückzahlung gefährdet ist. In einer solchen Situation steht die Bank vor der Entscheidung, in welcher Weise das Kreditverhältnis fortgeführt oder beendet werden soll. Ziel der vorliegenden Arbeit ist es, Analyse- und Gestaltungsinstrumente aus verschiedenen Bereichen der Betriebswirtschaftslehre zusammenzutragen und so aufzubereiten, daß ein sinnvoll strukturiertes und wissenschaftlich fundiertes Rahmenraster für Entscheidungen einer Bank in der Krise ihres Schuldners bereitgestellt wird.

Die Arbeit gliedert sich systematisch in drei Hauptteile, in denen die notwendigen Informationsaktivitäten, die zur Auswahl stehenden Handlungsmöglichkeiten und der Prozeß der letztlichen Entscheidungsfindung jeweils detalliert und systematisch untersucht werden. Dabei besticht vor allem die Fähigkeit des Verfassers, institutionelle Rahmendaten sehr fundiert in seine Untersuchung einzubringen und methodensicher mit den einschlägigen planungs- und entscheidungstheoretischen Instrumenten zu verknüpfen.

Die praktische Relevanz der untersuchten Fragestellung ist evident. Zugleich handelt es sich um ein wissenschaftlich anspruchsvolles Thema, das in dieser Form im deutschen Schrifttum bislang noch nicht systematisch aufgearbeitet worden ist. Der Arbeit von Heiko Starossom kommt somit eine gewisse Pionierfunktion zu, die ihr in Theorie und Praxis gleichermaßen überdurchschnittliche Aufmerksamkeit sichern sollte.

Hagen, Mai 1988 Michael Bitz

Inhaltsverzeichnis Seite

Seite

Seite

Seite

Seite

Abkürzungsverzeichnis

a.a.O.	- an anderem Ort
Abs.	- Absatz
AcP	- Archiv für die civilistische Praxis
AER	- The American Economic Review
AG	- Die Aktiengesellschaft (Zeitschrift)
AktG	- Aktiengesetz
AnfG	- Gesetz, betreffend die Anfechtung von Rechtshandlungen eines Schuldners außerhalb des Konkursverfahrens
BB	- Betriebs-Berater - Zeitschrift für Recht und Wirtschaft
B.Bl.	- Betriebswirtschaftliche Blätter
BFuP	- Betriebswirtschaftliche Forschung und Praxis
BGB	- Bürgerliches Gesetzbuch
BGH	- Bundesgerichtshof
BGHZ	- Bundesgerichtshof Entscheidungen in Zivilsachen
BI	- Bank-Information
Bl.f.G.	- Blätter für das Genossenschaftswesen
BRAGO	- Bundesgebührenordnung für Rechtsanwälte
bzw.	- beziehungsweise
DB	- Der Betrieb
DBW	- Die Betriebswirtschaft
d.h.	- das heißt
d.i.	- das ist
Diss.	- Dissertation
DM	- Deutsche Mark
d.s.	- das sind
DStZ	- Deutsche Steuer-zeitung
EStG	- Einkommensteuergesetz
etc.	- et cetera

GenG	- Gesetz, betreffend die Erwerbs- und Wirtschaftsgenossenschaften
ggf.	- gegebenenfalls
GmbH	- Gesellschaft mit beschränkter Haftung
GmbHG	- Gesetz, betreffend die Gesellschaften mit beschränkter Haftung
GmbH-Novelle	- Gesetz zur Änderung des Gesetzes betreffend die Gesellschaften mit beschränkter Haftung und anderer handelsrechtlicher Vorschriften vom 4. Juli 1980
GmbHR	- GmbH-Rundschau
Habil.	- Habilitationsschrift
HB	- Handelsblatt
HGB	- Handelsgesetzbuch
Hrsg.	- Herausgeber
hrsg.	- herausgegeben
HWF	- Handwörterbuch der Finanzwirtschaft
HWO	- Handwörterbuch der Organisation
i.e.S.	- im engeren Sinne
i.V.m.	- in Verbindung mit
i.w.S.	- im weiteren Sinne
JfB	- Journal für Betriebswirtschaft
JoF	- Journal of Finance
JPE	- The Journal of Political Economy
Jura	- Juristische Ausbildung
JZ	- Juristenzeitung
KO	- Konkursordnung
KP	- Kreditpraxis
KTS	- Konkurs-, Treuhand- und Schiedsgerichtswesen
KWG	- Gesetz über das Kreditwesen
KuK	- Kredit und Kapital
LG	- Landgericht

m.a.W.	- mit anderen Worten
MB	- Monatsberichte der Deutschen Bundesbank
MDR	- Monatsschrift für deutsches Recht
m.E.	- meines Erachtens
m i	- management international - Internationale Zeitschrift für Betriebswirtschaft und Unternehmensführung
Mio	- Million(en)
Mrd.	- Milliarde(n)
m.w.N.	- mit weiteren Nachweisen
NJW	- Neue Juristische Wochenschrift
Nr.	- Nummer
ÖBA	- Österreichisches Bank-Archiv
o.J.	- ohne Jahresangabe
OLG	- Oberlandesgericht
o.O.	- ohne Ortsangabe
o.V.	- ohne Verfasser
p.a.	- per anno
rd.	- rund
RG	- Reichsgericht
RGZ	- Entscheidungen des Reichsgerichts in Zivilsachen
S.	- Seite
StBGebV	- Gebührenverordnung für Steuerberater, Steuerbevollmächtigte und Steuerberatungsgesellschaften
StGB	- Strafgesetzbuch
StuW	- Steuer und Wirtschaft - Zeitschrift für die gesamte Steuerwissenschaft
TDM	- Tausend Deutsche Mark
u.a.	- und andere

VerglO	- Vergleichsordnung
vgl.	- vergleiche
WiSt	- Wirtschaftswissenschaftliches Studium
WISU	- Das Wirtschaftsstudium
WM	- Wertpapier-Mitteilungen, Zeitschrift für Wirtschafts- und Bankrecht, Teil IV
WPg	- Die Wirtschaftsprüfung
ZfB	- Zeitschrift für Betriebswirtschaft
ZfbF	- Zeitschrift für betriebswirtschaftliche Forschung
ZfhF	- Zeitschrift für handelswissenschaftliche Forschung
ZgS	- Zeitschrift für die gesamte Staatswissenschaft
ZGR	- Zeitschrift für Unternehmens- und Gesellschaftsrecht
ZHR	- Zeitschrift für das gesamte Handelsrecht und Wirtschaftsrecht
ZIP	- Zeitschrift für Wirtschaftsrecht (bis 7/1980: Insolvenzrecht - Zeitschrift für die gesamte Insolvenzpraxis; bis 12/1982: Zeitschrift für Wirtschaftsrecht und Insolvenzpraxis)
ZIR	- Zeitschrift Interne Revision
ZPO	- Zivilprozeßordnung
ZRP	- Zeitschrift für Rechtspolitik
ZZP	- Zeitschrift für Zivilprozeß

Abbildungsverzeichnis

Seite

Tabellenverzeichnis

Einleitung:
Einführung in die Problematik sowie Gang der Untersuchung

"Jede Wirtschaft", so hat Kurt TUCHOLSKY 1931 festgestellt, "beruht auf dem Kreditsystem, das heißt auf der irrtümlichen Annahme, der andere werde gepumptes Geld zurückzahlen."[1] Diese Erscheinungen, bei denen sich das Vertrauen[2] der Gläubiger in die Rückzahlungsfähigkeit und -willigkeit der Schuldner[3] als Irrtum erwiesen hat, sind auch heute keine Einzelfälle. Besonders augenfällig wird das an der Entwicklung der Insolvenzzahlen. In den vergangenen rd. vierzehn Jahren, vor allem seit der Wirtschaftskrise 1974/75 und deren Nachwirkungen, hat die Zahl der Insolvenzen in der Bundesrepublik Deutschland besonders stark zugenommen. So bewegte sich die Anzahl der von der amtlichen Statistik erfaßten Insolvenzverfahren[4], d.s. die Meldungen der Konkursgerichte über die eröffneten oder mangels Masse abgelehnten Konkursverfahren (ohne Anschlußkonkurse) sowie über die eröffneten Vergleichsverfahren, seit Beginn der sechziger Jahre zunächst innerhalb einer Schwankungsbreite von rd. 2.800 bis 4.600 Verfahren p.a. Die amtlicherseits registrierte Zahl der Insolvenzverfahren stieg dann von 5.515 (1973) über 7.722 (1974) seit 1981 auf ein Niveau von jährlich über 10.000 Verfahren, das seither nicht unterschritten wurde.[5]

Mit den Insolvenzen sind auch erhebliche finanzielle Auswirkungen verbunden. Bei den Zusammenbrüchen im Unternehmenssektor - die Unternehmen stehen wegen ihrer Bedeutung bei der Kreditfinanzie-

---

1) Tucholsky (1953), S. 143.

2) Vertrauen = credere (lateinisch), Kredit.

3) Der Begriff "Schuldner" stammt aus dem bürgerlichen Recht; § 241 Satz 1 BGB: "Kraft des Schuldverhältnisses ist der Gläubiger berechtigt, von dem Schuldner eine Leistung zu fordern."

4) Zu den statistischen Angaben und zu der Erfassung von Insolvenzen in der amtlichen Statistik vgl. die Berichterstattung beim Statistischen Bundesamt (Jahrgang 1960 bis 1987); siehe auch Doehring (1986); Euler (1987).

5) Zu möglichen Ursachen steigender Insolvenzzahlen siehe auch Cuny/Haberstroh (1983).

rung durch die Banken und wegen ihres hohen Anteils an den Gesamtinsolvenzverlusten im Vordergrund der Betrachtung - belaufen sich die Insolvenzverluste seit den siebziger Jahren auf Milliardenhöhe (vgl. Tabelle 1 auf der folgenden Seite).[1]

Ausgehend von der Tatsache, daß die Vermögenswerte der deutschen Unternehmen zu einem wesentlichen Teil von den Kreditinstituten fremdfinanziert sind und andererseits das Portefeuille der Banken zu einem großen Teil aus Krediten an die Wirtschaft besteht, kann man eine nicht unbeträchtliche Betroffenheit der Banken konstatieren.[2] Auch wenn die Abschreibungen und Wertberichtigungen auf Forderungen in den Geschäftsberichten der Banken nicht offen ausgewiesen sind,[3] kann wohl festgestellt werden, daß die Erfolgsrechnungen der Kreditinstitute in hohem Maße durch Kreditausfälle belastet werden. Diese Einschätzung wird angesichts der Größenordnung der fraglichen Summen nicht dadurch erschüttert, daß eine Untersuchung für das Jahr 1975 zu dem Ergebnis kommt, daß der Ausfall der Kreditinstitute bei Verwicklung in einen Insolvenzfall im Durchschnitt nur zwischen 14 % und 17 % der Forderungssumme beträgt und damit geringer als der Ausfall anderer Gläubigergruppen ist.[4] Die Betroffenheit der Banken in der Schuldnerinsolvenz wird auch durch die Tatsache untermauert, daß die Ursachen fast aller Nachkriegsinsolvenzen des Bankgewerbes im Bereich des Kreditgeschäftes zu suchen sind.[5]

Vor diesem Hintergrund erscheint es sinnvoll, einen Beitrag zur

---

1) Siehe auch Uhlenbruck (1982), S. 524 f.; derselbe (1986). Siehe weiterhin die Auswertung der Materialien zur Insolvenzentwicklung in der Bundesrepublik Deutschland für die Jahre 1976 - 1983 bei Mischon (1984).

2) Vgl. o.V. (1987), S. 17 f.; siehe auch Böing (1980), S. 39-59; o.V. (1986a), S. 16-18. Die Betroffenheit der Banken ergibt sich, obwohl sie nach Wilhelm im Kreditgeschäft keine geplanten Einzelrisiken eingehen; vgl. Wilhelm (1982).

3) § 26a KWG erlaubt den Banken in besonderem Maße die Legung stiller Reserven.

4) Vgl. Gessner u.a. (1978), S. 244.

5) Vgl. Kübler (1975), S. 175 f.; siehe auch Stein (1979a), S. 30-36.

Tabelle 1 : Entwicklung der Insolvenzzahlen [a] insgesamt sowie der Insolvenzverluste [b] im Unternehmensbereich [c] 1965 - 1986 in der Bundesrepublik Deutschland

Jahr	Insolvenzen insgesamt	Insolvenzverluste im Unternehmensbereich -in Mrd. DM-	Anteil der Insolvenzverluste im Unternehmensbereich am Bruttosozialprodukt -in 0/00-	Anteil der Insolvenzverluste des Unternehmensbereichs am gesamten erfaßten Insolvenzverlust -in 0/0-
1965	3.157	0,4941	1,08	84,0
1966	3.615	0,9078	1,86	88,9
1967	4.337	1,0772	2,18	85,6
1968	3.827	0,6010	1,13	88,0
1969	3.809	0,7194	1,20	89,4
1970	4.201	1,1469	1,70	91,9
1971	4.437	1,2353	1,64	86,9
1972	4.575	1,0775	1,31	87,5
1973	5.515	2,9380	3,20	92,5
1974	7.722	6,8309	6,93	94,6
1975	9.195	4,3850	4,26	91,4
1976	9.362	5,6853	5,06	92,0
1977	9.562	3,1882	2,67	92,2
1978	8.722	2,7699	2,15	92,7
1979	8.319	2,8140	2,02	77,1
1980	9.140	2,7799	1,87	89,1
1981	11.653	4,1732	2,70	88,0
1982	15.876	7,1564	4,48	92,6
1983	16.114	6,5390	3,89	90,2
1984	16.760	6,3160	3,58	89,9
1985	18.876	7,0680	3,83	86,9
1986	18.842			

Quelle: Statistisches Bundesamt (Jahrgang 1966 bis 1987)

a) Von den Amtsgerichten gemeldete eröffnete und mangels Masse abgelehnte Konkursverfahren sowie eröffnete Vergleichsverfahren; ohne Anschlußkonkurse, denen ein eröffnetes Vergleichsverfahren vorausging.

b) Verluste aus den bis zum 31. 12. des folgenden Jahres als abgeschlossen gemeldeten Verfahren.

c) Unternehmen und Freie Berufe.

Lösung praktischer Probleme zu leisten[1] und das Entscheidungsproblem der Bank in der Krise ihres Schuldners zu untersuchen. Als Schuldner soll dabei im folgenden der Kreditkunde verstanden werden, d.i. der Kunde des Kreditinstitutes, der aus einem Kreditverhältnis eine Leistung, wie beispielsweise Zinsleistung und Kreditrückzahlungsleistung, schuldet. Als Krise[2] des Schuldners wird in diesem Zusammenhang eine Entwicklung definiert, in der wesentliche Ziele und Werte der Unternehmung[3] in einer Weise unmittelbar bedroht sind, daß insbesondere auch die Fähigkeit des Kunden beeinträchtigt ist, die der Bank geschuldeten Leistungen (pünktlich) zu erbringen.[4] In der Folge ist unter Umständen auch die Existenz des Unternehmens gefährdet.[5]
Das Entscheidungsproblem[6] ist nun durch eine Wahlsituation ge-

---

1) Vgl. Heinen (1985), S. 260.

2) "Die Herkunft des Wortes aus dem Altgriechischen weist auf die kritische Entwicklungsphase einer Krankheit und die kritische Zuspitzung einer Handlungssituation im antiken Drama hin." Witte (1979), S. 9.

3) Aufgrund der in der Regel größeren Kredithöhe bei der unternehmerischen Kundschaft sollen die juristischen Personen in dieser Arbeit im Vordergrund der Betrachtung stehen; eine analoge Übertragung der Ergebnisse auf private Personen ist m.E. jedoch im wesentlichen möglich.

4) Siehe auch die Krisendefinition bei Witte (1979), S. 9-11 sowie bei Berg/Treffert (1979), S. 460; desgleichen Uhlenbruck (1979), S. 191 f.; siehe auch Müller-Merbach (1977), insbesondere S. 420; Groß (1982), S. 2 f.; Kuhlmann (1984), S. 25 f.; Müller, Rainer (1986), S. 33-48; Bühler (1987); Krystek (1987), S. 3-10. Im Bankrottstrafrecht wird die Krise als eingetretene Überschuldung oder als eingetretene oder drohende Zahlungsunfähigkeit definiert; vgl. § 283 Abs. 1 StGB. Siehe auch Göhler/Wilts (1976), S. 1659 f.; Müller-Emmert/Maier (1976), S. 1663 f.; Schlüchter (1978); Franzheim (1980); Hoffmann (1980); Otto (1980), S. 268-281.

5) Witte bezeichnet dies als "Undeterminiertheit des Gefährdungsausgangs", Witte (1979), S. 11; siehe auch Becker (1978), S. 672; Bea/Kötzle (1983), S. 565.

6) Zum Problembegriff wird im folgenden die Definition von Bretzke zugrunde gelegt:
"Probleme sind subjektiv wahrgenommene Abweichungen zwischen Erreichtem und Erwünschtem, verbunden mit einem ursprünglichen Mangel an Wissen über Möglichkeiten, diese Lücke zu schließen." Bretzke (1980), S. 34; siehe auch derselbe a.a.O., S. 33-36.
Zur Problemstellung bei der Entscheidungsfindung siehe grundsätzlich Pfohl (1977), S. 69-184.

geben, da sich der Bank in der betrachteten Situation mehrere Verhaltens- bzw. Handlungsmöglichkeiten eröffnen. Es ist also eine Entscheidung gefordert, d.h. eine Form des Wahlverhaltens, mit der das Entscheidungssubjekt sich verantwortungsbewußt einer Situation mit mehreren Handlungsmöglichkeiten stellt und sich bemüht, durch gedankliche Operationen eine Entscheidungsalternative zu erkennen und zur Realisation zu bestimmen, die unter den zukünftigen (ungewissen) Bedingungen den zu verfolgenden Zielsetzungen am besten Rechnung trägt.[1)]

Grundlage der Problemlösung wird ein Entscheidungsmodell sein. Als "Entscheidungsmodell"[2)] sei im folgenden das Ergebnis eines Versuches bezeichnet, die für wesentlich gehaltenen Elemente und Beziehungen einer als Problem empfundenen Handlungssituation so zu definieren, daß aus dem resultierenden Strukturkomplex die Problemlösung als logische Implikation abgeleitet werden kann.[3)] Wir bewegen uns damit im Rahmen der präskriptiven Entscheidungstheorie, die nicht die Realität beschreiben will, sondern Verhaltensempfehlungen für Entscheidungssituationen in der Realität zu geben versucht.[4)]

Hiervon abzugrenzen sind die Erklärungsmodelle der deskriptiven

---

1) Vgl. Griem (1968), S. 43 f.; zur Analyse der Merkmale des Begriffs "Entscheidung" vgl. a.a.O., S. 28-44.
Eine andere, soziologisch orientierte Definition des Entscheidungsbegriffs findet sich bei Luhmann:
Eine Handlung ist immer dann als Entscheidung anzusehen, wenn sie auf eine an sie gerichtete Erwartung reagiert. Vgl. Luhmann (1984), S. 594.

2) Zum Modellbegriff siehe Grochla (1969), S. 385-390; Hamann (1969); Dinkelbach (1973); Hax (1974), S. 11-16; Bitz (1977), S. 19; Hieronimus (1979), S. 17-22.
Zur Modellbildung siehe auch Schneeweiß, Chr. (1984).

3) Vgl. Bretzke (1980), S. 8; siehe auch Bitz (1977), S. 51-65.

4) Siehe hierzu auch Laux (1982), S. 13-16; zu dem "normativen Entscheidungsmodell" siehe ebenso Bretzke (1980), S. 21 f.; Bitz (1981), S. 5 f.

Entscheidungstheorie[1], deren Ziel es ist, empirisch gehaltvolle Hypothesen über das Verhalten von Individuen und (Personen-)Gruppen im Entscheidungsprozeß zu formulieren, mit deren Hilfe bei Kenntnis der jeweiligen Ausgangssituation Entscheidungen prognostiziert werden können.[2]

Ein Entscheidungsmodell setzt sich zusammen aus

- der Zielkonzeption des Entscheidungsträgers

und

- dem Entscheidungsfeld, d.s. die modellmäßig erfaßten Handlungsalternativen bzw. das Aktionsfeld, die Umweltzustände (gegebenenfalls unter Berücksichtigung ihrer Eintrittswahrscheinlichkeiten) sowie die Ergebnisse.[3]

Die Basiselemente eines Entscheidungsmodells können entsprechend Abbildung 1 in eine Systematik gebracht werden. In diesem Zusammenhang ist festzustellen, daß die Erfassung der Ergebnisse in Abhängigkeit von der Zielkonzeption erfolgt; die zu erwägenden Handlungsalternativen und die zu berücksichtigenden Umweltzustände sind dagegen oftmals unabhängig von der Zielsetzung.

---

1) Eine andere Differenzierung mit einer Unterscheidung von Erklärungs-, Verifikations- und Entscheidungsmodellen wählt Kahle; vgl. Kahle (1973), S. 12 f.
Siehe auch die Systematisierung der Entscheidungsmodelle bei Kupsch (1973), S. 59-65, insbesondere S. 64.

2) Siehe Laux (1982), S. 12.

3) Vgl. derselbe, a.a.O., S. 21; siehe auch Bitz (1977), S. 65-81.

Abbildung 1: Die Basiselemente eines Entscheidungsmodells[1)]

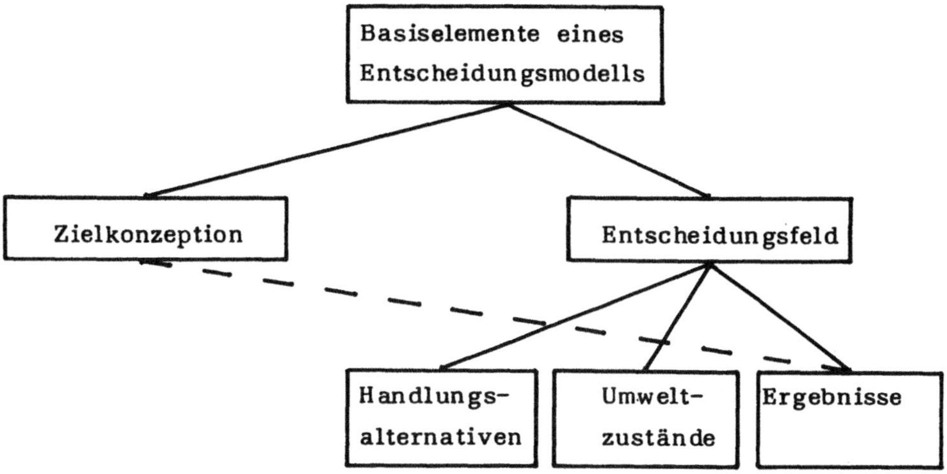

Hinsichtlich des **Gangs der Untersuchung** sind vier Teile zu differenzieren:

Im **ersten Teil** erfolgen grundlegende Bemerkungen zum problemrelevanten Entscheidungsmodell. Hier wird die Entscheidungssituation im Hinblick auf den Informationsstand charakterisiert. Darüber hinaus wird die Problematik zeitlich-vertikaler Interdependenzen bei dem vorliegenden mehrperiodigen Entscheidungsproblem behandelt und ein den Anforderungen des im Rahmen dieser Arbeit zu behandelnden Entscheidungsproblems gerecht werdendes Lösungsverfahren vorgestellt.

Der **zweite Teil** ist den Informationsaktivitäten gewidmet. Die hier aufgezeigten Wege, im Rahmen der Kreditüberwachung ein Erkennen der Krise seitens der Gläubigerbank herbeizuführen, initiieren den Entscheidungsprozeß. In diesem Zusammenhang werden die Erkenntnisse der materiellen Insolvenzursachen- und Insolvenzsymptomforschung sowie die Möglichkeiten der (EDV-gestützten) Jahresabschlußanalyse untersucht. Es wird dann hierauf aufbauend ein praktikables Verfahren aufgezeigt, mit dem unter Zuhilfenahme von Kennzahlen negative Entwicklungen beim Kreditkunden

1) Nach Laux (1982), S. 22.

für die Gläubigerbank erkennbar gemacht werden können.

Als weitere grundlegende Informationsaktivität wird die Ermittlung und Wertung der Höhe der Bankforderungen gegen den Schuldner dargestellt. Darüber hinaus erfolgt in diesem Zusammenhang auch eine Behandlung des wirtschaftlichen Aspekts der Informationsbeschaffung.

Im **dritten Teil** dieser Arbeit wird das Aktionsfeld analysiert, d.h. es werden die vielfältigen Varianten der Handlungsalternativen aufgezeigt. Hier werden drei Strategiebündel unterschieden, und zwar "Aktive Mitwirkung an Maßnahmen zur Überwindung der Schuldnerkrise (Sanierung)", "Stillhalten mit den gewährten Krediten" und "Aktive Beendigung der Kreditbeziehung". In diesem Zusammenhang ist es unerläßlich, auch auf die hier bedeutsamen rechtlichen Aspekte der Handlungsvarianten einzugehen.

Die eigentliche Entscheidungsfindung wird dann im **vierten Teil** mit der Auswahl eines Planes dargestellt. Eine rationale Entscheidung kann nur dann getroffen werden, wenn Zielvorstellungen existieren, mit deren Hilfe die zu erwägenden Handlungsvarianten hinsichtlich ihrer Konsequenzen miteinander verglichen werden können. Dementsprechend wird bei der Auswahl eines Planes die Zielfunktion bezogen auf die vorgegebene Problemstellung vorangestellt. Daran anschließend wird die Differenzierung bzw. Ranglozierung der einzelnen Handlungsvarianten im Hinblick auf die Zielfunktion dargestellt.

Organisatorische Aspekte des Entscheidungsproblems der Bank in der Krise ihres Schuldners[1] bleiben in dieser Arbeit weitgehend unberücksichtigt. Ebenso bleibt die Betrachtung im wesentlichen auf die Bundesrepublik Deutschland beschränkt.

---

1) Siehe dazu beispielsweise Schmoll (1985), S. 4-6.

Teil I: Zum problemrelevanten Entscheidungsmodell

1. Kapitel: Charakterisierung der Entscheidungssituation im Hinblick auf den Informationsstand

1. Vorbemerkung

Im Teil I dieser Arbeit sind grundlegende Ausführungen zum problemrelevanten Entscheidungsmodell vorgesehen. Zunächst soll die Entscheidungssituation im Hinblick auf den Informationsstand charakterisiert werden. In diesem Zusammenhang wird herausgearbeitet, ob es sich bei dem vorliegenden Problem um eine Entscheidung unter Sicherheit, unter Unsicherheit oder unter Risiko handelt. Wesentlich ist weiterhin das hier anzuwendende Wahrscheinlichkeitskonzept. Schließlich wird das Kreditrisiko als problemrelevantes Risiko beleuchtet. In einem weiteren Kapitel werden die zeitlich-vertikalen Interdependenzen der vorliegenden Entscheidungssituation problematisiert. Vor dem Hintergrund des gegebenen mehrperiodigen Entscheidungsproblems wird das Konzept der flexiblen Planung als Lösungskonzept in den Grundzügen vorgestellt.

Vorab ist es angeraten, den Informationsbegriff[1] zu klären. Im Rahmen dieser Arbeit soll unter Information entscheidungsorientiertes Wissen verstanden werden.[2] Information bedeutet also zweckorientiertes Wissen[3], d.i. zur Verwendung in einer Entscheidungssituation bestimmtes Wissen. Der Begriff "Wissen" soll hier aber nicht nur im Sinne von vergangenheitsorientierten sicheren Beobachtungen und Erfahrungen verstanden werden, sondern auch zukunftsbezogenes "wahrscheinliches Wissen" ohne Ge-

---

1) Zur Wortbedeutung siehe Seiffert (1968), S. 26.

2) Vgl. Mag (1977), S. 5; anderer Ansicht ist Kirsch, der den Informationsbegriff als undefinierbar erklärt, vgl. Kirsch (1971a), S. 79.

3) Den Begriff "zweckorientiertes Wissen" verwendet Wittmann, vgl. Wittmann (1959), S. 14.

wißheitscharakter umfassen.[1][2]

2. Entscheidungen unter Sicherheit, unter Unsicherheit und unter Risiko

Die Entscheidungstheorie unterscheidet in bezug auf die dem Entscheidungsträger zur Verfügung stehende Information über die Entscheidungsparameter in der Regel drei Fälle: Entscheidungen unter Sicherheit, unter Unsicherheit und unter Risiko.[3]

Entscheidungen unter Sicherheit liegen vor, wenn der Entscheidungsträger mit Sicherheit weiß, daß nur eine ganz bestimmte Umweltsituation eintreffen wird.[4] In einer solchen Entscheidungssituation liegt vollständige[5] bzw. vollkommene[6] Information vor. Wenn in einer Situationsfolge Sicherheit über alle Ereignisse besteht, die jetzt eintreten und später eintreten werden, dann ist das Handlungswissen gleichzusetzen mit dem Wissen über die Natur. Der Mensch bleibt ohne Zweifel über die Zukunft. In der realen Welt des Wirtschaftslebens sind Entscheidungen über Sicherheit nur in einem Bereich vorstellbar, in dem strenge Gesetzmäßigkeit herrscht.

Unmittelbar einleuchtend ist, daß in der Entscheidungssituation der Bank in der Krise ihres Schuldners, in der insbesondere die zukünftige Solvenz des Kreditnehmers unsicher ist, eine vollständige Information nicht gegeben sein kann.

---

1) Vgl. Wittmann (1959), S. 14-17.

2) Zu den Definitionsmerkmalen des Informationsbegriffes siehe auch Niggemann (1973), S. 17.
Zum betriebswirtschaftlichen Informationsbegriff siehe auch Steinbrink (1976), S. 41-45; Wittmann (1980).

3) Vgl. beispielhaft Bierfelder (1968), S. 120-136; Kirsch (1970), S. 29 f.; Mag (1977), S. 17; siehe hierzu auch Menges (1976), Spalten 1517 f.

4) Vgl. Kirsch (1970), S. 29.

5) Vgl. Bierfelder (1968), S. 121.

6) Vgl. Mag (1977), S. 17; siehe hierzu auch Wittmann (1959), S. 18-23.

Mit der Entscheidung unter Sicherheit ist ein Extremfall bezeichnet; der entgegengesetzte Fall wird in Anlehnung an das Schrifttum als Entscheidung unter Unsicherheit bezeichnet. Hier hat der Entscheidungsträger keinerlei Anhaltspunkte dafür, welche Umweltlage eintreffen wird. In einer solchen Situation liegt vollkommene Ignoranz vor.[1)] Nach BIERFELDER haben empirische Analysen ergeben, daß nur wenige Menschen bereit sind, in solchen Situationen Entscheidungen zu treffen.[2)]

Das gleiche trifft in der Regel für die Entscheidungssubjekte in der vorgegebenen Entscheidungssituation zu. Die Entscheidungsträger und die Bankmitarbeiter, die die Entscheidungen vorbereiten, werden im Normalfall soviel Information sammeln, daß sie in der Lage sind, einzelne Anhaltspunkte über die Entscheidungsparameter zu formulieren.

Bei Entscheidungen unter Risiko[3)] kennt der Entscheidende mindestens einen Parameter mit bekannter Verteilung. Die Situation zwingt zur Wahl zwischen verschiedenen Wahrscheinlichkeitsverteilungen, da dem Entscheidungssubjekt im Augenblick der Entscheidung nicht bekannt ist, welchen exakten Wert der Parameter annimmt. Es liegt unvollkommene Information vor. Hinsichtlich der Unvollkommenheit der Information können zwei Fälle unterschieden werden:

Unter qualitativer Unvollkommenheit der Information werden alle durch die subjektive Problemsicht und das kognitive Vermögen des Entscheidungsträgers hervorgerufenen Diskrepanzen zu der Information eines "objektiven Beobachters" verstanden.[4)]

---

1) Vgl. Mag (1977), S. 17; siehe hierzu auch Wittmann (1959), S. 23.

2) Vgl. Bierfelder (1968), S. 134.

3) Bierfelder bezeichnet solche Entscheidungssituationen mit Quasi-Gewißheit; vgl. Bierfelder (1968), S. 121.

4) Vgl. Hieronimus (1979), S. 26.

Mit quantitativ unvollkommener Information wird dagegen der Fall bezeichnet, in dem die dem Entscheidungsträger zur Verfügung stehende oder erlangbare subjektive Information nicht ausreicht, um eine eindeutige Beziehung zwischen den Alternativen und deren (bewertungsrelevanten) Konsequenzen herzustellen. Es gibt also mindestens eine Alternative, für die mehrere unterschiedliche Zielerfüllungsgrade in Abhängigkeit von zukünftigen Bedingungskonstellationen, die zum Entscheidungszeitpunkt nicht eindeutig prognostiziert sind, möglich sind.[1)]

In der vorgegebenen Entscheidungssituation sind weder vollkommene Information noch vollkommene Ignoranz gegeben, sondern eine (qualitativ und quantitativ) unvollkommene Information; mithin ist eine Entscheidung unter Risiko zu treffen. Die dabei zugrunde zu legenden Erscheinungsformen der Wahrscheinlichkeiten werden im folgenden kurz erläutert.

3. Erscheinungsformen der Wahrscheinlichkeit

Ein zentraler Grundbegriff der Wahrscheinlichkeitsrechnung[2)] ist der des Ereignisses. Zur Definition muß von der Menge M von Elementarereignissen ausgegangen werden. Elementarereignisse sind die sich gegenseitig ausschließenden möglichen Ausprägungen des relevanten Umweltausschnitts. Als Ereignis bezeichnet man dann jede Teilmenge von M (einschließlich der leeren Menge = unmögliches Ereignis und der Menge M selbst = sicheres Ereignis). Ein Ereignis tritt dann ein, wenn eines der Elementarereignisse eintritt, das der betreffenden Teilmenge angehört.

---

1) Vgl. Hieronimus (1979), S. 26 f.
Zu den möglichen Unsicherheiten im Informationssystem siehe Kraus (1970), S. 192-199.

2) Vgl. zu diesem Abschnitt vor allem Hax (1974), S. 39-46; siehe auch Menges (1974), S. 21-27; Laux (1982), S. 131 f.; Brose/ Corsten (1983), S. 329 f.
Eine Einführung in die Wahrscheinlichkeitstheorie findet sich zum Beispiel bei Schmetterer (1966), S. 28-146; Hochstädter (1978), S. 267-305.
Siehe auch Popper (1982), S. 106-166.

Die Menge aller Ereignisse ist als die Menge aller Teilmengen von M definiert. Wahrscheinlichkeiten sind dann Zahlen, die den Ereignissen zugeordnet sind, und zwar dergestalt, daß jedem Ereignis E eindeutig eine bestimmte Zahl p(E) entspricht; darüber hinaus müssen diverse Bedingungen[1)] erfüllt sein.

Eine Klassifikation der unterschiedlichen Erscheinungsformen der Wahrscheinlichkeit kann entsprechend der folgenden Darstellung vorgenommen werden:

---

1) Die Bedingungen bzw. Eigenschaften der Wahrscheinlichkeit können wie folgt formuliert werden:

1. Nichtnegativitätsbedingung:
   Alle Wahrscheinlichkeiten sind nichtnegativ:
   $p(E) \geq 0$ für alle $E \subset M$

2. Normierungsbedingungen:
   a) Das sichere Ereignis hat die Wahrscheinlichkeit 1:
   $p(M) = 1$
   b) Das unmögliche Ereignis (θ) hat die Wahrscheinlichkeit 0:
   $p(\theta) = 0$

3. Additivitätsbedingung
   Die Wahrscheinlichkeit der Vereinigung zweier elementfremder Ereignisse (anders ausgedrückt: die Wahrscheinlichkeit, daß eines von zwei einander ausschließenden Ereignissen eintritt) ist gleich der Summe der Wahrscheinlichkeiten der beiden Ereignisse:
   $p(E_1 \cup E_2) = p(E_1) + p(E_2)$ für alle $E_1 \subset M$, $E_2 \subset M$ und $E_1 \cap E_2 = \theta$

Vgl. Hax (1974), S. 40; siehe auch Kolmogoroff (1933), S. 2; Fisz (1970), S. 27-33.

Abbildung 2: Klassifikation der Wahrscheinlichkeiten[1)]

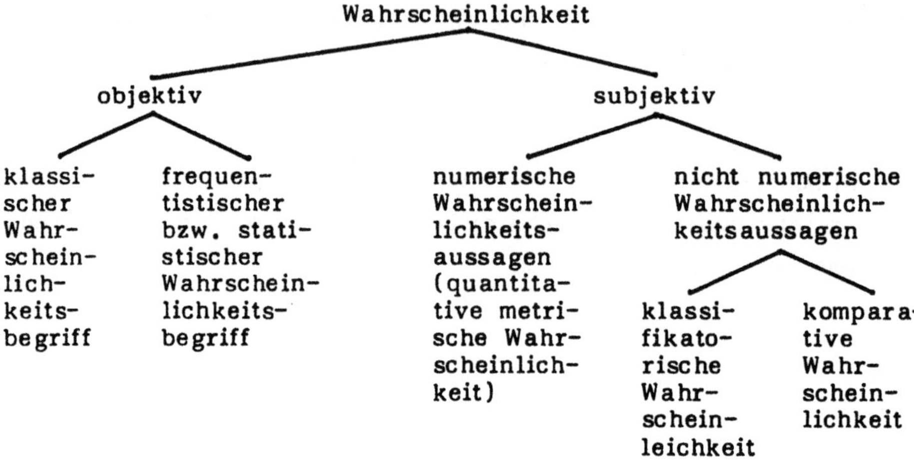

Der klassische Wahrscheinlichkeitsbegriff wird zusammen mit der statistischen Wahrscheinlichkeit als objektive Wahrscheinlichkeit bezeichnet. Objektive Wahrscheinlichkeiten sind intersubjektiv überprüfbare Aussagen, die nicht von individuellen Einschätzungen und Einstellungen einer Person abhängig sind.[2)]

1) Siehe auch Schindel (1977), S. 64 sowie Brose/Corsten (1983), S. 330.
Mellwig lehnt die Bezeichnungen "subjektive" und "objektive" Wahrscheinlichkeit ab und zieht die Begriffe Wahrscheinlichkeit und Glaubwürdigkeit vor; vgl. Mellwig (1972), S. 59 f.
Jungermann zieht ein anderes Schema vor und unterscheidet unter dem Oberbegriff der subjektivistischen Interpretation der mathematischen Wahrscheinlichkeiten zwei Erscheinungsformen der Wahrscheinlichkeit: Die "personelle Wahrscheinlichkeit" ist ein Maß des rationalen Glaubens (präskriptiver Begriff), während die "subjektive Wahrscheinlichkeit" ein Maß des tatsächlichen Glaubens ist (deskriptiver Begriff). Vgl. Jungermann (1976), S. 66-69; siehe auch Golling (1980), S. 85-92.
Popper erläutert eine weitere, hier nicht dargestellte Art der objektiven Wahrscheinlichkeit: die logische Wahrscheinlichkeit; vgl. Popper (1982), S. 81-83.
Kritisch zu Popper äußert sich Mellwig; vgl. Mellwig (1972), S. 27 f. m.w.N. Kritisch zur wissenschaftstheoretischen Auffassung Poppers siehe zum Beispiel Strobel (1968) und Mattessich (1969), insbesondere S. 25-27.

2) Vgl. Brose/Corsten (1983), S. 330.

Das klassische Wahrscheinlichkeitskonzept[1] setzt voraus, daß das Ereignisfeld aus endlich vielen gleich wahrscheinlichen Elementarereignissen besteht, die sich gegenseitig ausschließen. Zur Bestimmung der Wahrscheinlichkeit eines bestimmten Ereignisses ist die Anzahl der in dieser Teilmenge enthaltenen Elementarereignisse zur Gesamtzahl der möglichen Elementarereignisse ins Verhältnis zu setzen.

Diese Definition setzt also ein a priori-Urteil über die Gleichwahrscheinlichkeit voraus. Bei der Bestimmung der Eintrittswahrscheinlichkeiten der denkbaren Umweltsituationen in ökonomischen Entscheidungssituationen wird es aber in der Regel nicht möglich sein, auf a priori gleichwahrscheinliche Elementarereignisse zurückzugreifen. So dürften in der vorgegebenen Entscheidungssituation beispielsweise die künftige Solvenz und die künftige Insolvenz eines Kreditschuldners im allgemeinen nicht gleichwahrscheinlich sein.

Unter einer <u>statistischen oder frequentistischen Wahrscheinlichkeit</u>[2] ist die relative Häufigkeit zu verstehen, die sich aufgrund eines Zufallsexperimentes, welches strenggenommen unendlich oft wiederholt werden muß, als Grenzwert ergibt.[3]

Es gilt die Beziehung

$$p(E) = \lim_{N \to \infty} \frac{e}{N},$$

wobei N die Zahl der Wiederholungen des Zufallsexperimentes und

---

1) Siehe hierzu vor allem Hax (1974), S. 41 f. sowie Laux (1982), S. 133.
Die klassische Wahrscheinlichkeit wird auch als a priori-Wahrscheinlichkeit bezeichnet; vgl. beispielhaft Menges (1968), S. 31; Menges (1974), S. 25.

2) Zu diesem Abschnitt vgl. vor allem Hax (1974), S. 42 f.; Laux (1982), S. 134; Brose/Corsten (1983), S. 330.

3) Vgl. Brose/Corsten (1983), S. 330.
Die statistische Wahrscheinlichkeit wird auch a posteriori-Wahrscheinlichkeit genannt; vgl. zum Beispiel Menges (1968), S. 31; Menges (1974), S. 25 f.

e die Zahl derjenigen Fälle angibt, in denen das Ereignis E auftritt.

Die statistische Wahrscheinlichkeit kann ex definitione nur dann sinnvoll als Wahrscheinlichkeit interpretiert werden, wenn N hinreichend groß ist und außerdem das Experiment unter stets gleichen Bedingungen wiederholt wird. Diese Voraussetzung ist im wirtschaftlichen Bereich nur selten gegeben[1] und liegt bei dem vorgegebenen Entscheidungsproblem nicht vor. Denn je größer die Anzahl N der Beobachtungen ist und je größer damit der Zeitraum ist, in dem die Experimente durchgeführt werden, desto eher ist zu erwarten, daß sich der Ursachenkomplex des Zufallsexperiments geändert hat. Dann aber ist die relative Häufigkeit, die früheren Vorgängen entspricht, kein geeignetes Maß für die Eintrittswahrscheinlichkeit des zur Debatte stehenden zukünftigen Ereignisses.

Die Konzeption der <u>subjektiven Wahrscheinlichkeit</u>[2] beruht darauf, daß auch dann, wenn die Voraussetzungen zur Bildung von Wahrscheinlichkeitsurteilen nach der klassischen Regel oder aufgrund beobachteter Häufigkeiten nicht gegeben sind, oft doch Vorstellungen über den unterschiedlichen Glaubwürdigkeitsgrad verschiedener Prognosen über nicht sichere Ereignisse bestehen. Diese subjektiven Glaubwürdigkeiten sind von der individuellen Einstellung des Beurteilenden abhängig. Sie stellen eine Verbindung zwischen den möglichen Ausprägungen von Wertgrößen und dem vorhandenen Informationspotential des Entscheidungssubjektes her und lassen sich deshalb als induktive Relationen interpretieren. Sie können interpersonell und intertemporal variieren; eine intersubjektive Überprüfbarkeit der Aussagen ist ex definitione nicht möglich.[3]

---

1) Ebenso Mellwig (1972), S. 42.

2) Vgl. zu diesem Abschnitt insbesondere Hax (1974), S. 43-46; Laux (1982), S. 134-138; Brose/Corsten (1983), S. 330-332; siehe auch Engelhardt (1981), S. 41-66.

3) Vgl. Brose/Corsten (1983), S. 330 f.

Bei einer subjektiven Wahrscheinlichkeit auf der Basis einer Nominalskala[1] kann lediglich gesagt werden, ob ein Individuum etwas "für wahrscheinlich" oder "für nicht wahrscheinlich" hält (klassifikatorische Wahrscheinlichkeit). Im weiteren bieten Ordinalskalen[2] die Möglichkeit, Größer-Kleiner-Relationen aufzustellen, d.h. eine Rangordnung zu liefern. Sie haben jedoch keinen definierten Abstandsbereich und können nur zu Aussagen führen, wie zum Beispiel:

A ist wahrscheinlicher als B,

B ist nicht wahrscheinlicher als A.

Solche Aussagen erlauben Urteile über die komparative Wahrscheinlichkeit. Schließlich kann bei einer Kardinalskala[3] festgestellt werden, um wieviel größer p(A) in bezug auf p(B) ist. Hierbei kann den einzelnen Ereignissen eine reelle Zahl zwischen 0 und 1 zugeordnet werden (quantitative metrische Wahrscheinlichkeit).

Entscheidet man sich für die Berücksichtigung subjektiver Wahrscheinlichkeitsurteile, so wird damit natürlich der Anspruch eingeschränkt, durch Verwendung von Entscheidungsmodellen könne die Entscheidung aus dem Bereich subjektiver Meinungen herausgenommen und auf eine mit wissenschaftichen Methoden überprüfbare Basis gestellt werden. Offenbar ist diese Einschränkung aber unvermeidlich, wenn es gar keine andere Möglichkeit gibt, Wahrscheinlichkeiten zu schätzen. Die Aufgabe des Entscheidungsmodells ist es dann nicht, subjektive Meinung zu ersetzen, sondern nur die Bildung von widerspruchsfreien Wahrscheinlichkeiten zu ermöglichen und sicherzustellen, daß daraus die richtigen Konsequenzen gezogen werden.

Geht man bei der Modellanalyse von dieser bescheideneren Zielsetzung aus, so verbleiben insbesondere drei Vorzüge gegenüber

---

1) Vgl. hierzu unten Teil IV, 10. Kapitel, S. 226.

2) Vgl. hierzu unten Teil IV, 10. Kapitel, S. 226 f.

3) Vgl. hierzu unten Teil IV, 10. Kapitel, S. 227.

einer rein intuitiven Entscheidung:

1. Die Notwendigkeit der Festlegung, welche Information entscheidungsrelevant ist, zwingt zur Eingrenzung des gesamten Informationsfeldes.

2. Die Notwendigkeit, Wahrscheinlichkeitsschätzungen vorzunehmen, die den Axiomen der Wahrscheinlichkeitsrechnung entsprechen, erzwingt eine Offenlegung der subjektiven Vorstellungen, die dann auf ihre Widerspruchsfreiheit überprüft werden können.

3. Die Modellanalyse dient dazu, aus den subjektiven Wahrscheinlichkeiten die richtigen Konsequenzen für die Entscheidung abzuleiten; das auf gegebenen Wahrscheinlichkeiten basierende Kalkül ist überprüfbar.[1)]

Hinsichtlich der themarelevanten Entscheidungsituation ist anzunehmen, daß die Entscheidungsträger subjektive Glaubwürdigkeiten in bezug auf verschiedene Prognosen zu formulieren in der Lage sind, d.h. dem Entscheidungsmodell können subjektive Wahrscheinlichkeiten zugrunde gelegt werden.[2)] Im Zusammenhang mit der Messung der Wahrscheinlichkeiten[3)] soll aber noch bei der Wiedergabe der wahren Überzeugung auf die beiden folgenden Verzerrungsmöglichkeiten hingewiesen werden:

---

1) Vgl. Hax (1974), S. 45; gleicher Ansicht Menges (1968), S. 34.

2) Vgl. Strack (1976), S. 35:
"Es ist realistisch, davon auszugehen, daß die Entscheidungsträger im Bankbetrieb über ein großes Background Knowledge der Kreditbewertung verfügen, das sie zu Prognosen über den zukünftigen Verlauf eines Kreditengagements befähigt.
Jedoch wird in den traditionellen Kreditbewertungsverfahren das Expertenwissen nur implizit angewendet, und es werden keine subjektiven Wahrscheinlichkeiten bestimmt."
Siehe auch Strack (1976), S. 88-117.

3) Siehe hierzu insbesondere Kirsch (1970), S. 45-48; Laux (1976), S. 61-64; Engelkamp (1980), S. 71-86; Laux (1982), S. 135; Brose/Corsten (1983), S. 332.
Siehe auch Schaefer/Borcherding (1978); Schütt (1979).
Kritisch zur Meßbarkeit subjektiver Wahrscheinlichkeiten äußert sich Schneider; vgl. Schneider (1979).

- Motivationale Verzerrungen: Der Schätzer beeinflußt bewußt oder unbewußt sein Urteil entsprechend seiner individuellen Zielsetzung bzw. seinem individuellen Interesse.[1]

- Kognitive Verzerrungen: Sie ergeben sich aus der Art der Informationsaufnahme und -verarbeitung durch das Entscheidungssubjekt.[2][3]

4. Das Kreditrisiko als problemrelevantes Risiko

4.1 Vorbemerkung[4]

Die betriebswirtschaftliche Risikotheorie hat bis dato keinen einheitlichen Risikobegriff entwickeln können. In Anlehnung an SCHUPPISSER werden hier drei Typen von Risikodefinitionen unterschieden[5]:

---

1) Hat beispielsweise der Entscheidungsträger, der für die ursprüngliche Kreditvergabe an den nunmehr in einer Krise befindlichen Kunden die Verantwortung trägt, die Aufgabe, die Wahrscheinlichkeit einer erfolgreichen Sanierung zu schätzen, so könnte er - um seine ursprüngliche Kreditvergabeentscheidung zu rechtfertigen - die Erfolgschancen einer Sanierung eventuell zu hoch einschätzen.

2) Vgl. Brose/Corsten (1983), S. 335; siehe auch Golling (1980), S. 95-104.

3) In diesem Zusammenhang sei auf eine empirische Studie über die Akzeptanz subjektiver Wahrscheinlichkeiten hingewiesen; vgl. Golling (1980), S. 271-276.

4) Vgl. zu diesem Abschnitt vor allem Philipp (1967), S. 9-18; Kupsch (1975), S. 153 f.; Schuppisser (1978), S. 62-68. Siehe auch Vollmar (1957); Kupsch (1973), S. 24-37; Streitferdt (1973), S. 5-12; Bruse (1984), insbesondere Abbildung 1 auf S. 974.

5) Vgl. Schuppisser (1978), S. 62-65; siehe auch Philipp (1967), S. 35-38 m.w.N.

- Zielorientierte Risikodefinition

Risiko bedeutet in diesem Zusammenhang die Gefahr, daß das (oder die) Ziel(e) nicht oder nicht vollständig erreicht wird (bzw. werden). Diese Definition - von KUPSCH auch materielle Risikodefinition genannt[1] - knüpft an den umgangssprachlichen Begriffsinhalt von Risiko an: Risiko bedeutet Verlustgefahr. Mit den Teilausdrücken "Verlust" und "Gefahr" enthält der materielle Risikobegriff eine Quantitäts- und eine Intensitätsdimension. Die Quantitätsdimension bezieht sich auf Art und Höhe des Verlustes, während die Intensitätsdimension das Ausmaß oder die Stärke der Erwartung zum Ausdruck bringt, daß ein Verlust tatsächlich hingenommen werden muß. Voraussetzung für die Ermittlung eines zahlenmäßigen Ausdrucks für das Risiko ist somit, daß sowohl der Verlust als auch die Intensität der Gefahr beziffert werden können.[2] Diese Risikodefinition knüpft insoweit an das Rentabilitäts- bzw. Ertragsziel an, aber auch andere Ziele können verfehlt werden, und in diesem Zusammenhang ist ein entsprechendes Risiko zu konstatieren.

- Informationsorientierte Risikodefinition

Risiko bedeutet hier - entsprechend der oben dargestellten Entscheidungssituation unter Risiko[3] - meßbare Unsicherheit.[4] Anknüpfungspunkt dieser Definition ist also der Zustand unvollkommener Information, in dem sich die Entscheidungsträger bei ökonomischen Problemen in der Regel befinden.

---

1) Vgl. Kupsch (1975), S. 153 f.

2) Vgl. derselbe, a.a.O., S. 154.

3) Vgl. oben S. 11.

4) Vgl. Knight (1971), S. 197-263, insbesondere S. 233.

- Entscheidungsorientierte Risikodefinition

Bei dieser Definition wird das Risiko als Möglichkeit bzw. Gefahr einer Fehlentscheidung interpretiert. PHILIPP konkretisiert diese Definition im Hinblick auf die Quellen des Risikos, die unvollkommene Information sowie das menschliche Versagen[1]: Risiko muß verstanden werden als die aufgrund dieser Sachverhalte mit jeder zukunftsgerichteten Entscheidung verbundene Möglichkeit der Fehlentscheidung; d.i. die Möglichkeit des Eintretens eines oder mehrerer ungünstiger Ereignisse und/oder die Möglichkeit menschlichen Versagens des Entscheidenden mit der Folge, daß die getroffene Entscheidung unter der gewählten Zielsetzung nicht optimal war. Hätte der Entscheidende ein sicheres Wissen (Gewißheit) über das Eintreten dieser Ereignisse gehabt, und hätte er dieses Wissen fehlerlos bei der Entscheidung berücksichtigt, so wäre seine Entscheidung anders ausgefallen.[2]

4.2 Einteilungen der Kreditrisiken in der Literatur

Beispielhaft werden im folgenden eine phasenbezogene sowie eine ursachenbezogene Einteilung der Kreditrisiken vorgestellt.[3]

---

1) Vgl. zum menschlichen Versagen Philipp (1967), S. 17 f.:
   1. Der Entscheidende versäumt es, objektiv erlangbare Information einzuholen (Verzicht auf Informationsbeschaffung).
   2. Der Entscheidungsträger berücksichtigt nicht bzw. vergißt bereits erlangte und für die Entscheidung bedeutsame Information.
   3. Der Entscheidende nimmt erhaltene Information unrichtig auf; er erfaßt den Informationsgehalt falsch.
   4. Schließlich kommt ein mögliches Versagen des Entscheidungssubjektes darin zum Ausdruck, daß er in einer gegebenen Informationslage aufgrund seines offenbar begrenzten Denkvermögens und/oder mangelnder Erfahrung (unrichtige) Folgerungen zieht, die andere aufgrund ihres besseren Denkvermögens und/oder ihrer umfassenderen Erfahrung keinesfalls gezogen hätten.

2) Vgl. Philipp (1967), S. 18.

3) Siehe zu den Kreditrisiken auch Hartmann (1965), S. 10; Kreim (1977) S. 57-60; Böing (1980), S. 108-112; Schmidt, Reinhard (1981), S. 205 f.; Schildbach (1983), S. 2130 f.; Wiegel (1985), S. 51-63.

Eine von BITZ vorgestellte Einteilung der Kreditrisiken orientiert sich an dem phasenmäßigen Ablauf eines unplanmäßig verlaufenden Kreditverhältnisses (phasenbezogene Einteilung)[1]:

1) Informationsrisiko

Diese Risikoart beschreibt die Gefahr, daß sich der Gläubiger aufgrund unvollkommener Information für eine Kreditvergabe entscheidet, die er bei besserem Informationsstand abgelehnt hätte. Soweit die zur Fundierung der Kreditentscheidung für notwendig erachtete Information vom Schuldner eingeholt wird, ist die Bank der Gefahr ausgesetzt, daß sie sich aufgrund unvollständiger oder verfälschter Information für die Vergabe oder Prolongation eines Kredites entscheidet, obwohl sie bei besserem Informationsstand, über den der Schuldner verfügt, den Kreditvertrag des Schuldners abgelehnt hätte.[2] Das Informationsrisiko ist in der Phase relevant, in der der Kreditgeber über Vergabe, Prolongation oder Kündigung eines Kredites zu entscheiden hat.

2) Insolvenzrisiko

Mit dieser Risikokategorie wird die Gefahr beschrieben, daß sich die wirtschaftliche Lage des Schuldners so weit verschlechtert, daß die vertragsgerechte Erfüllung der Kreditverpflichtungen nicht mehr gewährleistet ist bzw. die (subjektive) Wahrscheinlichkeit für Erfüllungsmängel eine signifikante Schwelle übersteigt. Das Insolvenzrisiko, das m.E. verdeutlichend auch mit Insolvenzeintrittsrisiko bezeichnet werden kann, ist in der Phase von Bedeutung, in der bereits ein Kreditverhältnis besteht.

---

1) Vgl. zu dieser Einteilung Bitz (1982), S. 2 f. und 9-26; siehe auch Hemmerde (1985), S. 19-25; Rausch (1985), S. 11-15.

2) Vgl. derselbe, a.a.O., S. 11.

3) Verlustrisiko

Dieses Risiko kennzeichnet die Gefahr, daß die Ansprüche des Gläubigers nicht oder nicht vollständig realisiert werden können. Das Verlustrisiko erlangt dann Relevanz, wenn die Phase nach Eintritt der Insolvenzsituation gegeben ist.[1]

Eine andere Einteilung der Kreditrisiken "anknüpfend an die risikoauslösenden Sachverhalte und mehr oder weniger willkürlich"[2] wird in Anlehnung an WÄCHTERSHÄUSER vorgestellt (ursachenbezogene Einteilung)[3]:

1) Verlustrisiko (i.e.S.)

Die Ansprüche des Gläubigers hinsichtlich Kreditbetrag sowie vereinbarter Beträge für Zinsen, Provisionen und Gebühren werden nicht oder nicht vollständig realisiert.

2) Liquiditätsrisiko

Die Ansprüche des Gläubigers hinsichtlich der Zahlungstermine werden nicht oder nicht regelmäßig erfüllt.

3) Besicherungsrisiko

Die hereingenommenen Kreditsicherheiten erweisen sich als nicht oder nicht voll werthaltig bzw. wurden (irrtümlich) nicht rechtswirksam bestellt.

---

1) Das Verlustrisiko kann sich auch in höheren Kosten für die Eintreibung von Forderungen niederschlagen; vgl. Müller, Werner A. (1981), S. 150.

2) Wächtershäuser (1971), S. 70.

3) Vgl. zu dieser Einteilung derselbe, a.a.O., S. 70-73. Die vorgestellte Einteilung weicht hinsichtlich des Besicherungs- und des Währungsrisikos von der Einteilung Wächtershäusers ab.

4) Zinsänderungsrisiko

Der Marktzins und damit der Refinanzierungszins der Bank steigt während der Kreditlaufzeit und der Kreditgeber hat mit dem Schuldner einen Festzins, d.h. nicht variablen Zins, vereinbart. Die Bank ist also unter Umständen gezwungen, einen höheren Refinanzierungszins zu zahlen, als sie als Kreditzins hereinnimmt, sie erwirtschaftet also aus dem Kreditverhältnis negative Ergebnisbeiträge.

5) Geldwertrisiko

Die Bank erhält infolge einer Geldentwertung weniger Kaufkraft am Ende der Kreditlaufzeit zurück, als sie mit der Kreditauszahlung bereitgestellt hat.

6) Währungsrisiko

Durch Abwertung einer Fremdwährung entspricht der Rückzahlungsstrom aus einem in Inlandswährung refinanzierten Fremdwährungskredit - gerechnet in heimischer Währung - nicht mehr dem ursprünglich erwarteten Betrag (Abwertungsrisiko)[1] bzw. durch Aufwertung einer Fremdwährung steigt bei in Fremdwährung refinanzierten Fremdwährungskrediten - gerechnet in heimischer Währung - der (potentielle) Ausfallbetrag bei einer möglichen Insolvenz des Schuldners (Aufwertungsrisiko).

Die drei erstgenannten Risiken werden in der Literatur auch das aktive Kreditrisiko[2] bzw. das Bonitätsrisiko[3] genannt.

---

1) Diesem aus Währungsinkongruenzen resultierenden Risiko sind den Banken durch den Grundsatz I a über das Eigenkapital der Kreditinstitute, erlassen vom Bundesaufsichtsamt für das Kreditwesen, Grenzen gesetzt worden.

2) Vgl. zum Beispiel Hagenmüller (1977), S. 409.

3) Vgl. beispielhaft Büschgen (1979), S. 171.

4.3 Risikoquellenorientierte Einteilung der Kreditrisiken

Bei der Formulierung einer Systematik von Kreditrisiken ist - basierend auf den Bemerkungen zum betriebswirtschaftlichen Risikobegriff - für die Zwecke dieser Arbeit sinnvollerweise von der entscheidungsorientierten Risikodefinition auszugehen, da hiermit die ziel- und informationsorientierten Risikodefinitionen mit eingeschlossen sind. Risiko ist dann als Möglichkeit einer Fehlentscheidung zu interpretieren, d.h. als Möglichkeit einer unter der gewählten Zielsetzung suboptimalen Entscheidung (damit ist die zielorientierte Risikodefinition eingeschlossen). Ursächlich für die mögliche Fehlentscheidung sind die Risikoquellen unvollkommene Information (damit ist die informationsorientierte Risikodefinition eingeschlossen) sowie menschliches Versagen. Insofern kann der hier vorzustellende Ansatz als risikoquellenorientierte Einteilung der Kreditrisiken bezeichnet werden:

1) Kreditrisiko als Fehlentscheidung aufgrund von Mängeln bei der Informationsbeschaffung

   Unter dieser Risikoart ist zu subsumieren, daß der Entscheidende es aufgrund menschlichen Versagens versäumt, objektiv erlangbare Information einzuholen bzw. der Entscheidungsträger bereits erlangte Information nicht berücksichtigt, vergißt oder den Informationsgehalt falsch erfaßt. Alle diese Fälle zeichnen sich dadurch aus, daß für die Entscheidung keine vollkommene Information zur Verfügung steht. Darüber hinaus kann unvollständige oder verfälschte Informationsbereitstellung (seitens des Schuldners) bei der Bank zu einer Situation der unvollkommenen Information führen.

   Es ist also unvollkommene Information, d.i. unvollkommenes entscheidungsorientiertes Wissen, gegeben. Entscheidungsorientiert bedeutet in diesem Zusammenhang, daß die gewählten Ziele bzw. Zielbeeinträchtigungen angesprochen sind. So interessiert das Entscheidungssubjekt im Normalfall nicht direkt, ob der Schuldner ein neues Produkt -

unter vielen anderen - neu auf den Markt bringt oder ob die Schuldnerunternehmung ihre Rechtsform ändert. Im Gegensatz dazu ist aber das Wissen um zu erwartende Kreditverluste entscheidungsorientiert und damit relevant, weil in einem solchen Fall das in der Regel gegebene Ziel eines reibungslosen und verlustfreien Kreditengagements nicht erfüllt ist.

Es ist nun die Frage nach dem Wissen um mögliche Zielbeeinträchtigungen zu stellen. Eine solche Zielbeeinträchtigung ist regelmäßig bei zu erwartenden Kreditverlusten anzunehmen. Diese können begründet sein durch eine eintretende Insolvenz des Schuldners, die wiederum vielfältige Ursachen haben kann.[1] Weitere Begründungen für zu erwartende Kreditverluste können das Besicherungsrisiko (in dem Sinn, daß die hereingenommenen Sicherheiten sich als nicht oder nicht voll werthaltig erweisen) sowie das Währungsrisiko (Aufwertungsrisiko) sein. Eine weitere

---

1) In diesem Zusammenhang ist auch das von Schmidt und Schildbach genannte moralische Risiko zu nennen, vgl. Arrow (1963), S. 961 f.; Pauly (1968); siehe auch Schmidt, Reinhard (1981), S. 206 sowie Schildbach (1983), S. 2131.
Das moralische Risiko kann wie folgt beschrieben werden:
"Der Kapitalnehmer trifft Folgeentscheidungen so, daß sich für den Kapitalgeber die Wahrscheinlichkeit, die vereinbarten Zahlungen nicht zu erhalten, größer wird. Das ist das 'moralische Risiko'. Unter 'moral hazard' versteht man allgemein eine Risikoerhöhung, die aus der Anreizwirkung abgeschlossener Verträge resultiert, wenn nach Vertragsabschluß ein Vertragspartner eine dann für ihn günstigere Handlungsmöglichkeit wählt, wenn diese Wahl die Position des anderen Vertragspartners verschlechtert und wenn es nicht möglich ist, die Handlungsweise des ersten zu kontrollieren. Die asymmetrische Aufteilung der Investitionserträge schafft Anreize für den Kapitalnehmer nach Beginn der Finanzierungsbeziehung Vermögensverschiebungen zu Lasten des Fremdkapitalgebers vorzunehmen. Das kann auf zwei Weisen erfolgen, nämlich
- mit der Wahl einer riskanteren Investitionspolitik, bei der der Eigenkapitalgeber von den möglichen höheren Gewinnen und der Fremdkapitalgeber von den möglichen höheren Verlusten betroffen wird, und
- mit einer Erhöhung des Verschuldungsgrades durch die Aufnahme zusätzlichen Fremdkapitals von anderen Kapitalgebern."

Schmidt, Reinhard (1981), S. 206.
Im Zusammenhang mit einem Insolvenzeintritt muß auch das Risiko fälschlicher Insolvenzauslösung gesehen werden. Vgl. hierzu Schildbach (1983), S. 2131.

Zielbeeinträchtigung stellt das Liquiditätsrisiko (wie oben beschrieben) dar.

2) Kreditrisiko als Fehlentscheidung aufgrund von Mängeln bei der Informationsverarbeitung

Unter dieser Risikoart ist zu verstehen, daß das Entscheidungssubjekt aufgrund seines (begrenzten) kognitiven Vermögens und/oder mangelnder Erfahrung unrichtige Folgerungen zieht, die zu Fehlentscheidungen führen.

3) Kreditrisiko aufgrund von Mängeln bei der Durchführung der Kreditentscheidung

Hierunter ist beispielsweise zu subsumieren, daß aufgrund menschlichen Versagens die hereingenommenen Kreditsicherheiten (irrtümlich) nicht rechtswirksam bestellt wurden oder die Kreditverträge (irrtümlich) rechtsfehlerhaft abgeschlossen wurden.

5. Ergebnis

Bei der themarelevanten Entscheidungssituation ist die Entscheidung unter Risiko zu treffen. In diesem Zusammenhang kann eine subjektive Wahrscheinlichkeit sinnvoll herangezogen werden. Das bedeutet, daß unterschiedliche (subjektive) Glaubwürdigkeiten über verschiedene Prognosen über nicht sichere Ereignisse der Entscheidung zugrunde gelegt werden. Hinsichtlich der themarelevanten Einteilung der Kreditrisiken wurde ein Ansatz erarbeitet, der als risikoquellenorientierte Einteilung der Kreditrisiken bezeichnet werden kann. Danach werden Kreditrisiken als Fehlentscheidung aufgrund von Mängeln bei der Informationsbeschaffung, aufgrund von Mängeln bei der Informationsverarbeitung und aufgrund von Mängeln bei der Durchführung der Kreditentscheidung aufgefaßt.

2. Kapitel: Zu den zeitlich-vertikalen Interdependenzen

1. Vorbemerkung

Analysiert man die Entscheidungssituation der Bank in der Krise ihres Schuldners, dann stellt man fest, daß das Entscheidungsproblem nicht immer durch eine einzige Entscheidung gelöst werden kann. Insbesondere wenn die Schuldnerkrise nicht überwunden werden kann, dann ergibt sich zu einem späteren Zeitpunkt noch ein Entscheidungsbedarf. Bei dem vorliegenden Problem handelt es sich somit um ein mehrperiodiges Entscheidungsproblem. Dabei hängt die Entscheidung in den späteren Zeitpunkten davon ab, welche Aktionen in einem früheren Zeitpunkt gewählt worden sind und welche Umweltentwicklungen bis zu den Entscheidungszeitpunkten eingetreten sind. Die Beurteilung der gegenwärtigen Aktionen setzt dann voraus, daß zugleich Entscheidungen über zukünftige Aktionen getroffen werden, die zu den gegenwärtigen Aktionen in enger Interdependenzbeziehung stehen.[1)]

Werden sichere Erwartungen zugrunde gelegt, so können alle zukünftigen Aktionen bereits zum gegenwärtigen Zeitpunkt endgültig festgelegt werden. Wenn die zukünftige Umweltentwicklung mit Sicherheit bekannt ist, braucht sich der Entscheidende nicht darauf einzurichten, daß diese Entscheidungen später einmal revidiert werden müssen.[2)] Bei - wie in der problemrelevanten Entscheidungssituation gegebenen - unsicheren Erwartungen ist die Lage jedoch anders. Der Entscheidende ist dann nicht nur zum Entscheidungszeitpunkt unvollkommen informiert; er muß darüber hinaus damit rechnen, daß sich sein Informationsstand im Zeitablauf noch ändert.[3)] In einer solchen Situation ist es nicht zweckmäßig, im ursprünglichen Plan bereits über alle zukünftigen Aktionen endgültig zu entscheiden. Andererseits kann aber auch nicht ganz auf die Planung zukünftiger Aktionen verzichtet werden, weil dann die Grundlage für die Beurteilung der gegenwär-

---

1) Vgl. Hax (1985), S. 165.

2) Vgl. derselbe, ebenda; siehe auch Laux (1971), S. 13.

3) Vgl. Hax (1985), S. 165.

tigen Aktionen fehlt. Der Ausweg aus diesem Dilemma ist, daß zukünftige Aktionen zwar geplant werden, aber nicht in der Weise, daß man sich endgültig festlegt, sondern so, daß die zukünftigen Aktionen von den bis zu ihrer Durchführung eingehenden Informationen über die Umweltentwicklungen abhängig gemacht werden.[1)] Es entsteht also ein System bedingter Teilpläne, deren Realisierung von der zukünftigen Entwicklung abhängig ist. Ein so aufgebauter Aktionsplan wird als flexibler Plan bezeichnet.[2)]

Bei mehrperiodigen Entscheidungen unter Risiko, d.h. wenn zu verschiedenen Zeitpunkten und bei unterschiedlichem Informationsstand interdependente Teilentscheidungen zu treffen sind, ist flexible Planung die einzige Verfahrensweise, die dem Prinzip rationalen Handelns entspricht.[3)] Im folgenden soll daher das Konzept der flexiblen Planung kurz vorgestellt werden.

2. Das Konzept der flexiblen Planung

2.1 Allgemeine Prämissen

Zur Vereinfachung der Darstellungsweise wird ein Planungszeitraum von lediglich 2 Perioden erfaßt. Der Beginn der t-ten Periode (t = 1, 2) wird mit Zeitpunkt t-1 bezeichnet, das Ende des Planungszeitraums sei Zeitpunkt t = 2 genannt. Der Entscheidende hat unsichere Erwartungen; er verfügt über subjektive Wahrscheinlichkeiten für die möglichen Umweltentwicklungen.[4)]

Als Ziel soll die Maximierung des Barwertes der entscheidungsrelevanten Zahlungsströme gelten.[5)] Das Entscheidungssubjekt trifft

---

1) Vgl. Hax (1985), S. 166.

2) Vgl. derselbe, ebenda m.w.N.; siehe hierzu auch Wittmann (1959), S. 187-213; Bamberg/Coenenberg (1974), S. 219-221; Inderfurth (1979), S. 441-458; derselbe (1982), S. 45-55; Laux (1982), S. 249-279.

3) Vgl. Hax/Laux (1972), S. 325.

4) Vgl. Laux (1971), S. 45.

5) Zu diesem Ziel siehe auch unten Teil IV, 10. Kapitel, 3.2, S. 228-230.

dabei seine Entscheidungen nach dem Erwartungswertprinzip. Dies impliziert gemäß dem Bernoulli-Prinzip[1] eine lineare Risiko-Nutzen-Funktion und damit Risikoneutralität des Entscheidenden.[2]

Den (mathematischen) Erwartungswert μ erhält man als Summe aller mit ihrer Eintrittswahrscheinlichkeit multiplizierten Ergebniswerte:

$$\mu = \sum_{j=1}^{n} e_j \times p_j;$$ mit e = Ergebniswert, p = Eintrittswahrscheinlichkeit.[3]

2.2 Zum Zustandsbaum

Im Rahmen der flexiblen Planung werden teilweise definitive und teilweise bedingte Entscheidungen über zukünftige Aktionen getroffen. Welche Aktionsmöglichkeiten in zukünftigen Zeitpunkten gegeben sein werden und welche Ergebnisse erzielbar sind, hängt von der Entwicklung äußerer Gegebenheiten ab, die der Entscheidende nicht vollständig beeinflussen kann und über die er nur unvollkommen informiert ist.[4] Diese Entwicklung der äußeren Gegebenheiten bzw. Umweltzustände kann man sich als stochastischen Prozeß vorstellen. Die in einem bestimmten Zeitpunkt gegebene Konstellation äußerer und nicht vollständig beeinflußbarer Gegebenheiten kennzeichnet den (Umwelt-) Zustand in diesem Zeitpunkt. Zwischen den Umweltzuständen in aufeinanderfolgenden Zeitpunkten bestehen nun stochastische Abhängigkeiten. Jedem Zustand im Zeitpunkt t ist eine Wahrscheinlichkeitsverteilung für die möglichen Zustände im Zeitpunkt t + 1 zugeordnet.[5]

Dieser Zusammenhang läßt sich - unterstellt, es gibt für jeden

---

1) Siehe hierzu Borch (1969), S. 42-58; Laux (1976a); Bitz (1981), S. 153-212.

2) Siehe hierzu Bitz (1981), S. 165 f. und S. 193; siehe auch Hax/Laux (1972), S. 335; Bamberg/Coenenberg (1974), S. 73 f.

3) Vgl. Bitz (1981), S. 47; siehe hierzu auch Schneeweiß, Hans (1967); S. 48-52; Bauer (1969), S. 41-47; Pfohl (1972), S. 317-319; Lahrmann (1973), S. 134-140; Laux (1982), S. 149-158.

4) Vgl. Hax (1985), S. 168.

5) Vgl. derselbe, ebenda.

Zeitpunkt eine endliche Anzahl möglicher Datenkonstellationen -[1] durch einen Zustandsbaum veranschaulichen, wie er in Abbildung 3 dargestellt ist. Mit Hilfe eines Zustandsbaumes kann also die Erwartungsstruktur des Entscheidenden über die Entwicklung seiner Umwelt graphisch dargestellt werden.[2]

Wie ein Zustandsbaum konstruiert werden kann, soll an einem einfachen Beispiel gezeigt werden.[3] Es wird ein Planungszeitraum von drei aufeinanderfolgenden Perioden erfaßt, in denen zunächst drei und in der zweiten Periode je zwei Umweltzustände für möglich erachtet werden. Der Ausgangszustand zu Beginn der ersten Periode wird durch einen Punkt dargestellt (Knotenpunkt 0 in Abbildung 3). Die in der ersten Periode möglichen Umweltzustände werden durch drei von diesem Punkt ausgehenden Linien (im folgenden in Anlehnung an die Graphentheorie als Kanten bezeichnet) dargestellt, die zu den Knotenpunkten 1, 2 und 3 in der Abbildung laufen. In der folgenden zweiten Periode sind nun zwei Umweltzustände möglich. Dies wird dadurch dargestellt, daß von jedem der drei Knotenpunkten wieder zwei Kanten ausgehen, die zu den in der Abbildung mit 4, 5, 6, 7, 8 und 9 bezeichneten Knoten hinlaufen.

Abbildung 3: Beispiel eines Zustandsbaumes für drei verschiedene Zeitpunkte

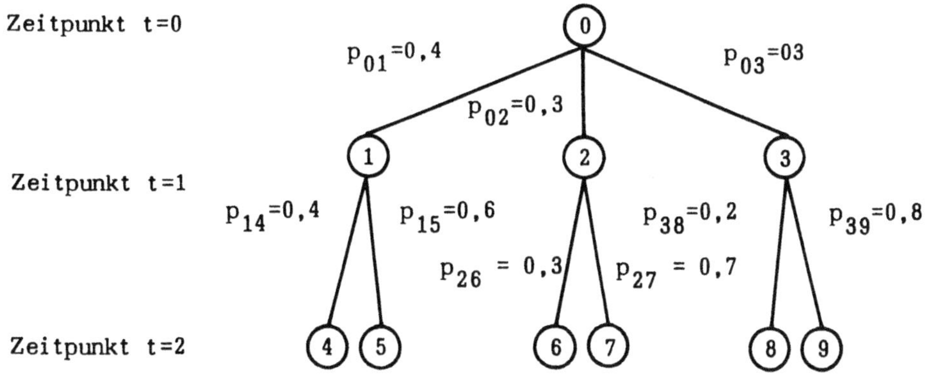

1) Vgl. Hax (1974), S. 79.

2) Vgl. Laux (1971), S. 19; siehe auch Laux (1969), S. 730; Hax/Laux (1972), S. 327.

3) Siehe hierzu auch Hax (1974), S. 79 f.

Jeder Zustand im Zustandsbaum stellt einen Zustand in einem bestimmten Zeitpunkt dar. Ein Umwelt-Zustand ist definiert durch die Folge der ihm vorausgehenden Datenkonstellationen. Von jedem Knotenpunkt mit Ausnahme der Endknotenpunkte (d.s. die dem Endzeitpunkt $t = \bar{t}$, im Beispiel $\bar{t} = 2$, entsprechenden Zustände) geht für jede der Datenkonstellationen, deren Eintritt bis zum nächsten Zeitpunkt für möglich erachtet wird, eine Kante aus; sie endet in einem Knotenpunkt, der einen Zustand im nächsten Zeitpunkt darstellt. Zustände, die sich im jeweiligen Zeitpunkt nicht voneinander unterscheiden, jedoch eine unterschiedliche Vorgeschichte haben, denen also unterschiedliche Folgen von Datenkonstellationen vorausgehen, werden im Zustandsbaum durch unterschiedliche Knotenpunkte dargestellt. Daraus ergibt sich die Baumform des Graphen; es wird also verhindert, daß verschiedene Äste an einzelnen Knotenpunkten wieder zusammenlaufen.[1)]

Jeder Knotenpunkt mit Ausnahme der Endknotenpunkte ist durch Kanten mit Knotenpunkten verbunden, die Zustände im nächstfolgenden Zeitpunkt darstellen. Jeder dieser Kanten kann nun eine Wahrscheinlichkeit p_{ij} zugeordnet werden. Es handelt sich um die Wahrscheinlichkeit des Zustandes j unter der Voraussetzung, daß im vorhergehenden Zeitpunkt der Zustand i eingetreten ist.[2)] Hierbei ist die Summe der Wahrscheinlichkeiten für alle Kanten, die von einem Knotenpunkt zu Knotenpunkten des nächstfolgenden Zeitpunktes verlaufen, gleich eins. Diese Wahrscheinlichkeiten werden auch als Wahrscheinlichkeiten für den Übergang von einem Zustand in einem Zeitpunkt zu einem anderen Zustand im folgenden Zeitpunkt interpretiert und dementsprechend als <u>Übergangswahrscheinlichkeiten</u> bezeichnet.[3)] In der Abbildung 3 sind diese Übergangswahrscheinlichkeiten jeweils an den entsprechenden Kanten vermerkt. Die Übergangswahrscheinlichkeit vom Zustand i zum Zustand j kann als A-posteriori-Wahrscheinlichkeit aufgefaßt werden, d.i. die bedingte Wahrscheinlichkeit des Zustands j unter der Voraussetzung, daß im vorhergehenden Zeitpunkt der Zustand

---

1) Zu diesem Absatz vgl. Hax (1974), S. 80; siehe auch Laux (1969), S. 731; Laux (1971), S. 19 f.; Bitz (1981), S. 312 f.

2) Vgl. Hax (1985), S. 169; siehe auch Laux (1971), S. 20.

3) Vgl. Hax (1974), S. 81; Bitz (1981), S. 313.

i gegeben war.[1]

Sind die Übergangswahrscheinlichkeiten gegeben, so kann man auch berechnen, wie hoch die A-priori-Wahrscheinlichkeit jedes Zustands vom Ausgangspunkt her gesehen ist.[2] Diese A-priori-Wahrscheinlichkeiten werden auch als Zustandswahrscheinlichkeiten Pj (j = 1, 2, ..., h) bezeichnet.[3] Sie ergeben sich als Produkt sämtlicher Übergangswahrscheinlichkeiten entlang dem Kantenzug, der vom Ausgangsknotenpunkt zu dem Knotenpunkt des betreffenden Zustandes führt.[4] So ergibt sich für das Beispiel eines Zustandsbaumes gemäß Abbildung 3 für die Zustandswahrscheinlichkeit P_7 etwa

$$P_7 = P_{02} \times P_{27} = 0{,}3 \times 0{,}7 = 0{,}21$$

Der Zustandsbaum beschreibt nun die möglichen Abläufe nur unvollständig, weil er zwar die möglichen Zustände enthält, nicht jedoch die Aktionen, die den Ablauf beeinflussen können.[5] Eine Erweiterung des Zustandsbaumes führt dann zum Entscheidungsbaum.

2.3. Zum Entscheidungsbaum

Die Aktionsmöglichkeiten und die erwarteten Ergebnisse des Entscheidungssubjektes hängen in einem bestimmten Zeitpunkt nicht nur von dem gegebenen Zustand ab, sondern auch davon, welche Aktionen in früheren Zeitpunkten durchgeführt worden sind. Insofern ist der Zustand nur eine unvollständige Beschreibung der Situation, in der sich das Entscheidungssubjekt jeweils befindet. Man kann nun die Darstellung noch erweitern, indem man berücksichtigt, daß in jedem Zeitpunkt auch noch die Auswahl aus einer

---

1) Vgl. Hax (1974), S. 81.

2) Vgl. derselbe, ebenda.

3) Vgl. Bitz (1981), S. 313.

4) Vgl. Hax (1974), S. 81; Bitz (1981), S. 313.

5) Vgl. Hax (1970), S. 137.

Menge von Handlungsvarianten getroffen werden muß.[1] Der Entscheidungsbaum kennzeichnet also nicht nur die Erwartungsstruktur des Entscheidenden, sondern explizit auch alle Aktionen, die während des Planungszeitraumes in Frage kommen.[2]

Im Entscheidungsbaum gibt es verschiedene Arten von Knotenpunkten, solche, von denen verschiedene Aktionsmöglichkeiten ausgehen (Entscheidungsknotenpunkte), und solche, von denen aus Übergänge zu anderen Zuständen dargestellt sind, wo also keine Wahlmöglichkeit besteht, sondern nur Übergangswahrscheinlichkeiten gegeben sind (Alternativenknotenpunkte).[3] Daneben werden noch die Endknotenpunkte unterschieden, bei denen jeder von ihnen einer bestimmten Abfolge von Aktionen und Datenkonstellationen bzw. Zuständen entspricht; man kann also jedem dieser Endknotenpunkte ein eindeutiges Endergebnis zuordnen.[4] Jeder Entscheidungsknotenpunkt symbolisiert eine einzelne Entscheidungssituation; die aus dem Knotenpunkt entspringenden Kanten sind als Aktionen zu interpretieren.[5]

Wie ein Entscheidungsbaum konstruiert werden kann, soll an einem einfachen Beispiel gezeigt werden, das aus dem oben dargestellten Zustandsbaum gemäß Abbildung 3 abgeleitet wird. Es wird wieder ein Planungszeitraum von zwei aufeinanderfolgenden Perioden erfaßt, in denen zunächst drei und in der zweiten Periode je zwei Umweltzustände für möglich erachtet werden. Darüber hinaus hat der Entscheidende in jeder Periode je zwei Handlungsvarianten zur Verfügung.

Um die Verknüpfung der Handlungsvarianten mit den verschiedenen Umweltzuständen darzustellen, wird der Zustandsbaum nun in

---

1) Vgl. Hax (1985), S. 169 f.

2) Vgl. Hax/Laux (1972), S. 327.

3) Siehe hierzu Hax (1974), S. 83; siehe auch Laux (1971), S. 39 f.

4) Vgl. Hax (1974), S. 83.

5) Vgl. Bitz (1981), S. 325.

folgender Weise erweitert (vgl. Abbildung 4)[1]:
Die auf den einzelnen Stufen dargestellten (runden) Entscheidungsknotenpunkte werden jeweils um einen Satz zusätzlicher (eckiger) Knoten ergänzt, die die Handlungsvarianten symbolisieren, d.s. die Alternativenknotenpunkte. Die runden Entscheidungsknotenpunkte der Stufen t = 0 und t = 1 charakterisieren also jeweils die Situation zu Beginn der Entscheidungsphase; die runden Zustandsknotenpunkte des Endzeitpunktes (t = 2) kennzeichnen die am Ende des Planungszeitraumes als gemeinsames Ergebnis eigener Entscheidungen und "zufälliger" Umweltentwicklungen möglicherweise eintretenden Endsituationen.

1) Siehe hierzu auch Bitz (1981), S. 338-340.

Abbildung 4: <u>Beispiel eines Entscheidungsbaumes für drei verschiedene Zeitpunkte</u>

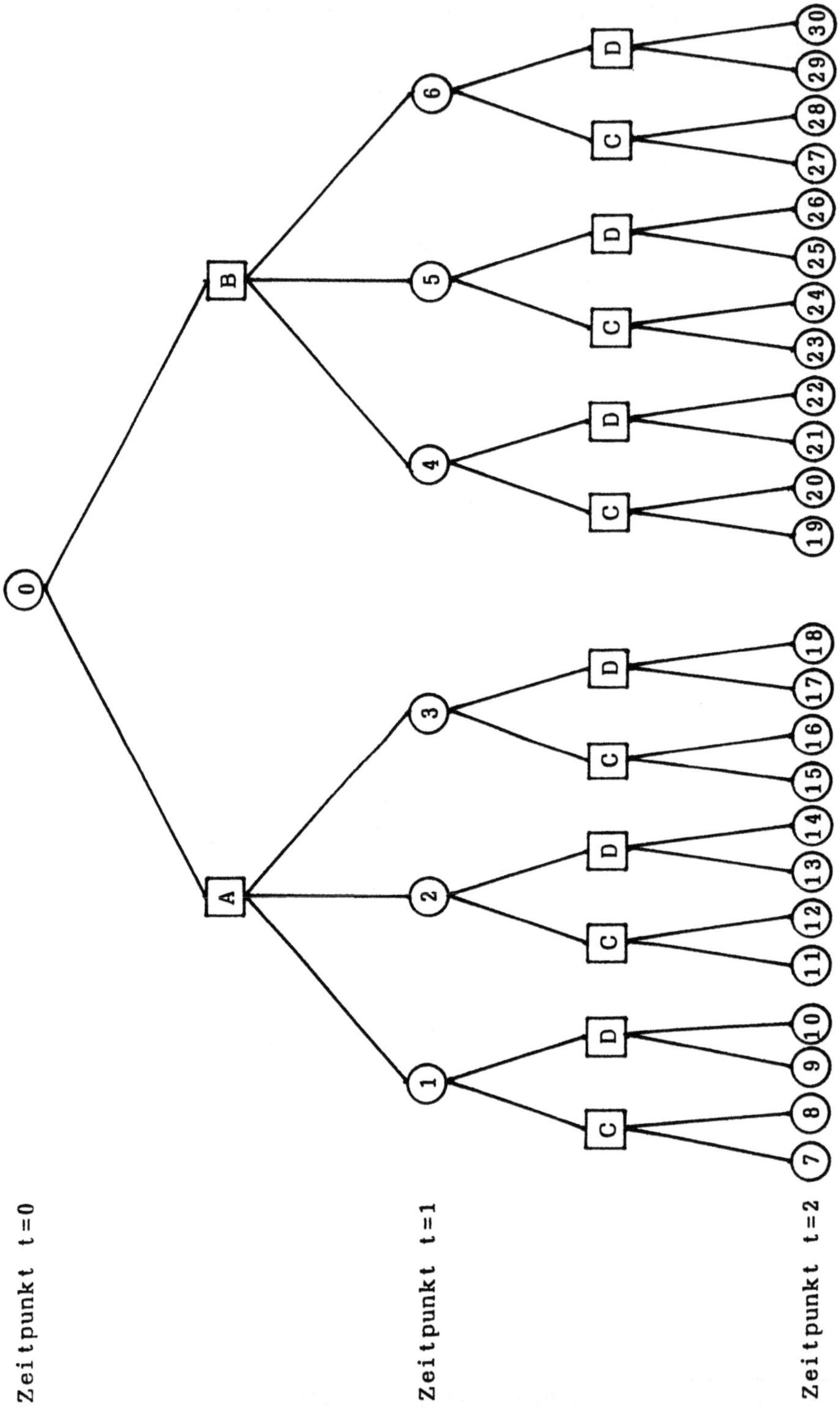

Es stellt sich nun die Frage, wie der optimale Aktionsplan bestimmt werden kann. Jeder Aktionsplan wird durch eine Strategie beschrieben, durch die eine bestimmte Aktion für den Ausgangszustand festgelegt wird sowie im weiteren für jede nach dieser Ausgangssituation noch mögliche künftige Entscheidungssituation jeweils eine bestimmte Folgeentscheidung. Dabei ist zu beachten, daß jede Strategie für unterschiedliche Entscheidungssituationen auch unterschiedliche Folgeentscheidungen vorsehen kann. In dem vorgestellten Beispiel könnte eine mögliche Strategie etwa wie folgt formuliert werden:

Ausgangsentscheidung:	A
Folgeentscheidung:	falls 1 : C,
	falls 2 : D,
	falls 3 : D.

Jeder Strategie entspricht nun eine Wahrscheinlichkeitsverteilung über das Endergebnis, mit Hilfe derer man die Erwartungswerte der bei den einzelnen Strategien erzielbaren Ergebnisse errechnen kann.

Teil II: Informationsaktivitäten

3. Kapitel: Zur Erkennbarkeit der Schuldnerkrise für die Gläubigerbank - Initiierung des Entscheidungsprozesses

1. Vorbemerkung

Die Entscheidungen in der Bank (wie in anderen Unternehmen) gestalten und steuern das Unternehmensgeschehen, um optimale bzw. dem Anspruchsniveau genügende Ergebnisse im Sinne der gesetzten Ziele zu erreichen. Die Auslösung der Entscheidungsvorgänge geschieht jedoch nicht automatisch, es bedarf vielmehr eines besonderen Anstoßes, um einen Entscheidungsprozeß in Gang zu setzen.[1] SCHULZ sieht hier Entscheidungsanlaß und Initiativprozeß, die zu einem Anfang des Entscheidungsprozesses führen. In diesem Zusammenhang lassen sich Problem- und Innovationssituation unterscheiden. Erstere ist dadurch gekennzeichnet, daß eine Organisation ihre Ziele nicht erreicht, während in einer Innovationssituation neuartige Handlungsmöglichkeiten ohne aktuellen Problembezug vorhanden sind.[2] In der betrachteten Situation der Bank in der Krise ihres Kreditkunden ist also eine Problemsituation gegeben, da das Ziel, eine reibungslose Kreditabwicklung ohne Handlungsbedarf seitens des Kreditinstitutes, nicht erreicht ist. Darüber hinaus ist unter Umständen sogar die Kreditrückzahlung gefährdet.

Die Krise des Schuldners muß - soll sie als Anregung taugen - von mindestens einem Bankmitarbeiter erkannt werden. Weiterhin muß das Problem von der Organisation, d.h. von dem Kreditinstitut, als lösungsbedürftig angesehen werden. Bei der Definition des Starts des Entscheidungsprozesses geht es also nicht um Bedingungen, unter denen die Bank Entscheidungssituationen als relevant erachtet, sondern um den Willen, sich mit dieser Situation auseinanderzusetzen.[3] Der Start des fraglichen Entscheidungsprozesses ist in

---

1) Vgl. Griem (1968), S. 53; siehe auch Schulz (1977); Kühn/Walliser (1978), S. 225-231.

2) Vgl. Schulz (1977), S. 6 f.

3) Vgl. derselbe, a.a.O., S. 27.

jenem Augenblick, in dem eine kompetente Organisationseinheit beschließt, für die Bearbeitung einer wahrgenommenen Entscheidungssituation organisatorische Ressourcen einzusetzen.[1)]

Im folgenden Kapitel soll nun untersucht werden, auf welchen Wegen die Gläubigerbank eine Schuldnerkrise erkennen kann. Untersucht wird, ob und inwieweit die Ergebnisse der Insolvenzursachen- und Insolvenzsymptomforschung für das vorliegende Problem nutzbar gemacht werden können und welchen Beitrag eine Bilanzkennzahlenauswertung leisten kann. Nicht behandelt wird hier das Mustererkennungsverfahren[2)], unter anderem deshalb, weil es noch nicht ausreichend ausgereift ist.[3)4)]

Das gestellte Thema impliziert ein bereits bestehendes Kreditverhältnis. Dementsprechend kann die Prüfung auf Krisensymptome im Rahmen der laufenden Überwachung der Kreditengagements erfolgen.

---

1) Vgl. Schulz (1977), S. 31; siehe auch Griem (1968), S. 53-57.

2) Vgl. hierzu Mertens, Peter (1977); Fischer, Jürgen H. (1981), S. 122-250; Lüneborg (1981), S. 91-100; Bühler (1982); Heno (1983), S. 174-276; siehe auch Schmidt, Reinhart (1981); Bühler (1985); Scholz, Christian (1985), insbesondere S. 136 f.

   Zur Klassifikation eines einfachen Musters gehören die folgenden Aufgaben:

   "1. In einer Vorverarbeitung werden Störeinflüsse in den Mustern reduziert und/oder die Muster in eine für die weitere Verarbeitung geeignete Form gebracht; z.B. kann man Zeitreihen glätten oder durch ein lineares Filter verändern und dadurch bestimmte Frequenzanteile gegenüber anderen unterschiedlich gewichten.
   2. Die Merkmalswerte sind zu extrahieren bzw. zu messen.
   3. Aufgrund einer gespeicherten Vorschrift über die charakteristischen Eigenschaften der einzelnen Klassen, der sogenannten Klassencharakteristika, ist die Zuordnung des Musters zu einer Klasse zu treffen, so daß als Resultat des Prozesses der Klassenname ausgegeben wird (den der Mensch für seine Entscheidung verwendet)."

   Mertens, Peter (1977), S. 780.

3) Vgl. Werhahn (1965), S. 13; Bühler (1982), S. 197.

4) Zu den ebenfalls hier nicht behandelten traditionellen Verfahren der Kreditwürdigkeitsprüfung vgl. exemplarisch Osthoff (1973), S. 16-22; Wiegel (1985), S. 149-170.

Aufgabe der Kreditüberwachung[1] ist es, festzustellen, ob sich die bei der Kreditprüfung ermittelten und der Kreditvergabeentscheidung zugrundeliegenden Daten zum Nachteil des Kreditgebers verändern.[2] Die Kreditüberwachung liefert der Bank die laufende Bestätigung (bzw. Nichtbestätigung) ihrer Prognose über den Ablauf der Kreditverbindung. Somit sollte diese Information tendenziell zu einer Verbesserung ihrer Prognosefähigkeit überhaupt führen. Der Vergleich von Datenkonstellationen zum Zeitpunkt der Kreditvergabe, der daraus prognostizierten Entwicklung des Engagements mit dem tatsächlichen, mittels der Kreditüberwachung erkennbaren Ablauf desselben erlaubt eine fortlaufende Evaluation der ursprünglichen Prognosen.[3]

Die Kreditüberwachung erstreckt sich also insbesondere auf die Überwachung der Kreditwürdigkeit[4], aber auch ein negatives Ergebnis bei der Überwachung der bestehenden Sicherheiten ist für die gestellte Aufgabe wesentlich, denn es könnte unter Umständen ein Anhaltspunkt für eine Schuldnerkrise sein. Ziel der Bank ist es, auf diese Weise ungünstige Entwicklungen bei dem Kreditnehmer, die eine Minderung des Rückzahlungsstromes erwarten lassen, rechtzeitig festzustellen und zweckentsprechende Verhütungsmaßnahmen einzuleiten.[5]

Die Kreditüberwachung kann im System der Kontrolle im Bankbetrieb

---

1) Siehe dazu auch Jährig/Schuck (1982), S. 270 f.; Zellweger (1983), S. 11-23; Hein (1986); Hagenmüller/Jacob (1987), S. 35.

2) Vgl. Hartmann (1965), S. 67 f.; siehe auch Werhahn (1965), S. 15-20; Dierkes (1983), S. 36 f.

3) Vgl. Dierkes (1983), S. 39.

4) "Kreditwürdigkeit eines Kreditantragstellers wird dann als gegeben angesehen, wenn sowohl persönliche Eigenschaften als auch wirtschaftlich-sachliche Faktoren auf eine termingerechte Verzinsung und Rückzahlung des beantragten Kredits schließen lassen." Heno (1983), S. 10 f.
Zum Stichwort Kreditwürdigkeit siehe auch Hagenmüller (1976); Haeseler (1981), S. 52 f.; siehe weiterhin Hauschildt (1975), S. 251-265.

5) Vgl. Büschgen (1972), S. 382.

als Zielerreichungskontrolle[1] bezeichnet werden. Mit der Zielerreichungskontrolle werden Informationen über die Ergebnisse bankbetrieblicher Geschäftstätigkeit gewonnen, gemessen an bestimmten intuitiv oder rational abgeleiteten Vorstellungen (Soll/Ist-Vergleich). Hier steht das aus der unvollkommenen Information resultierende Unsicherheitsproblem im Vordergrund der Betrachtung. Voraussetzung für die Kontrolle der Zielerreichung ist die Operationalität der Zielsetzungen.[2] Auf die gestellte Aufgabe bezogen, sei als Ziel bei der Kreditvergabe definiert, daß die herauszulegenden Kredite nur an Kunden gegeben werden, deren Fähigkeit, die der Bank geschuldeten Leistungen zu erbringen, vor Beendigung der Kreditbeziehung nicht beeinträchtigt wird. Die Erreichung dieses Zieles ist im Rahmen der Überwachung des Kreditportefeuilles zu kontrollieren, d.h. die einzelnen Kredite sind daraufhin zu prüfen, ob nach erneuter Einschätzung der Kreditwürdigkeit der Kreditnehmer eine Verschlechterung mit einer Tendenz zur Krise gegeben ist.

Die Kreditwürdigkeitsprüfung im Rahmen der Kreditüberwachung kann auf die folgenden Informationsquellen zurückgreifen:

- Gespräche mit dem Kreditnehmer,

- Auskünfte,

- Betriebsbesichtigungen,

- Beobachtung des Kontoverhaltens,

- Kreditstatus,

- Jahresabschluß sowie

---

1) Vgl. Blanz (1978), S. 17-20.
In Abgrenzung von der Zielerreichungskontrolle wird hier die Systemkontrolle gesehen, die sich vorrangig auf die Zusammenhänge zwischen Kontrolle und Organisation richtet (vgl. derselbe, a.a.O., S. 21-24).

2) Vgl. hierzu unten Teil IV, 10. Kapitel, S. 226 f.

- Finanzpläne.[1]

Im folgenden sei nun abgeleitet, wie diese Informationsquellen zweckmäßig zur Erkennbarmachung einer Schuldnerkrise eingesetzt werden können.

2. Zur Verwendbarkeit der Ergebnisse der materiellen Insolvenzforschung

2.1 Insolvenzursachen und Insolvenzsymptome

Bevor man die Ergebnisse der materiellen Insolvenzforschung im einzelnen im Hinblick auf ihre Verwendbarkeit im Rahmen dieser Arbeit prüft, ist es zweckmäßig, eine Begriffsklärung hinsichtlich der "Insolvenzursachen" und "Insolvenzsymptome" durchzuführen.

Der Ursachenbegriff ist im Rahmen der Kausalität zu erläutern: "Einen Vorgang 'kausal erklären' heißt, einen Satz, der ihn beschreibt, aus Gesetzen und Randbedingungen deduktiv ableiten."[2] Gesetze sind in diesem Zusammenhang "allgemeine Sätze", d.s. Hypothesen sowie Naturgesetze[3], und die Randbedingungen sind "besondere Sätze", d.s. Sätze, die nur für den betreffenden Fall gelten.[4] Die Randbedingungen werden auch "Ursache" genannt. Insolvenzursachen sind aus dieser Sicht für Dritte erkennbare oder nicht erkennbare Tatbestände, die unter Zugrundelegung von entsprechenden allgemeinen Sätzen zu einer Insolvenz (= dem Vorgang/ der Wirkung) führen.[5]

---

1) Siehe auch Hielscher (1979), S. 309.
Hielscher bezeichnet diese Informationsquellen als Instrumente der Kreditwürdigkeitsprüfung.

2) Popper (1982), S. 31; siehe auch Mayr (1976), S. 36-41.
Auf eine intensive Erörterung der mit dem Ursachenbegriff zusammenhängenden wissenschaftstheoretischen Fragen wird hier verzichtet.
Vgl. dazu Popper (1982), S. 31-33 m.w.N.

3) Vgl. derselbe, a.a.O., S. 32.

4) Vgl. derselbe, ebenda.

5) Siehe auch Mayr (1976), S. 37.

Im Gegensatz dazu sollen als Insolvenzsymptome Indikatoren verstanden werden, die empirisch beobachtbar sind und einer Insolvenz mit mehr oder weniger großem zeitlichem Abstand vorangehen können.[1] Hier fehlt es also im Unterschied zu den Insolvenzursachen an der Kausalität, d.h. es ist denkbar, daß mit den Insolvenzsymptomen Tatbestände erfaßt werden, die vor oder bei Eintritt einer Insolvenz auftreten, ohne deren Zustandekommen zu beeinflussen.

2.2 Ursachen- und Symptomkataloge in der Literatur

Es würde den Rahmen dieser Arbeit sprengen, wollte man die Literatur zur empirischen bzw. statistischen Insolvenzursachen- und -symptomforschung in ihrer Vollständigkeit darstellen. Hier soll daher nur auf die häufig zitierten Untersuchungen der Auskunftei Schimmelpfeng[2], des Institutes für Mittelstandsforschung[3] sowie des Rationalisierungs-Kuratoriums der Deutschen Wirtschaft[4] exemplarisch eingegangen werden.[5] Dabei sollen die Untersuchungen auch einer kritischen Würdigung unterzogen werden.

Die amtliche Statistik, die die gemeldeten Konkurs- und Vergleichsverfahren nach Branchen, Rechtsformen und (grob) nach dem Alter

---

1) Vgl. Mayr (1976), S. 39 f.

2) Schimmelpfeng (o.J.).

3) Reske/Brandenburg/Mortsiefer (1976) sowie Langen/Naujoks (1977).

4) Goldbeck/Gauer (1981).

5) Ausführliche Nachweise zu weiteren Untersuchungen finden sich bei Büschgen (1975), S. 99-106 sowie bei Mayr (1976), S. 41-56; siehe ebenso die Darstellung diverser Untersuchungen bei Weisel (1982), S. 12-80 und Krystek (1987), S. 34-66.
Siehe auch Rödl (1979), S. 80-113 sowie derselbe (1981) - Rödl untersucht mögliche Früherkennungskriterien aus der Sicht des Lieferantenkreditgebers; siehe weiterhin Mortsiefer (1981); Ilmaier (1982); Räss (1983), S. 55-66 (zu Insolvenzursachen) und S. 67-82 (zu Insolvenzsymptomen); Uhlenbruck (1983), S. 20-27 (zur Insolvenzursachenforschung); Zellweger (1983), S. 32-72 (zu Insolvenzursachen) und S. 73-93 (zu Insolvenzsymptomen); Zellweger (1983a); Klinger (1984); Reuter/Stein (1984); Reuter/Stein (1984a); Wildemann (1984) (zu Frühwarnsystemen); Zilahi-Szabó (1985); Töpfer (1986); Hess/Fechner (1987), S. 62-75.

der betroffenen Unternehmen aufbereitet[1], ist für die verfolgte Zielsetzung wenig hilfreich, da mit der verwendeten Differenzierung weder Insolvenzursachen abgeleitet werden können, noch aussagekräftige Symptome gewonnen werden. Die Erkenntnisse der amtlichen Insolvenzstatistik erlauben, nur einige wenige, zudem sehr globale Hypothesen über unternehmensgefährdende Sachverhalte zu formulieren.[2]

Das Schimmelpfeng-Marktforschungs-Institut befragte im November 1974 92 Konkursverwalter nach den Ursachen von Konkursen. Aus dieser Befragung heraus wurden 32 (!) "Konkursgründe" herausgearbeitet, die in der Reihenfolge ihrer Bedeutung im Anhang 1[3] wiedergegeben sind.

Auf der Basis einer Auswertung von rd. 1.300 Insolvenzakten, einer Befragung von 74 Konkursverwaltern sowie - sekundär - einer Befragung der gescheiterten Unternehmer bzw. deren leitender Mitarbeiter sowie eine der Geschäftspartner der insolventen Betriebe (Lieferanten, Kunden, Kreditinstitute)[4] ermittelte das Institut für Mittelstandsforschung ebenfalls einen umfangreichen Katalog von Insolvenzursachen, die in ihrer Bedeutungsrangfolge im Anhang 2[5] dargestellt sind.

Eine vom Rationalisierungs-Kuratorium der Deutschen Wirtschaft durchgeführte Studie, die auf veröffentlichten empirischen Untersuchungen sowie eigenen Erhebungen der Verfasser basiert,[6] differenziert die Insolvenzsymptome nach gerichtsnotorischen und außergerichtlichen Symptomen (vgl. Anhang 3[7]).

---

1) Vgl. Statistisches Bundesamt (Jahrgang 1986), S. 133-135; siehe auch Stein (1970); Osthoff (1973), S. 83-93; Rödl (1979), S. 54-79; Angele (1981).

2) Vgl. Bönkhoff (1983), S. 52.

3) Vgl. unten S. 278 f.

4) Vgl. Reske/Brandenburg/Mortsiefer (1976), S. 22-26.

5) Vgl. unten S. 280.

6) Vgl. Goldbeck/Gauer (1981), S. 10.

7) Vgl. unten S. 281.

Unterzieht man die dargestellten Untersuchungen einer näheren Prüfung, so zeigt sich, daß die Arbeiten es nicht erlauben, Insolvenzursachen im Sinne einer Kausalität zu bestimmen. Auch wenn in der Literatur einzelne Tatbestände als Ursache einer Insolvenz bezeichnet werden, so genügen sie doch nicht den im Rahmen dieser Arbeit zugrundegelegten Anforderungen. Ohne eine Einzelkritik der Veröffentlichungen durchführen zu wollen, sei hier auf einige als wichtige oder wichtigste bezeichnete angebliche Insolvenzursachen eingegangen.

Es ist sicher richtig, daß eine "schwache Eigenkapitalausstattung"[1] bei vielen insolventen Unternehmen festgestellt werden kann, und ebenso richtig ist, daß eine Insolvenz bei diesen Unternehmen häufig durch eine bessere Eigenkapitalbasis - zunächst - hätte abgewendet werden können, weil zum Beispiel eine Überschuldung dann nicht vorgelegen hätte oder das Unternehmen so kreditwürdiger gewesen wäre und Lieferanten und Banken Liquidität zur Abwendung einer Zahlungsunfähigkeit bereitgestellt hätten. Als Insolvenzursache kann dieses Kriterium aber nicht herangezogen werden, weil die unzureichenden Eigenmittel durch wieder andere Ursachen bedingt sind, beispielsweise durch schwache Rentabilität, verursacht durch Fehlentscheidungen im Leistungsbereich des Unternehmens. Im übrigen kann die mangelhafte Eigenkapitalbasis auch deshalb nicht als Ursache einer Insolvenz herangezogen werden, weil zahlreiche Unternehmen dieses Kriterium ebenfalls erfüllen, ohne insolvent zu werden.[2]

Als gleichfalls untauglich erweist sich die Insolvenzursache genannte Tatsache "Schwächen in der Betriebsführung"[3], da sich dahinter selten mehr als eine Leerformel verbirgt. Aufgabe der

---

1) Ziffer 2 der Konkursgründe nach Schimmelpfeng (vgl. Anhang 1, S. 278 f.).
Auf die Schwierigkeiten bei der Definition einer branchen- und unternehmensindividuellen zeit- und konjunkturabhängigen "ausreichenden" Eigenkapitalausstattung sei hier nicht eingegangen.

2) Ebenso Büschgen (1975), S. 106-109.

3) Ziffer 1 der Insolvenzursachenbereiche nach dem Institut für Mittelstandsforschung (vgl. Anhang 2, S. 280).

Betriebsführung ist unter anderem, Entscheidungen zu treffen und durchzusetzen; der betriebliche Alltag ist durch eine Vielzahl solcher Entscheidungen geprägt. Wenn nun die Insolvenz eines Unternehmens auf Fehlentscheidungen zurückgeführt wird und diese Fehlentscheidungen der Betriebsführung angelastet werden, dann ist die Aussage, daß Insolvenzen durch Schwächen in der Betriebsführung verursacht werden, trivial.

Weitergehend kann m.E. sogar festgestellt werden, daß allgemeingültige Insolvenzursachen grundsätzlich nicht deduziert werden können. Die Begründung für diese Hypothese liegt in dem folgenden Gedankengang: Wäre es möglich, eine Insolvenzursache abzuleiten und sollte diese nicht nur für eine Einzelinsolvenz ursächlich sein, dann müßte der entsprechende Tatbestand, sofern er in einem anderen Fall ebenfalls vorliegt, hier (quasi automatisch) auch zu einer Insolvenz führen. Dies folgt aus den Definitionsmerkmalen einer Insolvenzursache. Tatsächlich gibt es in einer Unternehmenskrise keine Automatik, denn über eine Insolvenz oder Sanierung wird in jedem Einzelfall von den beteiligten Individuen (Vertreter des Unternehmens, Bankvertreter etc.) entschieden, und diese Individuen bringen in jedem Einzelfall unterschiedliche (ggf. auch sachfremde) Zielvorstellungen und Motivationen in den Entscheidungsprozeß ein. Allein die Risikobereitschaft ist von Individuum zu Individuum unterschiedlich. Wenn es aber in einer Unternehmenskrise keine Automatik gibt, dann sind die eventuell ermittelten Insolvenzursachen nur für den Einzelfall relevant und damit nicht allgemeingültig. Solcherart zu bewertende Insolvenzursachen sind aber - zumindest für die in dieser Arbeit verfolgte Problemstellung - ohne Erkenntniswert.[1)]

Die in der Literatur vorgestellten Insolvenzsymptomkataloge sind ebenfalls nur als erster Ansatz zu sehen,[2)] da es häufig an der

---

1) Siehe auch Schneider (1985), S. 1493:
"Vermutete Abhängigkeiten, für die nicht einmal unter einfachen Bedingungen eine modellmäßige Stützung gefunden werden konnte, der Praxis zur Anwendung zu empfehlen, das heißt nichts anderes als: bewußt auf all das zu verzichten, was Wahrsagerei von wissenschaftlichem Arbeiten unterscheidet."

2) Gleicher Ansicht Stein (1979), S. 28 sowie Steiner (1980), S. 156.

Operationalisierung der Tatbestände fehlt und zudem nicht ausgeschlossen ist, daß die Insolvenzsymptome bei vielen solventen Unternehmen gleichfalls zu konstatieren sind und insofern die Aussagekräftigkeit der Symptome eingeschränkt ist.

WEISEL führt hierzu aus:
"Nach der intensiven Beschäftigung mit den Arbeiten der Insolvenzprognoseforschung bleibt dennoch bisher nur festzustellen, daß sich der bis heute erzielte Erkenntnisstand nur unwesentlich von dem Erkenntnisstand der Insolvenzursachenforschung unterscheidet. Mit jeder neuen Untersuchung wurde nämlich im allgemeinen

1. die Vielfalt der Entscheidungsmodelle (Frühwarnsysteme) erhöht,
2. die kausale Interpretierbarkeit durch die zunehmend komplexer werdenden Entscheidungsmodelle eher erschwert, ohne
3. die Prognosekraft der Modelle wesentlich zu verbessern."[1)]

Zusammenfassend kann damit festgestellt werden, daß die vorgestellten und untersuchten Insolvenzursachen- und Insolvenzsymptomkataloge für die verfolgte Zielsetzung einer Entscheidungsprozeßinitiierung bei der Bank in der Krise ihres Schuldners keine maßgebliche Hilfe leisten können.[2)]

3. Zur Erkennbarkeit von Krisensymptomen mittels Jahresabschlußanalyse und Bilanzkennzahlenauswertung

3.1 Vorbemerkung

Nachdem oben herausgearbeitet wurde, daß die bisher veröffentlichten Ergebnisse der Insolvenzforschung bei der verfolgten Zielsetzung einer Entscheidungsprozeßinitiierung bei der Bank keine maßgebliche Hilfe zu leisten vermögen, soll nun im folgenden geprüft werden, ob und inwieweit die Analyse der Jahresabschlüsse der Schuldnerunternehmungen, die von dem Kreditinstitut gemäß § 18

---

1) Weisel (1982), S. 255 f.; siehe auch Krystek (1987)), S. 67 f.

2) Ebenso Bönkhoff (1983), S. 48-50;
anderer Ansicht ist Tichy, vgl. Tichy (1983) und Tichy (1983a).

KWG[1] im Regelfall ohnehin durchgeführt werden muß, für die Problemstellung fruchtbar gemacht werden kann. Dabei soll insbesondere darauf eingegangen werden, welchen Beitrag die Bilanzkennzahlenanalyse zu leisten vermag.

Bei der hier interessierenden zukunftsorientierten Jahresabschlußanalyse[2] kann eine prognostizierende (Trendanalyse) und eine klassifizierende Bilanzanalyse (Ereignisanalyse) unterschieden werden.[3]

Die prognostizierende Bilanzanalyse versucht auf der Basis von Vergangenheitsdaten und unter Zuhilfenahme mathematischer Prognoseverfahren zukünftige Bilanz- und Erfolgsdaten sowie Kennzahlen[4] zu ermitteln.[5]

Die im Zusammenhang mit dem gestellten Problem mehr interessierende klassifizierende Bilanzanalyse stellt demgegenüber nicht auf

---

1) § 18 Sätze 1, 2 KWG lauten wie folgt:
"Von Kreditnehmern, denen Kredite von insgesamt mehr als einhunderttausend Deutsche Mark gewährt werden, hat sich das Kreditinstitut die wirtschaftlichen Verhältnisse, insbesondere durch Vorlage der Jahresabschlüsse offenlegen zu lassen. Das Kreditinstitut kann hiervon absehen, wenn das Verlangen nach Offenlegung im Hinblick auf die gestellten Sicherheiten oder auf die Mitverpflichteten offensichtlich unbegründet wäre."

2) Auf Mängel des Jahresabschlusses als Informationsinstrument über zukünftige Zahlungsströme weist Bönkhoff hin; siehe Bönkhoff (1983), S. 57-61; siehe auch Uhlenbruck (1977), S. 314; Lachnit (1979), S. 167 m.w.N.; Heine (1979); Hellge (1982), S. 23-26; Burkel (1985).
In diesem Zusammenhang interessant sind auch die Beiträge von Göllert (1984) und Seicht (1984).

2) Vgl. Steiner/Rössler (1976), S. 440; siehe hierzu auch Eymüller (1976); Matschke (1979), S. 487-489.

3) "Kennzahlen sind hochverdichtete Meßgrößen, die als Verhältniszahlen oder absolute Zahlen in einer konzentrierten Form über einen zahlenmäßig erfaßbaren Sachverhalt berichten. Sie sind ganz allgemein als ein rechentechnisches Mittel aufzufassen, das der Quantifizierung von Informationen für Entscheidungsprobleme verschiedenster Art dient." Küting (1983), S. 237; siehe auch Küting (1983a).
Zu Begriff und Systematik der Bilanzkennzahlen siehe auch Kindlinger (1977), S. 46-50.
Grundfragen betriebswirtschaftlicher Kennzahlensysteme werden eingehend behandelt bei Lachnit (1979), S. 15-83; siehe auch Radge (1976).

4) Vgl. Steiner/Rössler (1976), S. 440.

die Prognose einzelner Daten ab, sondern sie versucht, entscheidungsrelevante Ereignisse, wie etwa eine drohende Insolvenz oder eine Schuldnerkrise, vorauszusagen. Die Beurteilung erfolgt durch Klassifikation aufgrund eines Kennzahlenrasters, ermittelt aus Vergangenheitsdaten anderer Unternehmen, deren Schicksal bezüglich des zu prognostizierenden Ereignisses bekannt ist.[1)]

Einzelne Indikatoren sind allerdings besonders manipulationsanfällig und weiterhin aufgrund der Multikausalität zukünftiger Ereignisse nur bedingt aussagefähig. Daher müssen mehrere Jahresabschlußinformationen in Form von Kennzahlen so zusammengestellt werden, daß Manipulationsmöglichkeiten möglichst kompensiert werden. Zusätzlich zu den zusammengefaßten Jahresabschlußinformationen müssen so viele Einflußfaktoren der zukünftigen Entwicklung eines Unternehmens erfaßt werden, daß eine Aussage über die Gefährdung des Unternehmens und damit der von der Bank herausgelegten Kredite möglich wird.[2)]

Die Auswahl geeigneter Kennzahlen[3)] kann auf univariater und multivariater Basis erfolgen. Bei einem univariaten Ansatz werden die prognosefähigsten Kennzahlen einzeln ermittelt und gleichwertig nebeneinander gestellt. Eine Gewichtung der Kennzahlen entspre-

---

1) Vgl. dieselben ebenda; siehe auch Büschgen (1968), S. 191-198, insbesondere die Abbildung auf S. 193; Büschgen (1969), S. 353-355; Stein (1975), S. 171-175; Müller-Merbach (1977), S. 425-429; Heno (1983), S. 57-60.
Kritisch zu diesem Verfahren äußert sich Kremkow:
"Auf die Frage, ob Unternehmen in bestimmten Wirtschaftsbereichen 'Erfolg' haben werden, kann nur eine qualitative Analyse der Marktbedingungen und -entwicklungen Antwort geben, eine Analyse, wie sie auch von Unternehmensführungen anzustellen ist. Eine quantitative Analyse, deren Ziel es ist, die aus den Stockungen des Betriebsablaufs resultierenden Liquiditätsprobleme (Zahlungsunfähigkeit und Überschuldung) mittels Kennzahlenvergleich zu prognostizieren, muß hier versagen, weil sie das erste Problem - die Stockung des Betriebsablaufs - das Sinken des 'Erfolgs' - selbst nicht prognostiziert, wenn das Unternehmen aufgrund seines Leistungsprogramms im Markt nicht mehr wettbewerbsfähig ist."
Kremkow (1981), S. 35; gleichfalls kritisch Steiner (1980), S. 182 f.

2) Vgl. Bönkhoff (1983), S. 61.

3) Zum Problem der Auswahl zweckentsprechender Kennzahlen siehe Beermann (1976), S. 35 f.

chend einer unterschiedlichen Bedeutung hinsichtlich der Prognoseaussage ist dabei nicht möglich. Bei einem multivariaten Ansatz werden mehrere Kennzahlen gleichzeitig mit ihren Interdependenzen betrachtet. Eine ausdrückliche Berücksichtigung der Abhängigkeiten kann zur Einbeziehung von Kennzahlen führen, die bei univariater Betrachtung unberücksichtigt geblieben wären. Darüber hinaus ermöglicht ein multivariater Ansatz die Gewichtung der Kennzahlen entsprechend ihrer relativen Bedeutung für die Prognoseaussage.[1)]

3.2 Verfahren zur empirischen Überprüfung der Aussagefähigkeit von Bilanzkennzahlen

3.2.1 Univariate Verfahren

Wird die Kreditwürdigkeitsprüfung/Insolvenzprognose bzw. die Untersuchung auf Krisensymptome lediglich an einem Bonitätskriterium ausgerichtet, so handelt es sich um ein univariates Verfahren. Im folgenden sollen als solche Verfahren die Profilanalyse, die Histogrammvergleiche sowie der dichotomische Klassifikationstest kurz vorgestellt werden.[2)]

3.2.1.1 Profilanalyse

Zunächst wird einer Grundgesamtheit von insolventen bzw. kritischen Unternehmen eine Vergleichsgruppe solventer Unternehmen gegenübergestellt. Die Profilanalyse beruht dann auf einem zeitablaufbezogenen Mittelwertsvergleich einzelner Kennzahlen, getrennt nach insolventen und solventen Unternehmen. Dabei wird von der Hypothese ausgegangen, daß sich die Mittelwerte und die Entwicklung der Mittelwerte der beiden Stichproben deutlich unterscheiden.[3)]

---

1) Vgl. Steiner/Rössler (1976), S. 443; siehe auch Heno (1983), S. 60-80.

2) Weitere Verfahren werden anschaulich von Denk vorgestellt; vgl. Denk (1979), S. 54-71; siehe auch Strack (1976), S. 49-67.

3) Vgl. Denk (1979), S. 58; siehe auch Kindlinger (1977), S. 58 f.; Weinrich (1978), S. 87-127; Heno (1983), S. 68.

Eine graphische Darstellung kann dann folgendermaßen aussehen:

Abbildung 5: Profilanalysen[1]

cash-flow dividiert durch Verbindlichkeiten | Vorräte dividiert durch Umsatz

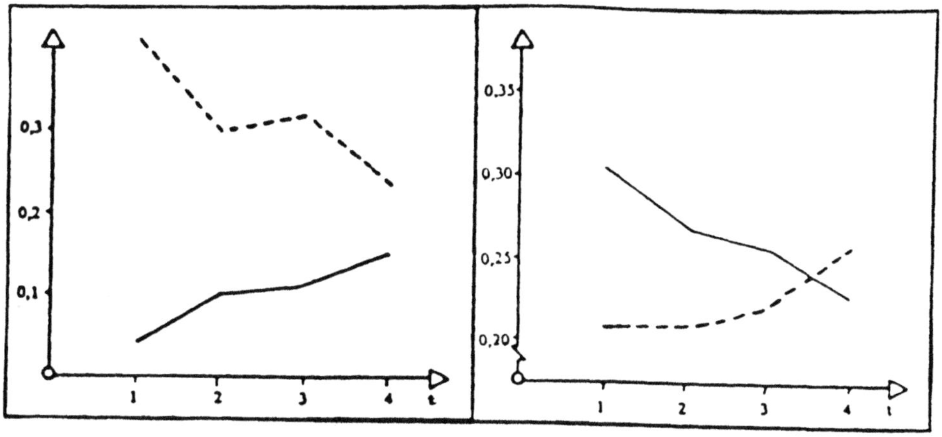

Legende: t = Jahr vor Vermögensverlust

----- = Vergleichsunternehmen

_____ = Scheiternde Unternehmen

Die Ergebnisse der Profilanalyse können zum Aufbau eines einfachen Erklärungsmodells[2] herangezogen werden. So werden aus den untersuchten Kennzahlen bestimmte Kennzahlen ausgewählt, die relativ große Abstände in den Mittelwerten aufweisen. Ein Kreditnehmer wird dann als gefährdet betrachtet, wenn bei dem Unternehmen ein vorzugebender Teil der bestimmten Kennzahlen in der Nähe oder unterhalb des Mittelwertes der Gruppe der schlechten Kredite liegt.[3]

1) Nach Beermann (1976), S. 57 f.

2) Ein Erklärungsmodell dient der Erklärung und Vorhersage von Vorgängen der Realität. Im Gegensatz dazu kommt bei einem Entscheidungsmodell hinzu, daß die Möglichkeit der Beeinflussung des Vorganges gegeben ist und daß außerdem bestimmte Wünsche und Zielvorstellungen bestehen hinsichtlich der Art und Weise, wie der Vorgang abläuft.
Vgl. Hax (1974), S. 13; siehe hierzu auch Adam/Witte (1976), S. 2.

3) Vgl. Weinrich (1978), S. 87.

Die Schwäche der Profilanalyse liegt bei der Verwendung von Mittelwerten zur Erklärung einer Verteilung. Festgestellte Unterschiede zwischen den Mittelwerten bedeuten noch nicht, daß die zugrundeliegenden Verteilungen signifikant voneinander abweichen; eine die Prognosekraft der Kennzahl verringernde Überlagerung ist sehr wohl möglich. Bei gleichen Unterschieden in den Mittelwerten richtet sich bei einer symmetrischen Verteilung das Ausmaß dieser Überlagerungen zwischen den Gruppen nach der Streuung[1] der Beobachtungswerte. Eine hohe Streuung hat dann einen großen Überlagerungsbereich zur Folge. Weiterhin können einige extreme Werte in den Beobachtungen den Mittelwert erheblich verzerren, insbesondere wenn die Verteilungen asymmetrisch verlaufen.[2]

3.2.1.2 Histogramme

Um den Überlagerungsbereich sichtbar zu machen, kann eine graphische Darstellung der Beobachtungen gewählt werden, bei der auf der Abszisse der Kennzahlenwert und auf der Ordinate die relative Häufigkeit[3] seines Auftretens bei der Gruppe der insolventen Unternehmen und der Vergleichsgruppe der solventen Unternehmen aufgetragen wird[4] (vgl. Abbildung 6 auf der folgenden Seite).

---

1) Mögliche Streuungsmaße erläutert Lachnit; vgl. Lachnit (1979), S. 153 f.

2) Vgl. Weinrich (1978), S. 91; siehe auch Beermann (1976), S. 65 f. sowie Denk (1979), S. 58 f.

3) In diesem Zusammenhang wird damit der Prozentsatz der Kennzahlen ausgedrückt, die in ein bestimmtes Skalenintervall fallen.

4) Vgl. Kindlinger (1977), S. 59-61.

Abbildung 6: Histogramme der Kennzahl cash-flow dividiert durch Verbindlichkeiten im ersten, dritten und fünften Jahr vor der Insolvenz[1]

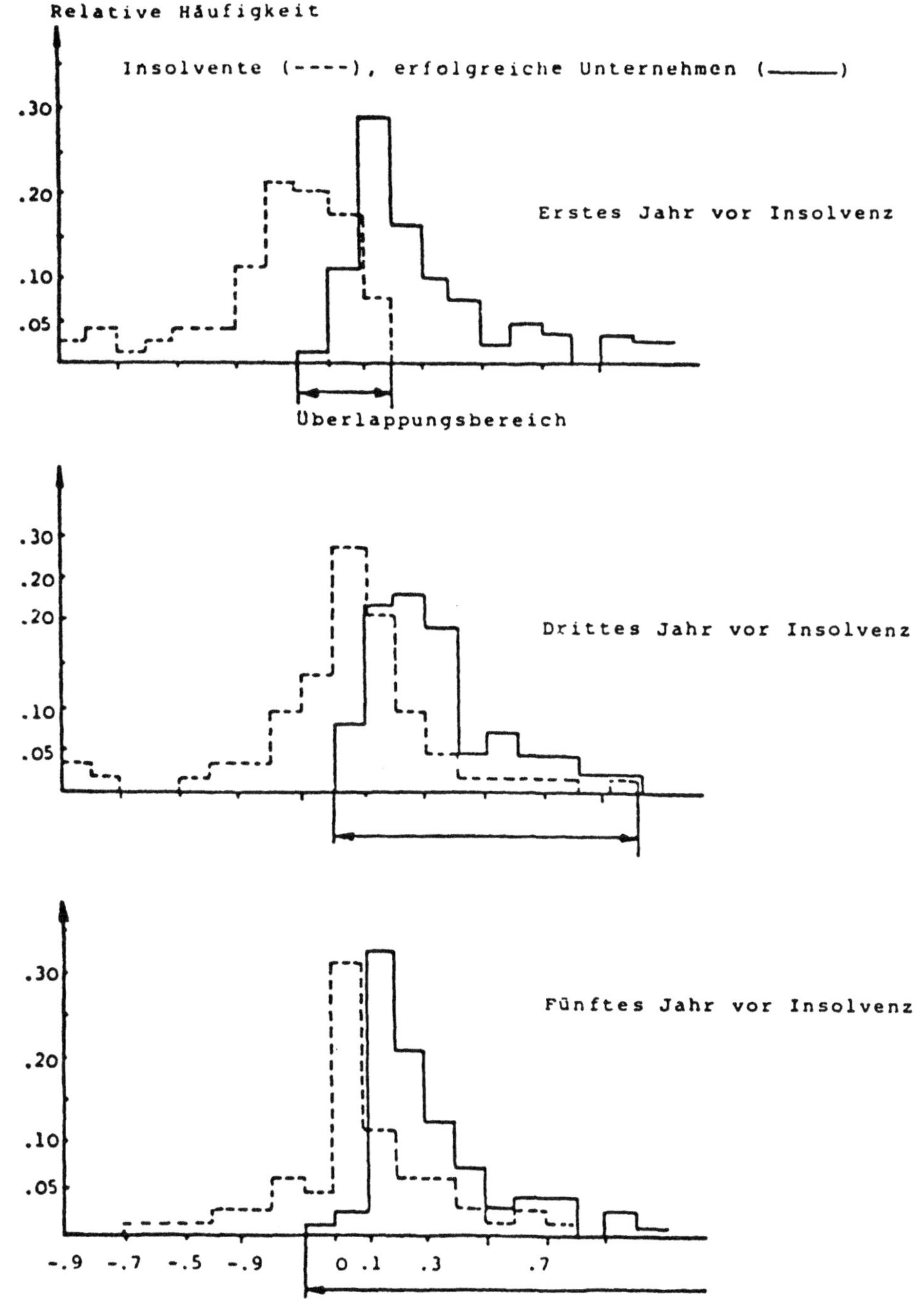

1) Nach Beaver (1966), S. 92-94.

3.2.1.3 Dichotomischer[1] Klassifikationstest[2]

Dieses Prognoseverfahren geht von einer Rangfolge der Beobachtungswerte aus. Die Werte einer bestimmten Kennzahl aus der Grundgesamtheit der insolventen Unternehmen und der Vergleichsunternehmen werden dazu in eine aufsteigende oder absteigende Ordnung gebracht. Bei einer prognosefähigen Kennzahl werden nun an dem einen Ende dieser Reihe im wesentlichen Kennzahlenwerte der insolventen bzw. kritischen Unternehmen zu finden sein, am anderen Ende der Reihe Kennzahlenwerte der Vergleichsunternehmen. Das Kriterium des Verfahrens besteht nun in der Festlegung eines Trennwertes ("cut off-point"), der die Reihe in zwei Teilmengen teilt, wobei die eine Teilmenge im Falle völlig geglückter Trennung der beiden Stichproben ausschließlich Kennzahlenwerte der fallierenden Unternehmen enthält und die andere Teilmenge ausschließlich Kennzahlenwerte der Vergleichsunternehmen. In praxi wird es aber in der überwiegenden Anzahl der Untersuchungen Überlappungen der beiden Verteilungen geben, wodurch es bei den einzelnen Kennzahlen und in Abhängigkeit vom gewählten Trennwert zu einer unterschiedlichen Anzahl von Fehlklassifikationen kommt. Die Fehlklassifikationen können in diesem Zusammenhang in zwei Typen unterschieden werden[3]:

- Unternehmen, die de facto insolvent werden, können als nichtinsolvenzgefährdet klassifiziert werden (Fehler 1. Art),

und

- Unternehmen, die de facto nicht insolvent werden, können als insolvenzgefährdet klassifiziert werden (Fehler 2. Art).

---

1) Dichotomisch (griechisch) = zweigeteilt.

2) Siehe hierzu Kindlinger (1977), S. 61 f. sowie Denk (1979), S. 60-62; siehe auch Beermann (1976), S. 66-98; Gebhardt (1980), S. 207-215; Heno (1983), S. 60-68.
Lachnit bezeichnet den dichotomischen Klassifikationstest als singulare Diskriminanzanalyse; vgl. Lachnit (1979), S.163-165.

3) Vgl. Mayr (1976), S. 90.

Die Prognosehandlung besteht schließlich aus der Zuordnung eines beliebigen Kennzahlenwertes zu einer Unternehmensgruppe (insolvente oder solvente Unternehmen) entsprechend der zu dem Kennzahlenwert zugehörigen Teilmenge.

Kritisch ist die Bestimmung des Trennwertes. Bei gleich großen Stichproben bietet sich der Median[1)] als cut off-point an[2)]; andere Vorschläge bieten den Trennwert an, bei dem die Kosten von Fehlklassifikationen oder die Anzahl von Fehlklassifikationen minimal werden.[3)] Ein Beispiel des dichotomischen Klassifikationstests mit dem Median als Trennwert gibt die Tabelle 2 auf der folgenden Seite wieder.

Im Anschluß an die Feststellung der Anzahl von Richtig- und Fehlklassifikationen wird die Prognosewahrscheinlichkeit P_1 durch die folgende Beziehung ermittelt:

$$P_1 = \frac{\text{Anzahl der richtig klassifizierten Unternehmen}}{\text{Anzahl der insgesamt klassifizierten Unternehmen}}$$

Die Gegenwahrscheinlichkeit P_2 kann dann wie folgt ermittelt werden:

$$P_2 = 1 - P_1$$

bzw.

$$P_2 = \frac{\text{Anzahl der falsch klassifizierten Unternehmen}}{\text{Anzahl der insgesamt klassifizierten Unternehmen}}$$

P_2 bringt die Wahrscheinlichkeit einer Fehlprognose zum Ausdruck. Im Rahmen eines dichotomischen Klassifikationstests kann

---

1) Der Median oder auch Zentralwert ist als der Skalenwert definiert, der eine geordnete Reihe von Beobachtungswerten in zwei gleiche Teile zerlegt.
Vgl. Kobelt (1977), S. 69-73.

2) Vgl. Denk (1979), S. 61.

3) Vgl. Gebhardt (1980), S. 206.

Tabelle 2: Rangfolge der Kennzahl "Jahresüberschuß + Steuern ± außerordentliches Ergebnis zu Verbindlichkeiten" der von BEERMANN untersuchten Unternehmungen ein Jahr vor dem Vermögensverlust

Lfd.Nr.	Unt.Nr.	Scheiternde Unt.	Vergleichs-Unt.
1	01	-0.2735	
2	20	-0.2537	
3	15	-0.2476	
4	23	-0.2351	
5	22	-0.1979	
6	10	-0.1378	
7	11	-0.1179	
8	18	-0.1022	
9	09	-0.0593	
10	04	-0.0580	
11	19	-0.0393	
12	08	-0.0235	
13	67		-0.0193
14	21	-0.0185	
15	51		-0.0136
16	26	0.0037	
17	17	0.0076	
18	14	0.0111	
19	13	0.0215	
20	76		0.0277
21	61		0.0297
T_M			T_M
22	68		0.0317
23	24	0.0396	
24	60		0.0525
25	05	0.0529	
26	62		0.0589
27	12	0.0617	
28	70		0.0619
29	69		0.0742
30	71		0.0821
31	16	0.0868	
32	58		0.0977
33	66		0.1041
34	63		0.1066
35	54		0.1549
36	59		0.1798
37	72		0.2380
38	64		0.6070
39	55		0.7110
40	65		0.8009
41	74		1.0467
42	73		3.1911

Quelle: Beermann (1976), S. 69.

eine Kennzahl also dann als besonders prognosefähig angesehen werden, wenn eine hohe Prognosewahrscheinlichkeit (und damit geringe Wahrscheinlichkeit einer Fehlprognose) vorliegt, d.h. wenn eine hohe Trennfähigkeit der Kennzahl zwischen insolventen- und Vergleichsunternehmen gegeben ist.[1]

Als Kritik am dichotomischen Klassifikationstest ist festzustellen, daß die - in praxi gegebene - Differenz zwischen der Vielzahl ordnungsgemäß abgewickelter Kreditengagements und der vergleichsweise geringen Anzahl von kritischen Krediten nicht in die Überlegungen eingeht. Die Bildung von gleich umfangreichen Stichproben enthält die Annahme, daß sich insolvente und solvente Unternehmen die Waage halten; dies ist unrealistisch. Weiterhin ist zu beachten, daß sich die Prognosewahrscheinlichkeiten im Zeitablauf verändern können. Die Aussagen des Prognoseverfahrens sind daher - genau genommen - auf den Analysezeitraum beschränkt.[2]
Eine weitere Schwäche des dichotomischen Klassifikationstests, wie auch der anderen bisher vorgestellten Verfahren, ergibt sich aus deren univariatem Charakter: den Abhängigkeiten zwischen den einzelnen Kennzahlen wird nicht Rechnung getragen.

3.2.2 Die multiple Diskriminanzanalyse als ein Beispiel multivariater Verfahren

Wurden die Abhängigkeiten zwischen einzelnen untersuchten Kennzahlen bei den univariaten Prognoseverfahren nicht in die Überlegungen mit einbezogen, so werden sie bei den multivariaten Verfahren berücksichtigt. Diese Klassifikationsverfahren basieren auf der simultanen Berücksichtigung mehrerer Bonitätskriterien, in der Erwartung, damit bessere Klassifikationsergebnisse erreichen zu können als bei den univariaten Verfahren mit den diesen eigenen, relativ großen Überlagerungsbereichen. Als ein wichtiges multivariates Verfahren[3] soll nun im folgenden die multiple Diskrimi-

---

1) Vgl. Denk (1979), S. 60.

2) Vgl. derselbe, ebenda.

3) Weitere Verfahren werden von Denk vorgestellt; vgl. Denk (1979), S. 63-71; siehe auch Kern/Hagemeister (1986).

nanzanalyse kurz vorgestellt werden.[1)]

Das Klassifikationsverfahren besteht aus zwei Stufen:

a) Ermittlung der Diskriminanzfunktion und des Trennwertes

Mit Hilfe eines vorgegebenen Merkmalprofils[2)], welches die Eigenschaften zweier oder mehrerer Stichproben beschreibt, soll eine Diskriminanzfunktion ermittelt werden, die in der Lage ist, die Stichproben möglichst scharf auseinanderzuhalten. Für eine möglichst genaue Trennung ist daher anzustreben, daß die Klassifikationselemente = Bilanzkennzahlen innerhalb einer Gruppe (insolvente bzw. kritische Unternehmen und Vergleichsunternehmen) möglichst wenig streuen und daß die Abstände zwischen den Gruppenmittelwerten möglichst groß werden.

Im (linearen) Grundmodell hat die Diskriminanzfunktion dann folgendes Aussehen:

$$Z = g_1 \times x_1 + g_2 \times x_2 + \ldots + g_n \times x_n$$

mit Z = Diskriminanzwert

g_i = Gewichtskoeffizienten (i = 1,2, ..., n)

x_i = Ausprägungen der Variablen = betrachtete Kennzahlen (i = 1,2, ..., n)

n = Anzahl der Variablen

---

1) Siehe hierzu Denk (1979), S. 71-77 sowie Bulling (1976), S. 53-83; siehe auch Beermann (1976), S. 98-121; Steiner/Rössler (1976), S. 443-448; Strack (1976), S. 67-77; Weiss (1976), S. 97-102; Kindlinger (1977), S. 63-66; Weinrich (1978), S. 98-126; Lachnit (1979), S. 163 und 166 f.; Gebhardt (1980), S. 244-253; Schuchard-Ficher u.a. (1982), S. 151-211; Heno (1983), S. 69-80.
Zu den formalen Grundlagen der multiplen Diskriminanzanalyse siehe die Nachweise bei Weiss (1976), S. 97 sowie bei Denk (1979), S. 72; siehe auch Fahrmeir/Häußler/Tutz (1984).

2) Zum Problem der optimalen Auswahl der zu berücksichtigenden Bonitätskriterien siehe Heno (1983), S. 70 f.; siehe auch Weiss (1976), S. 104-115.

Mit Hilfe dieser linearen Funktion werden also die Ausprägungen der einzelnen Bonitätskriterien in einen künstlichen, dimensionslosen Diskriminanzwert Z transformiert. Die Idee der Diskriminanzanalyse ist es nun, diese Transformation mittels der Festlegung der Gewichtungskoeffizienten so durchzuführen, daß der Überlappungsbereich der Z-Werte der guten Risiken mit den Z-Werten der schlechten Risiken minimal wird und so eine minimale Fehlklassifikationsrate erreicht werden kann. Das entsprechende mathematische Verfahren kann nicht nur auf quantitative, sondern auch auf in Punktwerte kodierte qualitative Bonitätskriterien Anwendung finden. Nach der Bestimmung der optimalen Gewichte können die Z-Werte der in der Vergangenheit abgeschlossenen Kreditengagements errechnet und wie beim univariaten dichotomischen Klassifikationstest in eine Rangfolge gebracht werden. Auch kann nun auf dieselbe Weise wie beim dichotomischen Klassifikationstest ein optimaler Trennpunkt bestimmt werden, der die Fehlklassifikationsrate oder die Fehlklassifikationskosten minimiert.[1)]

b) Klassifikation

In der zweiten Stufe des Klassifikationsverfahrens werden die Kennzahlenwerte eines neuen Klassifikationsobjektes in die Diskriminanzfunktion eingesetzt, mit den Gewichtungskoeffizienten der Diskriminanzfunktion multipliziert und anschließend additiv verknüpft. Der sich ergebende Diskriminanzwert wird dann mit dem Trennwert verglichen. Über die Ermittlung der Abweichungsrichtung läßt sich die Gruppenzugehörigkeit bestimmten; das Ausmaß der Abweichung vom Trennwert läßt Rückschlüsse über die Eindeutigkeit der Zuordnung zu.[2)]

Die multiple Diskriminanzanalyse mit Hilfe einer linearen Funktion kann für den Fall der Berücksichtigung lediglich zweier Variablen x_1 und x_2 graphisch veranschaulicht werden (vgl. Abbildung 7 auf der folgenden Seite).[3)]

---

1) Vgl. Heno (1983), S. 75.

2) Vgl. Denk (1979), S. 73.

3) Vgl. Weiss (1976), S. 100 f.; Kindlinger (1977), S. 64 f.; Heno (1983), S. 76-80.

Abbildung 7: Graphische Darstellung der multiplen Diskriminanzanalyse mit zwei Variablen[1]

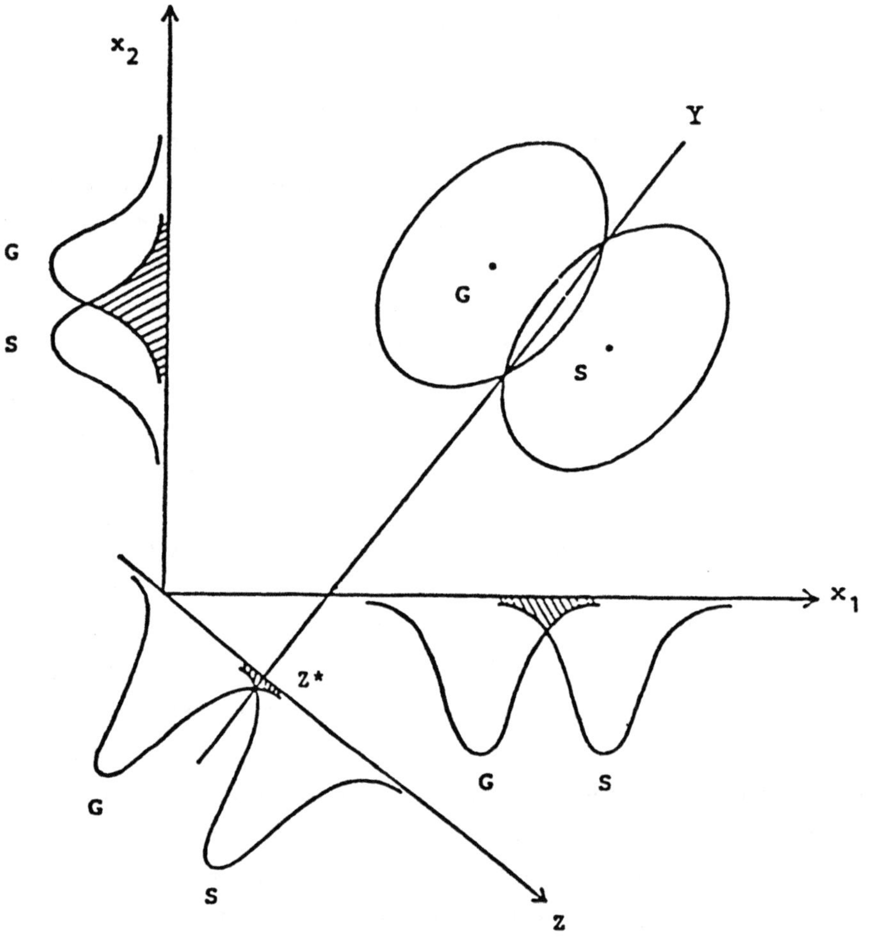

G = gute Risiken
S = schlechte Risiken

Die beiden Variablen bzw. Bilanzkennzahlen sind auf den beiden Achsen des Koordinatensystems abgetragen. Die Ausprägungen der Variablen, d.h. die Bilanzkennzahlenwerte aus den Stichproben, lassen sich in dem Koordinatensystem als einzelne Punkte einzeichnen. Die sich ergebenden Punktewolken für beide Un-

1) Nach Heno (1983), S. 78; siehe auch Cooley/Lohnes (1971), S. 243-250, insbesondere S. 245.

ternehmensgruppen (insolvente bzw. kritische Unternehmen und Vergleichsunternehmen) können dann durch Konturlinien abgegrenzt werden, die jeweils einen bestimmten Anteil aller Unternehmen umfassen.

Wird x_1 als alleiniges Beurteilungskriterium gewählt, d.h. wird ein dichotomischer Klassifikationstest durchgeführt, so ergeben sich die beiden Verteilungen guter und schlechter Risiken entlang der x_1-Achse; entsprechendes gilt für die x_2 als univariates Kriterium. Die optimale Bestimmung der Gewichtungskoeffizienten erfolgt nun graphisch in der Weise, daß durch die beiden Schnittpunkte der Ellipsen (= Konturlinien der Punktewolken) eine Gerade Y konstruiert wird; sie kann als Trenngerade oder Diskriminanzgrenzlinie bezeichnet werden.[1] Die Häufigkeitsverteilungen der einzelnen Variablen sind auf der senkrecht zur Gerade Y konstruierten Projektionsachse Z im zweidimensionalen Raum aufgetragen. Der Schnittpunkt der Geraden Y und der Projektionsachse Z (der Punkt Z*) ist dann der Trennwert, der den eindimensionalen Diskriminanzraum in zwei Bereiche teilt, wobei jeweils in einem Bereich die Wahrscheinlichkeit der Gruppenzugehörigkeit zu G oder S dominiert. Die schraffierte Darstellung um Z* zeigt die Fehlklassifikationsrate der multiplen Diskriminanzanalyse.

Kritik und Anwendungsbeschränkungen ergeben sich aus den Prämissen für die praktische Verwendung des Verfahrens, deren wesentliche Teile im folgenden erörtert werden sollen.[2]
Bei der vorgestellten Diskriminanzfunktion handelt es sich um eine lineare Trennfunktion, die den Vorteil der rechnerischen Einfachheit, aber auch einen spezifischen Nachteil der Linearität besitzt. Die Annahme der Linearität besagt nämlich, daß die einzelnen Variablen bzw. Kennzahlen einen additiven Beitrag zur Trennung der Grundgesamtheiten leisten. In praxi können jedoch zwischen bestimmten, in die Diskriminanzfunktion eingehenden Bilanzkennzahlen gegenseitige Abhängigkeiten bestehen.

1) Vgl. Kindlinger (1977), S. 64.

2) Siehe hierzu Weiss (1976), S. 101 f.; Kindlinger (1977), S. 66; Denk (1979), S. 74-77; Heno (1983), S. 79 f.

Die multiple Diskriminanzanalyse unterstellt, daß die beiden Grundgesamtheiten Normalverteilungen[1] mit gleichen Varianzen[2] besitzen. In der Wirklichkeit ist dies jedoch praktisch nicht erfüllt und so wird zur Rechtfertigung einer Verwendung der Diskriminanzanalyse auf den zentralen Grenzwertsatz[3] verwiesen. Weiterhin sind die Diskriminanzfunktionen und Trennwerte im Zeitablauf nicht konstant und lassen sich nicht auf andere Länder übertragen. Dieser Einschränkung kann aber mit einer kontinuierlichen Fortentwicklung auf der Basis einer praktischen Anwendung begegnet werden.

Schließlich wird als Grenze des Verfahrens vorgetragen, daß die empirische Basis der Rechnungen bisher sehr schmal ist.[4] Auch dieser Einwand kann mit einer vermehrten praktischen Anwendung der Diskriminanzanalyse entkräftet werden.

3.3 Ergebnisse empirischer Untersuchungen über die Aussagefähigkeit von Bilanzkennzahlen

Im folgenden soll ein Ansatz der mathematisch-statistischen Kreditwürdigkeitsprüfung/Insolvenzprognose exemplarisch dargestellt werden. Es ist dies die Untersuchung von WEINRICH[5]; exemplarisch werden darüber hinaus die Beiträge aus dem amerikanischen Raum von BEAVER[6] und ALTMANN[7], der Ansatz des

---

1) Eine Normalverteilung ist eine symmetrische Verteilung; weitere Erläuterungen finden sich bei Cooley/Lohnes (1976), S. 128-146.

2) Die Varianz ist das arithmetische Mittel der quadrierten Abweichungen der Beobachtungswerte vom arithmetischen Mittel. Vgl. Cooley/Lohnes (1976), S. 54-57.

3) Die Summe mehrerer unabhängiger, nicht normalverteilter Zufallsvariablen ist für umfangreiche Stichproben normalverteilt. Vgl. Cooley/Lohnes (1976), S. 137-144.

4) Vgl. Lachnit (1979), S. 167.

5) Weinrich (1978); siehe auch Weinrich (1980) und Weinrich (1980a).

6) Beaver (1966).

7) Altmann (1968).

israelischen Bankpraktikers TAMARI[1)] sowie aus dem deutschsprachigen Raum die Untersuchungen von WEIBEL[2)] und BEERMANN[3)] im Anhang kurz dargestellt.[4)]

Mit seiner Arbeit stellt WEINRICH eine empirische Untersuchung der aus Bilanzen erkennbaren Risiken vor.[5)] Ziel ist dabei unter anderem, Ansatzpunkte für die Bildung von Risikoklassen im kommerziellen Kreditgeschäft zu liefern.[6)]
Zu diesem Zweck wählte WEINRICH für den Untersuchungszeitraum 1969 bis Juni 1975 44 Unternehmenspaare mit insolventen und "guten" Unternehmen aus. Die Auswahl der 28 getesteten Kennzahlen[7)] wurde im wesentlichen nach den Ergebnissen früherer empirischer Untersuchungen zur Insolvenzprognose getroffen.[8)]

---

1) Tamari (1966); siehe auch Tamari (1981).

2) Weibel (1973).

3) Beermann (1976).

4) Die Untersuchung von Gebhardt wird in diesem Zusammenhang nicht näher erläutert, da sie für die Aufgabenstellung keine grundsätzlich neuen Erkenntnisse liefert. Zu dem Modell von Gebhardt vgl. Gebhardt (1980), S. 100-293; siehe auch Gebhardt (1979) und Gebhardt (1981).
Zu weiteren Untersuchungen siehe Mayr (1976), S. 94-96 und 113-125; Lüneborg (1981), S. 150-286; Bleier (1983) sowie Heno (1983), S. 97-104; siehe auch Stein (1984); Baetge/Huß/Niehaus (1986), S. 606-613.
Interessant in diesem Zusammenhang ist auch die Arbeit von Zellweger, der die Kennzahleninstrumentarien von Weibel, Beermann und Weinrich an einer Stichprobe von 30 Unternehmenspaaren getestet hat; vgl. Zellweger (1983), S. 174-199; derselbe (1984).
Ebenfalls interessant ist in diesem Zusammenhang auch die Arbeit von März, der die Kennzahlenanalyse unter dem besonderen Aspekt der internen Unternehmensanalyse aufgreift; vgl. März (1983).
Zu den grundsätzlichen Problemen der empirischen Bilanzanalyse siehe Perlitz (1979).

5) Vgl. Weinrich (1978), S. 49; siehe hierzu auch Lüneborg (1981), S. 76-84.

6) Vgl. Weinrich (1978), S. 15.

7) Der Katalog der getesteten Kennzahlen findet sich bei demselben, a.a.O., S. 70-73.

8) Vgl. Weinrich (1978), S. 67.

Nach verschiedenen statistischen Testverfahren[1] reduzierte WEINRICH den Kennzahlenkatalog auf die folgenden acht Kennzahlen[2]:

- Eigenkapital dividiert durch Fremdkapital,
- liquide Mittel dividiert durch Gesamtkapital,
- bald verfügbare Geldmittel - kurzfristiges Fremdkapital dividiert durch Betriebsaufwand vor Abschreibungen,
- Unternehmensgewinn + Fremdkapitalzinsen dividiert durch Gesamtkapital,
- Umsatz dividiert durch Gesamtkapital,
- Fremdkapital dividiert durch cash-flow,
- Fremdkapital - bald verfügbare Geldmittel dividiert durch betrieblichen Nettoeinnahmen,
- Warenverbindlichkeiten + Schuldwechsel dividiert durch Wareneinkauf.

Mit Hilfe eines Punktbewertungsverfahren auf der Basis von Quartilswerten[3] können die Kennzahlenausprägungen zu einem Punktwert einer Unternehmung aggregiert werden. Auf dieser Basis schlägt WEINRICH dann vor, mindestens drei Risikoklassen zu bilden und zwar[4]:

Klasse I : potentiell gute Kredite

Klasse II : gefährdete Kredite

1) Vgl. Weinrich (1978), S. 87-149.

2) Vgl. derselbe, a.a.O., S. 154.

3) Vgl. derselbe, a.a.O., S. 157-160.

4) Vgl. derselbe, a.a.O., S. 180.

Klasse III : stark gefährdete Kredite

Die Charakterisierung dieser drei Klassen sieht nach WEINRICH wie folgt aus[1]:

Potentiell gute Kredite:

- Aus der Bilanzauswertung sind keine Risiken erkennbar und im Zeitablauf ergeben sich keine eindeutigen Verschlechterungen des Punktwertes

  und

- außerhalb des Jahresabschlusses feststellbare Warnzeichen fehlen.

Gefährdete Kredite:

- Aus der Bilanzauswertung sind Risiken erkennbar und/oder im Zeitablauf ergeben sich eindeutige Verschlechterungen des Punktwertes

  oder

- außerhalb des Jahresabschlusses sind Warnzeichen erkennbar.

Stark gefährdete Kredite:

- Aus der Bilanzauswertung sind Risiken erkennbar und/oder im Zeitablauf ergeben sich eindeutige Verschlechterungen des Punktwertes

  und

- außerhalb des Jahresabschlusses sind Warnzeichen erkennbar.

---

1) Vgl. Weinrich (1978), S. 181.

3.4 Kritische Würdigung[1]

Zusätzlich zu der bereits oben unter 3.2 dargestellten Kritik an den vorgestellten mathematisch-statistischen Verfahren zur Insolvenzprognose[2] ist an dieser Stelle festzuhalten, daß die wichtigste Grenze dieser Verfahren in der Erfüllung ihrer Anwendungsbedingungen liegt. Voraussetzung für das Arbeiten mit statistischen Wahrscheinlichkeiten ist es nämlich, daß Massenerscheinungen vorliegen, d.s. eine große Anzahl gleichartiger, homogener Fälle. Außerdem muß eine Zufallsstichprobe gegeben sein, d.h., daß die Stichprobenelemente zufällig und voneinander unabhängig gezogen sein müssen.[3] Da diese Anwendungsbedingungen in der Praxis oftmals nicht erfüllt sind, ergeben sich Probleme der sachlichen Übertragbarkeit (= Übertragbarkeit des ermittelten optimalen Trennwertes und - bei Anwendung der Diskriminanzanalyse - zusätzlich der Gewichtungskoeffizienten der Diskriminanzfunktion auf neue Kreditfälle).[4]

Daneben ergeben sich aus der Tatsache, daß wirtschaftliche Größen keine stationären Größen sind und das Kreditnehmerverhalten sich allgemein im Zeitablauf wandelt, Probleme der zeitlichen Übertragbarkeit. Es ist daher damit zu rechnen, daß die Gewichtungen innerhalb der zunächst ermittelten Diskriminanzfunktion im Zeitablauf verändert, ja sogar einige Bonitätskriterien durch neue ersetzt werden müssen.[5]

Eine weitere Kritik ergibt sich aus der Zielsetzung der vorgestellten empirischen Untersuchungen, und zwar der Prognose von

---

1) Zu den grundsätzlichen und methodologischen Problemen einer Insolvenzprognose auf der Basis extern verfügbarer Daten siehe auch Steiner (1980), S. 183-188.

2) Vgl. oben S. 50-62.

3) Vgl. Heno (1983), S. 88; siehe auch Müller-Schwerin/Strack (1977), S. 303.

4) Vgl. Heno (1983), S. 108-117.

5) Vgl. derselbe, a.a.O., S. 117.

Insolvenzen.[1] Mit dem Ziel "Insolvenzprognose" müssen diese Modelle an den methodologischen Anforderungen an Prognosen gemessen werden. Bei der Modellgestaltung wurde stets eine bestimmte Anzahl von Kennzahlen herangezogen, deren aktuelle Werte schon zu einer bestimmten Zeit vor Eintritt der Insolvenz auf diese schließen lassen sollen. Häufigkeitszahlen aus der Vergangenheit, wie sie statistischen Jahresabschlußanalysen zugrunde liegen, dürfen jedoch nur unter drei sehr engen Voraussetzungen als quantitative Wahrscheinlichkeitsurteile über die Zukunft gedeutet werden:

Ein Schluß von einer Vergangenheitsstichprobe auf die Zukunft und damit ein quantitatives Wahrscheinlichkeitsurteil zur Insolvenzgefährdung ist nur dann logisch zulässig, wenn

1. die Existenz einer in Vergangenheit <u>und</u> Zukunft geltenden Wahrscheinlichkeitsverteilung bewiesen worden ist

und

2. begründet werden kann, daß diese Verteilung stationär bleibt, sich also im Zeitablauf nicht ändert,

und daß

3. stochastische Unabhängigkeit gilt, d.h. beispielsweise: keine Insolvenz darf durch eine andere verursacht sein.

Die drei Vorstellungen müssen als praxisfern und daher unrealistisch bezeichnet werden.[2]

---

1) Siehe zu diesem Problemkreis Mayr (1976), S. 139-187.

2) Vgl. Schneider (1985), S. 1491; siehe auch Bretzke (1975), S. 514 f.;
siehe weiterhin Rückle (1984), S. 57:
"Prognosen, die wirtschaftliche Entscheidungen fundieren sollen, richten sich mindestens teilweise auf menschliches Handeln. Daher ist der Anwendung quasi-naturwissenschaftlicher deterministischer Gesetzesaussagen eine Grenze gesetzt: Aus der menschlichen Handlungsfreiheit folgt, daß eine Prognoseaussage höchstens probabilistisch sein kann. Da das zu prognostizierende Verhalten überdies von persönlichen Zielen geleitet

Schließlich muß auf das mit Insolvenzprognosen verbundene Problem der Prognosereflexivität hingewiesen werden, d.h., daß die Veröffentlichung einer Prognose das zu prognostizierende Ereignis, hier: die Insolvenz, beeinflussen kann.[1)]
Eine derartige Reflexivität oder Eigendynamik von Prognosen kann dann auftreten, wenn diejenigen Personen oder Institutionen, die in der Lage sind, den Eintritt des vorausgesagten Ereignisses Involvenz herbeizuführen bzw. zu verhindern - die Banken gehören zu diesem Kreis -, durch das Bekanntwerden der Prognose deren Ergebnisse als Bestandteil ihrer Entscheidungssituation definieren.
Die Prognosereflexivität kann nun in der Form einer "self-fulfilling prophecy", d.h. der Eintritt der vorausgesagten Insolvenz wird durch das Bekanntwerden der Prognose herbeigeführt, und in der Form der "self-destroying prophecy" auftreten, d.h. die Entscheidungsträger treffen ihre Entscheidungen nach Bekanntwerden des Prognoseergebnisses so, daß die vorausgesagte Insolvenz nicht eintrifft. Insbesondere bei letzterem liegt ein wesentliches Problem verläßlicher oder als verläßlich erachteter Insolvenzprognosen.[2)]

Mit den dargestellten Argumenten wurden die mathematisch-statistischen Insolvenzprognosemodelle einer ihre Zielerreichung in Frage stellenden Kritik unterworfen. Gleichwohl soll im folgenden untersucht werden, ob und inwieweit die Ergebnisse der Untersuchungen zur Aussagefähigkeit von Bilanzkennzahlen für das in dieser Arbeit gestellte Problem einer Initiierung des Entscheidungsprozesses fruchtbar gemacht werden können.

(Fortsetzung Fußnote von vorangegangener Seite)
sein kann, die nur im Interessengegensatz zu anderen Systemteilnehmern verfolgbar sind, mag in manchen Situationen sogar nur eine Prognoseaussage nach Art spieltheoretischer Modelle möglich sein."

1) Vgl. Mayr (1976), S. 182-187; siehe auch derselbe (1979).

2) Vgl. Mayr (1976), S. 183 f.

3.5 Die Umsetzung der Ergebnisse der mathematisch-statistischen Insolvenzprognosemodelle für das Problem der Entscheidungsprozeßinitiierung

Die immer leistungsfähigeren elektronischen Datenverarbeitungsanlagen erlauben nicht nur den Aufbau umfangreicher Datenbanken, sondern auch, daß selbst umfangreiches Datenmaterial auf vielseitige Art und Weise und unter Benutzung anspruchsvoller mathematisch-statistischer Verfahren verarbeitet und ausgewertet werden kann.[1] Es liegt daher nahe, mathematisch-statistische Verfahren auf ihre Eignung für die im Rahmen dieser Arbeit untersuchte Initiierung eines Entscheidungsprozesses bei der Bank in der Krise ihres Kreditnehmers zu überprüfen. Das Ziel ist also nun nicht mehr die Prognose einer Insolvenz, sondern ein Informationssystem[2] zur Erkennung bzw. Früherkennung einer Schuldnerkrise, die unter Umständen, aber nicht zwangsläufig, in eine Insolvenz einmünden kann.

Ausgehend von der Vorstellung, daß eine Bank mit einer Kreditvergabe keine geplanten Einzelrisiken ins Portefeuille nimmt,[3] gilt es also, negative Entwicklungen (= Erhöhung der Insolvenzwahrscheinlichkeit)[4] beim Kreditnehmer aufzuzeigen.

Als Quellen solcher negativen Entwicklungen kommen unter anderem in Betracht (siehe auch Abbildung 8 auf der folgenden Seite):

- In der Vergangenheit eingetretene Störungen aus der Umwelt sowie Schwächen des Personalfaktors in vergangenen Perioden, die zu einer Abnahme der Sachfaktorausstattung geführt haben,

- gegenwärtige Schwächen des Personalfaktors sowie aktuelle

---

1) Vgl. Lachnit (1979), S. 151.

2) Zu den Elementen eines entscheidungsorientierten Informationssystems siehe Steinbrink (1976), S. 85-119.

3) Vgl. Wilhelm (1982).

4) Vgl. dazu Baetge (1980), S. 652.

Störungen aus der Umwelt,

- die in der Minderung des Sachfaktorpotentials erkennbare Verringerung der Abwehrkräfte,

- die künftige Umweltentwicklung und die künftigen Fähigkeiten des Managements bzw. das Personalfaktorpotential.[1]

Abbildung 8: Quellen negativer Entwicklungen[2]

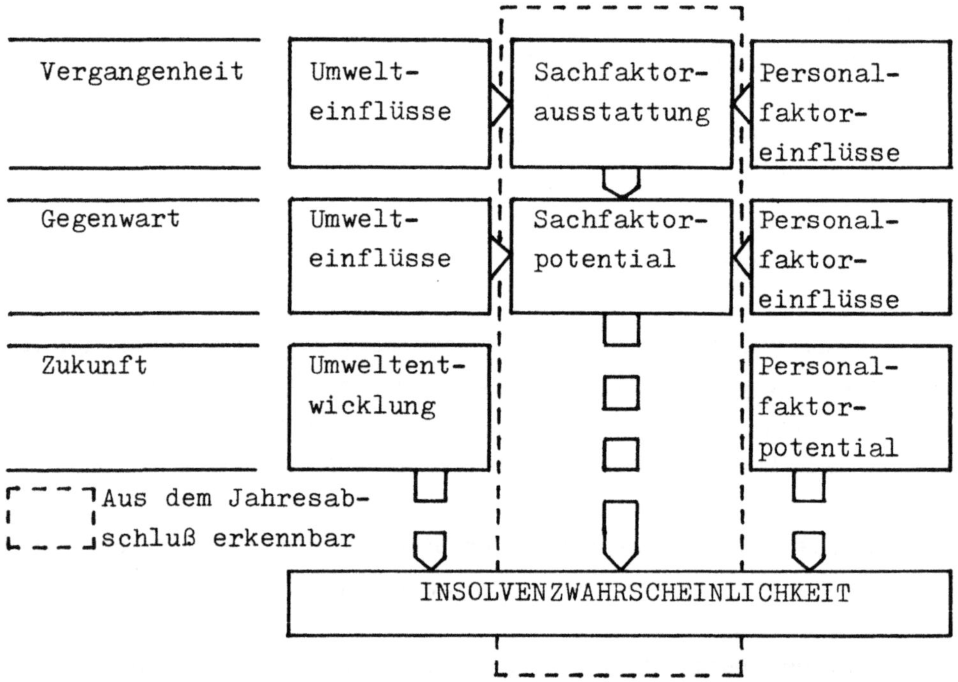

An dieser Stelle scheint es mir sinnvoll, die bereits oben (3.3)[3] skizzierte Idee der Risikoklassenbildung aufzugreifen. Die zum Beispiel mittels einer multiplen Diskriminanzanalyse ermittelten Trennwerte haben dann nicht mehr die Aufgabe, solvente von insolventen Unternehmen zu trennen, sondern dienen als Hilfsmittel zur Risikoklassenbildung. Hier erscheint es zweckmäßig, eine Ein-

1) Vgl. Baetge (1980), S. 652.

2) Nach Baetge (1980), S. 653.

3) Vgl. oben S. 64 f.

teilung in drei Risikoklassen[1] zu wählen und an eine Einordnung einer bestimmten Unternehmung in eine bestimmte Risikoklasse jeweils die aus der Abbildung 9 auf der nachfolgenden Seite ersichtlichen Handlungsfolgen zu knüpfen.

Nach Ermittlung der Kennzahlenausprägungen durch die Jahresabschlußanalyse und Transformation dieser Kennzahlenausprägungen in einen Punktwert ist zunächst zu prüfen, ob das Unternehmen in die Klasse I der potentiell guten Kredite einzuordnen ist. Bei Einordnung in diese Klasse entsteht selbstverständlich kein Handlungsbedarf. Bei Nichteinordnung in die Klasse der potentiell guten Kredite ist im weiteren zu fragen, ob das Unternehmen in die Klasse II der gefährdeten Kredite einzuordnen ist. Wird das Unternehmen auch hier nicht einzuordnen sein, dann ist es zwangsläufig als stark gefährdeter Kredit (Klasse III) einzustufen und es kommt damit zu einer Entscheidungsprozeßinitiierung. Für den Fall der Einordnung in die Klasse der gefährdeten Kredite ist eine Prüfung auf negative Entwicklungen durch die Kreditbearbeitung anzuschließen. Diese Prüfung erfolgt - unter Kostenabwägung - durch Ausschöpfung der sonstigen der Bank zur Verfügung stehenden Informationsquellen, wie beispielsweise durch Kontenbeobachtung. Die Entscheidungsprozeßinitiierung ist an den Ausgang dieser Prüfung geknüpft: Für den Fall einer Feststellung negativer Entwicklungen ergibt sich eine Entscheidungsprozeßinitiierung, andernfalls besteht kein Handlungsbedarf.

Im weiteren könnte daran gedacht werden, eine Krise des Kreditnehmers auch dann zu unterstellen, wenn die Schuldnerunternehmung einer gefährdeten Branche zuzurechnen ist.[2] Die entsprechenden Brancheninformationen können bei großen Kreditinstituten von den volkswirtschaftlichen Stabsabteilungen und bei kleinen und mittleren Banken von den entsprechenden Stellen in dem zu-

1) Eine andere Aufteilung schlägt Baetge vor; vgl. Baetge (1980), S. 663 f.; siehe auch Süchting (1976).

2) Siehe auch Steinbrink (1976), S. 248-251; siehe weiterhin Braunsperger (1969), S. 27-122; Brandstetter (1978); Scholz, Christian (1985).

Abbildung 9: Ablaufdiagramm zur Entscheidungsprozeßinitiierung

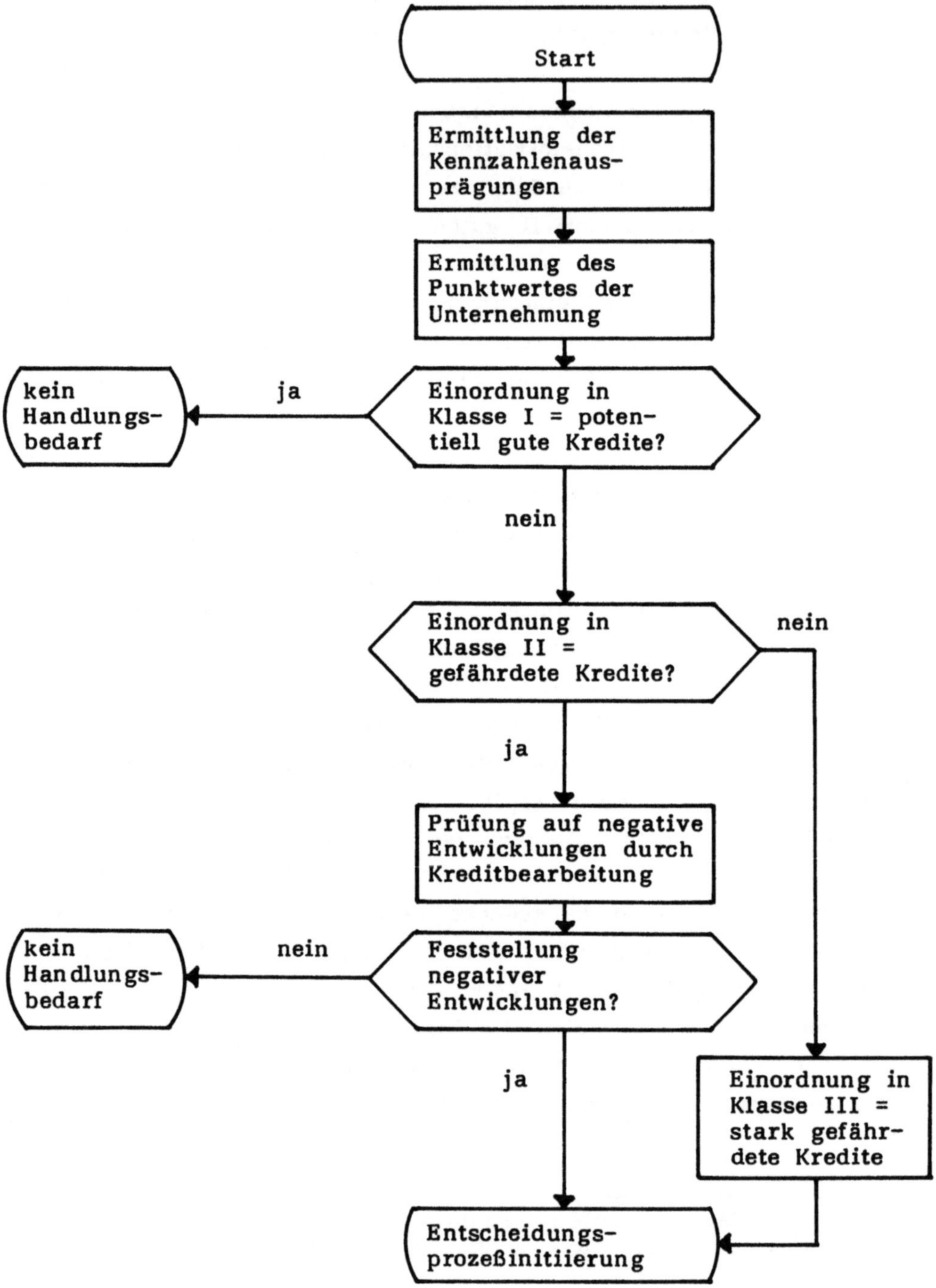

gehörigen Verband beschafft werden.[1]
Schließlich ist eine Ergänzung des Modells um qualitative Indikatoren denkbar, wie zum Beispiel die verspätete Einreichung des Bilanzmaterials.

Das aus den vorgenannten Überlegungen resultierende EDV-gestützte Informationssystem[2] zur Entscheidungsprozeßinitiierung wird die Nutzung der Praktikererfahrung nicht ausschließen. Selbstverständlich sollte der Entscheidungsprozeß auch dann beginnen, wenn die Schuldnerkrise aus anderen Informationsquellen ersichtlich wird. Der Vorteil des Systems liegt aber darin, daß die im Kreditgeschäft der Banken in unterschiedlicher Qualität vorhandene Praktikererfahrung so systematisch ergänzt wird. Im übrigen kann das Informationssystem mit zunehmender Anwendungsdauer verbessert und weiterentwickelt werden.[3][4]

4. Zusammenfassung

Im vorangegangenen Kapitel wurden, ausgehend von der Feststellung, daß sich Entscheidungsvorgänge nicht automatisch auslösen, Anstöße gesucht, um den Entscheidungsprozeß der Bank in der Krise ihres Schuldners in Gang zu setzen. Es ging also darum, Wege zu der Erkennung einer Schuldnerkrise durch eine kompetente Bankorganisationseinheit zu finden. Anzusetzen war dabei bei der laufenden Überwachung der Kreditengagements.

---

1) Zu den Beschaffungsmöglichkeiten externer Daten und Prognosen siehe beispielhaft Penker (1984), S. 48-52 m.w.N.

2) Zur Gestaltung eines solchen Informationssystems siehe auch Grochla (1973) sowie Hahn (1979).

3) Zu den Problemen bei der Eingliederung eines solchen Systems in den Prozeß der Kreditentscheidung siehe auch Bulling (1976), S. 237-257.

4) Beispielsweise nutzt die Bundesbank seit mehreren Jahren ein System auf der Basis der multiplen Diskriminanzanalyse, vgl. Thomas (1983); derselbe (1985).
Siehe auch Pauluhn (1980); Reuter/Stein (1984); dieselben (1984a); Bleier (1985), S. 2-79; Ohlenroth/Reuter (1985); o.V. (1985); Rommelfanger/Unterharnscheidt (1985); Starke (1985); Wiegel (1985), S. 294-305; Schröder (1986).

Zunächst wurde untersucht, ob und inwieweit die Ergebnisse der Insolvenzforschung für das gestellte Problem nutzbar gemacht werden können. Die Insolvenzforschung versucht zum einen, die Ursachen (im Sinne einer Kausalität) einer Insolvenz zu erforschen, und zum anderen, mit Insolvenzsymptomen Tatbestände aufzudecken, die vor oder bei Eintritt einer Insolvenz auftreten, ohne deren Zustandekommen zu beeinflussen. Nach einer Analyse der in der Literatur vorgestellten Insolvenzursachen- und Insolvenzsymptomkataloge mußte jedoch festgestellt werden, daß Insolvenzursachen im Sinne einer Kausalität (bisher) nicht herausgearbeitet werden konnten und die untersuchten Insolvenzsymptome ebenfalls nur als erster Ansatz zu sehen sind, da es häufig an der Operationalisierung der Tatbestände fehlt und zudem nicht ausgeschlossen ist, daß die Merkmale bei vielen solventen Unternehmen gleichfalls festzustellen sind, m.a.W. die notwendige Trennschärfe fehlt. Damit können die untersuchten Ergebnisse der materiellen Insolvenzforschung - zumindest derzeit - keine maßgebliche Hilfe für die verfolgte Zielsetzung einer Entscheidungsprozeßinitiierung bzw. Erkennung einer Schuldnerkrise durch die Bank leisten.

In einem weiteren Schritt wurden Verfahren der Jahresabschlußanalyse und Bilanzkennzahlenauswertung, insbesondere Verfahren der mathematisch-statistischen Kreditwürdigkeitsprüfung/Insolvenzprognose auf ihre Tauglichkeit für die Ingangsetzung des Entscheidungsvorganges geprüft. Im Rahmen der klassifizierenden Bilanzanalyse wurden als univariate Verfahren, d.s. Verfahren, die lediglich an einem einzigen Bonitätskriterium ausgerichtet sind, die Profilanalyse, die Histogrammvergleiche sowie der dichotomische Klassifikationstest vorgestellt und als ein multivariates Verfahren die multiple (lineare) Diskriminanzanalyse, bei der simultan mehrere Bonitätskriterien mit ihren Abhängigkeiten berücksichtigt werden. Zudem wurden die Ergebnisse mehrerer empirischer Untersuchungen über die Aussagefähigkeit von Bilanzkennzahlen/Insolvenzprognosen vorgetragen. Es zeigte sich, daß die Anwendungsbedingungen der mathematisch-statistischen Verfahren oftmals nicht erfüllt sind und - gemessen an der in den vorgestellten Untersuchungen verfolgten Zielsetzung Insolvenzprognose - die Tauglichkeit dieser Ansätze bezweifelt werden muß.

Gleichwohl können diese Verfahren für die Zielsetzung "Erkennung einer Schuldnerkrise" fruchtbar gemacht werden.

Die beispielsweise mittels einer multiplen Diskriminanzanalyse ermittelten Trenngrenzen dienen dann als Hilfsmittel zu einer Risikoklassenbildung, wobei eine Einteilung in drei Risikoklassen als zweckmäßig beurteilt wird. Eine Entscheidungsprozeßinitiierung erfolgt immer dann, wenn die Kredite an eine Unternehmung aufgrund ihrer Jahresabschlußzahlen bzw. Kennzahlenausprägungen, die in einen Punktwert transformiert werden, in die Klasse der stark gefährdeten Kredite eingeordnet wird oder der Klasse der gefährdeten Kredite zugeordnet wird und eine anschließende Zusatzprüfung in der Kreditbearbeitung zu einer Identifizierung als krisenbehaftetes Unternehmen führt. Zusätzlich können in einem solchen Verfahren, das praktikabel und wirtschaftlich erscheint, Brancheninformationen berücksichtigt werden, d.h. eine Schuldnerkrise wird dann unterstellt, wenn der Kreditnehmer einer gefährdeten Branche zuzurechnen ist. Eine Ergänzung des Systems um qualitative Indikatoren erscheint denkbar.

4. Kapitel: Erfassung der Ausgangssituation - Zum Engagement der Bank bei dem Schuldner

1. Vorbemerkung

In dem folgenden Kapitel wird die Erfassung der Ausgangssituation problematisiert. Es geht also um die Ermittlung der Daten der Ausgangssituation im Sinne einer Bestandsaufnahme. In diesem Zusammenhang werden als Daten des Entscheidungsprozesses die Größen bezeichnet, die das Ergebnis beeinflussen, ohne aber von der zu wählenden Handlungsalternative beeinflußt zu werden; die Gesamtheit der Daten bildet dann eine Datenkonstellation.[1)]

Das Engagement der Bank bei dem Schuldner wird der Quantität und der Qualität danach bestimmt, welche Kreditforderungen der Bank bestehen und welche Beteiligungen die Bank an der Schuldnerunternehmung eingegangen ist. In diesem Kontext ist von besonderer Bedeutung, festzustellen, welche Beteiligungen unbeabsichtigt entstanden sind, d.h. welche Kreditforderungen zwangsweise in Eigenkapital umqualifiziert worden sind. Es wird also in dem erforderlichen Umfang das Problem der kapitalersetzenden Darlehen dargestellt. Danach werden als Möglichkeiten der Reduzierung des Bank-Engagements bei dem Schuldner die Aufrechnungsmöglichkeit und die Kreditsicherheiten erörtert.

2. Kreditforderungen

Ein wesentlicher Bestandteil des Bank-Engagements sind die Kreditforderungen der Bank gegen den Schuldner. Bei der Ermittlung dieser Forderungen aus dem Kreditgeschäft mit dem Kunden ist es zweckmäßig, die Kredite, deren Beschreibung im einzelnen hier den Rahmen dieser Arbeit sprengen würde[2)], in Geldleihgeschäfte und Kreditleihgeschäfte zu differenzieren.

---

1) Vgl. Hax (1965), S. 21. In Abgrenzung von den Daten sieht Hax die unmittelbar beobachteten und als Grundlage einer Prognose dienenden Indikatoren; vgl. Hax (1965), S. 22 f.

2) Siehe hierzu zum Beispiel Hagenmüller (1978), S. 40-163.

Bei den Geldleihgeschäften stellt die Bank dem Schuldner einen bestimmten Geldbetrag für eine bestimmte Zeit zur Verfügung[1]; der Kredit ist also in der Regel ausgezahlt worden, so daß man auch von Barkrediten sprechen kann. Bei solchen Krediten ergibt sich die Höhe des Bank-Engagements mit der Kreditinanspruchnahme bzw. der Valutierung des Kredites. Insbesondere bei dem Kontokorrentkredit[2] und bei dem Wechseldiskontkredit[3] kann jedoch die Ermittlung der Kreditinanspruchnahme Schwierigkeiten bereiten, da sich hier der Kreditsaldo täglich ändern kann.

Bei den Kreditleihgeschäften gibt die Bank das Versprechen, Zahlung zu leisten, sofern der Schuldner seinen Verpflichtungen gegenüber Dritten nicht nachkommt. Hierbei wird also die Geldhergabe durch ein bedingtes Zahlungsversprechen ersetzt und die Bank ermöglicht so dem Kreditnehmer, sich mit Hilfe ihres eigenen Kredits, den sie bei Dritten genießt, an anderer Stelle Kredit zu beschaffen.[4] Das Kreditleihgeschäft wird im wesentlichen in der Form des Akzeptkredites[5] und des Avalkredites[6] durchgeführt. Bei diesen Krediten ergibt sich die Höhe des Bank-Engagements aus der erwarteten Inanspruchnahme der Bank durch Dritte, d.h. das Kreditinstitut muß eine Prognose darüber treffen,in welchem Maße der Schuldner seinen Verpflichtungen gegenüber Dritten nachkommen wird.

In diesem Zusammenhang ist anzumerken, daß sich allgemein die Höhe des Bank-Engagements aus der Ermittlung der Kreditkapitalforderung sowie der vereinbarten und ggf. noch ausstehenden, nicht gezahlten Kreditzins- und -provisionsforderung ergibt.

Insbesondere bei den Barkrediten hat der Schuldner nach Ab-

---

1) Vgl. Hagenmüller (1978), S. 15.

2) Siehe hierzu derselbe, a.a.O., S. 40-52 m.w.N.

3) Siehe hierzu derselbe, a.a.O., S. 53-71 m.w.N.

4) Vgl. derselbe, a.a.O., S. 15 f.

5) Siehe hierzu derselbe, a.a.O., S. 147-154 m.w.N.

6) Siehe hierzu derselbe, a.a.O., S. 154-163 m.w.N.

schluß des Kreditvertrages einen Kreditauszahlungsanspruch an die Bank. Die Bank müßte also bei der Ermittlung der Höhe des Bank-Engagements nicht nur die Kreditinanspruchnahme, sondern die - vor der Kreditauszahlung höhere - Kreditlinie berücksichtigen. Diese Diskrepanz läßt sich jedoch beseitigen, wenn die Bank den Widerruf eines Darlehensversprechens gem. § 610 BGB[1] geltend machen kann. Diese Vorschrift gibt dem Versprechenden (= der Bank) das Recht, sein Versprechen zu widerrufen und dadurch den Anspruch auf Hingabe des Darlehens zu beseitigen. Der Widerruf ist allerdings nur bis zur Hingabe des Darlehens möglich, denn das Versprechen ist mit der Darlehenshingabe erfüllt und kann schon aus diesem Grunde nicht mehr widerrufen werden. Bei teilweiser Erfüllung des Versprechens kann das Widerrufsrecht noch hinsichtlich des noch nicht erfüllten Teils ausgeübt werden.

Der Widerruf ist an die Voraussetzungen geknüpft, daß eine wesentliche Verschlechterung der Vermögensverhältnisse des Versprechensempfängers (= des Schuldners) <u>nach</u> der Abgabe des Darlehensversprechens eintritt. Weiterhin muß durch die Verschlechterung der Vermögensverhältnisse eine Gefährdung des Rückerstattungsanspruches eingetreten sein.[2] Die Rückerstattung ist nicht

---

1) Der Gesetzestext lautet wie folgt:
"Wer die Hingabe des Darlehens verspricht, kann im Zweifel das Versprechen widerrufen, wenn in den Vermögensverhältnissen des anderen Teiles eine wesentliche Verschlechterung eintritt, durch die der Anspruch auf die Rückerstattung gefährdet wird."
Siehe hierzu auch Pantel (1979), S. 74-80.
Siehe auch § 321 BGB:
"Wer aus einem gegenseitigen Vertrag vorzuleisten verpflichtet ist, kann, wenn nach dem Abschlusse des Vertrages in den Vermögensverhältnissen des anderen Teiles eine wesentliche Verschlechterung eintritt, durch die der Anspruch auf die Gegenleistung gefährdet wird, die ihm obliegende Leistung verweigern, bis die Gegenleistung bewirkt oder Sicherheit für sie geleistet wird."
Zu § 321 BGB siehe auch Kornmeier (1983).

2) Siehe auch OLG Düsseldorf (1976), S. 885; das OLG Düsseldorf nimmt hier zum Widerspruchsrecht bei gesicherten Krediten Stellung:
"Hierbei ist folgendes zu berücksichtigen: Ebenso, wie bei einem reinen Personalkredit eine den Anspruch auf Rückerstattung gefährdende wesentliche Verschlechterung der Vermögensverhältnisse des anderen Teils das Widerrufsrecht begründet, ist nach Treu und Glauben ein Widerrufsrecht dann anzu-

gefährdet, wenn die Bank durch werthaltige Sicherheiten hinreichend gesichert ist; die Gefährdung kann auch durch das Anbieten einer Sicherheit, die nach Treu und Glauben nicht abgelehnt werden darf, beseitigt werden.

Sind die Voraussetzungen gegeben, dann muß die Bank - will sie dem Widerruf Geltung verschaffen - den Widerruf, der eine einseitige empfangsbedürftige Willenserklärung darstellt, dem Schuldner gegenüber erklären.[1)]

Das Recht zum Widerruf eines Darlehensversprechens kann die Bank darüber hinaus aus den Allgemeinen Geschäftsbedingungen herleiten.[2)]

3. Beteiligung der Bank an der Schuldnerunternehmung

Als letzte hier zu behandelnde wesentliche Position bei der Ermittlung der Höhe des Bank-Engagements seien hier die Frage der Beteiligung der Bank an der Schuldnerunternehmung und die in diesem Zusammenhang auftretenden Probleme analysiert.

(Fortsetzung Fußnote von vorangegangener Seite)
nehmen, wenn infolge einer wesentlichen dem Versprechenden nachteiligen Änderung der Verhältnisse die vereinbarte Sicherung und die zwecks rechtzeitiger Rückerstattung vereinbarte Abwicklung gefährdet sind; denn der vereinbarten Sicherung und der vereinbarten Abwicklung kommt in einem solchen Falle die gleiche Bedeutung zu, wie sie bei einem reinen Personalkredit die Vermögensverhältnisse des anderen Teils haben."

1) Siehe auch Ballhaus (1976).

2) Nr. 17 der Allgemeinen Geschäftsbedingungen der Banken lautet wie folgt:
"Der Kunde und die Bank dürfen mangels anderweitiger Vereinbarung nach freiem Ermessen die Geschäftsverbindung im ganzen oder einzelne auf Dauer angelegte Geschäftsbeziehungen einseitig aufheben. Auch bei einer anderweitigen Vereinbarung ist dieses Recht gegeben, wenn ein wichtiger Grund vorliegt; die Bank kann dieses Recht insbesondere dann ausüben, wenn eine wesentliche Verschlechterung seines Vermögens oder eine erhebliche Vermögensgefährdung eintritt oder wenn der Kunde seiner Verpflichtung zur Bestellung oder Verstärkung von Sicherheiten nach Anforderung durch die Bank nicht innerhalb angemessener Frist nachkommt."

3.1 Die Beteiligung der Bank aufgrund einer Beteiligungsabsicht

Grundsätzlich ist es im deutschen Kreditwesen in das Ermessen einer Bank gestellt, ob sie ihrem Kunden mit Fremd- oder Eigenkapital zur Verfügung stehen will. Entscheidet sie sich für die Übernahme einer Beteiligung, dann ist diese Position als Eigenkapitalbereitstellung und insofern als Bestandteil des Bank-Engagements zu qualifizieren.[1)]

3.2 Zum Problem der kapitalersetzenden Darlehen

Neben der bewußten Übernahme einer Eigenkapitalposition kann die Beteiligung der Bank an der Schuldnerunternehmung ggf. dazu führen, daß neben der Beteiligung bestehende (Kredit-)Forderungen als kapitalersetzende Darlehen und damit Eigenkapital zwangsweise umqualifiziert werden. Es liegt in der Natur der Sache, daß die zur Sicherung der kapitalersetzenden Darlehen bestellten Kreditsicherheiten keinen wirtschaftlichen Wert haben, da Eigenkapital grundsätzlich nicht besichert werden kann. Ist nämlich ein Gläubiger in der Krise der Schuldnerunternehmung mit einem Darlehen engagiert, das kapitalersetzende Funktion erlangt hat, so unterliegt eine dem Gesellschafter vor Eintritt der Krise aus dem Gesellschaftsvermögen bestellte und weiterhin aufrechterhaltene Kreditsicherheit der Anfechtung.[2)]

Als maßgebliche gesetzliche Vorschrift zum Problem der kapitalersetzenden Darlehen ist der mit der GmbH-Novelle von 1980 eingeführte § 32a GmbHG anzusehen, der hier vollständig zitiert werden soll:

"(1) Hat ein Gesellschafter der Gesellschaft in einem Zeitpunkt, in dem ihr die Gesellschafter als ordentliche Kaufleute Eigenkapital zugeführt hätten, statt dessen ein Darlehen gewährt, so kann er den Anspruch auf Rückgewähr des Darlehens im Konkurs über das

---

1) Die gleiche Einordnung findet sich in § 19 Abs. 1 Ziffer 6 KWG.

2) Vgl. OLG Hamburg (1985), S. 131. Zur Anfechtung siehe auch unten Teil III, 8. Kapitel, 3.2, S. 179-188.

Vermögen der Gesellschaft oder im Vergleichsverfahren zur Abwendung des Konkurses nicht geltend machen. Ein Zwangsvergleich oder ein im Vergleichsverfahren geschlossener Vergleich wirkt für und gegen die Forderung des Gesellschafters.
(2) Hat ein Dritter der Gesellschaft in einem Zeitpunkt, in dem ihr die Gesellschafter als ordentliche Kaufleute Eigenkapital zugeführt hätten, statt dessen ein Darlehen gewährt und hat ihm ein Gesellschafter für die Rückgewähr des Darlehens eine Sicherung bestellt oder hat er sich dafür verbürgt, so kann der Dritte im Konkursverfahren oder im Vergleichsverfahren zur Abwendung des Konkurses über das Vermögen der Gesellschaft nur für den Betrag verhältnismäßige Befriedigung verlangen, mit dem er bei der Inanspruchnahme der Sicherung und des Bürgen ausgefallen ist.
(3) Diese Vorschriften gelten sinngemäß für andere Rechtshandlungen eines Gesellschafters oder eines Dritten, die der Darlehensgewährung nach Absatz 1 oder 2 wirtschaftlich entsprechen."[1)]

Die Vorschrift des § 32a GmbHG gilt aufgrund gesetzlicher Grundlage auch für die offenen Handelsgesellschaften und Kommanditgesellschaften, bei denen kein Gesellschafter bzw. kein persönlich haftender Gesellschafter eine natürliche Person ist.[2)]

Die kodifizierte Rechtsnorm wird in der Literatur sehr kritisch gesehen. So führte beispielsweise Karsten SCHMIDT aus, daß das geschriebene Recht hier der besseren Erkenntnis eher hinderlich als hilfreich ist.[3)]

So müßten Gericht und Sachverständige zur Feststellung des von

1) § 32a GmbHG; vgl. auch § 32a KO sowie § 3b AnfG.
Zu den Grund-, Ersatz- und Umgehungstatbeständen siehe auch Dendorfer (1985), S. 9-13.
Zu den Normvorstellungen des Gesetzgebers siehe beispielhaft Kamprad (1981), S. 32-45; Dendorfer (1985), S. 18-39.

2) Vgl. §§ 129a, 172a HGB.
Zu den Formen kapitalersetzender Gesellschafterdarlehen in der Bankpraxis siehe Rümker (1985).

3) Vgl. Schmidt, Karsten (1986b), S. 338; siehe auch Müller, Klaus (1975), S. 101-103.

einem "ordentlichen Kaufmann" zu erwartenden Finanzierungsverhaltens die primär subjektiv determinierten Grundkomponenten der Entscheidungsfindung, d.s. Erwartungsstruktur und Risikoeinstellung, autonom ermitteln.[1] Es wäre also zunächst festzustellen, welche Zukunftserwartungen sich ein ordentlicher Kaufmann angesichts der im Zeitpunkt der Darlehensgewährung erkennbaren Umweltdaten gebildet hätte, d.h. es wäre die Bestimmung des für ordentliche Kaufleute typischen Prognoseverhaltens nötig. Weiterhin müßte das Gericht herausarbeiten, welche Zielfunktion ein ordentlicher Kaufmann bei der Entscheidung über den optimalen Finanzplan zugrunde gelegt hätte, d.h. es bedürfte der für ordentliche Kaufleute typischen Risiko- und Präferenzvorstellungen. Aus dem Zusammenwirken der beiden Komponenten Prognoseverhalten und Risiko- und Präferenzvorstellungen wäre dann der im Sinne der Rechtsnorm optimale Finanzplan abzuleiten, anhand dessen dann die Frage zu beantworten wäre, ob der Gesellschafter als ordentlicher Kaufmann an Stelle des gewährten Darlehens Eigenkapital hätte zuführen müssen.

Auch ohne weitere Erläuterung dürfte deutlich werden, daß eine praktikable Ausfüllung der Generalklausel der Rechtsnorm so nicht möglich ist.[2] Aus diesem Grunde kommen neben den Regeln der GmbH-Novelle die bereits in der Vergangenheit entwickelten Grundsätze zum kapitalersetzenden Darlehen zur Anwendung.[3] Die weitere Anwendung der Rechtsprechung neben der neuen Gesetzesnorm widerspricht nicht der Wertung des Gesetzes, sondern verwirklicht im Gegenteil die Intention des Gesetzgebers, indem sie auf einem anderen rechtlichen Weg Tatbestände erfaßt, auf die sich die Neuregelung nicht erstreckt, deren Einbeziehung in den intendierten Gläubigerschutz aber durchaus im Sinne dieser Regelung

---

1) Siehe hierzu Bitz (1979), S. 356.

2) Vgl. derselbe, ebenda; siehe hierzu auch Rausch (1985), S. 350-383; Gerkan (1986), S. 219.

3) Vgl. hierzu Fleck (1982), S. 35-41; Hommelhoff (1984), S. 1 f.; Müller, Klaus (1985), S. 338-340; Gerkan (1986), S. 219.
Siehe auch BGH (1984, BuM/WestLB), S. 573 f.; BGH (1985), S. 1028.
Eine gründliche Aufarbeitung der Unterschiede zwischen Gesetzesnorm und Rechtsprechung findet sich bei Hommelhoff; vgl. Hommelhoff (1984), S. 2-7; siehe auch Müller, Klaus (1982).

liegt. Die neuen Bestimmungen behalten daher ihre volle Bedeutung vor allem dort, wo sie weiter gehen als die bisher entwickelte Rechtsprechung.[1)]

Der hinter den Rechtsgrundsätzen zum kapitalersetzenden Darlehen stehende Gedanke ist, daß verhindert werden soll, daß die gesetzlichen Kapitalschutzvorschriften ihrem Zweck nach durch die Hergabe von Darlehen anstelle fehlenden Eigenkapitals unterlaufen werden.[2)]
Als Rechtfertigung dieses Gedankes wird in der juristischen Literatur und in der Judikatur die Doppelrolle dessen herangezogen, der als Gesellschafter seine Gesellschaft durch Kredite finanziert.[3)] Diese Rolle wird mißbraucht, wenn das Darlehen kapitalersetzenden Charakter hat. Es steht unter dieser Voraussetzung nicht an der Stelle eines auch von dritten Financiers zu erwartenden Kredits, sondern ist allein aus dem unternehmerischen Eigeninteresse des Gesellschafters zu erklären, der sich die Chance eines unternehmerischen Erfolges erhalten will. Mit der Wahl des Darlehens als Finanzierungsform ist daneben gleichzeitig die Verringerung des Risikos des Kapitaleinsatzes beabsichtigt. In dem Maße, in dem es zurückgezahlt wird oder zumindest zur Zahlung einer Konkursquote an den Gesellschafter führt, wird das Risiko auf Drittgläubiger abgewälzt.[4)]

Bei der Beurteilung des kapitalersetzenden Charakters eines Darlehens werden gesellschaftsbezogene, kreditbezogene und gesellschafterbezogene Qualifikationsmerkmale unterschieden:[5)]

---

1) Vgl. BGH (1984, Nutzfahrzeuge), S. 380; siehe auch Menzel (1982), S. 198 f.; Hommelhoff (1984), S. 7.

2) Vgl. BGH (1984, BuM/WestLB), S. 574; siehe auch Hommelhoff (1984), S. 8-14.

3) Vgl. Immenga (1983), S. 1407; siehe auch Ullrich (1983), S. 142 f.
Ullrich begründet die Rechtsgrundsätze zum kapitalersetzenden Darlehen zusätzlich mit dem Selbständigkeitsschutz der darlehensnehmenden Gesellschaft.

4) Siehe auch BGH (1984, BuM/WestLB), S. 575.

5) Vgl. Hommelhoff (1984), S. 14-38.

- Gesellschaftsbezogene Qualifikationsmerkmale

Nach dem Gesetzeswortlaut bestimmt sich die Kapitalersatzfunktion eines Gesellschafterdarlehens danach, ob das Darlehen in einem Zeitpunkt gewährt wurde, "in dem die Gesellschafter als ordentliche Kaufleute der Gesellschaft Eigenkapital zugeführt hätten". Bei dem Kriterium der ordentlichen Kaufleute handelt es sich um eine Generalklausel, die durch die gerichtliche Praxis auszufüllen ist.[1] Hier kann die vom BGH bereits in der Vergangenheit entwickelte Rechtsprechung herangezogen werden.[2]

Hier ist insbesondere die Kreditunwürdigkeit bei Kapitalzufuhr zu nennen.[3] Damit wird der Tatbestand umschrieben, daß "die Gesellschaft im Zeitpunkt der Leistung von dritter Seite keinen Kredit zu marktüblichen Bedingungen hätte erhalten können und deshalb ohne die Leistung hätte liquidiert werden müssen"[4]. Kann also eine Gesellschaft ihren vorhandenen Kapitalbedarf nicht mehr zu marktüblichen Bedingungen von dritter Seite decken, so ist der Zeitpunkt gegeben, in dem die Gesellschafter ihr als ordentliche Kaufleute Eigenkapital zuführen müßten.[5]

---

1) Vgl. Schmidt, Karsten (1981), S. 690 f.

2) Siehe auch Geßler (1980), S. 1391; Geßler sieht in der Gesetzesnorm und in den bisher von der Rechtsprechung entwickelten Grundsätzen zum kapitalersetzenen Darlehen zwei verschiedene Wege des Schutzes der Gläubiger.

3) Vgl. hierzu BGH (1980), S. 362; BGH (1981, Sonnenring), S. 1202; Schmidt, Karsten (1981), S. 691; Rümker (1982), S. 1386; siehe auch Geßler (1981), S. 229-231; Hommelhoff (1984), S. 14-24; Dendorfer (1985), S. 189-199; BGH (1987).
In der Literatur wird verschiedentlich anstelle von Kreditunwürdigkeit mit der gleichen Wortbedeutung von Kreditunfähigkeit gesprochen.

4) BGH (1980), S. 362.

5) Die als weitere Fallgruppe genannten Sanierungsdarlehen sind m.E. hier ebenfalls zu subsumieren.
Als Sanierungsdarlehen werden Darlehen bezeichnet, die der Gesellschafter der Gesellschaft zur Abwendung der Zahlungsunfähigkeit zur Verfügung stellt.
Siehe hierzu Schmidt, Karsten (1981), S. 691; Rümker (1982), S. 1386.

Im folgenden seien zwei praktische Fälle von Gesellschafterdarlehen erläutert, bei denen regelmäßig anzunehmen ist, daß eine Zwangsqualifizierung als Eigenkapital aufgrund der oben dargestellten gesellschaftsbezogenen Qualifikationsmerkmale ausgeschlossen werden kann.
Fungiert ein Finanzierungskonsortium, das aus mehreren, teils an der Gesellschaft beteiligten, teils nicht beteiligten Banken besteht, als Gläubiger und vergibt dieses Finanzierungskonsortium einen Kredit, so wird die Tatsache, daß sich Fremdgläubiger an der Finanzierung beteiligen, im allgemeinen eine Behandlung des Kredites als Kapitalersatz ausschließen, da sich in einem solchen Fall der Gesellschafter wie ein Fremdgläubiger und somit wie ein "ordentlicher Kaufmann" verhält.[1)]
Schließlich sind die gutachterlich abgesicherten Kredite zu erwähnen. Wenn ein Gesellschafter einen Sanierungskredit zur Verfügung stellt nachdem eine Wirtschaftsprüfungsgesellschaft die bankkaufmännische Vertretbarkeit des Risikos bestätigt hat, dann ist es denkbar, daß derselbe Kredit zu denselben Bedingungen auch von einem nicht beteiligten Gläubiger eingeräumt worden wäre, so daß auch hier der Gesellschafter wie ein Fremdgläubiger und damit "ordentlicher Kaufmann" handelt.[2)]

- Kreditbezogene Qualifikationsmerkmale

Wenn in §32a GmbHG von einem "Darlehen" die Rede ist, dann ist damit nicht nur das Darlehen gemäß BGB[3)] gemeint. Als Gesellschafterdarlehen sind alle Kreditpositionen eines Gesellschafters gegenüber der Gesellschaft anzusehen, mögen sie aus Finanzdarlehen, aus stehengelassenen Guthaben auf Grund von Lieferungen und Leistungen, aus nicht entnommenen Bezügen

---

1) Vgl. Fleck (1984), S. 127; siehe auch Ullrich (1983), S. 137.

2) Vgl. Schmidt, Karsten (1983), S. 189; Fleck (1984), S. 128.

3) Vgl. § 607 Abs. 1 BGB; siehe auch §§ 608-610 BGB.

und Gewinnen oder ähnlichem stammen.[1]

Bei dieser weiten Definition von "Darlehen" ist in der Literatur allerdings das Problem der stehengelassenen Ansprüche besonders umstritten.[2] Nach dem Wortlaut der Gesetzesnorm "... Darlehen gewährt ..." dürften stehengelassene Gesellschafterforderungen nicht als kapitalersetzende Darlehen zu qualifizieren sein. Nach der Rechtsprechung wird jedoch auch ein Gesellschafterdarlehen, das zu einem Zeitpunkt der Gesellschaft gewährt wurde, als diese noch gesund war, zu einem kapitalersetzenden Darlehen umqualifiziert, wenn die Gesellschaft im nachhinein in eine Krise gerät und der Gesellschafter dem Unternehmen das Darlehen beläßt, sofern er es hätte zurückfordern können.[3] "Denn auch in diesem Fall dient die Darlehensvaluta ungeachtet ihrer ursprünglichen Zweckbestimmung nunmehr dazu, das notleidende Unternehmen auf eine Weise künstlich am Leben zu erhalten, die mit Rücksicht auf die hierdurch gefährdeten oder auch getäuschten Gläubiger allenfalls zu verantworten ist, wenn die als Ersatz für fehlendes Eigenkapital gegebenen Mittel im Unternehmen bleiben, solange es ohne sie nicht lebensfähig ist."[4] Im Wege der extensiven Interpretation der Gesetzesnorm gelangt die Literatur überwiegend zu dem Ergebnis, daß die Rechtsprechungspraxis zu den stehengelassenen Ansprüchen fortgesetzt werden kann.[5] Allerdings ist darauf hinzuweisen, daß ein schlichtes Stehenlassen nicht genügt. Es muß eine mindestens konkludente Finanzierungsabrede, wie beispielsweise eine Prolongationsvereinbarung, eine einseitige Erklärung, nicht kündigen zu

---

1) Vgl. Lutter (1980), S. 1321.
Im weiteren werden auch stille Einlagen kapitalersetzenden Gesellschafterdarlehen gleichgestellt; vgl. Gersch u.a. (1980), S. 119; Obermüller (1985), S. 297.

2) Siehe zuletzt Gebhard (1984).

3) Vgl. BGH (1979), S. 116; BGH (1985), S. 1028.

4) BGH (1979), S. 116; siehe auch Westermann (1982), S. 388 f.

5) Siehe Lutter (1980), S. 1321; Schmidt, Karsten (1981), S. 692; Hommelhoff (1984), S. 27-33 m.w.N.; Gerkan (1986), S. 220 f. Anderer Ansicht Thöne (1980); Gebhard (1984), S. 1387.

wollen oder die objektive Tatsache der Nichtkündigung trotz der Möglichkeit ordentlicher oder außerordentlicher Kündigung, getroffen sein.[1]

Hinsichtlich der Fristigkeiten der für eine Zwangsqualifizierung als kapitalersetzende Darlehen in Frage kommenden Forderungen ist zwischen mittel-/langfristigen Darlehen und kurzfristigen Liquidationshilfen zu differenzieren. Letztere kurzfristige Überbrückungskredite, also Darlehen, die nur kurzfristig zur Deckung eines vorübergehenden Finanzbedarfs der Gesellschaft überlassen werden, kommen für eine Zwangsqualifizierung nicht in Betracht.[2]

Als der Darlehensgewährung wirtschaftlich entsprechende Rechtshandlung ist die Stellung von Sicherheiten bzw. die Bürgschaftsübernahme durch einen Gesellschafter anzusehen.[3] Zwar unterscheidet sich die Lage eines Gesellschafter-Bürgen bzw. -Sicherheitengebers von der eines Gesellschafters, der ein der Gesellschaft gegebenes Darlehen nach Eintritt einer Krise als nunmehr unentbehrlich gewordene Kapitalgrundlage freiwillig stehen läßt, dadurch, daß der Bürge bzw. Sicherheitengeber sich bei einem wirtschaftlichen Niedergang des Unternehmens gegenüber dem Gläubiger nicht einseitig von seiner Verpflichtung lossagen kann. Aber der tragende Grund für die Gleichsetzung mit Eigenkapital trifft auch hier zu: Muß der Gesellschafter erkennen, daß die Gesellschaft in Zukunft ohne seine Hilfe nicht mehr lebensfähig sein wird, so muß er ihr entweder seine weitere Unterstützung versagen und dadurch die Liquidation herbeiführen, oder er hat - wenn er sich zur Fortsetzung seiner Hilfe entschließt - die Sicherheiten auf eigene Gefahr der Gesellschaft solange zu belassen, bis ihr Kapital wieder auf andere Weise gedeckt ist. Diese Wahlmög-

---

1) Vgl. Schmidt, Karsten (1981), S. 692; Ullrich (1983), S. 144-146; Hommelhoff (1984), S. 30 f.; Ulmer (1984), S. 1167-1171. Siehe auch OLG Hamburg (1986), S. 1329.

2) Vgl. BGH (1979), S. 116; Schmidt, Karsten (1983), S. 188; BGH (1984, BuM/WestLB), S. 576.

3) Vgl. Brandes (1983), S. 293; BGH (1987).

lichkeit hat regelmäßig auch der Bürge bzw. Sicherheitengeber, denn er kann, wenn sich die Vermögensverhältnisse der Gesellschaft wesentlich verschlechtert haben, entweder unmittelbar die Abwicklung betreiben oder sie mittelbar dadurch erzwingen, daß er von der Gesellschaft Befreiung von seiner Bürgschaft bzw. seiner Sicherheitenleistung verlangt.[1)]

- Gesellschafterbezogene Qualifikationsmerkmale

Bereits aufgrund Gesetzesnorm gelten die Regeln über kapitalersetzende Darlehen für die Rechtsformen der GmbH sowie die offenen Handelsgesellschaften und Kommanditgesellschaften, bei denen kein Gesellschafter eine natürliche Person ist.[2)] Allerdings stehen nicht die Darlehen jeden Gesellschafters in der Gefahr, als Eigenkapital zwangsqualifiziert zu werden. Zwar müssen grundsätzlich alle Gesellschafter ihrer gesellschaftsrechtlichen Sonderbeziehung zum Unternehmen Tribut zollen und dies gilt grundsätzlich unabhängig von der Höhe ihrer Beteiligung, aber es ist unstreitig, daß mindestens Zwergbeteili-

---

1) Vgl. BGH (1981), S. 256 f.

2) Vgl. § 32a GmbHG.
Siehe auch § 129a HGB:
"Bei einer offenen Handelsgesellschaft, bei der kein Gesellschafter eine natürliche Person ist, gelten die §§ 32a und 32b des Gesetzes betreffend die Gesellschaften mit beschränkter Haftung sinngemäß mit der Maßgabe, daß an die Stelle der Gesellschafter der Gesellschaft mit beschränkter Haftung die Gesellschafter oder Mitglieder der Gesellschaft der offenen Handelsgesellschaft treten. Dies gilt nicht, wenn zu den Gesellschaftern der offenen Handelsgesellschaft eine andere offene Handelsgesellschaft oder Kommanditgesellschaft gehört, bei der ein persönlich haftender Gesellschafter eine natürliche Person ist."
Siehe auch § 172 a HGB:
"Bei einer Kommanditgesellschaft, bei der kein persönlich haftender Gesellschafter eine natürliche Person ist, gelten die §§ 32a, 32b des Gesetzes betreffend die Gesellschaften mit beschränkter Haftung sinngemäß mit der Maßgabe, daß an die Stelle der Gesellschafter der Gesellschaft mit beschränkter Haftung die Gesellschafter oder Mitglieder der persönlich haftenden Gesellschafter der Kommanditgesellschaft sowie die Kommanditisten treten. Dies gilt nicht, wenn zu den persönlich haftenden Gesellschaftern eine offene Handelsgesellschaft oder Kommanditgesellschaft gehört, bei der ein persönlich haftender Gesellschafter eine natürliche Person ist."

gungen von der Anwendung der Vorschriften zum kapitalersetzenden Darlehen ausgenommen sein sollen.[1] Hier sprechen schon die geringen Einflußmöglichkeiten dafür, daß zwischen Kreditvergabe und Gesellschafterstellung regelmäßig kein ursächlicher Zusammenhang besteht.[2] Ob in diesem Zusammenhang jedoch absolute Grenzen für eine nicht wesentliche bzw. Zwergbeteiligung gesetzt werden können, ist zweifelhaft. In der Literatur wird die Grenze zwischen 10 %[3] und 25 %[4] gesehen.

Ausgehend davon, daß der Gesetzgeber im Rahmen der GmbH-Novelle die Vorschriften über kapitalersetzende Gesellschafterdarlehen auf die Rechtsformen der GmbH und der handelsrechtlichen Personengesellschaften ohne voll haftende natürliche Personen beschränkt hat, könnte man annehmen, daß der Gesetzgeber damit den Willen zu erkennen gegeben hat, die Anwendung entsprechender Grundsätze auf Aktionärsdarlehen auch im Wege der Rechtsfortbildung auszuschließen.[5] Dieser Auffassung ist jedoch der BGH entgegengetreten. "Jene Rechtsgrundsätze sollen verhindern, daß die gesetzlichen Kapitalschutzvorschriften ihrem Zweck nach durch die Hergabe von Darlehen anstelle fehlenden Eigenkapitals unterlaufen werden. Dieser Gedanke kann in der Aktiengesellschaft ebenso wie in der GmbH Bedeutung erlangen."[6] Allerdings verbietet sich aufgrund der Besonderheiten der Rechtsformen eine schemati-

---

1) Vgl. Gersch u.a. (1980), S. 108; Rümker (1982), S. 1393; Ullrich (1983), S. 144; Hommelhoff (1984), S. 33-37; siehe auch Ulmer (1984), S. 1167.

2) Vgl. Rümker (1982), S. 1393.

3) Vgl. beispielhaft Hommelhoff (1984), S. 36.

4) Vgl. beispielhaft Rümker (1982), S. 1393; Schmidt, Karsten (1983), S. 186 f.; siehe auch BGH (1984, BuM/WestLB), S. 575.

5) Vgl. OLG Düsseldorf (1983, BuM/WestLB), S. 788-790; siehe auch Obermüller (1985), S. 298 f.; Westermann (1982), S. 387 f.; Claussen (1983), S. 201 f.

6) BGH (1984, BuM/WestLB), S. 574; siehe auch Heilmann (1983), S. 515; Immenga (1983), S. 1407-1409; Schmidt, Karsten (1983), S. 173-175; Feuerborn (1984), S. 451-453; Schmidt, Karsten (1984a), S. 13-15; Claussen (1985).

sche Übertragung der für Gesellschafterdarlehen in der GmbH entwickelten Regeln auf die Aktiengesellschaft. Das bedeutet hier, daß nicht schon eine Zwergbeteiligung als Voraussetzung für eine Zwangsqualifikation von Gesellschafterdarlehen als Eigenkapital anzusehen ist.[1] Unternehmerische oder mitunternehmerische Verantwortung für die Unternehmensfinanzierung wird dem Aktionär erst dann zugewiesen, wenn er ein gesellschaftsrechtlich vermitteltes Mindestmaß an Einfluß hat. Die regelmäßige Schwelle kann hierfür bei einem Anteilsbesitz von 25,1 % (Sperrminorität) angenommen werden.[2]

Weiterhin bleibt die Frage der Kommanditistendarlehen in einer typischen Kommanditgesellschaft zu klären, d.h. einer Gesellschaft mit einer natürlichen Person als persönlich haftendem Gesellschafter. Grundsätzlich ist auch hier das Phänomen kapitalersetzender Kommanditistendarlehen denkbar, allerdings fehlt in diesem Zusammenhang ein den Regelungen des GmbHG entsprechender Rückforderungstatbestand. Im Ergebnis ist damit - nach dem jetzigen Stand von Rechtsprechung und Gesetzgebung - eine Geltung der Grundsätze für kapitalersetzende Gesellschafterdarlehen für die Rechtsform der typischen Kommanditgesellschaft zu verneinen.[3]

Schließlich ist noch darauf hinzuweisen, daß eine Zwangsqualifikation von Darlehen als Eigenkapital auch dann in Betracht kommt, wenn der Darlehensgeber nicht unmittelbarer Gesellschafter ist, sondern die Beteiligungsposition von einer 100%igen Tochtergesellschaft gehalten wird. In einem solchen Fall werden die Grundsätze über kapitalersetzende Gesellschafterdarlehen analog auf den mittelbaren Gesellschafter = Darlehensgeber angewandt.[4]

---

1) Vgl. BGH (1984, BuM/WestLB), S. 574.

2) Vgl. Hommelhoff (1984), S. 33 f.; Weber, Eberhard (1986), S. 2.

3) Vgl. Schmidt, Karsten (1983), S. 173; derselbe (1985), S. 304; derselbe (1986b), S. 339-342.

4) Siehe hierzu BGH (1981, Sonnenring), S. 1202.

Als Rechtsfolgen der Qualifikation eines Darlehens als Eigenkapital sind im wesentlichen zu nennen: keine Anmeldung zur Konkurstabelle, keine Aufrechnung und ggf. Freigabe von Sicherheiten.

Die Gesetzesnorm bestimmt, daß für den Fall, daß ein kapitalersetzendes Gesellschafterdarlehen gegeben ist, der Gesellschafter den Anspruch auf Rückgewährung des Darlehens im Konkurs über das Vermögen der Gesellschaft oder im Vergleichsverfahren zur Abwendung des Konkurses nicht geltend machen kann.[1] Damit kann ein solches Darlehen auch nicht gemäß §§ 138 bis 148 KO zur Konkurstabelle angemeldet werden. Die Rückzahlung eines kapitalersetzenden Gesellschafterdarlehens ist allerdings nicht für alle Fälle verboten, denn es wird nur im Verhältnis zu den übrigen Gläubigern der Gesellschaft, nicht dagegen gegenüber den anderen Gesellschaftern als Einlage behandelt. Sind also nach Abschluß des Konkursverfahrens noch Vermögenswerte vorhanden, dann ist der Gesellschafter nicht gehindert, seine Darlehensforderung als Gläubiger gegen die Gesellschaft geltend zu machen. Daneben kann er auch vor Abschluß des Verfahrens auf etwaige ihm von dritter Seite gewährte Sicherheiten zurückgreifen.[2]

Die Zurücksetzung der kapitalersetzenden Darlehen könnte zum Teil unterlaufen werden, wenn den Gesellschaftern eine Aufrechnung mit dem Anspruch auf Rückgewähr des Darlehens gegen Forderungen der Gesellschaft nach Eröffnung von Konkurs oder Vergleichsverfahren möglich wäre. Da eine solche Aufrechenbarkeit aber dem Zweck der Gesetzesnorm zuwiderlaufen würde, ist ihre Zulässigkeit zu verneinen.[3]

§ 32a KO ergänzt die Grundregel über den Rangrücktritt kapitalersetzender Gesellschafterdarlehen und wendet sich insbesondere gegen die Möglichkeit der von ihr betroffenen Gläubiger, Forderungen rechtzeitig vor dem Konkurs einzuziehen und sich von der

1) Vgl. § 32a Abs. 1 Satz 1 GmbHG.

2) Vgl. Gersch u.a. (1980), S. 109.

3) Vgl. dieselben, a.a.O., S. 109 f.

Gesellschaft Sicherheiten bestellen zu lassen.[1] Im Konkurs über das Gesellschaftsvermögen kann der Konkursverwalter nach dieser Norm Rechtshandlungen, die dem Gläubiger eines kapitalersetzenden Darlehens Sicherung oder Befriedigung gewähren, als den Konkursgläubigern gegenüber unwirksam anfechten. Die Anfechtungsmöglichkeiten einer dem Gläubiger gewährten Befriedigung - die auch durch eine Aufrechnung mit dem Anspruch auf Rückgewähr der Forderung gegen Ansprüche der Gesellschaft erfolgt sein kann - ist allerdings zeitlich beschränkt. Anfechtbar sind derartige Rechtshandlungen nur, wenn sie in dem letzten Jahr vor Eröffnung des Konkursverfahrens bzw. - im Fall eines Konkurses unmittelbar im Anschluß an einen fehlgeschlagenen Vergleichsversuch - des Vergleichsverfahrens vorgenommen worden sind. Die Anfechtungsmöglichkeit einer Bestellung einer Sicherheit zugunsten des Gläubigers ist dagegen ohne die zeitliche Begrenzung von einem Jahr gegeben.
Die beschriebenen Anfechtungsmöglichkeiten kommen im Vergleichsverfahren nicht in Betracht.[2] Außerhalb eines Insolvenzverfahrens sind sie dagegen auf der Grundlage von § 3b AnfG möglich.[3]

In Durchbrechung des durch die Gesetzesnorm[4] angeordneten Rangrücktritts von kapitalersetzenden Darlehen sieht diese Bestimmung[5] allerdings die volle Wirksamkeit eines Zwangsvergleichs oder eines im Vergleichsverfahren geschlossenen Vergleichs für und gegen die Forderung des Gesellschafters vor. Insofern werden

---

1) § 32a KO:
"Anfechtbar sind Rechtshandlungen, die dem Gläubiger einer von § 32a Abs. 1, 3 des Gesetzes betreffend die Gesellschaften mit beschränkter Haftung erfaßten Forderung Sicherung gewähren. Gleiches gilt für Rechtshandlungen, die dem Gläubiger einer solchen Forderung Befriedigung gewähren, wenn sie in dem letzten Jahre von der Eröffnung des Verfahrens vorgenommen sind."

2) Vgl. Gersch u.a. (1980), S. 111.

3) Siehe hierzu dieselben, a.a.O., S. 112 f.; siehe auch Immenga (1970), S. 259-262; OLG Hamburg (1985).

4) § 32a Abs. 1 Satz 1 GmbHG.

5) § 32a Abs. 1 Satz 2 GmbHG.

also im Zwangsvergleich/Vergleich nach der VerglO die Darlehensforderung von Gesellschaftern in gleicher Weise wie die Ansprüche anderer Gläubiger berücksichtigt. Diese Einbeziehung ist erforderlich, um die nicht gewünschte Besserstellung von Gesellschaftern gegenüber den anderen Gesellschaftsgläubigern zu vermeiden, denn bliebe der Anspruch auf Rückzahlung eines Gesellschafterdarlehens in einem solchen Vergleich außer Ansatz, dann stünde die Forderung dem Gesellschafter nach Durchführung des Vergleichs ungeschmälert zu, während sich die übrigen Gesellschaftsgläubiger mit der Vergleichsquote begnügen müßten.[1)2)]

4. Einlagen des Schuldners bei der Bank - Zur Aufrechnungsmöglichkeit

Eine Reduzierung des Bank-Engagements kann sich ergeben, wenn der Schuldner Einlagen bei der Bank unterhält und eine Aufrechnung möglich ist.

Die Aufrechnung bewirkt, daß die Forderung der Bank gegen den Schuldner sowie dessen Forderung gegen die Bank (= Einlage),

---

1) Vgl. Gersch u.a. (1980), S. 111.

2) Zur bilanzrechtlichen Behandlung der kapitalersetzenden Darlehen vor Insolvenz siehe Kamprad (1985) sowie Obermüller (1985), S. 296 m.w.N.
Obwohl kapitalersetzende Darlehen im Verhältnis zu den Forderungen anderer Gläubiger wie haftendes Eigenkapital zu behandeln sind, müssen sie bei der Aufstellung der Bilanz oder eines Überschuldungsstatus als Passivposten berücksichtigt werden, es sei denn, daß die kreditgebenden Gesellschafter eine Rangrücktrittserklärung abgeben. Demgegenüber muß das Darlehen in der Konkurseröffnungsbilanz als Eigenkapital behandelt, d.h. die Passivseite muß um den Darlehensbetrag vermindert werden. Dies könnte zur Folge haben, daß - wenn nicht weiterhin die Passiva die Aktiva übersteigen - mit der Eröffnung eines Insolvenzverfahrens der Konkursgrund der Überschuldung entfällt und das Verfahren wieder einzustellen ist. Dieser Konflikt kann in der Praxis so gelöst werden, daß das Konkursverfahren einzustellen ist, wenn die Gesellschafter = Kreditgeber den Rangrücktritt erklären.
Siehe hierzu auch Ahrenkiel/Lork (1987); zu einem gegenteiligen Ergebnis kommt Joecks, vgl. Joecks (1986).

soweit sie sich decken, erlöschen.[1] Die Aufrechnung tilgt die Forderungen mit Rückwirkung auf den Zeitpunkt des Eintritts der "Aufrechnungslage", d.i. der Zeitpunkt, in dem sich die Forderungen erstmals aufrechenbar gegenüberstanden.[2]

Die Voraussetzungen für die Aufrechnung können mit Gegenseitigkeit, Gleichartigkeit, Forderungsberechtigung und Erfüllbarkeit bezeichnet werden.[3]
Erste Voraussetzung ist mithin, daß zwei Personen Leistungen einander schulden, jede also zugleich Schuldner und Gläubiger der anderen Partei ist. Damit handelt es sich um gegenseitige Forderungen. Aus dem am Anfang des § 387 BGB stehenden Wort "Schulden" ergibt sich eindeutig, daß die gegenseitigen Forderungen - wie im übrigen die sonstigen Voraussetzungen für die Aufrechnung auch - zum Zeitpunkt der Aufrechnungserklärung vorhanden sein müssen.
Als zweite Voraussetzung für die Aufrechnung verlangt das Gesetz, daß die beiden sich gegenüberstehenden Forderungen ihrem Gegenstande nach gleichartig sind. Das bedeutet, daß nur der Gegenstand der Leistungsverpflichtung gleichartig sein muß, nicht der Rechtsgrund; die beiderseitigen Forderungen brauchen noch nicht einmal in rechtlichem Zusammenhang stehen. Was gleichartig ist, bestimmt sich nach der Verkehrsanschauung, nicht aber nach dem Vertragszweck. Für die problemrelevanten Geldforderungen der Bank gegen den Schuldner bzw. des Kreditnehmers gegen die Bank ist die Gleichartigkeit anzunehmen.
Weiterhin kann der Schuldner nach dem Gesetz nur eine ihm gebührende Leistung mit der Aufrechnung durchsetzen (Forderungs-

1) Vgl. § 389 BGB:
"Die Aufrechnung bewirkt, daß die Forderungen, soweit sie sich decken, als in dem Zeitpunkt erloschen gelten, in welchem sie zur Aufrechnung geeignet gegenübergetreten sind."

2) Vgl. Palandt (1985), S. 427.

3) Siehe hierzu Feldmann (1979), S. 1056-1066.
Siehe auch § 387 BGB:
"Schulden zwei Personen einander Leistungen, die ihrem Gegenstande nach gleichartig sind, so kann jeder Teil seine Forderung gegen die Forderung des anderen Teiles aufrechnen, sobald er die ihm gebührende Leistung fordern und die ihm obliegende Leistung bewirken kann."

berechtigung). Das setzt voraus, daß seine Forderung vollgültig und in jeder Beziehung begründet ist. Mit einer Forderung, der eine Einrede entgegensteht, kann nicht aufgerechnet werden.[1] Die Gegenforderung (= eigene oder Aktivforderung)[2] muß rechtlich erzwingbar sein; daher ist die Aufrechnung mit einer Gegenforderung, die nur eine unvollkommene Verbindlichkeit begründet, wie beispielsweise eine Forderung auf Zahlung einer Spielschuld[3], nicht möglich. Für das Recht, die Leistung zu fordern, müssen neben den sachlichen auch die zeitlichen Voraussetzungen vorliegen; die Gegenforderung muß also fällig sein. Die Aufrechnung mit einer gestundeten Gegenforderung ist daher nicht möglich. Dagegen berührt eine lediglich aus Nachsicht gewährte Zahlungsfrist die Aufrechnungsbefugnis nicht, da hierin kein rechtsgeschäftlicher Wille zur Hinausschiebung der Fälligkeit zum Ausdruck kommt. Weiterhin ausgeschlossen ist die Aufrechnung mit einer aufschiebend bedingten oder einer künftigen Forderung. Schließlich kommt die Aufrechnung nur dann in Betracht, wenn dem Aufrechnenden eine Leistung obliegt, und er diese zum Zeitpunkt der Aufrechnungserklärung bewirken kann (Erfüllbarkeit). Anders als die Gegenforderung muß also die Hauptforderung (= Passivforderung) nicht durchsetzbar sein, wenn sie nur erfüllbar ist. Es kann daher auch gegen eine nur eine unvollkommene Verbindlichkeit begründende Hauptforderung aufgerechnet werden.

Die Aufrechnung erfolgt durch die Aufrechnungserklärung der Bank gegenüber dem Kreditnehmer. Die Aufrechnungserklärung ist eine einseitig empfangsbedürftige Willenserklärung.[4]

---

1) Vgl. § 390 BGB:
"Eine Forderung, der eine Einrede entgegensteht, kann nicht aufgerechnet werden. Die Verjährung schließt die Aufrechnung nicht aus, wenn die verjährte Forderung zu der Zeit, zu welcher sie gegen die andere Forderung aufgerechnet werden konnte, noch nicht verjährt war."

2) Siehe Feldmann (1979), S. 1055.

3) Siehe hierzu § 762 Abs. 1 BGB.

4) Vgl. § 388 BGB:
"Die Aufrechnung erfolgt durch Erklärung gegenüber dem anderen Teile. Die Erklärung ist unwirksam, wenn sie unter einer Bedingung oder einer Zeitbestimmung abgegeben wird."

5. Kreditsicherheiten

Eine weitere wesentliche Position bei der Ermittlung der Höhe des Bank-Engagements sind die Kreditsicherheiten. Kreditsicherheiten entstehen durch spezielle Vereinbarungen im oder neben dem Kreditvertrag und haben die Funktion, für den Fall der Zahlungsunfähigkeit oder -unwilligkeit des Schuldners dem Kreditinstitut durch Verwertung (Liquidisierung) einen Einzahlungsanspruch zu sichern, der nicht von den wirtschaftlichen Gegebenheiten beim Schuldner abhängt.[1] Kreditsicherheiten sind also im Falle des Schuldnerverzuges gegebene Verwertungsrechte an bestimmten Vermögensgegenständen sowie Haftungszusagen Dritter.[2]

Im einzelnen können folgende Kreditsicherheiten unterschieden werden[3]:

- Gläubigersubstitution

  Unter dieser Bezeichnung sollen alle Arten von Vereinbarungen subsumiert werden, die bewirken, daß der Gläubiger im Insolvenzfall nicht mehr allein auf das Schuldnervermögen angewiesen ist, sondern sich an einen weiteren, externen Haftungsträger halten kann, der sich verpflichtet hat, den Gläubiger voll oder teilweise zu befriedigen und an dessen Stelle als Konkursgläubiger zu treten.[4]

  Hier sind die Bürgschaft[5] und die Garantie[6], der Kreditauf-

---

1) Siehe auch Hagenmüller (1976a), Spalten 1195 f.
Zu den Motiven und Grundsätzen für die Besicherungsanforderungen der Banken siehe auch Rudolph (1974), S. 84-104.

2) Vgl. Rudolph (1982), S. 320 f.

3) Vgl. Bitz/Hemmerde/Rausch (1986), S. 93 f.; siehe auch Hagenmüller (1976a), Spalte 1197; derselbe (1978), S. 24-39.

4) Vgl. Bitz/Hemmerde/Rausch (1986), S. 93 f.

5) "Durch den Bürgschaftsvertrag verpflichtet sich der Bürge gegenüber dem Gläubiger eines Dritten, für die Erfüllung der Verbindlichkeit des Dritten einzustehen."
§ 765 Abs. 1 BGB; siehe auch §§ 765-777 BGB.
Zur Bürgschaft siehe weiterhin Kohlhof (1976); Reinicke/Tiedtke (1981), S. 107-160; Lwowski (1984), S. 61-109; derselbe (1986), S. 339-389; Pottschmidt/Rohr (1986), S. 1-31.

trag[1] sowie der Schuldbeitritt[2] zu nennen. Im weiteren können - je nach Ausgestaltung des einzelnen Sicherungsvertrages - auch Patronatserklärungen[3] und Liquiditätsgarantien[4] von möglicherweise vorhandenen Muttergesellschaften des Schuldners die Funktion einer Kreditsicherheit erfüllen.

- Vermögensreservierung

  Unter dieser Bezeichnung sollen alle Vereinbarungen subsumiert werden, durch die bestimmte Teile aus dem Schuldnervermögen exklusiv zur Abdeckung der Ansprüche eines bestimmten Gläubigers oder einer ganz bestimten Forderung reserviert werden.[5]

  In diesem Zusammenhang sind die Pfandrechte an beweglichen Sachen und Forderungen[6], die Grundpfandrechte[7], die Abtre-

---

(Fortsetzung Fußnote von vorangegangener Seite)

6) Durch den Garantievertrag verpflichtet sich der Garant, einem Dritten für einen bestimmten Erfolg einzustehen. Dieser garantierte Erfolg kann auch darin bestehen, daß die Bank einen Kredit vom Schuldner zurückerhält.
Zur Garantie siehe auch Lwowski (1986), S. 391-397; Pottschmidt/Rohr (1986), S. 32-41.

1) "Wer einen anderen beauftragt, im eigenen Namen und auf eigene Rechnung einem Dritten Kredit zu geben, haftet dem Beauftragten für die aus der Kreditgewährung entstehende Verbindlichkeit des Dritten als Bürge."
§ 778 BGB.
Zum Kreditauftrag siehe weiterhin Lwowski (1986), S. 397-399.

2) Der Schuldbeitritt ist ein Vertrag, mit dem ein Dritter gegenüber dem Gläubiger die Verpflichtung eingeht, an die Stelle des bisherigen Schuldners zu treten oder zusätzlich zu dem Schuldner für dieselbe Verbindlichkeit zu haften.
Siehe hierzu auch Lwowski (1986), S. 389-391.

3) Siehe hierzu Gerth (1977), S. 7-174; siehe auch Obermüller (1982).

4) Siehe hierzu Gerth (1977), S. 174-218.

5) Vgl. Bitz/Hemmerde/Rausch (1986), S. 94.

6) "Eine bewegliche Sache kann zur Sicherung einer Forderung in der Weise belastet werden, daß der Gläubiger berechtigt ist, Befriedigung aus der Sache zu suchen (Pfandrecht)."
§ 1204 Abs. 1 BGB; siehe auch §§ 1204-1258 BGB.
"Gegenstand des Pfandrechts kann auch ein Recht sein."
§ 1273 Abs. 1 BGB; siehe auch §§ 1273-1296 BGB.
Zum Pfandrecht an beweglichen Sachen und Forderungen siehe

tung von Forderungen und Rechten[1] sowie die Rechte aus Sicherungsübereignung von beweglichen Sachen[2] zu nennen.

Eine ins einzelne gehende Erläuterung der Kreditsicherheiten muß an dieser Stelle unterbleiben; es sei deshalb auf die angeführte Literatur verwiesen. Ebenso wird die Diskussion über die Sicherheiten im Rahmen der geplanten Insolvenzrechtsreform hier ausgeklammert.[3]

(Fortsetzung Fußnote von vorangegangener Seite)
weiterhin Reinicke/Tiedtke (1981), S. 230-250; Pottschmidt/Rohr (1986), S. 99-130.

7) Grundpfandrechte sind Sicherungsrechte an Grundstücken, die dem Grundpfandgläubiger das Recht geben, im Verwertungsfall das Grundstück zwangszuversteigern und/oder zwangszuverwalten und auf diese Weise Befriedigung seiner Forderung zu erlangen.
Siehe hierzu auch §§ 1113-1203 BGB sowie Blomeyer (1980); Lwowski (1984), S. 134-166; Räfle (1984); Gaberdiel (1985); Pottschmidt/Rohr (1986), S. 297-353.

1) "Eine Forderung kann von dem Gläubiger durch Vertrag mit einem anderen auf diesen übertragen werden (Abtretung). Mit dem Abschlusse des Vertrags tritt der neue Gläubiger an die Stelle des bisherigen Gläubigers."
§ 398 BGB; siehe auch §§ 399-413 BGB.
Zur Abtretung von Forderungen und Rechten siehe weiterhin Lwowski (1984), S. 110-125; derselbe (1986), S. 534-599; Pottschmidt/Rohr (1986), S. 227-257; Zeiss (1986).

2) Bei der Sicherungsübereignung überträgt der Kreditnehmer eine bewegliche Sache auf das Kreditinstitut in der Weise, daß das Kreditinstitut Eigentümer und gleichzeitig mittelbarer Besitzer der Sache wird, der Kreditnehmer aber unmittelbarer Besitzer der Sache bleibt.
Siehe hierzu weiterhin Lwowski (1984), S. 126-133; derselbe (1986), S. 440-501; Pottschmidt/Rohr (1986), S. 178-226.

3) Vgl. zum Beispiel Schildbach (1983) m.w.N.; siehe auch Adams (1980), S. 270-318; Schmidt, Reinhard (1980), S. 91-100; Schröter/Weber (1982), S. 1024 f.; Drukarczyk (1983); Franke (1983), S. 47-50; Uhlenbruck (1983a), insbesondere S. 371; Uhlenbruck (1983b), S. 1487; Drukarczyk (1984), S. 6-8; derselbe (1984a); derselbe (1984b); Henckel (1984), S. 378-381; Rudolph (1984); Schmidt, Karsten (1984); Scholz, Franz Josef (1984); Swoboda (1984); Uhlenbruck (1984); Dorndorff/Frank (1985); Drukarzcyk/Duttle/Rieger (1985); Heinsius/Kreutzer (1985), S. 6-9; Kommission für Insolvenzrecht (1985), S. 251-266 und S. 311-326; Rudolph (1985); derselbe (1985a); Serick (1985), S. 2203 f.; Drobnig (1986); Duttle (1986); Franke (1986); Pottschmidt/Rohr (1986), S. 273-278; Landfermann (1987).

5. Kapitel: Wirtschaftlicher Aspekt der Informationsbeschaffung - Zur Bestimmbarkeit eines Informationsoptimums

1. Vorbemerkung

In der Entscheidungssituation einer Bank in der Krise ihres Schuldners kann in der Regel davon ausgegangen werden, daß der Gläubiger frei ist, vor der Entscheidung weitere Information einzuholen. Damit wird der Informationsstand des Entscheidungsträgers als variabel angesehen, und es stellt sich die Frage, ob beim gegenwärtigen Informationsstand entschieden werden soll oder ob es zweckdienlich ist, zusätzliche Information zu beschaffen.
Im Rahmen dieser Arbeit soll unter Information entscheidungsorientiertes Wissen verstanden werden. Information bedeutet also zweckorientiertes Wissen, d.i. zur Verwendung in einer Entscheidungssituation bestimmtes Wissen. Der Begriff "Wissen" soll hier aber nicht nur im Sinne von vergangenheitsorientierten sicheren Beobachtungen und Erfahrungen verstanden werden, sondern auch zukunftsbezogenes "wahrscheinliches Wissen" ohne Gewißheitscharakter umfassen.[1)]
Sind mit zusätzlicher Information nur positive Zielbeiträge verbunden, dann liegt ein technisches Informationsproblem[2)] vor; ein ökonomisches Informationsproblem kommt hinzu, wenn zusätzliche Information auch Zielbeeinträchtigungen verursachen kann, zum Beispiel durch finanziellen Aufwand für die Informationsbeschaffung. Hier soll nur das ökonomische Informationsproblem von Interesse sein.[3)]

---

1) Siehe hierzu auch oben Teil I, 1. Kapitel, S. 9 f. m.w.N.

2) Den Begriff "technisches Informationsproblem" in Abgrenzung zum "ökonomischen Informationsproblem" verwendet Mag; vgl. Mag (1977), S. 127.

3) Zu den Informationshandlungen im Zusammenhang mit der Kreditentscheidung vgl. im einzelnen Wächtershäuser (1971), S. 100-214 sowie Schmoll (1983); siehe auch Dierkes (1983), S. 79-111.
Zum tatsächlichen Informationsverhalten in Entscheidungsprozessen siehe Witte (1972); siehe in diesem Zusammenhang auch Weigel (1980).

Bei dem angenommenen variablen Informationsstand steht der Entscheidende vor einem zweistufigen Entscheidungsproblem:

1. Soll er, bevor er sich für eine Handlungsalternative entscheidet, zusätzliche Information beschaffen oder soll er sich sofort, d.h. beim gegenwärtigen Informationsstand, für eine Handlungsalternative entscheiden?
2. Für welche Handlungsalternative soll er sich - nach Lösung des erstgenannten Problems - entscheiden?[1)]

Die Entscheidung über Informationsaktivitäten wird als Informationsentscheidung bezeichnet, die Lösung des zweiten Problems führt zu Handlungsentscheidungen.[2)]

Die Informationsentscheidung muß auf der methodisch gleichen Basis erfolgen wie die Handlungsentscheidung selbst, und das sind im vorliegenden Fall Entscheidungen unter Risiko. Die ökonomischen Konsequenzen der Handlungsentscheidung werden als Erwartungen[3)] formuliert, die Entscheidung als Auswahlvorgang ist ein Wahrscheinlichkeitsurteil. Das gleiche gilt grundsätzlich auch für die Informationsentscheidung.

Für die weitere Untersuchung sind folgende Annahmen angebracht:

- die Existenz der Informationsquelle ist dem Entscheidungssubjekt bekannt,

- die Informationsquelle ist auffindbar und zugänglich,

- die Information ist prinzipiell beschaffbar.

---

1) Siehe auch Mag (1977), S. 130.

2) Vgl. derselbe, a.a.O., S. 130 f.

3) Siehe hierzu Cyert/Dill/March (1977).

2. Formulierung der formalen Optimumbedingung[1)]

Allgemein kann unterstellt werden, daß eine zusätzliche Informationsbeschaffung einen noch zu erläuternden Aufwand verursacht: die Informationskosten K[2)]. Von der zu beschaffenden Information nimmt man aber auch an, daß sie die Entscheidung verbessern kann. Der noch eingehender darzustellende Wert der Information W[3)] besteht also in der vermuteten Entscheidungsverbesserung.

Ausgehend von der Zielsetzung einer Maximierung der Zielerreichungsbeiträge muß bei der Bestimmung des Informationsoptimums von den positiven und negativen Komponenten W und K ausgegangen werden. Da die Größe W eine zu maximierende, die Größe K eine zu minimierende Variable darstellt, muß ein Informationsoptimum ermittelt werden: der Informationsgewinn G in Abhängigkeit von der Informationsbeschaffung I

$$G(I) = W(I) - K(I)$$

soll maximal werden.

Vor dem Hintergrund der Erkenntnis, daß die formale Optimumbedingung inhaltlich nichts aussagt, solange der Informationsgrenzwert und die Informationsgrenzkosten nicht ermittelt werden können,[4)] soll nun im folgenden der Versuch unternommen werden, durch Konkretisierung die informationelle Zielgröße (Informationswert abzüglich Informationskosten) zu operationalisieren.

---

1) Vgl. zu diesem Abschnitt Mag (1977), S. 137-160.
Siehe weiterhin Stigler (1961), S. 216; Albach (1962), insbesondere S. 208 f.; Loitlsberger (1963), S. 124-126; Bierfelder (1968), S. 103-118; Hirsch (1968); Weber, Karl (1970); Teichmann (1971); Wild (1971), S. 322-326; Lahrmann (1973), S. 79-116; Niggemann (1973), S. 30-40; Rehberg (1973), S. 44-67; Wiemann (1973), S. 59-178; Drukarczyk (1974); Bitz (1975); Bamberg/Coenenberg/Kleine-Doepke (1976); Mag (1977), S. 161-292; Glaser (1980); Laux (1982a), S. 96-98.

2) Siehe hierzu unten 3.1, S. 102-109.

3) Siehe hierzu unten 3.2, S. 109-111.

4) Vgl. Schneider (1980), S. 35.

3. Konkretisierung der informationellen Zielgröße

3.1 Zu den Informationskosten[1)]

Die Informationskosten lassen sich zunächst in Kosten fremdbezogener Information und Kosten selbsterzeugter Information differenzieren.

Die Beschaffungskosten außerbetrieblich gewonnener Information sind dann leicht zu ermitteln, wenn eine Zahlung in bestimmter Höhe direkt für eine Information erfolgt.[2)] Als themarelevante Kosten für Fremdinformation sind beispielsweise Honorare für eine anwaltliche Beratung oder auch Entgelte für Gutachten von Wirtschaftsprüfern über die Sanierungsfähigkeit der Schuldnerunternehmung sowie ggf. Gutachten von Steuerberatern über steuerliche Fragen denkbar.

In der Bundesrepublik Deutschland richtet sich die Vergütung von Rechtsanwälten grundsätzlich nach der Bundesgebührenordnung für Rechtsanwälte (BRAGO).[3)] Daneben sind Vereinbarungen über (höhere) Gebühren durch spezielle Honorarvereinbarungen möglich.[4)]

Die BRAGO sieht vor, daß die Vergütung für eine anwaltliche Tätigkeit eines bzw. mehrerer Rechtsanwälte - wird ein Auftrag mehreren Rechtsanwälten zur gemeinschaftlichen Erledigung übertragen, so erhält jeder Rechtsanwalt für seine Tätigkeit die volle Vergü-

---

1) Siehe hierzu insbesondere Wild (1970); Wild (1970a); Spaetling (1972); Rehberg (1973), S. 68-112; Wild (1973); siehe auch Wiegel (1985), S. 107 f.

2) Vgl. Rehberg (1973), S. 71.
Zur Preisbildung von Fremdinformation siehe Teichmann (1973) sowie Bitz/Wenzel (1974).

3) Vgl. § 1 Abs. 1 BRAGO.

4) Vgl. § 3 Abs. 1 Satz 1 BRAGO:
"Aus einer Vereinbarung kann der Rechtsanwalt eine höhere als die gesetzliche Vergütung nur fordern, wenn die Erklärung des Auftraggebers schriftlich abgegeben und nicht in der Vollmacht oder in einem Vordruck, der auch andere Erklärungen umfaßt, enthalten ist."

tung[1] - nach dem Gegenstandswert bestimmt wird. Als Gegenstandswert gilt der Wert, den der Gegenstand der anwaltlichen Tätigkeit hat.[2] Hierzu enthält das Gesetz Wertvorschriften:

"In gerichtlichen Verfahren bestimmt sich der Gegenstandswert nach den für die Gerichtsgebühren geltenden Wertvorschriften. Diese Wertvorschriften gelten sinngemäß auch für anwaltliche Tätigkeiten, die einem gerichtlichen Verfahren vorausgehen, insbesondere für Zahlungsaufforderungen, Mahnungen, Kündigungen, Versuche der gütlichen Einigung, ferner für die Vorbereitung der Klage oder der Rechtsverteidigung und für die Tätigkeit in einem Einspruchs-, Beschwerde- oder Abhilfeverfahren; dies gilt auch dann, wenn sich die Angelegenheit ohne gerichtliches Verfahren erledigt oder der Rechtsanwalt in dem gerichtlichen Verfahren nicht tätig wird. Sind für die Gerichtsgebühren keine Wertvorschriften vorgesehen, so bestimmt sich der Gegenstandswert nach Absatz 2."[3]
"Soweit sich der Gegenstandswert aus diesen Vorschriften nicht ergibt und auch sonst nicht feststeht, ist er nach billigem Ermessen zu bestimmen."[4]

Ausgehend von dem Gegenstandswert bemißt sich die "volle Gebühr" nach einer Gebührentabelle, die dem Gesetz als Anlage beigefügt ist.[5] Ein Auszug aus dieser Gebührentabelle ist in Anhang 9 wiedergegeben.[6]

Für einen mündlichen oder schriftlichen Rat oder eine Auskunft, die nicht mit einer anderen gebührenpflichtigen Tätigkeit zusammenhängt, erhält der Rechtsanwalt - nach seinem Ermessen - eine Gebühr in Höhe von einem Zehntel bis zu zehn Zehnteln der vollen

---

1) Vgl. § 5 BRAGO.

2) Vgl. § 7 Abs. 1 BRAGO.

3) § 8 Abs. 1 BRAGO.

4) § 8 Abs. 2 Satz 2, 1. Halbsatz BRAGO.

5) Vgl. § 11 Abs. 1 Satz 1 BRAGO.

6) Vgl. unten S. 296.

Gebühr;[1] für die Ausarbeitung eines schriftlichen Gutachtens mit juristischer Begründung ist eine angemessene Gebühr zu erstatten.[2] Als Rat gilt in diesem Zusammenhang die Empfehlung des Rechtsanwaltes, wie sich der Auftraggeber in einer bestimmten Lage verhalten soll. Bei der Auskunft handelt es sich demgegenüber nicht um die Empfehlung des Rechtsanwaltes über das Verhalten des Auftraggebers in einer bestimmten Lage, sondern um die Beantwortung bestimmter Fragen allgemeiner Art, beispielsweise darüber, welche Rechtsvorschriften auf einem bestimmten Gebiete bestehen oder welche Rechtslage bei einem bestimmten Sachverhalt gegeben ist.[3] Der Gebührensatzrahmen für einen Rat oder eine Auskunft soll es dem Rechtsanwalt ermöglichen, einerseits in Bagatellsachen sich auf nur geringe Gebühren zu beschränken, andererseits für schwierige Beratungen angemessene Gebühren zu verlangen. Bei der Ausfüllung des Rahmens sind alle Umstände zu beachten, insbesondere auch die wirtschaftlichen Verhältnisse des Auftraggebers.[4] Das Gutachten unterscheidet sich vom Rat dadurch, daß es beim Rat ausschlaggebend auf das Ergebnis ankommt, weshalb der Rat nicht oder nur kurz begründet werden muß und die Mitteilung der Empfehlung ausreichend ist, während das Gutachten dagegen die rechtlichen Erwägungen klarlegen soll und deshalb schriftlich begründet sein muß. Das Gutachten muß in der Regel enthalten: eine geordnete Darstellung des zu beurteilenden Sachverhalts, die Herausstellung der rechtlichen Probleme, die Stellungnahmen von Rechtsprechung und Schrifttum zu diesen Problemen und schließlich als wesentlichsten Teil des Gutachtens das eigene Urteil unter Würdigung der Stimmen aus Rechtsprechung und Schrifttum.[5]

Hat die Krise des (inländischen) Schuldners auch wesentliche Auswirkungen in anderen Ländern, dann ist es für die Bank regelmäßig notwendig, einen Rechtsanwalt aus dem betreffenden Land als Berater einzuschalten. Die Vergütungspraxis kann dabei von der

---

1) Vgl. § 20 Abs. 1 Satz 1 BRAGO.

2) Vgl. § 21 BRAGO.

3) Vgl. Gerold/Schmidt/Schmidt (1977), S. 354 f.

4) Vgl. dieselben, a.a.O., S. 358.

5) Vgl. dieselben, a.a.O., S. 364 f.

Vergütungsmethode in der Bundesrepublik Deutschland differieren.

So ist in Frankreich gemäß § 10 des Gesetzes vom 31. Dezember 1971 die Honorarvereinbarung, insbesondere für eine Beratung, in das Ermessen des Rechtsanwaltes und des Mandanten gestellt.[1] Bei der grundsätzlich freien Honorarvereinbarung ist jedoch das Umfeld zu berücksichtigen, d.h., daß bei der Ermittlung der Vergütung folgendem Rechnung getragen wird:

- einerseits einem Kostenpreis, m.a.W.

  + den Verpflichtungen der Anwaltskanzlei

  und

  + der Vergütung des Anwalts in Abhängigkeit der Spezialisierung und der Fachkompetenz, der anzuwendenden Sorgfalt und der aufzuwendenden Zeit,

- andererseits der Komplexität und der Bedeutung des Falles für den Mandanten.[2]

Die Vergütung wird deshalb häufig als Zeithonorar mit Stundensätzen zwischen 300 und 1.200 Francs vereinbart.[3] Vor dem Hintergrund einer oftmals großen Komplexität der Fälle im internationa-

---

1) Vgl. Granrut (1984), S. 5; Morel u.a. (1984), S. 1; zur Honorarvereinbarung in Frankreich siehe auch Boccara (1981).

2) Vgl. Le Conseil de l'Ordre de Paris zitiert bei Granrut (1984), S. 34:
"Le Conseil réaffirme son attachement au principe de la liberté de l'honoraire, consacré par l'article 10 de la loi du 31 décembre 1971, qui dispose que l'honoraire est fixé d'accord entre l'avocat et son client.
Cet honoraire est calculé en tenant compte:
- d'une part du prix de revient, c'est-à-dire:
  - des charges du cabinet,
  - de la rémunération en fonction de la spécialisation et de la compétence, des diligences accomplies et du temps passé,
- d'autre part, de la complexité, de l'interêt du litige et du service rendu."

3) Vgl. Morel u.a. (1984), S. 2.

len Geschäft und eingedenk dessen dem Zwang, eine gute und renommierte Anwaltskanzlei einzuschalten, wird verständlich, daß die in der Schuldnerkrise vereinbarten Beratungshonorare sich tatsächlich oft an der Obergrenze des oben genannten Gebührenrahmens bewegen. Nach der Erfahrung des Autors wird dieser Gebührenrahmen bei besonders komplexen Fällen auch überschritten und ein Honorar von über 1.500 Francs/Stunde (Stand: 1987) festgesetzt.

Auch in einem zweiten Beispiel eines für die Außenwirtschaft der Bundesrepublik Deutschland bedeutsamen Landes, in den Vereinigten Staaten von Amerika, besteht totale Freiheit der Honorarvereinbarung zwischen Rechtsanwalt und Mandant.[1] Nach der Erfahrung des Autors können die als Zeitgebühren vereinbarten Vergütungen bei besonders komplexen Fällen die Höhe von 300 bis 400 US-$/Stunde für "partner" einer Anwaltskanzlei (law firm) und 70 bis 100 US-$/Stunde für "associates" (Stand: 1987) erreichen.[2] Hier ist es - im Gegensatz zu Frankreich - sogar üblich, die Zeiten eines Arbeitsessens abzurechnen, d.h. wenn die Vertreter der Bank als freundliche Geste die eingeschalteten Rechtsanwälte zu einem Essen einladen, dann bekommt die Bank auch diese Zeit in Rechnung gestellt.

Für die Vergütung von Wirtschaftsprüfern oder Wirtschaftsprüfungsgesellschaften im Zusammenhang mit der Erstellung von Gutachten zur Sanierungsfähigkeit einer Schuldnerunternehmung kann keine gesetzliche Grundlage herangezogen werden. Die Sanierungsfähigkeitsprüfung kann dabei - nach Aussagen von mit solchen Problemen befaßten Wirtschaftsprüfern - als eines der schwierigsten zu bearbeitenden Gebiete bezeichnet werden. Der Zeitaufwand beträgt dabei mindestens 30 bis 40 Stunden für die Erstellung eines Sanierungsfähigkeitsgutachtens für eine kleine bis mittlere Unternehmung. Die Stundenvergütung wird hierbei mit rd. 200 bis 250 DM für Wirtschaftsprüfer und rd. 150 DM für eine qualifizierte Hilfskraft in Ansatz gebracht (jeweils Stand 1987).

---

1) Siehe auch New York Jurisprudence (1980), insbesondere S. 68-74.

2) Siehe auch Glasser (1983).

Die Vergütung der Steuerberater, Steuerbevollmächtigten und Steuerberatungsgesellschaften bemißt sich in der Bundesrepublik Deutschland grundsätzlich nach der Steuerberatergebührenverordnung (StBGebV).[1] Daneben sind Vereinbarungen über (höhere) Gebühren durch spezielle Honorarvereinbarungen möglich.[2]

Nach der StBGebV sind im wesentlichen Wert- und Zeitgebühren zu unterscheiden. Die Wertgebühren werden nach dem Gegenstandswert berechnet;[3] die Zeitgebühr - der Gebührenrahmen erstreckt sich von 20 DM bis 60 DM je angefangene halbe Stunde - ist in den Fällen zu berechnen, in denen die StBGebV es ausdrücklich vorsieht oder wenn keine genügenden Anhaltspunkte für eine Schätzung des Gegenstandswertes vorliegen.[4]

Für einen mündlichen oder schriftlichen Rat oder eine Auskunft, die nicht mit einer anderen gebührenpflichtigen Tätigkeit zusammenhängt, kann der Steuerberater eine Gebühr in Höhe von einem Zehntel bis zu zehn Zehnteln der "vollen Gebühr" nach der der Verordnung als Anlage 1 beigefügten Tabelle A geltend machen.[5]

Für die Ausarbeitung eines schriftlichen Gutachtens mit eingehender Begründung erhält der Steuerberater eine Gebühr von zehn Zehnteln bis zu dreißig Zehnteln der "vollen Gebühr" nach Tabelle A.[6]

Ein Auszug aus der Gebührentabelle A ist in Anhang 10 wiedergegeben.[7]

Für Abschlußarbeiten wie beispielsweise die Aufstellung eines Jahresabschlusses (Bilanz sowie Gewinn- und Verlustrechnung) beträgt

---

1) Vgl. § 1 StBGebV; siehe auch Völzke (1982).

2) Vgl. § 4 Abs. 1 Satz 1 StBGebV.

3) Vgl. § 10 StBGebV.

4) Vgl. § 13 StBGebV.

5) Vgl. § 21 Abs. 1 Satz 1 StBGebV.

6) Vgl. § 22 StBGebV.

7) Vgl. unten S. 297.

die Gebühr zehn bis dreißig Zehntel einer "vollen Gebühr" nach der der Verordnung als Anlage 2 beigefügten Tabelle B; die Aufstellung eines Zwischenabschlusses oder eines vorläufigen Abschlusses (Bilanz sowie Gewinn- und Verlustrechnung) wird mit fünf bis zwölf Zehnteln der "vollen Gebühr" nach Tabelle B abgerechnet.[1)]Gegenstandswert ist in diesen Fällen das Mittel zwischen der berichtigten Bilanzsumme (= Summe der Aktivwerte der Bilanz zuzüglich Privatentnahmen und offener Ausschüttungen, abzüglich Privateinlagen, Kapitalerhöhungen durch Einlagen und Wertberichtigungen) und dem wirtschaftlichen Umsatz; übersteigt der wirtschaftliche Umsatz das Fünffache der berichtigten Bilanzsumme, so bleibt der übersteigende Betrag außer Ansatz.[2)]
Für die Anfertigung oder Berichtigung von Inventurunterlagen oder für sonstige Abschlußvorarbeiten bis zur abgestimmten Saldenbilanz kann der Steuerberater die Zeitgebühr abrechnen.[3)]

Ein Auszug aus der Gebührentabelle B ist in Anhang 11 wiedergegeben.[4)]

Die Beschaffungskosten innerbetrieblich gewonnener Information sind vor dem Hintergrund, daß die innerbetriebliche Informationsgewinnung formal als Produktionstätigkeit charakterisiert werden kann, unter Zuhilfenahme produktionstheoretischer Erkenntnisse zu ermitteln. Die Ableitung einer "Informationsproduktionsfunktion" ist jedoch bis heute nicht gelungen und ist vielleicht überhaupt nicht möglich.[5)]

Im Ergebnis ist aufgrund der geschilderten Schwierigkeiten sowie aufgrund des Abrechnungsmodus verschiedener Informanten - bei Gebührenrahmen steht die Rahmenausnutzung oftmals im vorhinein nicht fest und bei Zeitgebühren ist der zukünftige Zeitaufwand nur

---

1) Vgl. § 35 Abs. 1 Nummern 1, 2 StBGebV.

2) Vgl. § 35 Abs. 2 StBGebV.

3) Vgl. § 35 Abs. 3 StBGebV.

4) Vgl. unten S. 298.

5) Vgl. Rehberg (1973), S. 97 f.; Wiemann (1973), S. 171-174; Mag (1977), S. 158-160.

schwer vorauszusehen - eine hinreichend genaue Bestimmung und Abschätzung der Kosten einer zu beschaffenden Information häufig nur schwer möglich.

3.2 Zum Informationswert[1)]

Der Wert einer Information wird an den voraussichtlichen Verwendungswirkungen gemessen. Da dieser Wert nur aus einer Zweck-Mittel-Beziehung ableitbar ist, wird die Information als Mittel zur Erreichung von Zielen des Informationsverwenders betrachtet. Die Wirkung des Informationseinsatzes ergibt sich dann aus den (voraussichtlichen) zielrelevanten Veränderungen, d.h. aus den Einwirkungen auf den Zielerreichungsgrad des Verwenders in einer bestimmten Verwendungssituation. Da diese Wirkungen personengebunden sind, handelt es sich insoweit um subjektive Größen. Bei multiplen Wirkungen wäre der Informationswert dann entsprechend durch die Summe der (bewerteten, gewichteten) Informationswirkungen zu bestimmen. Bei mehreren gleichzeitig verfolgten Zielen ist darüber hinaus eine Gewichtung hinsichtlich der verschiedenen Ziele erforderlich, was zu einem mehrdimensionalen Messungsansatz führt.[2)] Bei dem vorliegenden Problem der Bank in der Schuldnerkrise kann die vermutete Entscheidungsverbesserung insbesondere in einem höheren Zahlungseingang (betroffenes Ziel: Barwertmaximierung) bestehen. Damit wird deutlich, daß der Informationswert vom verwandten Entscheidungskriterium (hier: Maximierung der Zahlungsfluß-Erwartungswerte) abhängt. Entscheidungs- und Informationsprobleme sind daher in zwei Schritten simultan mit der gleichen Entscheidungsregel zu lösen.[3)]

Darüber hinaus können bei der prospektiven Wertzumessung von Information in Anlehnung an WILD die folgenden Probleme formu-

---

1) Siehe hierzu insbesondere Wild (1971), S. 322-334; Rehberg (1973), S. 132-183; Wiemann (1973), S. 168-171; siehe in diesem Zusammenhang auch Nieden (1972).
Siehe auch Marschak (1957), insbesondere S. 200-202; Streitferdt (1973), S. 103 f.; Wiegel (1985), S. 103-107.

2) Vgl. Wild (1971), S. 324 f.

3) Siehe auch Rehberg (1973), S. 183; Wenzel (1975), S. 56; Mag (1977), S. 153.

liert werden[1]:

- Filterphänomen: Die Entscheidung ist in der Regel nicht der einzige Verwendungsprozeß der Information, vielmehr gibt es vor- und nachgelagerte Verwendungsprozesse, in denen die betreffende Information Wirkungen hervorrufen, aber auch (durch Filterung) "verlieren" kann.[2]

- Notwendigkeit der prognostischen Transformation vergangenheitsbezogener Information:
  Vergangenheitsbezogenes Wissen (faktische Information), das in Entscheidungsproblemen verwendet wird, ist nicht unmittelbar und per se für die in Frage stehende Entscheidung bedeutsam, sondern bedarf zuvor erst einer Transformation in zukunftsbezogene Aussagen. Die Begründung dafür liegt darin, daß Handeln stets nur in der Zukunft möglich ist, so daß letztlich auch alle Informationsprozesse, die der Vorbereitung und Steuerung der Handlung dienen, zukunftsbezogen sind. Erfahrungswissen ist also nur insofern handlungs- und zielrelevant, als es die Ableitung zukunftsbezogener Information erlaubt und soweit diese das Ergebnis des Handlungsprozesses in seiner Qualität, Quantität, Sicherheit (Risiko) und in seinem zeitlichen Eintritt beeinflußt.[3]

- Problem des logischen Zirkels: Um den Wert einer Information beurteilen zu können, müßte man sie besitzen, d.h. vor der Informationsgewinnung oder -verwendung bereits das Ergebnis kennen. Kennt man den Informationsinhalt aber bereits,

1) Vgl. hierzu Wild (1971), S. 332-334.

2) Vgl. derselbe, a.a.O., S. 323; kritisch zum Filterphänomen Rehberg (1973), S. 153.

3) Vgl. Wild (1971), S. 332.

> so besteht keine Veranlassung, die Information zu gewinnen, denn die Frage wäre dann nicht mehr relevant. Die Bewertung setzt also damit etwas voraus, was nicht erfüllt sein kann, wenn das Problem existent ist.[1)]

Das letztgenannte Problem kann insofern überwunden werden, als zunächst in einem ersten Schritt Alternativprognosen über die möglichen Ergebnisse der Informationsgewinnung bzw. -verwendung erstellt werden müßten, die man dann in einem zweiten Schritt unter Umständen sogar wahrscheinlichkeitslogisch bewerten kann. Gleichwohl verbleiben die ersten beiden erläuterten Probleme.

4. Ergebnis

Die Entscheidung über Informationsaktivitäten ist wie die Handlungsentscheidung eine Entscheidung unter Risiko. Sie kann theoretisch optimiert werden, wenn der Informationsgewinn in Abhängigkeit von der Informationsbeschaffung (= Informationswert minus Informationskosten) maximal wird. Diese formale Optimumbedingung sagt jedoch inhaltlich nichts aus, solange die informationelle Zielgröße (Informationswert und Informationskosten) nicht ermittelt werden kann. Die themarelevanten Informationskosten sind aber nur unvollständig zu ermitteln: ggf. sind Kosten für Fremdinformationen grob zu prognostizieren. Der Informationswert bzw. die Entscheidungsverbesserung kann bei dem vorliegenden Problem der Bank in der Schuldnerkrise insbesondere in einem höheren Zahlungseingang (betroffenes Ziel: Barwertmaximierung) bestehen. Der prospektiven Wertzumessung von Information stehen jedoch diverse Probleme entgegen, die letztlich die befriedigende Ermittlung eines - isolierten - Informationswertes vereiteln. Damit scheitert die Anwendung der formalen Optimumbedingung an den mangelhaften Möglichkeiten, die informationelle Zielgröße zu ermitteln.

Dieses Ergebnis ist jedoch für die praktische Lösung des vorgege-

1) Vgl. Wild (1971), S. 333; vgl. auch Rehberg (1973), S. 151 f. Darüber hinaus erläutert Wild noch das hier nicht vorgestellte Zurechnungsproblem; vgl. Wild (1971), S. 333 f.; kritisch hierzu Rehberg (1973), S. 153 f.

benen Entscheidungsproblems zu unbefriedigend. Im folgenden sollen daher die ermittelbaren Informationskosten bei der Prognose der erwarteten Zahlungsströme im Zusammenhang mit dem Ziel Barwertmaximierung berücksichtigt werden. Entscheidungsproblem und Informationsproblem werden dann (simultan) mit der gleichen Entscheidungsregel gelöst, so daß sich die isolierte Bestimmung des Informationswertes erübrigt.

Teil III: Analyse des Aktionsfeldes

6. Kapitel: Zur Systematik der Ausgangsaktivitäten

1. Vorbemerkung

Mit dem Aktionsfeld werden die dem Entscheidungsträger zur Verfügung stehenden Handlungsalternativen dargestellt. Als Handlungsalternativen werden in der Literatur Handlungsmöglichkeiten bezeichnet, die von einem Entscheidenden zu einem bestimmten Zeitpunkt als zur Erfüllung seiner Ziele prinzipiell geeignet wahrgenommen werden und aus denen eine zur weiteren Verfolgung im Entscheidungs- oder Realisationsprozeß ausgewählt werden soll.[1]

---

1) Vgl. Hauschildt (1983), S. 94; siehe auch Hax (1965), S. 24.

Hinter dieser Definition stehen die folgenden Überlegungen:

a) Entscheidungsbezug: Handlungsalternativen haben allgemein einen Bezug zu einem Entscheidungsproblem, das durch einen Entschluß abgeschlossen wird. Ein solcher Entschluß kann unmittelbar zur Realisation führen oder auch - als Teil- oder Vorentscheidung - mit anderen Entscheidungen sachlich und zeitlich verknüpft sein. In diesem Zusammenhang seien als Handlungsalternativen einer Entscheidung stets nur die der jeweiligen Teil-Entscheidung zugeordneten Alternativen bezeichnet.

b) Zeitpunktbezug: Die Existenz einer Handlungsalternative ist an einen Entscheidungszeitpunkt gebunden, d.h. daß nur eine solche Alternative wählbar ist, die spätestens bis zum Entschlußzeitpunkt ins Bewußtsein des Entscheidungssubjektes gelangt.

c) Wirkungsprognose: Handlungsalternativen sind Planungstatbestände, die auf der Basis ontologischer und nomologischer Aussagen bestimmte Wirkungen versprechen.

d) Zielbezug: Die Wirkungen sind für den Entscheidungsträger nur insoweit entscheidungsrelevant, als sie zur Zielerfüllung beizutragen versprechen.

e) Wahrnehmung: Alternativenzahl und Alternativenausprägungen sind ein subjektgebundenes Wahrnehmungsproblem. Dies hat auch dann Geltung, wenn der Entscheidungsträger ein Gremium ist.

f) Exklusivität: Die Handlungsalternativen schließen sich gegenseitig aus. Es kann also zur Lösung

Das gesamte unternehmerische Aktionsfeld umfaßt eine Fülle in unterschiedlicher Weise miteinander verschlungener Handlungsmöglichkeiten, deren Einzelaktivitäten und ergebnismäßige Auswirkungen sich über einen zumeist in seinen Grenzen gar nicht absehbaren zukünftigen Zeitraum erstrecken.[1] Die Vorstellung eines Modells, das dieses Aktionsfeld in seiner gesamten sachlichen Breite und zeitlichen Tiefe erfaßt, wird als Totalmodell bezeichnet.[2] Als theoretisches Modell sind derartige Totaldarstellungen nur im Hinblick auf jeweils durch entsprechend einschneidende Prämissen zurechtgestutzte hypothetische Aktionsfelder denkbar, während der Versuch scheitern muß, ein solches Modell im Hinblick auf reale betriebliche Gegebenheiten - wie beispielsweise das Entscheidungsproblem der Bank in der Krise ihres Schuldners - zu konstruieren. Entscheidungsmodelle, denen nicht von vornherein jegliche praktische Relevanz abgesprochen werden soll, können sich daher in der Regel nur auf bestimmte Teile des gesamten Entscheidungsfeldes beziehen, d.h. sie können insoweit nur Partialmodelle sein.

Die grundsätzliche Problematik bei der Bildung von Partialmodellen besteht nun darin, daß mit der Zerlegung der das gesamte Aktionsfeld ausmachenden Menge der Handlungsalternativen in mehrere disjunkte Teilmengen und der isolierten Lösung der jeweiligen Einzelkalküle Information verlorengeht. Unberücksichtigt bleiben nämlich alle Interdependenzen zwischen den einzeln erfaßten Teilbereichen, die daraus resultieren, daß die Realisations- und Ergebnismöglichkeiten der in einem Partialmodell erfaßten Handlungsalternativen durch die Durchführung der als Lösung anderer Partialmodelle ermittelten Aktionspläne maßgeblich

---

(Fortsetzung Fußnote von vorangegangener Seite)
des Entscheidungsproblems nur eine einzige Alternative gewählt werden.
Siehe hierzu Hauschildt (1983), S. 94 f. m.w.N.

1) Vgl. in diesem Zusammenhang die Ausführungen über den Ergebnishorizont unten Teil IV, 10. Kapitel, S. 222-224.

2) Vgl. Bitz (1977), S. 91.

beeinflußt werden können und vice versa.[1]

In diesem Zusammenhang ist bedeutsam, daß jede durch das Symbolsystem eines Entscheidungsmodells als Gegenstand der Bewertung und Entscheidung dargestellte Handlungsalternative im Grunde ein ganzes Bündel zumindest in Details verschiedener Handlungsmöglichkeiten abbildet. Was als Alternative im Sinne eines der konstitutiven Elemente eines Entscheidungsmodells anzusehen und im Zuge der Modellanalyse dann hinsichtlich seiner Eignung zur Zielerreichung zu beurteilen ist, kann insoweit also auch in einer ganz exakt umrissenen Entscheidungssituation immer noch nicht mit dem Anspruch auf intersubjektive Gültigkeit festgelegt werden, sondern ist allgemein - genau wie die sonstigen Modellkomponenten auch - das Ergebnis eines mit der Modellformulierung einhergehenden, weitgehend subjektiv determinierten Vorganges der Abstraktion und Aggregation.[2]

Für die Mehrzahl herkömmlicher ökonomischer Entscheidungsmodelle ist es kennzeichnend, daß eine Handlungs- oder Entscheidungsalternative theoretisch als eine eindeutige Kombination verschiedener Einzeltätigkeiten verstanden wird. Es wird als eine wegen der notwendigen Vereinfachung des Kalküls unvermeidbare Beeinträchtigung der Originaltreue des Modells angesehen, daß bei genauer Betrachtung der zugrunde liegenden Realsituation hinter jeder modellhaften Handlungsalternative ein ganzes Alternativenaggregat sichtbar wird; bei der Formulierung und Analyse des Modells wird dies jedoch nicht weiter berücksichtigt.[3]

Ein weiter gefaßter Alternativenbegriff liegt demgegenüber Entscheidungskalkülen nach Art der im Rahmen dieser Arbeit verwandten flexiblen Planung zugrunde. Hier wird versucht, unterschiedliche Anpassungsmöglichkeiten an verschiedene, im Ent-

---

1) Zum Interdependenzproblem vgl. Bitz (1977), S. 93-99.

2) Vgl. Bitz (1977), S. 337.
Die Aktionsfeldbildung bzw. Ermittlung der Handlungsalternativen soll hier nicht problematisiert werden; vgl. dazu Bretzke (1980), S. 106-142.

3) Vgl. Bitz (1977), S. 326.

scheidungszeitpunkt noch nicht mit Sicherheit vorhersehbare Umweltentwicklungen, explizit in das Modell mit einzubeziehen.[1] Als modellhafte Handlungsalternativen werden in der flexiblen Planung jeweils ganze Bündel alternativ möglicher Aktionsfolgen zur Auswahl gestellt.[2] Diese Aktionsfolgen werden dann in einzelne Teilaktivitäten differenziert, wobei im Entscheidungszeitpunkt nur die Ausgangsaktivität festgelegt wird.

Im folgenden soll nun die Systematik der darzustellenden, problemrelevanten Ausgangsaktivitäten erläutert werden. In diesem Zusammenhang ist auch auf die Insolvenztatbestände Zahlungsunfähigkeit und Überschuldung einzugehen.

2. Erläuterung der Systematik

Vor dem Hintergrund der Themenstellung "Die Bank in der Krise ihres Schuldners" wird die Systematisierung der Ausgangsaktivitäten an der Überwindung bzw. Nichtüberwindung der Schuldnerkrise orientiert.[3]

Die Bank kann zunächst an Maßnahmen zur Überwindung der Krise aktiv mitwirken (Strategienbündel 1). Diese Maßnahmen können weiter danach differenziert werden, ob sie eher mit dem Ziel der Beseitigung des (drohenden) Insolvenztatbestandes Zahlungsunfähigkeit oder eher mit dem Ziel der Beseitigung des (drohenden) Insolvenztatbestandes Überschuldung ergriffen werden. Insofern erscheint es zum besseren Verständnis der Ausgangsaktivitäten notwendig, vor der Erörterung der einzelnen Strategienbündel die Insolvenztatbestände zu erläutern.

Der aktiven Mitwirkung an Maßnahmen zur Überwindung der Schuldnerkrise direkt entgegengesetzt ist die aktive Beendigung der Kreditbeziehung (Strategienbündel 3). Hier ist insbesondere zu

---

1) Vgl. Bitz (1977), S. 326 f.

2) Siehe derselbe, a.a.O., S. 327.

3) Zu weiteren Systematisierungsansätzen siehe Rödl (1979), S. 48-51; Rümker (1981), S. 493; Vranitzky (1984), S. 289.

unterscheiden, ob eine ordentliche oder eine außerordentliche Kreditkündigung ausgesprochen wird.

Zwischen diesen beiden grundsätzlichen Arten von Ausgangsaktivitäten ist das Stillhalten der Bank (Strategienbündel 2) angesiedelt. Das Stillhalten wird also negativ definiert durch den Verzicht sowohl auf eine aktive Mitwirkung an Maßnahmen zur Überwindung der Schuldnerkrise als auch auf eine aktive Beendigung der Kreditbeziehung.

3. Zu den Insolvenztatbeständen

3.1 Vorbemerkung

In der Literatur werden drei Voraussetzungen zur Eröffnung eines Insolvenzverfahrens[1)] genannt[2)]:

- Insolvenzfähigkeit;

- Insolvenzgrund;

- Insolvenzantrag.

Insolvenzfähig sind natürliche und juristische Personen, Nachlässe und nicht rechtsfähige Vereine. Der Insolvenzantrag kann als formelle Insolvenzvoraussetzung interpretiert werden; der Insolvenzgrund gilt dann als materielle Insolvenzvoraussetzung.[3)] In der KO und VerglO nach geltendem Recht werden zwei Insolvenzgründe bzw. Insolvenztatbestände genannt:

- Zahlungsunfähigkeit

---

1) Der Begriff "Insolvenzverfahren" wird im folgenden als Oberbegriff für das Konkurs- und das Vergleichsverfahren verwandt.

2) Siehe Biermann (1963), S. 30 m.w.N.

3) Siehe auch derselbe, ebenda.

und

- Überschuldung[1]

Bei fast allen Gemeinschuldnern ist das Vorliegen der Zahlungsunfähigkeit eine der Voraussetzungen für die Eröffnung des Konkurs- oder Vergleichsverfahrens.[2] Die Rechtsform, in der eine Unternehmung geführt wird, ist daher grundsätzlich nicht von Bedeutung. Lediglich bei Nachlässen und bei einem Gesamtgut bei fortgesetzter Gütergemeinschaft scheidet die Zahlungsunfähigkeit aufgrund der ausdrücklichen Vorschrift der §§ 215 und 236 KO aus. Eine Übersicht - zusammen mit den Insolvenzantragspflichten für die Gesamtschuldner - ergibt sich aus der auf der folgenden Seite dargestellten Tabelle 3.

---

1) Zur historischen Entwicklung der materiellen Insolvenzvoraussetzungen siehe Biermann (1963), S. 32-40.
Zur Diskussion der Insolvenztatbestände im Rahmen der Insolvenzrechtsreform siehe insbesondere Schmidt, Reinhard (1980), S. 104-132; Drexl/Kayser (1981), S. 403-405; Drukarczyk (1981); Veit (1982); Franke (1984); Steiner (1984), S. 380-384; Vormbaum/Baumanns (1984), S. 1973-1975; Bretzke (1985); Heinsius/Kreutzer (1985), S. 4 f.; Kommission für Insolvenzrecht (1985), S. 109-115; Meyer-Cording (1985); Rausch (1985), S. 96-224; Schmidt, Karsten (1985a), S. 718-721; Bitz/Hemmerde/Rausch (1986), S. 313-390; Drukarczyk (1986); Jäger (1986), Meyer-Cording (1986); Schmidt, Karsten (1986a), S. 188-196; Steiner (1986), S. 426-439; Uhlenbruck (1986a).

2) Vgl. § 102 KO:
"(1) Die Eröffnung des Konkursverfahrens setzt die Zahlungsunfähigkeit des Gemeinschuldners voraus.
(2) Zahlungsunfähigkeit ist insbesondere anzunehmen, wenn Zahlungseinstellung erfolgt ist."
Siehe weiterhin § 2 VerglO, in dem ausgeführt ist, daß ein Vergleichsverfahren zur Abwendung des Konkurses unter den gleichen Voraussetzungen zulässig ist, unter denen das Konkursverfahren beantragt werden kann.

Tabelle 3: Insolvenztatbestände und gesetzliche Insolvenzantragspflichten nach Unternehmensrechtsformen[1]

Unternehmensrechtsformen	Antragsgrund Zahlungsunfähigkeit (allein)	Antragsgrund Zahlungsunfähigkeit oder Überschuldung	Antragsgrund Überschuldung (allein)	Antragspflichten
Einzelunternehmen	§ 102 KO			
Personengesellschaften	§ 209 KO			
Aktiengesellschaften		§ 207 KO		§ 92 AktG
Kommanditgesellschaften auf Aktien		§ 209 KO		§ 283 Ziffer 14 i.V.m. § 92 AktG
GmbH		§ 63 GmbHG		§ 64 GmbHG
Personengesellschaften, bei denen kein persönlich haftender Gesellschafter eine natürliche Person ist		§ 209 KO		§§ 130a, 177a HGB
Genossenschaften		§ 98 GenG		§ 99 GenG
eingetragene Vereine		§ 213 i.V.m. § 207 KO		§ 42 BGB
juristische Personen des öffentlichen Rechts		§ 213 i.V.m. § 207 KO		§ 89 i.V.m. § 42 BGB
Nachlaßmassen			§ 215 KO	
Gesamtgüter bei fortgesetzter Gütergemeinschaft			§ 236 i.V. m. § 215 KO	

1) Siehe auch Schedlbauer (1984), S. 2207.

Die Insolvenztatbestände dienen grundsätzlich dem Schutz der Gläubiger des Gemeinschuldners in dreifacher Hinsicht. Zunächst sollen sie vermeiden, daß ein krisenbehaftetes Unternehmen durch zukünftige Maßnahmen Verluste produziert, die nicht oder nur teilweise zu seinen Lasten gehen, sondern die Gläubiger treffen. Sie sollen weiterhin die Gläubiger vor Wertverlusten bewahren, indem sie eine zu frühzeitige Unternehmenszerschlagung auf Betreiben einiger Gläubiger vermeiden, wenn die Position der Gläubiger insgesamt aufgrund der erwarteten Einzahlungen bei Unternehmensfortführung einen größeren Wert aufweist als im Insolvenzfall. Schließlich sollen die Insolvenztatbestände Wertverluste einzelner Gläubiger bei ungeordnetem Zugriff auf das Vermögen des Gemeinschuldners durch Gleichstellung der ungesicherten Gläubiger ausschließen.[1)]

Bei der Beurteilung des Aktionsfeldes der Bank in der Krise ihres Schuldners ist es nun wesentlich, ob ein Insolvenztatbestand und damit ggf. gesetzliche Insolvenzantragspflichten vorliegen oder nicht. Im folgenden sollen daher die Zahlungsunfähigkeit und Überschuldung sowie die Möglichkeiten zur Feststellung eines Insolvenztatbestandes dargestellt werden.

3.2 Zur Zahlungsunfähigkeit

Das Gesetz erklärt die Zahlungsunfähigkeit nicht direkt; die Zahlungsunfähigkeit wird vielmehr nur durch ihre wichtigste Erscheinungsform, die Zahlungseinstellung, präzisiert. Die Dehnbarkeit des Terminus Zahlungsunfähigkeit wird dabei sofort offenkundig, wenn man die diesem Begriff verwandten und im Sprachgebrauch häufig üblichen Wendungen betrachtet:

- Zahlungsschwierigkeit,
  die sich regelmäßig durch unpünktliche und schleppende Zahlungen ausdrückt;

---

1) Vgl. Kupsch (1984), S. 160; siehe auch Uhlenbruck (1985).

- Zahlungsstockung
  in der Bedeutung einer nur vorübergehenden Zahlungseinstellung;

- Illiquidität
  als Inbegriff des Mißverhältnisses zwischen liquiden Mitteln und schwer liquidisierbaren Aktiva, gemessen an den anstehenden Zahlungsverpflichtungen.[1]

Nach der Judikatur wird die Zahlungsunfähigkeit erklärt als "das auf dem Mangel an Zahlungsmitteln beruhende dauernde Unvermögen des Schuldners, seine sofort zu erfüllenden Geldschulden noch im wesentlichen zu decken"[2].

Durch die Verwendung der Begriffe "Zahlungsmittel" und "Geldschulden" wird deutlich, daß nur die finanzielle Seite des Unternehmens betrachtet wird. Der zum Begriff der Zahlungsunfähigkeit gehörende Mangel an Zahlungsmitteln muß voraussichtlich von Dauer sein; dadurch unterscheidet sich die Zahlungsunfähigkeit von der Zahlungsstockung, die ihrer Natur nach vorübergehend ist. Weiterhin müssen die Zahlungsverpflichtungen fällig sein; es dürfen also keine (weit) in der Zukunft liegenden oder nicht ernsthaft verlangten Verbindlichkeiten maßgeblich sein. Darüber hinaus muß der Schuldner aufgrund des Mangels an Zahlungsmitteln objektiv zahlungsunfähig sein. Zahlungsunfähigkeit liegt also nicht vor, wenn ein Schuldner nur zahlungsunwillig ist oder sich scheut, seine Vermögenswerte zur Befriedigung seiner Gläubiger zu liquidisieren.[3] Schließlich ist herauszustellen, daß noch vereinzelte Zahlungen der Annahme der Zahlungsunfähigkeit nicht entgegenstehen. Es ist hinreichend, daß das Unvermögen zur Zahlung den wesentlichen Teil der Verbindlichkeiten des Schuldners betrifft.[4] Hier lassen sich bei den wirtschaftlichen Verschiedenhei-

---

1) Vgl. Schedlbauer (1984), S. 2211; siehe auch Klebba (1955), S. 44 f.

2) BGH (1956), S. 68; siehe auch Mathews (1950), S. 251-253; Plate (1980), S. 218; Uhlenbruck/Obermüller (1985), S. 2-8 m.w.N.

3) Vgl. BGH (1956), S. 68.

4) Vgl. BGH (1963a), S. 512; BGH (1985a), S. 1785.

ten der Einzelfälle feste Maßstäbe nicht aufstellen.[1] In der Literatur wird die Festlegung des "wesentlichen" Teils der Verbindlichkeiten in einer Spanne von 10 bis 50% der Gesamtverbindlichkeiten gesehen.[2]

In Abgrenzung von der Zahlungsunfähigkeit wird als Zahlungseinstellung jedes Verhalten des Schuldners charakterisiert, das den Zustand der Zahlungsunfähigkeit aufdeckt und erkennen läßt, daß der Schuldner die Zahlungsunfähigkeit nicht mehr zu überwinden bzw. zu beseitigen in der Lage ist.[3] Hier ist beispielhaft zu nennen das offene Eingeständnis der Zahlungsunfähigkeit, das Verschleudern oder Beiseiteschaffen von Vermögensstücken, die Schließung des Betriebes, die Flucht des Schuldners und ähnliches.[4]

Bei einer kritischen Würdigung der vorgestellten Definition von Zahlungsunfähigkeit wird deutlich, daß ein erheblicher Spielraum bei dem Versuch besteht, den Betrachtungszeitraum der Illiquidität, den Umfang und die Bemessungsgrundlage der Zahlungsverpflichtungen und die zu ihrer Deckung vorhandenen liquiden Mittel festzulegen und weiterhin den "wesentlichen" Teil der Verbindlichkeiten des Schuldners zu definieren.[5]

Die Problematik der Schwelle des "wesentlichen" Teils der fälligen Verbindlichkeiten, die ungedeckt bleiben, wird zusätzlich aus dem folgenden konstruierten Beispiel deutlich:

Fällige Verbindlichkeiten	DM 1.000.000,-
Liquide Mittel	DM 950.000,-
Unterdeckung	DM 50.000,-

1) Vgl. Mathews (1950), S. 253.

2) Vgl. Obermüller (1982), S.8 m.w.N.; Jäger (1986), S. 1441-1443.

3) Siehe auch BGH (1957a), S. 942; BGH (1959a), S. 39.

4) Vgl. Mathews (1950), S. 251.

5) Siehe auch Plate (1980), S. 218.

Die Unterdeckung beträgt 5 % der fälligen Geldschulden; ein "wesentlicher" Teil ist hier also nicht anzunehmen.

Im weiteren begleicht der Schuldner fällige Verbindlichkeiten in der Höhe von DM 925.000,-. Die Situation stellt sich danach wie folgt dar:

Fällige Verbindlichkeiten	DM	75.000,-
Liquide Mittel	DM	25.000,-
Unterdeckung	DM	50.000,-

Die Unterdeckung beträgt nun 66% der fälligen Geldschulden und es ist erneut die Frage zu stellen, ob nun ein "wesentlicher" Teil anzunehmen ist. Dabei ist eine Quote von 66 % sicherlich als wesentlich zu betrachten. M.a.W. die wesentliche Begleichung der fälligen Verbindlichkeiten durch den Schuldner führt zu dessen Zahlungsunfähigkeit bzw. die zögerliche Begleichung der fälligen Verbindlichkeiten erhält dem Schuldner seine - juristisch definierte - Zahlungsfähigkeit.[1)]

Die Prüfung des Insolvenztatbestandes Zahlungsunfähigkeit enthält ein prognostisches Element. Um eine voraussichtlich dauerhafte Unfähigkeit zur Schuldenbegleichung feststellen zu können, sind im Idealfall die zukünftigen Ein- und Auszahlungen der Unternehmung durch einen Finanzplan zu ermitteln. Nur auf diese Weise kann eine zukünftige Zahlungsunfähigkeit bzw. Zahlungseinstellung antizipiert werden.[2)]

Die Bank wird im allgemeinen jedoch während der Phase der Schuldnerkrise nicht über einen so weitgehenden Einblick in die Liquiditätsplanung des Kreditkunden verfügen (sofern er eine solche überhaupt hat), daß sie in der Lage wäre, ein Urteil über die Frage einer Zahlungsunfähigkeit abzugeben. Nur im Ausnah-

---

1) Siehe auch Borup (1986), S. 1884.

2) Vgl. Kupsch (1984), S. 159; siehe auch BGH (1956), S. 69; OLG Düsseldorf (1982), S. 429.

mefall gewährt der Schuldner der Bank Einsicht in eventuell vorhandene aussagefähige interne Geschäfts- und Buchführungsunterlagen. Im Regelfall muß die Bank daher bei der Beurteilung der Zahlungsunfähigkeit auf äußere Merkmale zurückgreifen. Hierfür kommen etwa Wechselproteste, Kreditkündigungen durch andere Gläubiger, gerichtliche Mahnverfahren, fruchtlose Pfändungen, Ladungen zur Abgabe der eidesstattlichen Versicherung etc. in Frage.[1] Die naheliegende Möglichkeit der Selbstauskunft durch den Schuldner entfällt praktisch, da die Bank davon ausgehen muß, daß die Auskunft vom subjektiven Interesse des Kreditkunden geprägt sein wird.

3.3 Zur Überschuldung

Eine gesetzliche Überschuldungsdefinition findet sich weder in der KO noch in der VerglO, wohl aber findet sie sich bei den Konkursantragspflichten[2] und darüber hinaus im GenG. Danach findet ein Insolvenzverfahren über das Vermögen des Gemeinschuldners in Fällen statt, "in denen das Vermögen die Schulden nicht mehr deckt (Überschuldung)"[3]. Bei dieser Definition erwachsen Probleme weniger aus der Festlegung der Schulden[4] als aus der Präzisierung des Vermögensbegriffes.[5]

Die Schwierigkeiten, die sich bei der inhaltlichen Bestimmung einer geeigneten Definition des Vermögens ergeben, können an der folgenden Abbildung veranschaulicht werden:

---

1) Siehe auch Hoffmann (1980), S. 1528.

2) Vgl. §§ 92 Abs. 2 Satz 2 AktG, 64 Abs. 1 Satz 1 GmbHG, 130a Abs. 1 Satz 1 HGB.

3) § 98 Abs. 1 Ziffer 2 GenG; siehe auch Lütkemeyer (1983), S. 33-44; Uhlenbruck/Obermüller (1985), S. 9-12 m.w.N.

4) Siehe hierzu Giebeler (1982), S. 48-67 m.w.N.

5) Siehe hierzu auch Drukarzcyk (1979), S. 570-574.

Abbildung 10: Beziehungen zwischen Zahlungsunfähigkeit und Überschuldung[1)]

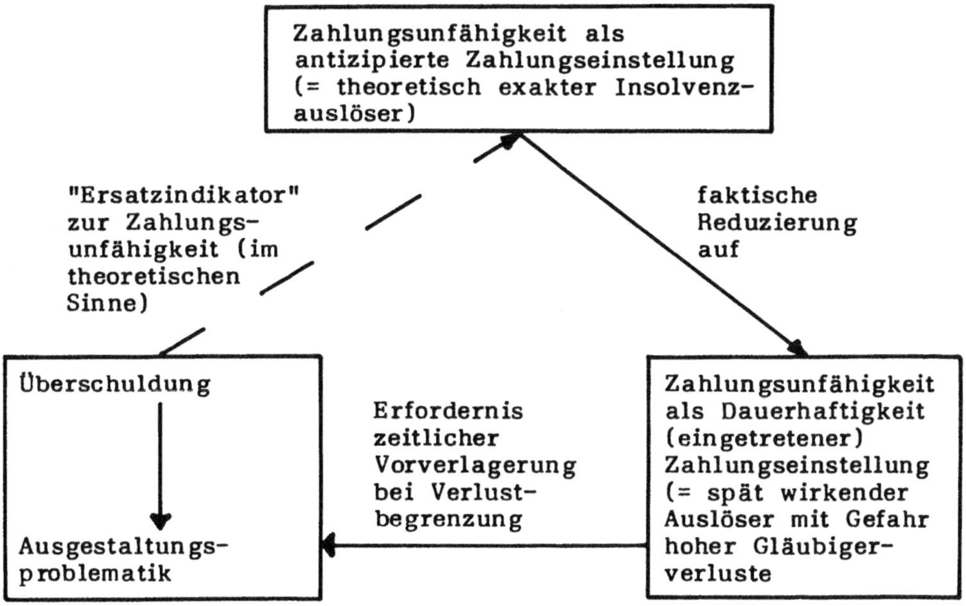

Zahlungsunfähigkeit als dauerhafte Zahlungseinstellung ist ein relativ eindeutig bestimmbarer Tatbestand; auf die gleichwohl noch bestehenden Probleme dieses Insolvenzantragsgrundes wurde oben bereits hingewiesen.[2)] Der Schuldner ist hierbei nicht in der Lage zu zahlen, und es läßt sich abschätzen, daß er auch in absehbarer Zukunft nicht zahlen kann. Die Festlegung eines zeitlich früher wirkenden Indikators für die dauernde Zahlungseinstellung durch eine umfassendere Prognose zukünftiger Zahlungsströme der Wirkungseinheit Schuldner(-unternehmung) führt allerdings zu einer größeren Unbestimmtheit des Insolvenztatbestandes. M.a.W. eine Schuldendeckungsprüfung, die über Zahlungsstromprognosen erfolgt und bei der "Vermögen" und "Schulden" als zukünftige Zahlungsansprüche und -verpflichtungen interpretiert werden, insbesondere einschließlich derjenigen, die bei Fortführung der Unternehmenstätigkeit erst noch entstehen, ist zwar funktionsgerecht,

---

1) Vgl. Kupsch (1984), S. 160.

2) Vgl. oben 3.2 S. 122-124.

wird jedoch mit einem hohen Maß an Unbestimmtheit erkauft.[1]

Zur Vermeidung ermittlungsbedingter Unschärfen könnte nun die Konzeption der Zahlungsprognosen aufgegeben bzw. modifiziert werden, indem der Überschuldungstatbestand mit einem exekutorischen Grundzug ausgestattet wird. Es sind dann die Liquidationswerte der Vermögensteile mit den Schulden zu vergleichen. Dies bedeutet, daß diese Definition zu relativ eindeutigen Ergebnissen führt. Allerdings erhöht sich die Gefahr, daß aus einer zu frühzeitigen Unternehmenszerschlagung resultierende Wertverluste für die Gläubiger eintreten. Diese können dadurch zustande kommen, daß die Liquidationszahlungen geringer sind als die erwarteten Zahlungsüberschüsse bei Unternehmensfortführung, weil das exekutorische Element der Überschuldung Wertverluste bei der Liquidation mit sich bringt und außerdem die Einbeziehung von Zahlungsüberschüssen aus der laufenden Geschäftstätigkeit ausschließt, die im anderen (Fortführungs-)Fall zur Befriedigung von Gläubigeransprüchen verfügbar wären. Ist also der Wert des Liquidationsvermögens kleiner als der Wert des Fortführungsvermögens (im Sinne eines Barwertes zukünftiger Einzahlungsüberschüsse) und reicht es zur vollständigen Schuldendeckung nicht aus, so entstehen ungerechtfertigte Gläubigerverluste, die bei einer Verwendung der laufenden Einzahlungsüberschüsse zur Schuldenbegleichung hätten vermieden werden können.[2]

Das Dilemma bei der Wahl einer geeigneten Überschuldungskonzeption besteht darin, daß Überschuldung im Sinne antizipierter Zahlungsunfähigkeit durch Zahlungsstromprognosen aufgrund der immanenten Unbestimmtheit ihrer Ermittlung im Hinblick auf den angestrebten Gläubigerschutz risikobehaftet ist, während Überschuldung mit einem exekutorischen Element die Beteiligung der Gläubiger an zukünftigen Verlusten des Schuldners eindeutig begrenzt, aber die Gefahr von Verlusten durch eine zu frühzeitige

---

1) Vgl. Kupsch (1984), S. 160.
Zu den Fehlerquellen und Manipulationsgefahren bei einer auf Zukunftsgrößen aufbauenden Überschuldungsprüfung siehe Giebeler (1982), S. 187-196.

2) Vgl. Kupsch (1984), S. 160.

Unternehmenszerschlagung mit sich bringt.[1] Nach herrschender Meinung ist das rein exekutorische Verständnis des Überschuldungstatbestandes praktisch nicht annehmbar.[2]

Auch die Rechtsprechung hatte in der Vergangenheit nur selten Gelegenheit, zur Definitionsproblematik bei der Überschuldung Stellung zu nehmen; die dabei getroffenen Aussagen geben zudem kein einheitliches Bild.[3]

Entsprechend der noch nicht abgeschlossenen Diskussion um eine geeignete Überschuldungskonzeption sind zahlreiche Vorschläge zur Überschuldungsmessung entwickelt worden[4], die sich wie folgt systematisieren lassen:

---

1) Vgl. Kupsch (1984), S. 161.

2) Vgl. Schmidt, Karsten (1982), S. 168 f.

3) Vgl. Haack (1980), S. 82 m.w.N.; siehe auch BGH (1959b), S. 272.

4) Siehe hierzu beispielhaft Giebeler (1982), S. 67-99 m.w.N.; siehe auch Klebba (1953); Schürer (1962), S. 27-43; Kühn (1970); Hundertmark/Herms (1972); Auler (1976); Zilias (1977); Drukarczyk (1980); Fischer, Werner (1980), S. 20-42; Haack (1980), S. 67-115; Bilo (1981); Fischer, Werner (1981); Haack (1981); Lütkemeyer (1983), S. 121-194; Schmid (1984), S. 20-25.

Abbildung 11: Arten der Überschuldungsmessung[1]

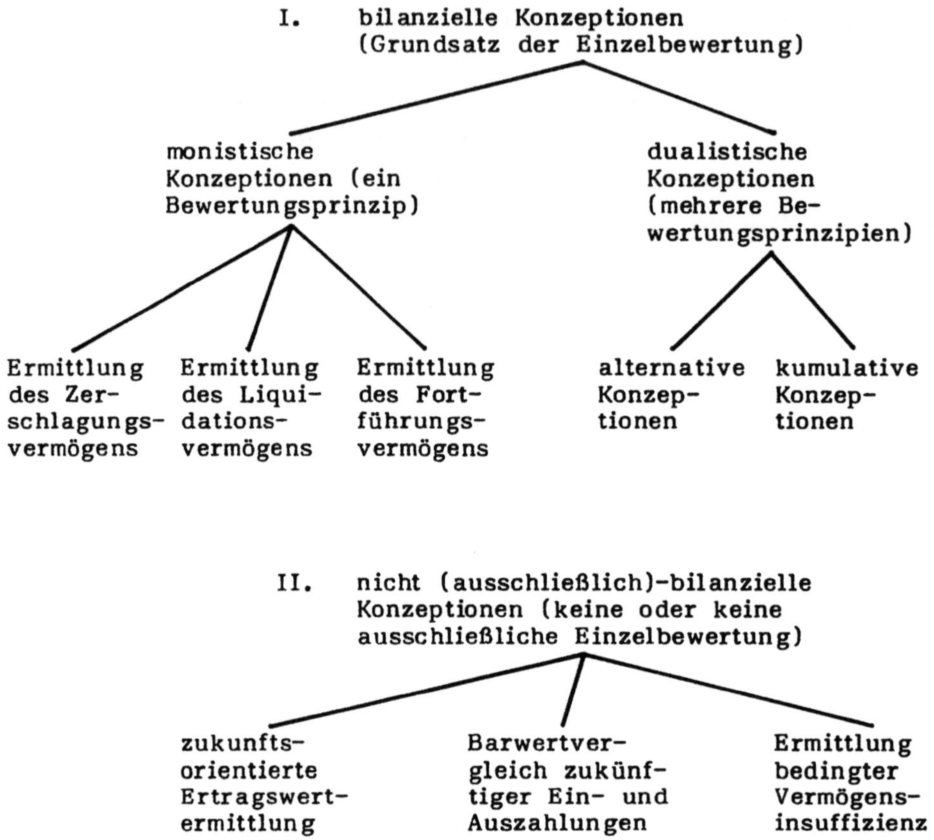

Grundsätzlich können die verschiedenen Ansätze danach eingeteilt werden, ob die Feststellung der Überschuldung durch Bilanzen erfolgt, was in der Regel im Rahmen einer Einzelbewertung der Vermögensgegenstände geschieht (I), oder ob die Überschuldungsmessung nicht bzw. nicht ausschließlich mit der Aufstellung von Bilanzen verbunden ist (II). Innerhalb der bilanziellen Konzeptionen lassen sich monistische Ansätze, denen ein einheitliches Bewertungsprinzip zugrunde liegt, sowie dualistische Konzeptionen unterscheiden, die in Abhängigkeit von Annahmen über das zukünftige Schicksal der (Schuldner-)Unternehmung unterschiedliche Bewertungsprinzipien einbeziehen.

---

1) Nach Kupsch (1984), S. 161; siehe auch die Systematisierung bei Rausch (1985), S. 109-112.

Die monistischen Konzeptionen zur bilanziellen Überschuldungsmessung umfassen im wesentlichen drei Ansätze:

- Ermittlung des Zerschlagungsvermögens;
  Hierbei orientieren sich die Wertansätze an den erwarteten Erlösen im Rahmen von Zwangsvollstreckungsmaßnahmen bzw. im Rahmen des Konkursverfahrens

- Ermittlung des Liquidationsvermögens;
  Hierbei werden Veräußerungswerte bei geordneter Unternehmensliquidation in Ansatz gebracht.

- Ermittlung des Fortführungsvermögens;
  Hierbei erfolgt die Bewertung mit Betriebsbestehenswerten (going concern).

Überschuldung liegt bei den monistischen Konzeptionen jeweils dann vor, wenn die Schulden die Summe der einzelnen Vermögenswerte übersteigen.

Bei den dualistischen Konzeptionen bilanzieller Überschuldungsmessung richtet sich die Bewertung des Vermögens nach den unterstellten Prämissen über die zukünftige Lebensfähigkeit des Unternehmens.
Nach der dualistischen Alternativkonzeption soll für den Fall einer durch eine Unternehmensanalyse belegten Fortführungswürdigkeit das mit Betriebsbestehenswerten bewertete Fortführungsvermögen den Schulden gegenübergestellt werden. Für den entgegengesetzen Fall, d.h., daß sich die Unternehmung als nicht existenzfähig erweist, ist das Liquidationsvermögen maßgebend.[1)]

Eine mit dem Gläubigerschutzprinzip begründete Position wird bei der dualistischen kumulativen Konzeption vertreten. Da im Zeitpunkt der Überschuldungsfeststellung noch nicht feststeht, ob das Unternehmen fortgeführt werden kann oder aufgelöst werden muß, sind zwei Rechnungen zu erstellen, um das Fortführungs- und das

1) Kritisch hierzu Drukarczyk (1979), S. 561-568; Höfner (1981), S. 168-231.

Liquidationsvermögen zu ermitteln. Überschuldung ist dann gegeben, wenn entweder das Fortführungs- oder das Liquidationsvermögen die Schulden nicht mehr deckt.

Bei den nicht(ausschließlich)-bilanziellen Ermittlungsansätzen wird der bilanziellen Feststellung der Überschuldung keine oder nur eine untergeordnete Bedeutung zugemessen.
Im Rahmen der zukunftsorientierten Ertragswertermittlung wird die Überschuldungsprüfung duch die Ermittlung des Unternehmensertragswertes vorgenommen, dessen Elemente in einer als Zukunftsrechnung konzipierten Bilanz abzubilden sind. Dieser theoretisch ideale Ansatz scheitert allerdings an der Unmöglichkeit, den Ertragswert auf einzelne Vermögensteile aufzuteilen.
Für die Überschuldungsprüfung mittels Barwertvergleich zukünftiger Ein- und Auszahlungen sind Finanzplanungsrechnungen notwendig, in denen die zukünftigen Ein- und Auszahlungsreihen gegenübergestellt werden. Überschuldung ist dann gegeben, wenn der Barwert der zukünftigen Auszahlungen den Barwert der zukünftigen Einzahlungen übersteigt.
Die Konzeption der Ermittlung der bedingten Vermögensinsuffizienz (= Vermögensunzulänglichkeit) berücksichtigt die funktionalen Aspekte des Überschuldungstatbestandes, indem zwischen rechnerischer und rechtlicher Überschuldung differenziert wird. Die rechnerische Überschuldung, verstanden als unzulängliche Schuldendeckung durch das Liquidationsvermögen, geht erst dann in eine rechtliche Überschuldung über, wenn eine Fortbestehensprognose für die Schuldnerunternehmung negativ ausfällt. Erst die bilanzielle Überschuldung <u>und</u> eine ungünstige oder fehlende Prognose determinieren somit den Insolvenztatbestand der Überschuldung.[1)]

3.4 Ergebnis

Die Zahlungsunfähigkeit ist bei fast allen Gemeinschuldnern ein Insolvenzantragsgrund. Schwierigkeiten ergeben sich jedoch bei der Definition wie bei den Prüfungsmöglichkeiten. Das Gesetz erklärt die Zahlungsunfähigkeit nicht direkt, sondern konkretisiert

1) Vgl. Kupsch (1984), S. 161 f. m.w.N.

sie lediglich durch die Zahlungseinstellung als wichtigste Erscheinungsform. Die Judikatur erklärt die Zahlungsfähigkeit als das auf den Mangel an Zahlungsmitteln beruhende dauernde Unvermögen des Schuldners, seine sofort zu erfüllenden Geldschulden noch im wesentlichen zu berichtigen. Bei einer kritischen Würdigung dieser Definition ist jedoch herauszustellen, daß ein (zu) erheblicher Spielraum besteht bei der Festlegung des Betrachtungszeitraumes der Illiquidität, des Umfangs und der Bemessungsgrundlage der Zahlungsverpflichtungen und der zu ihrer Deckung vorhandenen liquiden Mittel sowie weiterhin bei der Festlegung der Schwelle "wesentlicher" Teil der Verbindlichkeiten des Schuldners. Zur Prüfung des so (unvollkommen) definierten Tatbestandes Zahlungsunfähigkeit ist dann im Idealfall ein Liquiditätsstatus des Schuldners heranzuziehen. Dieser liegt der Bank als Gläubigerin im allgemeinen jedoch nicht vor, so daß sie gezwungen ist, auf äußere Merkmale der Zahlungsunfähigkeit zurückzugreifen.

Die Überschuldung ist mit Ausnahme der Einzelunternehmen und Personengesellschaften bei allen Gemeinschuldnern ein Insolvenzantragsgrund. In diesem Zusammenhang ist die Diskussion um eine geeignete Überschuldungskonzeption noch nicht als abgeschlossen anzusehen. Dementsprechend sind zahlreiche konkurrierende Vorschläge zur Überschuldungsmessung entwickelt worden. Diesen Vorschlägen ist gemeinsam, daß eine Bewertung notwendig ist. Es ist aber ein jeder Bewertung immanentes Problem, daß das, was als Wert eines Gegenstandes bezeichnet wird, niemals eine dem zu bewertenden Objekt fest innewohnende Eigenschaft, sondern regelmäßig das Ergebnis einer Betrachtung des Bewertungsobjektes ist. Diese Betrachtung kann jedoch je nach den Fähigkeiten des wertenden Subjekts und seinem Willen zur Ausschöpfung des intersubjektiv mehr oder weniger schwer nachprüfbaren Ermessensspielraumes unterschiedlich ausfallen.[1] Auf der Basis des Postulats, daß keine theoretisch fundierten und praktisch durchführbaren Lösungsmöglichkeiten für das Problem der Überschuldungsmessung in Sicht sind, wird in der Literatur sogar

1) Vgl. Haack (1981a); siehe auch Lütkemeyer (1983), S. 117-120.

für eine Abschaffung des Überschuldungstatbestandes plädiert.[1] Tatsächlich lebt die Gerichtspraxis der Insolvenzeröffnungen weitgehend nur vom Tatbestand der Zahlungseinstellung.[2]

---

1) Vgl. Egner/Wolff (1978), S. 106; anderer Ansicht Schmidt, Karsten (1978), S. 340; derselbe (1982), S. 171-173; siehe auch Ulmer (1981), S. 471 f.
In einer Untersuchung der Überschuldung als Krisenmerkmal des Konkursstrafrechts kommt Höfner zu dem Ergebnis, daß dieser Insolvenztatbestand so unbestimmt ist, daß seine Verwendung im Rahmen des Konkursstrafrechts aufgrund Verstoßes gegen das grundgesetzliche Bestimmtheitsgebot verfassungswidrig ist; vgl. Höfner (1981), S. 237-293.

2) Vgl. Schmidt, Karsten (1978), S. 336; derselbe (1982), S. 166; siehe auch Lütkemeyer (1983), S. 13-20.

7. Kapitel: Strategienbündel 1 – Aktive Mitwirkung an Maßnahmen zur Überwindung der Schuldnerkrise (Sanierung)

1. Vorbemerkung

Beteiligt sich die Bank an Maßnahmen zur Sanierung des Schuldners, dann ist stets zu prüfen, ob die Sanierungsziele mit den zu ergreifenden Maßnahmen erreicht werden können. Als Sanierungsziele kommen dabei die Beseitigung des (drohenden) Insolvenztatbestandes Zahlungsunfähigkeit, die Beseitigung des (drohenden) Insolvenztatbestandes Überschuldung oder die Beseitigung der beiden (drohenden) Insolvenztatbestände Zahlungsunfähigkeit und Überschuldung in Betracht. Die Maßnahmen zur Beseitigung einer Zahlungsunfähigkeit können danach differenziert werden, ob sie eine Erhöhung der Zahlungsmittel beim Schuldner bewirken oder ob sie seine sofort zu erfüllenden Geldschulden verringern. Die Maßnahmen zur Beseitigung einer Überschuldung können danach unterschieden werden, ob sie zu einer Erhöhung des Vermögens beitragen oder ob sie zu einer Verringerung der Schulden führen.

Will man die unten noch näher zu erläuternden Maßnahmen im Hinblick auf ihre Eignung zur Erreichung der Sanierungsziele einteilen, dann ergibt sich folgendes Bild:

- Maßnahmen, die eine Erhöhung der Zahlungsmittel beim Schuldner bewirken:

  +Sanierungskredit (gesichert oder ungesichert),

  +liquiditätswirksame Zuführung von Eigenkapital.

- Maßnahmen, die die sofort zu erfüllenden Geldschulden des Schuldners verringern:

  +nichtliquiditätswirksame Zuführung von Eigenkapital als Umwandlung von fälligen Forderungen in Eigenkapital,

+Zins-/Forderungsverzicht (außergerichtlicher Vergleich),

+Forderungsrücktritt,

+Umschuldung.

- Maßnahmen, die zu einer Erhöhung des Schuldnervermögens beitragen:

  +liquiditätswirksame Zuführung von Eigenkapital.

- Maßnahmen, die zu einer Verringerung der Schulden des Schuldners führen:

  +nichtliquiditätswirksame Zuführung von Eigenkapital,

  +Zins-/Forderungsverzicht,

  +Forderungsrücktritt.

Im folgenden sollen nun die Sanierungsmaßnahmen im einzelnen erläutert werden.

2. Zum Sanierungskredit

2.1 Pflicht zur weiteren Kreditgewährung in der Krise des Schuldners?

Eine allgemeine Pflicht der Banken zur Gewährung von Krediten an sanierungsbedürftige Schuldner, d.h. zur Gewährung von Sanierungskrediten besteht nicht.[1] In besonders gelagerten Fällen hat CANARIS jedoch eine Pflicht des Kreditinstituts zur Krediterhöhung postuliert:

Gestützt auf das Verbot widerprüchlichen Verhaltens soll die Bank zusätzlichen Kredit gewähren, wenn eine sehr starke Abhängigkeit des Kreditnehmers vom Kreditgeber besteht. Dieser Tatbestand wird

1) Vgl. beispielsweise Uhlenbruck (1983), S. 109 f.

beispielsweise angenommen, wenn der Kreditgeber selbst darauf bestanden hat, daß der Schuldner nur zu ihm in Kreditbeziehungen tritt oder wenn die Bank die Abhängigkeit in zurechenbarer Weise, d.h. objektiv erkennbar oder gar wissentlich, herbeigeführt hat.[1)]

Begründet mit dem Verbot übermäßiger Schädigung bzw. dem Verhältnismäßigkeitsprinzip ist nach CANARIS die Hausbank verpflichtet, im Rahmen vorhandener oder zusätzlich angebotener Sicherheiten den unerläßlichen Liquiditätsbedarf eines sanierungsbedürftigen Unternehmens zur Verfügung zu stellen.[2)]

Die Pflicht der Bank zur Krediterhöhung hat CANARIS jedoch an allgemeine Voraussetzungen geknüpft:[3)]

- Das Erfordernis der Kreditwürdigkeit mit den Aspekten

  + Sanierungsfähigkeit des Schuldners,
  + Gewähr für eine zweckgerechte und erfolgversprechende Verwendung des Kredites und
  + angemessene Beteiligung der Gesellschafter der Schuldnerunternehmung an der Sanierungsaktion,

- ausreichende Sicherheiten, bei deren Bewertung grundsätzlich darauf abzustellen ist, welche Einzahlung voraussichtlich bei einer Zwangsversteigerung erwartet werden kann.

Die Thesen von CANARIS zur Verpflichtung einer Bank zur weiteren Kreditgewährung sind in der Literatur auf vielfachen Widerspruch gestoßen[4)] und finden auch in der Rechtsprechung keine Bestäti-

---

1) Vgl. Canaris (1979), S. 125-127.

2) Vgl. derselbe, a.a.O., S. 132 f.

3) Siehe hierzu derselbe, a.a.O., S. 133-137.

4) Siehe Hopt (1979), S. 157 ff.; Obermüller (1980a), S. 1061 f.; Rümker (1981), S. 503-506; Mahler (1982); Schmidt, Karsten (1983a), S. 492; Obermüller (1985), S. 255-257.

gung.[1] Daneben spricht auch die Entwicklung der Gesetzgebung gegen eine Krediterhöhungspflicht der Banken. Wenn sich nämlich der Gesetzgeber bei der GmbH-Novelle in § 32a GmbHG - trotz weitergehender Vorschläge in der Diskussion davor - darauf beschränkt hat, kapitalersetzende Gesellschafterdarlehen im Rang zurückzustufen, d.h. noch nicht einmal dem Gesellschafter zumutet, neue Mittel in das sanierungsbedürftige Unternehmen zu investieren, dann muß das erst recht für eine Bank gelten, da sie an dem mit dem Kredit erzielbaren Vorteil, der in der Rettung des Unternehmens bestehen kann, nicht oder jedenfalls nicht in dem Maße wie ein Gesellschafter teilnimmt.[2]

Darüber hinaus spricht m.E. viel dafür, daß die von CANARIS postulierte Krediterhöhungspflicht selten praktisch werden wird. CANARIS setzt unter anderem voraus, daß die Sanierungsfähigkeit der Schuldnerunternehmung gegeben ist. Bei deren Ermittlung ergeben sich jedoch, wie noch unten zu zeigen sein wird, vielfältige Probleme.[3] An dieser Stelle sei nur darauf hingewiesen, daß die unternehmerische Zukunft und damit der Erfolg der vorgesehenen Sanierungsmaßnahmen nicht objektiv und streng deterministisch berechnet werden kann, sondern subjektiv geschätzt werden muß. Hier gehen also die subjektiven Erwartungen der Prüfungsperson über das unternehmerische Umfeld in die Sanierungsfähigkeitsprüfung ein. Es kann nun der Bank nicht versagt werden, bei der Sanierungsfähigkeitsprüfung unter dem Hinweis auf gescheiterte Sanierungen, für die sich in der jüngsten Insolvenzpraxis zahlreiche Beispiele finden, eine sehr vorsichtige Betrachtung zugrundezulegen. Ergibt sich aber auch bei einer solchen sehr vorsichtigen subjektiven Schätzung, daß die Sanierungsfähigkeit der Schuldnerunternehmung anzunehmen ist, dann bedeutet das, daß die objektiven Sanierungschancen hoch sind. In einem solchen Fall läßt die Wettbewerbssituation im Bankensektor erwarten, daß sich ein anderes Kreditinstitut findet, das bereit ist, neue Kreditmittel auf gesicherter Basis zur Verfügung zu stellen

---

1) Vgl. Obermüller (1985), S. 256 f.

2) Vgl. derselbe, a.a.O., S. 256.

3) Vgl. unten 2.4 S. 144-148.

und insofern eine Krediterhöhungspflicht der bisherigen Hausbank gar nicht praktisch wird.

2.2 Gefahren des Sanierungskredites

Bei der Entscheidungsvorbereitung ist stets zu berücksichtigen, daß die Bank bei der Ausleihung von Sanierungskrediten[1] Gefahr läuft, sich Schadensersatzansprüchen dritter Gläubiger aus § 826 BGB wegen Gläubigergefährdung oder Konkursverschleppung bzw. Ansprüchen des Konkursverwalters auf Rückgewähr bestellter Sicherheiten wegen Nichtigkeit nach § 138 BGB auszusetzen, wenn die Sanierung erfolglos bleibt.[2]

Die Bestimmung des § 826 BGB[3] betrifft die vorsätzliche sittenwidrige Schädigung; nach § 138 BGB[4] ist ein sittenwidriges Rechtsgeschäft nichtig. Beiden Rechtsnormen gemeinsam ist also

---

1) Im Rahmen dieser Arbeit wird mit Sanierungskredit jede direkte Kreditgewährung an den Schuldner sowie jede Übernahme eines Avals zugunsten des Schuldners verstanden. Eine Kreditgewährung an Fortführungsgesellschaften wird nicht näher behandelt, da sie im Hinblick auf die Sanierungskreditproblematik und die Entscheidungssituation der Bank keine Besonderheiten erkennen läßt. Siehe hierzu Groß (1982), insbesondere S. 53-114; Gottwald (1984), S. 16-19; Post (1984); Wolff (1984), S. 671-676; Hess/Fechner (1987), S. 180-183.
Zu den mit § 613 a BGB in diesem Zusammenhang verbundenen Problemen siehe beispielhaft Drukarczyk/Rieger (1986); Keller-Stoltenhoff (1986), Willemsen (1986).

2) Zur Strafbarkeit der Entscheidungsträger bei der Sanierungskreditgewährung siehe Schmidt, Günter (1981) m.w.N. sowie Tiedemann (1983), S. 514-516.

3) Vgl. § 826 BGB im Wortlaut:
"Wer in einer gegen die guten Sitten verstoßenden Weise einem anderen vorsätzlich Schaden zufügt, ist dem anderen zum Ersatze des Schadens verpflichtet."

4) Siehe § 138 BGB:
"(1) Ein Rechtsgeschäft, das gegen die guten Sitten verstößt, ist nichtig.
(2) Nichtig ist insbesondere ein Rechtsgeschäft, durch das jemand unter Ausbeutung der Zwangslage, der Unerfahrenheit, des Mangels an Urteilsvermögen oder der erheblichen Willensschwäche eines anderen sich oder einem Dritten für eine Leistung Vermögensvorteile versprechen oder gewähren läßt, die in einem auffälligen Mißverhältnis zu der Leistung stehen."

die Voraussetzung des Sittenverstoßes.[1] Die Unterschiede liegen darin, daß für § 138 BGB der Inhalt eines bestimmten Rechtsgeschäftes - ohne daß der Sicherungsnehmer vorsätzlich gehandelt haben muß - anstößig ist; die Nichtigkeit des Sicherungsgeschäftes verhindert dann die abgesonderte Befriedigung durch die Bank. § 826 BGB betrifft das Gesamtverhalten der Bank gegenüber einem oder mehreren Gläubigern im Zusammenhang mit der Fortführung des Unternehmens und setzt ein subjektives Moment bei der Feststellung der Sittenwidrigkeit, den Schädigungsvorsatz, voraus.[2]

Das Reichsgericht hat in einer Entscheidung vom 9.4.1932 versucht, bestimmte Tatbestände sittenwidriger Sicherungsgeschäfte herauszuarbeiten, und zwar die folgenden Tatbestände:[3]

- Konkursverschleppung

  "Um sich selber aus den erlangten Sicherheiten oder dem sonstigen Vermögen des Schuldners ungehindert befriedigen zu können, hält der Sicherungsnehmer den Schuldner zum Nachteil anderer Gläubiger von dem durch die Verhältnisse gebotenen alsbaldigen Antrag auf Konkurseröffnung ab, z.B. durch gleichzeitige Gewährung eines für die Gesundung des Schuldners offenbar unzulänglichen und nur zur Verlängerung sei-

---

1) Zum Begriff der guten Sitten siehe beispielsweise Dechamps (1983), S. 47-67.

2) Siehe auch Rümker (1981), S. 507; Dechamps (1983), S. 39-41.

Hinsichtlich der Anforderungen an die Feststellung des Schädigungsvorsatzes gilt, daß noch so grobe Fahrlässigkeit niemals den auf die Schädigung gerichteten Vorsatz des Handelnden ersetzen kann. Dieser Vorsatz braucht allerdings nur in der Form des dolus eventualis vorzuliegen. Das bedeutet im vorliegenden Zusammenhang, daß der Kreditgeber sich bewußt gewesen sein muß, daß seine ungesicherten Mitgläubiger durch sein Verhalten einen Forderungsausfall erleiden könnten. Weiterhin muß er dies in seinen Willen aufgenommen und für den Fall des Eintritts gebilligt haben.
Vgl. Dechamps (1983), S. 111-115 m.w.N.

3) Siehe hierzu auch Aden (1979), S. 892 f.

nes wirtschaftlichen Todeskampfs geeigneten neuen Kredites"[1].

- Aussaugung

  "Der Schuldner wird von dem Sicherungsnehmer aus gleichen eigensüchtigen Beweggründen in seinen Mitteln und seiner Bewegungsfreiheit so eingeengt und allmählich derart ausgesogen, daß sein Geschäft zugrundegehen muß, und er zum Schaden der anderen Gläubiger dem Konkurs zugetrieben wird"[2].

- Stille Geschäftsinhaberschaft

  "Der Sicherungsnehmer erniedrigt den Schuldner zu seinem bloßen Strohmann, der nur noch nach außen hin als Inhaber des Geschäfts erscheint, ihm gegenüber aber in Wirklichkeit nur noch die Stellung eines abhängigen Verwalters hat, und zwar so, daß der ganze Gewinn des Geschäfts dem Sicherungsnehmer zufließt, ein etwaiger Verlust aber von ihm nicht getragen und jede Haftung für die Geschäftsschulden auch bei fehlender sonstiger Deckung von ihm abgelehnt wird"[3].

- Kreditbetrug

  "Der Sicherungsnehmer bestimmt - allein oder im Zusammenwirken mit dem Schuldner als dessen Anstifter, Mittäter oder Gehilfe - Dritte zur Kreditgewährung an diesen, indem sie arglistig darüber getäuscht werden, daß der Schuldner durch die hergegebenen Sicherheiten kreditunwürdig geworden ist"[4].

---

1) RG (1932), S. 253; siehe auch BGH (1957b), BGH (1965), S. 919; BGH (1969b), S. 658 f.; Aden (1979), S. 893-895; OLG Schleswig (1981), S. 27; Dechamps (1983), S. 70 f.

2) RG (1932), S. 253.

3) dasselbe, a.a.O., S. 253 f.

4) dasselbe, a.a.O., S. 254.

- Gläubigergefährdung

"Die ausbedungene Sicherung bringt durch ihren Umfang und ihre Undurchsichtigkeit die von dem Sicherungsnehmer bewußt in den Kauf genommene, nicht ganz fernliegende ... Gefahr mit sich, daß spätere, nichts ahnende Kreditgeber zu Schaden kommen, ohne daß doch von einem betrügerischen Vorgehen des Sicherungsnehmers ihnen gegenüber die Rede sein könnte"[1].

In der Folge hat der BGH diese Fallgruppenbildung wieder relativiert und die Gesamtumstände des einzelnen Falles betont: "Es kann nicht allgemein von einem bestimmten Tatbestand der Gläubigergefährdung ausgegangen und gesagt werden, daß in allen Fällen ganz bestimmte Merkmale in subjektiver und objektiver Hinsicht vorliegen müssen, damit ein Sicherungsvertrag nach § 138 Abs. 1 BGB aus dem Gesichtspunkt der Gläubigergefährdung nichtig ist. Es sind vielmehr stets die besonderen Umstände des einzelnen Falles darauf zu prüfen, ob der Vertrag mit dem Anstandsgefühl aller billig und gerecht Denkenden übereinstimmt. Dabei sind vor allem die Anschauungen der in Betracht kommenden beteiligten Kreise, hier die ehrbare Kaufmannschaft, zu berücksichtigen, wobei das Durchschnittsmaß von Redlichkeit und Anstand zugrunde zu legen ist."[2]

Gleichwohl kann man für die Bankpraxis zwei typische Fallgruppen der Gläubigerbenachteiligung voneinander abgrenzen, und zwar die Gläubigergefährdung und die Konkursverschleppung.[3]

Die Rechtsfolge des § 138 BGB ist die Nichtigkeit des in Frage kommenden Rechtsgeschäftes; nach § 826 BGB hat der Schädiger dem Geschädigten den aus seinem Handeln entstandenen Schaden zu ersetzen. Der Umfang des zu ersetzenden Schadens ergibt sich hier aus dem Ersatz des sogenannten negativen Interesses gemäß

---

1) RG (1932), S. 254; siehe auch OLG Schleswig (1981), S. 27; Dechamps (1983), S. 73-75.

2) BGH (1953), S. 232; siehe auch BGH (1969b), S. 658.

3) Vgl. Rümker (1981), S. 507; siehe auch BGH (1962), S. 965; OLG Schleswig (1981), S. 27; Koller (1985).

den §§ 249 bis 252 BGB. Es ist also zu fragen, in welcher Lage sich der betreffende Mitgläubiger befände, wenn der von ihm in Anspruch genommene Kreditgeber durch das ihm vorgeworfene Verhalten nicht den Tatbestand des § 826 BGB erfüllt hätte. Kann der Mitgläubiger nun nachweisen, daß er ohne das die Voraussetzungen des § 826 BGB erfüllende Verhalten der Bank dem solvenzschwachen Schuldner keinen Kredit gewährt hätte, dann kann er Schadensersatz in der Höhe seines Forderungsausfalles geltend machen. Eine andere Situation ergibt sich, wenn der Mitgläubiger auch ohne das dem Kreditgeber vorgeworfene Handeln seine Forderung nur aus der Konkursmasse, wenn auch einer größeren als der tatsächlich zur Verfügung stehenden, hätte befriedigen können - beispielsweise weil er als Altgläubiger seine Forderung schon vor dem Beginn der Konkursverschleppung begründet hat oder weil das gläubigergefährdende Verhalten der Bank im wesentlichen in dem Verlangen von zu umfangreichen Sicherheiten besteht -, dann hat er nur einen Anspruch auf den Ausgleich der Differenz zwischen der tatsächlich erlangten Konkursquote und dem, was er in den ohne die sittenwidrige vorsätzliche Schädigung trotzdem erfolgten Unternehmenszusammenbruch erhalten hätte.[1)]

2.3 Prüfungspflicht bei eigennütziger Sanierung

Die Gefahr des Vorwurfs einer Gläubigergefährdung oder Konkursverschleppung besteht grundsätzlich nicht bei uneigennützigen Krediten, zum Beispiel, wenn eine Bank einen Kredit einräumt, der nicht aus dem Vermögen des Schuldners besichert wird, und wenn zum Kreditvergabezeitpunkt keine Forderungen gegen den Schuldner aus früheren Krediten offen sind. In solchen Fällen kann das Kreditinstitut über den Zins- und Tilgungsdienst für den Neukredit hinaus keine Vorteile gewinnen.[2)] In der themarelevanten Situation der Bank in der Krise ihres Schuldners ist die Bank regelmäßig schon beim Schuldner engagiert, so daß ein Sanierungsversuch stets als eigennützig zu charakterisieren ist, denn das Kreditinstitut versucht naturgemäß mit einer erneuten Kreditvergabe dazu beizutragen, daß auch die Altforderungen

1) Vgl. Dechamps (1983), S. 117-119.

2) Vgl. Obermüller (1985), S. 246.

wenigstens teilweise gerettet werden können.[1)2)]

In diesem Zusammenhang hat der BGH eine Prüfungspflicht bei eigennütziger Sanierung konstatiert:
"Wird dagegen mit dem Sicherungsvertrag der Zweck verfolgt, den Schuldner wirklich zu sanieren, so reicht die nicht allzu naheliegende Möglichkeit einer Täuschung und Schädigung Dritter dann nicht aus, um den Vertrag sittenwidrig erscheinen zu lassen, wenn die Parteien auf Grund einer sachkundigen und sorgfältigen Prüfung der Lage des Schuldners und besonders der Geschäftsaussichten überzeugt waren, das Sanierungsvorhaben werde Erfolg haben und eine Schädigung Dritter letztlich nicht eintreten. Dabei sind an die Pflicht zur sachkundigen, sorgfältigen und gewissenhaften Prüfung der Lage des Schuldners und der Entwicklungsmöglichkeit seines Geschäfts strengere Anforderungen zu stellen, wenn der Beweggrund für die Bewilligung des Kredites zur Sanierung des Schuldners eigennützig war".[3)] In der Regel sind die Banken nach dem BGH sogar verpflichtet, vor der Krediteinräumung durch einen branchenkundigen Wirtschaftsfachmann eingehend und objektiv prüfen zu lassen, ob das Sanierungsvorhaben Erfolg verspricht.[4)]

Diese Rechtsprechung des BGH, die eine fachkundige Untersuchung der Verhältnisse durch einen neutralen Wirtschaftsfachmann fordert, ist in der Literatur zu Recht auf Kritik gestoßen.[5)] Maßstab für die Sanierungsfähigkeitsprüfung kann nur eine Plausibilitätskontrolle der von der Leitung des Schuldnerunternehmens in eigener Verantwortung erstellten Ist- und Plandaten nebst des da-

---

1) Siehe auch BGH (1953), S. 243.

2) Zu der Sinnhaftigkeit des "gutes Geld dem schlechten nachwerfen" vgl. Rudolph (1981); Bitz/Hemmerde/Rausch (1986), S. 112-114.

3) BGH (1953), S. 234.

4) Vgl. derselbe, a.a.O., S. 228; siehe auch Rümker (1981), S. 509 m.w.N.

5) Siehe beipielsweise Rümker (1979), S. 205 m.w.N.; Obermüller (1980), S. 1060; Rümker (1981), S. 511; Obermüller (1985), S. 251.

rauf basierenden Sanierungsplanes mit einem Beurteilungs- und Entscheidungsspielraum für die Bank sein. Insofern müssen die Anforderungen an die Sorgfaltspflicht der Bank geringer sein als der Pflichtenstandard für die Geschäftsleitung des zu sanierenden Schuldnerunternehmens, weil diese als eigentlicher Insider einen Informationsvorsprung gegenüber allen außenstehenden Dritten einschließlich des Abschlußprüfers und der Hausbank hat. Ergibt dann die Prüfung, daß dem Sanierungskonzept Erfolgsaussichten nicht von vornherein abgesprochen werden können, dann ist vernünftigerweise der Sanierungsversuch nicht als sittenwidrig zu beanstanden, selbst wenn sich später erweisen sollte, daß nicht alle für die Entscheidungsfindung relevanten Daten zutreffend gewürdigt worden sind.[1)]

Daneben ist anzumerken, daß die Judikatur bei der Forderung nach einer eingehenden und objektiven Sanierungsfähigkeitsprüfung zu Unrecht davon ausgeht, daß die Betriebswirtschaftslehre oder die Wirtschaftspraxis über betriebswirtschaftliche Indikatoren verfügen, die ein Urteil über die Sanierungsfähigkeit eines Unternehmens bzw. den Erfolg von Sanierungsmaßnahmen erlauben. Wie unten noch zu zeigen ist, hängt das Ergebnis einer Sanierungsfähigkeitsprüfung von den folgenden Parametern ab:

- Art und Umfang der vorgesehenen Sanierungsmaßnahmen,

- Beurteilungszeitraum,

- Höhe der erwarteten im Vergleich zu der für angemessen gehaltenen Verzinsung des eingesetzten Kapitals,

- subjektive, vom Prüfer abhängige Erwartungen, insbesondere über das unternehmerische Umfeld wie beipielsweise Konjunktur, Branchenentwicklung und Konkurrenzsituation.[2)]

---

1) Vgl. Rümker (1981), S. 511; siehe auch Mertens, Hans-Joachim (1979), S. 188 f.; Uhlenbruck (1982a), S. 151; Dechamps (1983), S. 86-88.

2) Vgl. unten 2.4 S. 145-147.

Dabei wird je nach Variation der einzelnen Parameter das Prüfungsergebnis beeinflußt. Vor diesem Hintergrund kann eine eingehende und objektive Sanierungsfähigkeitsprüfung von den Gläubigern nicht verlangt werden. Die Einschaltung eines externen Sachverständigen kann der Bank nur mit der Begründung empfohlen werden, daß sie sich im Streitfall durch den Hinweis auf das Gutachten eines neutralen Dritten eher von dem Vorwurf sittenwidrigen Handelns entlasten kann als durch andere Beweismittel.[1)]

2.4 Zur Sanierungsfähigkeitsprüfung

Vor dem Hintergrund der Sanierungsproblematik[2)] ist es oftmals angeraten, vor einem Sanierungsbeitrag der Bank intern und ggf. sogar extern die Sanierungsfähigkeit des Schuldners zu prüfen.

In der betriebswirtschaftlichen Literatur konnten wesentliche Probleme im Zusammenhang mit dem Sanierungsbegriff bisher noch nicht ausgeräumt werden. Nach einer verbreiteten Definition kann unter Sanierung i.w.S. eine Gesamtheit von Maßnahmen verstanden werden, die geeignet sind, eine Unternehmung aus einer Krise herauszuführen, um es im wesentlichen Teil als wirtschaftliche Einheit zu erhalten.[3)] Bei dieser Definition bleibt jedoch die

---

1) Siehe auch Obermüller (1985), S. 251; Uhlenbruck/Obermüller (1985), S. 24.

2) Vgl. im einzelnen oben 2.2 S. 137-141.

3) Vgl. Kayser (1983), S. 7 m.w.N.; siehe auch Mann (1970), S. 238; Potthoff (1976), Spalte 1558; Baur (1978), S. 15.

Swoboda unterscheidet die leistungs- und die finanzwirtschaftliche Sanierung.
Die leistungswirtschaftliche Sanierung bedeutet, daß Produktions-, Investitions-, Absatzpolitik und/oder die Organisation, das Rechnungswesen etc. geändert werden, ohne aber die Gläubigeransprüche und die Eigenkapitalstruktur einschließlich der Rechtsform anzutasten.
Die finanzwirtschaftliche Sanierung hat die Sanierung des Eigenkapitals zum Inhalt, eventuell verbunden mit einem Rechtsformwechsel, Eigentümerwechsel oder dem Zutritt neuer Eigentümer - die Gläubigeransprüche werden aber nicht tangiert -, und/oder die Sanierung des Fremdkapitals, also die Neufestlegung bzw. Reduzierung der Gläubigeransprüche, ohne oder mit Zutritt neuen Fremdkapitals.
Vgl. Swoboda (1983), S. 4; siehe auch Uhlenbruck (1983), S. 491 f.

Frage ungelöst, von welcher Art und von welchem Wirkungsumfang die Maßnahmen sein müssen, damit sie als Sanierungsmaßnahmen qualifiziert werden können. Weiterhin ergeben sich Schwierigkeiten bei einer allgemeinen, d.h. nicht einzelproblembezogenen Bestimmung des Begriffes Unternehmenskrise. Schließlich bleibt ungeklärt, welche Unternehmensteile im Rahmen einer Sanierung ausgegliedert werden können, damit ein "wesentlicher" Teil der wirtschaftlichen Einheit erhalten bleibt.

Dagegen herrscht weitgehende Übereinstimmung bei der Definition des Prüfungsbegriffes. Prüfung kann danach als der (die) durch einen Auftrag sachlich abgegrenzte(n) und nach dem Rationalprinzip von Menschen vollzogene(n) Soll-Ist-Vergleich(e) mit anschließender Urteilsbildung und Urteilsabgabe beschrieben werden.[1)]

Eine Sanierungsfähigkeitsprüfung kann dann in der Weise beschrieben werden, daß ermittelt wird, ob im Einzelfall eine Sanierung wirtschaftlich zu vertreten ist. Wirtschaftlich vertretbar ist eine Sanierung, wenn durch geeignete Sanierungsmaßnahmen das Unternehmen aus der Krise herausgeführt werden kann und als Folge dessen nach der Sanierung mittel- bis langfristig in der Lage ist, eine erwartete Verzinsung des eingesetzten Kapitals zu erwirtschaften.[2)] In diesem Zusammenhang soll die Ermittlung des Ergebnisses unbeeinflußt von den Interessen bzw. Zielsetzungen der Unternehmensträger oder der mit dem Unternehmen durch wirtschaftliche Beziehungen verbundenen Dritten (beispielsweise der kreditgebenden Bank) bzw. der Allgemeinheit bleiben[3)], andernfalls wird auch von Sanierungswürdigkeitsprüfung gesprochen.[4)]

Das Ergebnis der Sanierungsfähigkeitsprüfung hängt also von den folgenden Parametern ab:

---

1) Vgl. Mann (1970), S. 239 m.w.N.

2) Siehe auch Groß (1982), S. 19; Kayser (1983), S. 17 f.

3) Vgl. Mann (1970), S. 246.

4) Vgl. derselbe, a.a.O., S. 250-254; siehe auch Groß (1982), S. 20; Schmiedel (1984), S. 761.

- Art und Wirkungsumfang der vorgesehenen Sanierungsmaßnahmen,

- Beurteilungszeitraum,

- Höhe der erwarteten im Vergleich zu der als "angemessen" gehaltenen Verzinsung des eingesetzten Kapitals,

- subjektive, vom Prüfer abhängige Erwartungen.

Die Art und der Wirkungsumfang der vorgesehenen Sanierungsmaßnahmen können nur begrenzt als Variable angesehen werden, da sie wesentlich von der Leistungsbereitschaft und -fähigkeit sowie der Risikobereitschaft der Träger der Sanierungsmaßnahmen abhängen. Hier müssen also bereits die möglichen Beiträge der Eigentümer, Kreditgeber, Arbeitnehmer, der öffentlichen Hand und ggf. weiterer interessierter Dritter abgeschätzt werden.

Weiterhin von Bedeutung ist der Beurteilungszeitraum. In der Regel wird davon auszugehen sein, daß die Sanierungsmaßnahmen mittel- bis langfristig ausgelegt sind und deshalb spürbare Ergebnisse erst nach vielleicht 1 bis 2 Jahren zu verzeichnen sind. Damit ergibt sich das Problem, daß die (positiven) Ergebnisse der Sanierungsmaßnahmen erst zu einer Zeit erwartet werden können, die so weit in der Zukunft liegt, daß sie schwer beurteilt werden kann, weil die (Prognose-)Unsicherheit sehr hoch ist.

Wesentlich für das Ergebnis der Sanierungsfähigkeitsprüfung ist noch die Festsetzung der Höhe der als angemessen gehaltenen Verzinsung des eingesetzten Kapitals. Hierbei ist von ausschlaggebender Bedeutung, welche Leistungsbereitschaft (bzw. Opferbereitschaft) bei den Kapitalgebern unterstellt werden kann und weiterhin in welcher Höhe das erhöhte Sanierungsrisiko Eingang in die Bemessung der Höhe der Kapitalverzinsung findet.

Schließlich ist hervorzuheben, daß die unternehmerische Zukunft und damit der Erfolg der Sanierungsmaßnahmen nicht objektiv und streng deterministisch berechnet werden kann, sondern (subjektiv) geschätzt werden muß. Hier gehen also die subjektiven Erwartungen der Prüfungsperson über das unternehmerische Umfeld, wie zum Beispiel Konjunktur, Branchenentwicklung und Konkurrenzsituation, in die Sanierungsfähigkeitsprüfung ein.

Kern der Sanierungsfähigkeitsprüfung ist die Schätzung der zukünftigen Ertragskraft des Unternehmens. In diesem Zusammenhang ist einsichtig, daß zur Beurteilung der zukünftigen Leistungsfähigkeit bzw. des Zukunftserfolges eines Sanierungsobjektes die herkömmlichen Methoden der Unternehmensbewertung, die im wesentlichen auf einer Trendextrapolation der vergangenen Unternehmenserfolge basieren, keine Hilfestellung zu leisten vermögen. Auf der einen Seite führt die Fortschreibung der negativen Ergebnisse der Vergangenheit mit den bisher bekannten Prognoseverfahren zu dem Resultat, daß auch für die Zukunft mit negativen Ergebnissen gerechnet werden muß, ohne daß die Veränderungen durch die Sanierungsmaßnahmen berücksichtigt werden. Auf der anderen Seite ist eine Sanierung in der Regel mit einer Fülle von Veränderungen verbunden, so daß ein Unternehmen vor der Sanierung kaum mit dem Unternehmen nach der Sanierung verglichen werden kann und damit generell die Vergangenheitswerte als Grundlage einer Beurteilung der zukünftigen Leistungsfähigkeit des Sanierungsobjektes in Frage gestellt werden müssen.[1)]

Im Ergebnis ist also festzuhalten, daß bislang sowohl die Betriebswirtschaftslehre als auch die Wirtschaftspraxis den Nachweis schuldig bleiben, daß sie über betriebswirtschaftliche Indikatoren verfügen, die ein Urteil über die Sanierungsfähigkeit eines Unternehmens bzw. den Erfolg von Sanierungsmaßnahmen erlauben.[2)] Eine hinreichend gesicherte Aussage über die zukünftige Leistungsfähigkeit eines Sanierungsobjektes ist also nach betriebswirtschaftlichen Kriterien nicht möglich und kann deshalb nicht Gegenstand der Prüfung sein. Das Risiko einer Sanierung kann den Sanierungsbeteiligten, darunter der kreditgebenden Bank,

---

1) Vgl. Kayser (1983), S. 25 m.w.N.; siehe auch Mann (1970), S. 246-250; Kayser/Preisenberger (1983), S. 953-966.

2) Vgl. Kayser (1983a), S. 419; siehe auch Kayser (1983), S. 111.

durch eine Sanierungsfähigkeitsprüfung nicht abgenommen werden; möglicherweise läßt sich jedoch mit einer Prüfung das Risiko besser abschätzen. Die Begründung dafür, gleichwohl eine Sanierungsfähigkeitsprüfung durchzuführen bzw. extern durchführen zu lassen, ergibt sich für einen Gläubiger daher vor allem vor dem Hintergrund der Sanierungskreditproblematik.[1]

2.5 Kredite zur Überbrückung des Prüfungszeitraumes

Der Vorwurf sittenwidrigen Handelns ist auch dann nicht gerechtfertigt, wenn das Kreditinstitut während des Prüfungszeitraumes, aber noch vor Abschluß der Prüfung dem Schuldnerunternehmen neue Kredite einräumt, um dadurch eine Zahlungseinstellung abzuwenden. Die Beurteilung der Erfolgsaussichten von Sanierungsmaßnahmen ist aufgrund der häufig zu konstatierenden Komplexität der Situation in der Regel sehr zeitaufwendig, so daß die Bank in der Prüfungsphase sich vor die Entscheidung gestellt sehen kann, einer Neukreditvergabe zuzustimmen oder andernfalls eine Zahlungseinstellung nicht zu verhindern und damit das Ergebnis der Prüfung praktisch obsolet werden zu lassen. Eine Neukreditgewährung vor diesem Hintergrund ist dann nicht als sittenwidrig zu klassifizieren.[2]

2.6 Sanierungskredite mit Unterstützung der öffentlichen Hand

In bestimmten Fällen gewähren Bund, Länder und Gemeinden Sanierungskredite in der Form von Kreditgarantien, Zinsgarantien oder Ausfallbürgschaften zu Gunsten kreditgewährender Banken, in der Regel unter zahlreichen Auflagen hinsichtlich der Unternehmensstruktur und der Erhaltung von Arbeitsplätzen.[3] Hierbei verbürgt sich also die Gebietskörperschaft gegenüber der Gläubi-

---

1) Siehe hierzu im einzelnen oben 2.2 S. 137-141.
Darüber hinaus wird im Rahmen der Insolvenzrechtsreformdiskussion eine Sanierungsfähig- und -würdigkeitsprüfung verlangt; siehe hierzu beispielsweise Wegmann (1987), S. 1905-1908.

2) Siehe auch Obermüller (1985), S. 252.

3) Siehe auch Flessner (1981), S. 1285 f.; Groß (1982), S. 312-324; Jüttner-Kramny (1983); Gottwald (1984), S. 13 f.

gerbank, die den hierauf gerichteten Antrag des Schuldnerunternehmens bearbeiten und nach bestimmten Vorschriften dokumentieren muß. Ggf. wird noch eine Wirtschaftsprüfungsgesellschaft mit der Annahme, Bearbeitung und Begutachtung der Anträge sowie mit der Vorbereitung der Bürgschaftsübernahme, der Verwaltung und Abwicklung der Bürgschaften beauftragt.[1)]

In diesem Zusammenhang hat die Wirtschaftsministerkonferenz der Bundesländer "Mindestanforderungen für staatliche Hilfen zur Sanierung von Einzelunternehmen in Ausnahmefällen" beschlossen, die vom Bundesminister für Wirtschaft mitgetragen werden.[2)] Danach kommen staatliche Finanzierungshilfen nur zur Rettung existenzbedrohter, sanierungsfähiger Unternehmen in Betracht und dürfen nur vorübergehend und als Hilfen zur Selbsthilfe gewährt werden. Sie kommen also nur für solche Unternehmen in Betracht, bei denen begründete Aussicht dafür besteht, daß sie nach Überwindung akuter Schwierigkeiten sich im Wettbewerb wieder selbst behaupten können. Darüber hinaus müssen Unternehmen, Gesellschafter, Eigentümer und Gläubiger ihre Möglichkeiten zur Sanierung voll ausschöpfen. Weiterhin müssen Gründe von besonderer Bedeutung (beispielsweise regionalpolitische oder arbeitsmarktpolitische Gründe) für staatliche Hilfen sprechen und schließlich darf eine Zusage nur dann gegeben werden, wenn eingehend geprüft und beurteilt worden ist:

- eine Ist-Analyse auf der Basis bestätigter Jahresabschlüsse der letzten drei Jahre und eines zeitnahen Zwischenabschlusses sowie von Auskünften über die aktuelle Unternehmenssituation,

- ein Unternehmenskonzept mit Finanzierungsplan, das insbesondere Auskunft gibt über die geplante Entwicklung, die voraussichtliche Konkurrenzfähigkeit des Unternehmens sowie über die Sanierungsbeiträge aller Beteiligten,

- soweit erforderlich, eine Stellungnahme eines unabhängigen Sachverständigen zum Unternehmenskonzept.

---

1) Vgl. Westermann (1983), S. 9-12.

2) Vgl. Wirtschaftsministerkonferenz (1983).

Die Prüfung der Risiken durch die von der öffentlichen Hand eingesetzten Institutionen entlastet das beteiligte Kreditinstitut, so daß ein vor diesem Hintergrund gewährter Sanierungskredit m.E. nicht als sittenwidrig qualifiziert werden kann.[1]

2.7 Kredite innerhalb der letzten zehn Tage vor Zahlungseinstellung oder Konkursantrag

Rechtsgeschäfte mit einem Schuldner innerhalb der letzten zehn Tage vor dessen Zahlungseinstellung oder Konkursantrag müssen stets unter dem Gesichtspunkt des § 30 Nr. 2 KO auf ihre Anfechtbarkeit geprüft werden. Danach sind Rechtshandlungen, die einem Konkursgläubiger eine Sicherung oder Befriedigung gewähren, die er nicht oder nicht in der Art oder nicht zu der Zeit zu beanspruchen hatte, anfechtbar, wenn der Gläubiger nicht beweist, daß ihm zur Zeit der Handlung weder die Zahlungseinstellung und der Konkursantrag noch eine Absicht des Schuldners, ihn vor den übrigen Gläubigern zu begünstigen, bekannt war.

Werden in dieser kritischen Phase Sanierungskredite ohne Sicherheiten zur Verfügung gestellt, dann ist § 30 Nr. 2 KO schon dem Wortlaut nach nicht einschlägig.
Werden dagegen in der fraglichen Frist Kredite gegen Bestellung von Sicherheiten herausgelegt, dann ist die Hereinnahme der Sicherheiten dann nicht anfechtbar, wenn es sich um ein Bargeschäft[2] handelt. Ein Bargeschäft liegt nach der juristischen Definition dann vor, wenn gleichwertige Leistungen ausgetauscht werden, d.h. die Konkursgläubiger werden durch die Sicherheitenbestellung nicht benachteiligt, weil dem Vermögen des Gemeinschuldners ein entsprechender Gegenwert (= die Kreditvaluta) zufließt. Die Gleichwertigkeit ist entsprechend der juristischen Literatur gegeben, wenn der Wert der Sicherheit die Kredithöhe nicht wesentlich überschreitet; die wegen möglicher Wertschwankungen des Sicherungsgegenstandes übliche Differenz zwischen Sicherheitenwert und Kreditvaluta schadet in diesem Zusammenhang nicht. Unter der Voraussetzung, daß es sich um einen von Anfang

---

1) Siehe auch Westermann (1983), S. 19-25.

2) Vgl. hierzu Obermüller (1985), S. 262 m.w.N.

an vereinbarten einheitlichen Leistungsaustausch handelt, verliert ein Rechtsgeschäft den Charakter eines Bargeschäftes noch nicht dadurch, daß zwischen Sicherheitenbestellung und Kreditauszahlung eine kurze Zeitspanne liegt. Wie lang diese Zeitspanne sein darf, hängt von der Verkehrsauffassung und den Umständen des Einzelfalls ab.

Vor dem Hintergrund der obigen Darstellung kann m.E. davon ausgegangen werden, daß eine Sanierungskreditgewährung und -auszahlung verbunden mit einer Bestellung von Sicherheiten, die der Sicherung des Sanierungskredites dienen sollen, im Hinblick auf die Konkursanfechtung nach § 30 Nr. 2 KO unproblematisch ist.

2.8 Sanierungskredit als Übernahme einer Bürgschaft oder Garantie

Als Alternative zur direkten (Sanierungs-)Kreditvergabe an den Schuldner ist auch denkbar, daß die Bank für den Schuldner eine Bürgschaft oder Garantie übernimmt. Ziel einer solchen Maßnahme kann es sein, einen Dritten zu einer Neukreditvergabe zu bewegen (= Maßnahmen, die eine Erhöhung der Zahlungsmittel beim Schuldner bewirken) oder ein Stillhalten bzw. eine Umschuldung der Forderung des Dritten zu erreichen (= Maßnahmen, die die sofort zu erfüllenden Geldschulden des Schuldners verringern).

M.E. ist grundsätzlich auch bei einer Avalkreditvergabe die Sanierungskreditproblematik zu beachten, da auch die Übernahme einer Bürgschaft oder Garantie aus eigennützigen Motiven erfolgen kann, z.B. mit Besicherung aus dem Vermögen des Schuldners und mit dem Ziel, mit der erneuten Kreditvergabe dazu beizutragen, daß auch die ggf. bestehenden Altforderungen der Bank wenigstens teilweise gerettet werden können.

2.9 Ergebnis

Die Kreditvergabe an sanierungsbedürftige Schuldner ist von einer besonderen Problematik geprägt. Eine Pflicht zur weiteren Kreditgewährung in der Krise der Schuldnerunternehmung ist mit der

Literatur abzulehnen und dürfte m.E. auch nicht praktisch werden. Wenn also eine Bank in der Schuldnerkrise eine Entscheidung für einen Sanierungskredit fällt, dann ist darin eine freie Entscheidung und keine Pflichterfüllung zu sehen. Die Vergabe eines Sanierungskredites ist nun jedoch mit besonderen Gefahren behaftet. Ist die angestrebte Sanierung erfolgreich, dann besteht (auch) für die Bank kein Problem, scheitert die Sanierung jedoch, dann kann sie sich unter Umständen diversen Ansprüchen gegenübersehen. Zunächst sind Schadensersatzansprüche dritter Gläubiger aus § 826 BGB wegen vorsätzlicher sittenwidriger Schädigung denkbar, und darüber hinaus könnte eine eventuelle mit der Kreditgewährung verbundene Sicherheitenbestellung vom späteren Konkursverwalter als nach § 138 BGB (sittenwidriges Rechtsgeschäft) nichtig angefochten werden.

Die Sittenwidrigkeit der Kreditvergabe bzw. des Sicherungsgeschäftes könnte in einer Konkursverschleppung oder Gläubigergefährdung liegen. Konkursverschleppung liegt nach der Rechtsprechung vor, wenn die Kreditgewährung nicht geeignet ist, eine Sanierung zu bewirken und nur der Verlängerung des wirtschaftlichen Todeskampfes dient. Gläubigergefährdung ist nach der Judikatur gegeben, wenn die Sicherheitenbestellung die Gefahr mit sich bringt, daß spätere, nichts ahnende Kreditgeber zu Schaden kommen.[1)]

Die Gefahr des Verwurfs einer Konkursverschleppung oder Gläubigergefährdung besteht demzufolge nicht, wenn die kritische Situation der Krisenunternehmung in der Öffentlichkeit, beispielsweise aufgrund der Berichterstattung in den Medien, allgemein bekannt ist oder wenn die Sicherheitenbestellung für die Gläubiger sichtbar ist.[2)]

Weiterhin sind uneigennützige Kredite unproblematisch, beispielsweise, wenn eine Bank einen Kredit einräumt, der nicht aus dem Vermögen des Schuldners besichert wird, und wenn zum Kreditvergabezeitpunkt keine Forderungen gegen den Schuldner aus

---

1) Siehe hierzu auch oben S. 140.

2) Siehe auch Obermüller (1980), S. 1061; Rümker (1981), S. 509.

früheren Krediten offen sind.

Bei eigennütziger Sanierung, die in der Regel in der Entscheidungssituation einer Bank in der Krise ihres Schuldners anzunehmen ist, hat die Rechtsprechung eine Prüfungspflicht postuliert. Danach sind die Kreditinstitute verpflichtet, vor der Krediteinräumung durch einen branchenkundigen Wirtschaftsfachmann eingehend und objektiv prüfen zu lassen, ob das Sanierungsvorhaben aufgrund der Lage und der Geschäftsaussichten des Schuldners Erfolg verspricht und eine Schädigung Dritter letztlich nicht eintreten wird. Auch wenn die Judikatur bei der Forderung nach einer eingehenden und objektiven Sanierungsfähigkeitsprüfung zu Unrecht davon ausgeht, daß die Betriebswirtschaftslehre oder die Wirtschaftspraxis über betriebswirtschaftliche Indikatoren verfügen, die ein eindeutiges Urteil über die Sanierungsfähigkeit eines Unternehmens bzw. den Erfolg von Sanierungsmaßnahmen erlauben, muß der Bank die Einschaltung eines externen Sachverständigen empfohlen werden, da sie sich im Streitfall durch den Hinweis auf das Gutachten eines neutralen Dritten eher von dem Vorwurf sittenwidrigen Handelns entlasten kann als durch andere Beweismittel.

Darüber hinaus ist der Vorwurf einer sittenwidrigen Kreditvergabe dann nicht gerechtfertigt, wenn das Kreditinstitut während des Prüfungszeitraumes, aber noch vor Abschluß der Prüfung dem Schuldnerunternehmen neue Kredite einräumt, um dadurch eine drohende Zahlungseinstellung abzuwenden.

Schließlich entlastet im Zusammenhang mit Sanierungskrediten mit Unterstützung der öffentlichen Hand die Prüfung der Risiken durch die von den Gebietskörperschaften eingesetzten Institutionen die beteiligte Bank, so daß ein vor diesem Hintergund gewährter Sanierungskredit nicht als sittenwidrig qualifiziert werden kann.

Die Problematik der Konkursanfechtung bei einer Sanierungskreditgewährung und -auszahlung verbunden mit einer Bestellung von Sicherheiten, die der Sicherung des Sanierungskredites dienen sollen, dürfte hier keine praktische Bedeutung erlangen.

3. Zur Sanierungsbeteiligung

3.1 Vorbemerkung

Während der Sanierungskredit im Rahmen der Handlungsalternative "Zuführung neuen Kapitals" geeignet ist, eine eventuell bestehende Zahlungsunfähigkeit des Schuldners zu beseitigen, kann eine Sanierungsbeteiligung ggf. auch eine bestehende oder drohende Überschuldung der Schuldnerunternehmung abbauen.

Erwirbt die Bank eine Beteiligung an der zu sanierenden Gesellschaft, dann hat sie zu berücksichtigen, daß ggf. das neben der Sanierungsbeteiligung bestehende Kreditengagement der Bank möglicherweise später in kapitalersetzende Darlehen umqualifiziert wird. Dies hätte zur Folge, daß die Bank im Insolvenzfall für ihre Kredite keine Konkursquote erwarten könnte, keine Möglichkeit der Aufrechnung mit Forderungen des Schuldners mehr hätte und daß weiterhin die aus dem Vermögen der Schuldnerunternehmung bereitgestellten Kreditsicherheiten der Anfechtung unterlägen.[1]

Die Sanierungsbeteiligung kann dann grundsätzlich in den beiden Formen der liquiditätswirksamen und der nichtliquiditätswirksamen Zuführung von Eigenkapital dargestellt werden. Beide Formen sind mit unterschiedlichen Problemen behaftet und werden im folgenden getrennt erörtert. Zu den Problemen der Bemessung des Kapitalbedarfs soll hier nicht näher Stellung genommen werden.

3.2 Sanierungsbeteiligung als Kapitalerhöhung gegen Bareinlage – liquiditätswirksame Zuführung von Eigenkapital

Wenn man die Problematik der Kapitalerhöhung gegen Bareinlage untersucht, dann empfiehlt es sich wegen der Bedeutung der Rechtsform Aktiengesellschaft bei großen Schuldnerunternehmen, die ordentliche Kapitalerhöhung bei dieser Gesellschaft zu betrachten.

---

1) Vgl. im einzelnen oben Teil II, 4. Kapitel, 3.2, S. 80-93.

In der Situation einer drohenden oder bereits eingetretenen Überschuldung des Schuldnerunternehmens empfiehlt es sich, zunächst eine Kapitalherabsetzung ohne Ausschüttung[1] einzuleiten, um durch den Ausgleich von Wertminderungen und durch die Deckung sonstiger Verluste die Bilanz der Gesellschaft wieder auszugleichen. Diese förmliche Beseitigung von Verlusten ist häufig praktisch (nicht rechtlich) die Voraussetzung für die danach erforderliche Zuführung neuen Eigenkapitals im Wege der Kapitalerhöhung[2], die ihrerseits nicht unter pari erfolgen darf.[3] Darüber hinaus soll das Grundkapital nicht erhöht werden, solange ausstehende Einlagen auf das bisherige Grundkapital noch verlangt werden können.[4]

Ohne auf die Einzelheiten des Verfahrensablaufs der ordentlichen Kapitalerhöhung einzugehen[5], muß doch herausgestellt werden, daß der von der Hauptversammlung zu fassende Kapitalerhöhungsbeschluß der Mehrheit von mindestens 75 % des bei der Beschlußfassung vertretenen Grundkapitals bedarf. Nach der Zeichnung der Aktien haben der Vorstand und der Aufsichtsratsvorsitzende die Durchführung der Kapitalerhöhung zur Eintragung in das Handelsregister anzumelden. Die Anmeldung darf aber gemäß § 188 Abs. 2 i.V.m. § 36 Abs. 2 AktG erst dann erfolgen, wenn auf jede Aktie der eingeforderte Betrag ordnungsgemäß eingezahlt worden ist und, soweit es nicht bereits zur Bezahlung der bei der Kapitalerhöhung angefallenen Steuern und Gebühren verwandt wurde, endgültig zur freien Verfügung des Vorstands steht.[6]

Es kann als entscheidend angesehen werden, daß der Gegenstand der Einlage völlig aus dem Herrschaftsbereich des Gesellschafters ausgesondert und der Gesellschaft endgültig und ohne Beschrän-

---

1) Vgl. hierzu §§ 222 - 240 AktG.

2) Vgl. Lutter/Hommelhoff/Timm (1980), S. 740.

3) Vgl. § 9 Abs. 1 AktG.

4) Vgl. § 182 Abs. 4 Satz 1 AktG.

5) Siehe hierzu Ratjen (1980), S. 72-75.

6) Eine ähnliche Vorschrift findet sich in § 57 Abs. 2 GmbHG.

kungen und Vorbehalte durch den Kapitalgeber zugeflossen ist (=effektiver und endgültiger Mittelzufluß).[1]

Freie Verfügung des Vorstandes bedeutet, daß dieser die tatsächliche Gewalt oder das Verfügungsrecht über die Bareinlage haben muß (=effektiver Mittelzufluß). Der Vorstand darf weder rechtlich noch tatsächlich gehindert sein, über die eingezahlten Beträge zu verfügen. Dabei kommt es nicht auf den Besitz im sachenrechtlichen Sinn, sondern nur auf die wirtschaftliche Herrschaftsmacht an.[2]

Die eingezahlten Mittel müssen - bei Aktiengesellschaft und GmbH - endgültig zur freien Verfügung des Vorstandes bzw. der Geschäftsführung stehen (= endgültiger Mittelzufluß). Das Merkmal "endgültig" bedeutet hier vor allem, daß die "Endgültigkeit" im Hinblick auf den Kapitalgeber gewährleistet sein muß, denn das Gesetz will verhindern, daß eingezahlte Beträge wieder an ihn zurückfließen.
Es ist davon auszugehen, daß die freie Verfügbarkeit nicht gegeben ist, wenn der Vorstand die alsbaldige Rückzahlung zugesichert hat; auch die rechliche Unwirksamkeit eines solchen Versprechens steht dem nicht entgegen. Insofern ist eine im voraus festgelegte alsbaldige Rückzahlung der angeblichen Bareinlage nicht Gegenstand der Mittelverwendung, sondern sie hebt die Mittelaufbringung auf.[3] Das Gebot, die Einlagemittel zur freien Verfügung der Gesellschaft zu leisten, "ist nicht nur dann verletzt, wenn die Mittel im Wege einer Verrechnung oder einer ähnlichen Abrede in Wirklichkeit bei dem Einleger verbleiben, sondern auch dann, wenn die Gesellschaft hinsichtlich der Verwendung der Mittel gegenüber dem Einleger in einer Weise gebunden ist, daß in Wirklichkeit eine Sacheinlage vorliegt."[4] Diese "verschleierte Sacheinlage" ist ein Versuch, die Sachgründungs- bzw.

---

1) Vgl. Schmidt, Karsten (1986), S. 109.

2) Zur Gewährleistung effektiven Mittelzuflusses siehe auch Schmidt, Karsten (1986), S. 109 f. m.w.N.

3) Zur Gewährleistung endgültigen Mittelzuflusses vgl. auch Schmidt, Karsten (1986), S. 110 f.

4) BGH (1985, BuM/WestLB), S. 420.

Sachkapitalerhöhungsvorschriften durch Verknüpfung einer Bareinlage mit einem Verkehrsgeschäft zu umgehen.[1]

Hier herrscht heute in der juristischen Litera'tur und in der Rechtsprechung die Auffassung, daß jede Aufrechnung mit Verbindlichkeiten der Gesellschaft, die im Zeitpunkt des Kapitalerhöhungsbeschlusses schon bestanden, als verschleierte Sacheinlage verboten ist.[2] Dies ergibt sich auch aus § 19 Abs. 2 GmbHG bzw. § 66 Abs. 1 i.V.m. § 54 AktG. In engem Zusammenhang mit der Aufrechnung von Gesellschafterforderungen bei Barkapitalerhöhungen steht der Tatbestand, daß der Gesellschafter die vereinbarte Bareinlage zunächst einzahlt und ihm der eingezahlte Betrag jedoch alsbald von der Gesellschaft zur Begleichung einer Gesellschafterforderung zurückgezahlt wird bzw. - im umgekehrten Falle -, daß die Gesellschaft die Forderung des Gesellschafters (meist aus aufgenommenen Krediten) begleicht und der Gesellschafter aus den ihm so zugeflossenen Mitteln seiner Bareinlagepflicht nachkommt, worauf die Gesellschaft ggf. den Kredit wieder zurückzahlt. Hier liegt die eigentliche Problematik in der Abgrenzung, wann die Zahlungen der Bareinlage an die Gesellschaft und die Begleichung der Gesellschaftsforderung ein die Aufrechnung umgehendes Hin- und Herzahlen darstellen. Bei einem kurzfristigen Zusammentreffen von Ein- und Rückzahlung ist die Sachlage einfach.[3] Schwieriger wird es bei einem größeren zeitlichen Abstand. Lassen sich in einem solchen Fall Absprachen nachweisen, dann dürfte eine Umgehung kaum zu bezweifeln sein. Fällt auch das weg, muß auf die sachliche Verbindung zurückgegriffen werden. Indizien dafür sind in er ster Linie größenordnungsmäßig gleich hohe Beträge von Einlageschuld und Gesellschafterforderung sowie der Umstand, daß die Forderung des Gesellschafters nicht aus dem laufenden Geschäftsverkehr stammt. Es ist allerdings evident, daß im praktischen Einzelfall Schwierigkeiten in der

---

1) Vgl. Schmidt, Karsten (1986), S. 112; siehe auch Geßler (1975), S. 180-186; Langenfeld (1981).

2) Vgl. Schmidt, Karsten (1986), S. 112 m.w.N.; siehe auch Müssigbrodt (1982); LG Mainz (1986), S. 93; OLG Koblenz (1986), S. 89.

3) Vgl. Priester (1976), S. 1805.

Sachverhaltsermittlung auftreten können.[1]

Bei <u>nicht emissionsfähigen (mittelständischen) Unternehmen</u> erfolgt die Sanierungsbeteiligung der Bank in der Weise, daß das Kreditinstitut als neuer Gesellschafter in die Unternehmung tritt oder eine eventuell bestehende Beteiligung aufstockt. Hierzu ist stets die Zustimmung einer qualifizierten Mehrheit der Altgesellschafter notwendig. Auf die Einzelprobleme im Zusammenhang mit einer liquiditätswirksamen Zuführung von Eigenkapital soll hier jedoch nicht weiter eingegangen werden.[2]

Hinzuweisen ist noch darauf, daß - je nach Mitspracheabsicht der Bank - die Sanierungsbeteiligung mittels Eigenkapital mit "normalem" Stimmrecht, (bei Aktiengesellschaften) mittels stimmrechtslosen Vorzugsaktien oder (bei allen Gesellschaften) mittels stiller Beteiligung[3] oder Genußrechtskapital[4] erfolgen kann.
Bei den letzten beiden Formen der Sanierungsbeteiligung ist zu prüfen, in welcher Ausgestaltung sie geeignet sind, eine eventuelle Überschuldung zu beseitigen. Auf der Passivseite des Überschuldungsstatus sind nur diejenigen Schulden anzusetzen, die aus dem vorhandenen Vermögen gedeckt werden müssen. Verbindlichkeiten, die vereinbarungsgemäß nur aus künftigen Gewinnen oder aus einem etwaigen Liquidationsüberschuß zu begleichen sind, sind dementprechend nicht zu berücksichtigen.[5][6]

---

1) Vgl. Priester (1976), S. 1805.

2) Siehe hierzu zum Beispiel Krahnen (1980), S. 544-550; Ratjen (1980), S. 85 f.; Schmidt, Karsten (1980), S. 334-336; Schaeberle/Meermann (1985), S. 16-26 sowie Weiss (1985), S. 173-178.

3) Siehe hierzu Paulick (1981), insbesondere S. 44-130; Schulze zur Wiesche (1984), S.23-46; siehe auch Weimar, Robert (1987).

4) Siehe hierzu beispielsweise Ziebe (1984), insbesondere S. 2211-2213.

5) Vgl. Knobbe-Keuk (1983), S. 128.

6) Einer in der Literatur vertretenen Meinung (vgl. Knobbe-Keuk (1983), S. 129 f.; siehe auch Wahl (1975), S. 174-177), wonach die Einlage des Stillen und das Genußrechtskapital bei der Feststellung der Überschuldung darüber hinaus nicht anzusetzen sind, wenn die Kapitalgeber am Verlust beteiligt sind, kann m.E. nicht gefolgt werden. Begründet wird die Nichtbe-

3.3 Sanierungsbeteiligung als Umwandlung von Krediten in Kapital – nichtliquiditätswirksame Zuführung von Eigenkapital

Nach herrschender Meinung unterliegt die Umwandlung von Kreditforderungen in Eigenkapital bei Kapitalgesellschaften den Vorschriften über Sacheinlagen.[1)] Als Sacheinlagen gelten alle Einlagen, die nicht durch Einzahlung in bestimmten Zahlungsmitteln erfolgen.[2)] Die relevanten Zahlungsmittel sind gesetzliche Zahlungsmittel, von der Deutschen Bundesbank bestätigte Schecks, Gutschrift auf ein Konto im Inland bei der Deutschen Bundesbank oder einem Kreditinstitut oder auf ein Postscheckkonto der Gesellschaft oder des Vorstandes.[3)]

Gläubiger, die Forderungen gegen die Schuldnerunternehmung in Kapital umwandeln wollen, haben nun zwei Gefahren zu beachten:

- wegen fehlerhafter Rechtsgestaltung der Forderungseinbringung ist die übernommene Einlageverpflichtung nicht erfüllt,

- wegen Überbewertung der eingebrachten Forderung ist die Erfüllung der Einlageverpflichtung nur teilweise erfolgt.[4)]

Zur rechtsfehlerfreien Gestaltung der Forderungseinbringung gehört insbesondere, daß der Gegenstand der Sacheinlage, die Per-

---

(Fortsetzung Fußnote von vorangegangener Seite)
rücksichtigung dieser Einlagen damit, daß sie haftendes Kapital darstellen (vgl. Knobbe-Keuk (1983), S. 129). Dabei wird jedoch nicht bedacht, daß der stille Gesellschafter in dem Fall der Konkurseröffnung über das Vermögen des Inhabers des Handelsgeschäfts "wegen der Einlage, soweit sie den Betrag des auf ihn fallenden Anteils am Verlust übersteigt, seine Forderung als Konkursgläubiger geltend machen" (§ 341 Abs. 1 HGB) kann. Insofern hat seine Einlage keinen Eigenkapitalcharakter und steht den sonstigen Schulden gleich.

1) Vgl. zum Beispiel OLG Hamm (1986), S. 2320; Priester (1976), S. 1801; Uhlenbruck (1980), S. 515; siehe auch Lutter (1964), S. 233-240; Priester (1987).

2) Vgl. Müller, Welf (1968), S. 173.

3) Vgl. § 54 Abs. 3 AktG.

4) Siehe auch Groß (1982), S. 254.

son, von der die Gesellschaft den Gegenstand erwirbt, und der Nennbetrag des bei der Sacheinlage zu gewährenden Kapitals im Beschluß über die Kapitalerhöhung festgesetzt werden.[1] Ohne diese Festsetzung sind Verträge über Sacheinlagen der Gesellschaft gegenüber unwirksam.[2] Ist die Durchführung der Kapitalerhöhung bereits in das Handelsregister eingetragen, dann ist der Gesellschafter = Bank verpflichtet, eine Bareinzahlung in entsprechender Höhe zu leisten.[3]

Ist nun vorgesehen, daß der Gläubiger seine Forderung als Sacheinlage in die Schuldnergesellschaft einbringt, dann erlöschen entweder Einlageschuld und Forderung durch Vereinigung in einer Hand (Konfusion) oder die Forderung wird durch dinglichen Erlaßvertrag (§ 397 BGB) erlassen. Die in Frage kommende Forderung kann zum Nennwert, Rückzahlungsbetrag oder zu einem niedrigeren Betrag eingebracht werden.[4]

Die Sacheinlage einer Gesellschafterforderung befreit die kapitalübernehmende Bank nur insoweit von der Einlagepflicht, als der eingebrachte Gegenstand vollwertig ist.[5] Andernfalls besteht bei der GmbH in Höhe des Teils der Forderungen, um den der tatsächliche Wert hinter der Höhe der Einlageverpflichtung zurückbleibt, eine Differenzhaftung des Gesellschafters für die Dauer von fünf Jahren.[6] Bei einer Kapitalerhöhung mit Sacheinlagen bei einer Aktiengesellschaft hat eine Prüfung durch einen oder mehrere Prüfer stattzufinden. Das Amtsgericht kann die Eintragung

---

1) Vgl. § 56 Abs. 1 GmbHG sowie § 183 Abs. 1 AktG.

2) Siehe hierzu § 19 Abs. 2 Satz 2 GmbHG.

3) Vgl. § 183 Abs. 2 AktG.

4) Vgl. Groß (1982), S. 254 f.

5) Darüber hinaus wird gefordert, daß die Gegenforderung des Einlagenschuldners fällig und liquide ist, d.h. wenn ihrer sofortigen Zahlung keine Einwendungen irgendwelcher Art entgegengesetzt werden können; vgl. BGH (1954), S. 57; Möhring (1976), S. 91.

6) Vgl. § 9 GmbHG; siehe auch Hohner (1975).
Zu Zweck und theoretischem Konzept der Differenzhaftung siehe Schmidt, Karsten (1978a), S. 6-9.

der Kapitalerhöhung in das Handelsregister ablehnen, "wenn der Wert der Sacheinlagen nicht unwesentlich hinter dem Nennbetrag der dafür zu gewährenden Aktien zurückbleibt".[1)]

Die Bewertung der Sacheinlagen liegt grundsätzlich im freien Ermessen der Gesellschafter. Die Bewertung darf jedoch nicht willkürlich sein, sondern muß sich im Rahmen ordnungsgemäßer kaufmännischer Grundsätze halten.[2)] Das bedeutet, daß der Wert zulässig ist, zu dem das aktuell bewertete Vermögen der Schuldnerunternehmung[3)] die in Eigenkapital umzuwandelnde Verbindlichkeit bedeckt.[4)] Bei einem nicht überschuldeten Unternehmen vermindern sich die aus der Gesamtvermögensmasse zu deckenden Verbindlichkeiten mit der Folge, daß im Gesamtbetrag der erlöschenden Verbindlichkeiten eine Erhöhung der Haftungsreserve erfolgt. In dieser Höhe fließt dem Unternehmen unmittelbar und ganz eindeutig ein entsprechender Wert zu.

Ist das Schuldnerunternehmen jedoch überschuldet, so entsteht aus dem Fortfall der Verbindlichkeiten nur insoweit ein Zuwachs an freien, nicht durch Schulden neutralisiertem Gesellschaftsvermögen, als der Nennwert der eingebrachten Forderungen die Überschuldung übersteigt. Nur in Höhe dieses Betrages kann sich effektiv Eigenkapital bilden; ansonsten wird lediglich ein bestehendes negatives Eigenkapital vermindert.

Bei der Bewertung von Forderungseinlagen nach dem Prinzip der Vermögensbedeckung sind jedoch auch Sicherheiten an Vermögenswerten der Gesellschaft zu berücksichtigen. So steht beispielsweise die Umwandlung einer grundpfandrechtlich voll abgedeckten Forderung in Eigenkapital der Einlage des belasteten Grundstücks zum Rückzahlungsbetrag der verwendeten Schuld gleich, denn in dieser Höhe werden Vermögensgegenstände als Haftungsgrundlage für Ver-

---

1) § 183 Abs. 3 Satz 3 AktG.

2) Vgl. Müller, Welf (1968), s. 178.

3) Vgl. Priester (1976), S. 1802.

4) Vgl. hierzu Groß (1982), S. 260-262.; siehe auch Reuter (1978); Schaeberle/Meermann (1985), S. 28.

bindlichkeiten frei. Die Sicherheiten können jedoch nur dann bei der Bewertung der Sacheinlagen Berücksichtigung finden, wenn die gesicherte Forderung nicht als kapitalersetzendes Darlehen qualifiziert werden muß, denn andernfalls ist der in Frage kommenden Forderung der Charakter nicht (aus dem Vermögen der Schuldnerunternehmung) sicherbaren Eigenkapitals zuzusprechen.

Die Probleme bei der Umwandlung von Krediten in Kapital können an einem Zahlenbeispiel veranschaulicht werden:

nominelles Eigenkapital		1000
(Rest-)Vermögen		750
Vorgesehene Kapitalerhöhung		250
einzubringende Forderung des Gesellschafters	250	
davon durch Sicherheiten voll abgedeckt	150	150
Restforderung (werthaltig in Höhe von 75 %)	100	75
notwendige Bareinlage		25
		250

3.4 Ergebnis

Grundsätzlich ist eine Sanierungsbeteiligung geeignet, eine eventuell bestehende oder drohende Überschuldung der Schuldnerunternehmung abzubauen bzw. zu beseitigen. Die Zuführung von Eigenkapital kann in die beiden Formen liquiditätswirksame und nichtliquiditätswirksame Zuführung von Eigenkapital differenziert werden.

Bei der liquiditätswirksamen Zuführung von Eigenkapital (Bareinlage) bei Aktiengesellschaften ist wesentlich, daß der eingeforderte Betrag ordnungsgemäß eingezahlt wird und, soweit es nicht bereits zur Bezahlung der bei der Kapitalerhöhung angefallenen Steuern und Gebühren verwandt wurde, endgültig zur freien Verfügung des Vorstands steht. Ein Verstoß hiergegen stellt die Aufrechnung mit Verbindlichkeiten der Gesellschaft dar, die im Zeitpunkt des Kapitalerhöhungsbeschlusses schon bestanden. In engem Zusammenhang mit der Aufrechnung von Gesellschaftsforderungen bei Barkapitalerhöhungen steht auch der Tatbestand, daß der Gesellschafter die vereinbarte Bareinlage zunächst einzahlt und ihm der eingezahlte Betrag jedoch alsbald von der Gesellschaft zur Begleichung einer Gesellschafterforderung zurückgezahlt wird bzw. - im umgekehrten Falle -, daß die Gesellschaft die Forderung des Gesellschafters (meist aus aufgenommenen Krediten) begleicht und der Gesellschafter aus den ihm so zugeflossenen Mitteln seiner Bareinlagepflicht nachkommt, worauf die Gesellschaft ggf. den Kredit wieder zurückzahlt. Hier liegt die eigentliche Problematik in der Abgrenzung, wann die Zahlungen der Bareinlage an die Gesellschaft und die Begleichung der Gesellschafterforderung ein die (unzulässige) Aufrechnung umgehendes Hin- und Herzahlen darstellen.

Je nach Mitspracheabsicht der Bank kann die Sanierungsbeteiligung in der Form von Eigenkapital mit "normalem" Stimmrecht, (bei Aktiengesellschaften) mittels stimmrechtslosen Vorzugsaktien oder (bei allen Gesellschaften) mittels stiller Beteiligung oder Genußrechtskapital erfolgen. Die letzten beiden Formen der Sanierungsbeteiligung sind jedoch nur dann geeignet, eine eventuelle Überschuldung zu beseitigen, wenn eine Abrede der Art vereinbart wird, daß eine Rückzahlung nur insoweit verlangt werden kann, wie Gewinne oder Liquidationsüberschüsse verfügbar sind.

Bei der nichtliquiditätswirksamen Zuführung von Eigenkapital ist zu beachten, daß die Umwandlung von Kreditforderungen in Eigenkapital bei Kapitalgesellschaften den Vorschriften über Sacheinlagen unterliegt. Hier besteht die Gefahr, daß wegen fehlerhafter Rechtsgestaltung der Forderungseinbringung die übernommene Einlageverpflichtung überhaupt nicht erfüllt wird oder wegen Überbewertung der eingebrachten Forderung die Erfüllung der Einlageverpflichtung nur teilweise erfolgt. Insbesondere wegen der Gefahr fehlerhafter Bewertung und einer späteren Nachzahlungspflicht im Konkurs des Schuldners muß vor einer Kapitalerhöhung durch Einbringung von Kreditforderungen gewarnt werden.[1)]

Allgemein ist jedoch auch auf das bei Kapitalerhöhungen bestehende Zeitproblem hinzuweisen:[2)]

Wird die Schuldnerunternehmung zahlungsunfähig oder überschuldet, so hat der Vorstand bzw. die Geschäftsführung, beispielsweise bei einer Aktiengesellschaft oder einer GmbH, ohne schuldhaftes Zögern, spätestens aber drei Wochen nach Eintritt des Insolvenztatbestandes, die Eröffnung des Konkursverfahrens oder des gerichtlichen Vergleichsverfahrens zu beantragen.[3)] Das Gesetz gewährt damit eine allerletzte Handlungsfrist, innerhalb der vom Schuldner selbst noch Sanierungsmaßnahmen ergriffen werden können; ist auch diese Frist abgelaufen, kann nur noch im gerichtlichen Insolvenzverfahren gehandelt werden. Die Insolvenzantragspflicht entfällt aber erst dann, wenn aufgrund der Sanierungsbemühungen die Insolvenztatbestände beseitigt worden sind, d.h. der Sanierungserfolg muß eingetreten sein und die Zahlungsunfähigkeit bzw. die Überschuldung müssen überwunden sein.

Die Zufuhr neuen Eigenkapitals zur Beseitigung der Überschuldung ist jedoch in der Regel nicht so schnell darzustellen, da oftmals gesetzlich vorgeschriebene Fristen zu beachten sind. So fallen Kapitalerhöhungsmaßnahmen beispielsweise bei der Aktiengesellschaft in der Regel in die Kompetenz der Hauptversammlung, die gemäß § 123 Abs. 1 AktG mindestens einen Monat vor dem Tage der Versammlung einzuberufen ist.

Vor diesem Hintergrund ist davon auszugehen, daß Kapitalerhöhungsmaßnahmen wie eine Sanierungsbeteiligung bereits rechtzeitig vor Eintritt der drohenden Überschuldung zu realisieren sind. Denkbar wäre allenfalls auch eine Vorauseinzahlung auf Aktien oder Geschäftsanteile, die im Zuge der noch zu beschließenden

---

1) Siehe auch Uhlenbruck (1980), S. 516.

2) Siehe hierzu auch Lutter//Hommelhoff/Timm (1980), S. 738 m.w.N. sowie Schmidt, Karsten (1982a), S. 527 f.

3) Vgl. §§ 92 Abs. 2 AktG und 64 Abs. 1 GmbHG.

Kapitalerhöhung übernommen werden.[1]

Schließlich ist noch darauf hinzuweisen, daß eine Sanierungsbeteiligung in keinem Falle gegen den Willen des Schuldners realisiert werden kann, da die Kapitalerhöhung stets von den Gesellschaftern des Schuldnerunternehmens beschlossen werden muß.

4. Zum Zins-/Forderungsverzicht

4.1 Inhalt einer Zins-/Forderungsverzichtsvereinbarung

Eine Verzichtsvereinbarung kann wie die Zuführung neuen Eigenkapitals[2], ein Forderungsrücktritt[3] sowie ein gerichtlicher Vergleich geeignet sein, eine ggf. bestehende oder drohende Überschuldung zu beseitigen.[4] Diese Art der Sanierung kann in die Form eines Teilerlaßvergleiches gekleidet werden:[5]

Hier wird von einem oder mehreren Gläubigern ein Teil der Forderungen - im allgemeinen in Abhängigkeit von einer pünktlichen Vergleichserfüllung - gemäß § 397 BGB erlassen, d.h. das Schuldverhältnis zwischen Schuldner und Bank erlischt partiell. Der restliche Teil der Forderungen wird oftmals zugleich zu ratenweiser Abtragung gestundet.

Bei einem Teilerlaßvergleich bestehen die beiden Möglichkeiten, entweder endgültig auf die (Teil-) Forderung zu verzichten oder eine Besserungsverpflichtung des Schuldners[6] zu vereinbaren. In

---

1) Siehe hierzu Lutter/Hommelhoff/Timm (1980), S. 745-749 sowie Schmidt, Karsten (1982a), S. 528-530; anderer Ansicht Schneider/Verhoeven (1982).

2) Siehe hierzu oben 3. S. 154-165.

3) Siehe hierzu unten 5. S. 172-174.

4) Siehe auch Lutter/Hommelhoff/Timm (1980), S. 740; Gottwald (1984), S. 4-6; Kohler-Gehring (1987), S. 9-27.

5) Siehe hierzu auch Gottwald (1984), S. 5.
Zur rechtlichen Problematik des außergerichtlichen Sanierungsvergleiches siehe auch Habscheid (1980).

6) Siehe hierzu Künne (1968), S. 373-383.

der Form eines Besserungscheines verpflichtet sich der Schuldner hier, im Fall einer - im einzelnen bestimmten - Besserung seiner wirtschaftlichen Verhältnisse die erlassenen Schulden ganz oder teilweise noch nachträglich zu tilgen. Diese Verpflichtung ist nicht zu passivieren.[1)]

4.2 Zur steuerlichen Behandlung von Sanierungsgewinnen

Der Zins-/Forderungsverzicht soll grundsätzlich dazu dienen, die sofort zu erfüllenden Geldschulden des Schuldners zu verringern bzw. zu einer Verringerung der Schulden des Schuldners führen. Im Gegensatz zu den anderen Sanierungsmaßnahmen besteht hier latent die Gefahr, daß die Sanierungsmaßnahme durch eine Besteuerung des entstehenden Sanierungsgewinnes konterkariert wird. Als steuerrechtliche Sanierungsgewinne werden Betriebsvermögensmehrungen bezeichnet, die dadurch entstehen, daß im Rahmen eines Teilerlaßvergleiches die Gläubigerforderungen reduziert werden.[2)]

Nach § 3 Nr. 66 EStG gehören zu den steuerfreien Einnahmen "Erhöhungen des Betriebsvermögens, die dadurch entstehen, daß Schulden zum Zweck der Sanierung ganz oder teilweise erlassen werden". Danach können die folgenden Voraussetzungen für die Steuerfreiheit des Sanierungsgewinnes formuliert werden:[3)]

- Der Schulderlaß

  Der zu begünstigende Sanierungsgewinn muß seine Ursache in einem Erlaßvertrag gemäß § 397 BGB haben, durch den der Gläubiger gegenüber dem zu sanierenden Schuldner auf seine

---

1) Vgl. Geist (1980), S. 209.

2) Vgl. Geist (1980), S. 193; Schulze zur Wiesche (1980), S. 36. Zum Reformansatz im Rahmen der geplanten Insolvenzrechtsreform siehe auch Kommission für Insolvenzrecht (1986), S. 44 und 236-238.

3) Siehe hierzu Geist (1980), S. 199-205; Ströfer (1982), S. 233-239; Jehner (1983); Fichtelmann (1985), S. 104-114; Knief (1986).

Forderung verzichtet.[1] Ein Erlaß kommt jedoch nur bei bereits bestehenden Forderungen in Frage; der Verzicht auf künftige Forderungen hat lediglich die praktische Wirkung eines Erlasses. Steuerrechtlich kann er auch bei wirtschaftlicher Betrachtung nicht als Erlaß im Sinne von § 3 Nr. 66 EStG angesehen werden, da er sich auch erst künftig bilanziell niederschlägt. Der Verzicht auf künftige Forderungen verhindert nur eine weitere Verschlechterung der wirtschaftlichen Lage des Schuldners.[2] Als künftige Forderung ist auch der Anspruch des Gläubigers auf die in Zukunft durch den Schuldner zu zahlenden Zinszahlungen zu bezeichnen. Eine Ermäßigung des Zinssatzes wird steuerrechtlich nicht als Erlaß anerkannt, da sich die in der Bilanz angesetzte Verbindlichkeit in ihrem Wertansatz nicht verändert. Die Passivierung erfolgt zum Rückzahlungsbetrag, der sich nicht durch eine Zinssatzänderung vermindert. Auch eine Abschreibung auf den niedrigeren Teilwert ist bei einer Verbindlichkeit einkommensteuerrechtlich grundsätzlich verboten und infolgedessen tritt auch keine steuerrechtliche Betriebsvermögensmehrung ein.[3]

- Die Sanierungsbedürftigkeit

Die Formulierung "zum Zwecke der Sanierung" impliziert, daß das Schuldnerunternehmen objektiv sanierungsbedürftig ist.
Die Finanzverwaltung betrachtet die Tatsache, daß Gläubiger der zu sanierenden Unternehmung auf ihre Forderungen - zumindest teilweise - verzichten, als Indiz für eine Sanierungsbedürftigkeit. Darüber hinaus wurden von der Rechtsprechung einige auf Zahlungsunfähigkeit, Überschuldung und fehlende Rentabilität deutende Prüfungskriterien bei der Feststellung

---

1) Auf die Bezeichnung als "Erlaß" kommt es dabei nicht an. Der Forderungsverzicht der Gläubiger muß sich bei objektiver Würdigung der getroffenen Vereinbarungen und der tatsächlichen Verhältnisse als Erlaß im Sinne von § 397 BGB darstellen.
Vgl. Geist (1980), S. 199; siehe hierzu auch Fichtelmann (1985), S. 107-110.

2) Vgl. Ströfer (1982), S. 233; Knief (1986), S. 445 f.

3) Vgl. Knief (1986), S. 446.

der Sanierungsbedürftigkeit angewendet.[1]

Bei der Ermittlung der Sanierungsbedürftigkeit im steuerrechtlichen Sinn wird auf die Verhältnisse zum Zeitpunkt des Schulderlasses durch die Gläubiger abgestellt. Als entscheidend wird dabei die Entwicklung des Unternehmens ohne den Schulderlaß der Gläubiger angesehen; es wird also gefragt, ob es ohne die in Rede stehenden Sanierungsmaßnahmen möglich gewesen wäre, das Unternehmen auf Dauer nach kaufmännischen Gesichtspunkten rentabel und ertragsfähig fortzuführen.[2]

Schließlich wird angemerkt, daß es nicht genügt, daß der Schuldner wirtschaftliche Schwierigkeiten nur vorgibt bzw. die Gläubiger die Schuldnerunternehmung (subjektiv) für sanierungsbedürftig halten.[3]

Es ist offensichtlich, daß bei den bekannten Prognoseschwierigkeiten im Zusammenhang mit Sanierungsmaßnahmen[4] der Ermessensspielraum der Finanzverwaltung sehr groß ist. Es sollte daher versucht werden, die Frage der Sanierungsbedürftigkeit im Vorfeld der Sanierung von der zuständigen Finanzbehörde klären zu lassen.

- Die Sanierungsabsicht

Als Voraussetzung für die Anerkennung der Steuerfreiheit des Sanierungsgewinnes wird in der steuerrechtlichen Literatur hervorgehoben, daß der fragliche Schulderlaß "zum Zwecke der Sanierung" erfolgt.[5] Die Gläubiger müssen dabei subjektiv in Sanierungsabsicht handeln. An diese Absicht des Gläubigers

1) Siehe hierzu derselbe, a.a.O., S. 443 m.w.N.; siehe auch Fichtelmann (1985), S. 104-106.

2) Vgl. Knief (1986), S. 443; siehe auch Geist (1980), S. 201-203; Fichtelmann (1985), S. 105.

3) Vgl. Geist (1980), S. 202.

4) Vgl. dazu oben 2.4, S. 144-148.

5) Vgl. beispielsweise Fichtelmann (1985), S. 110-113.

sind jedoch keine allzu strengen Anforderungen zu stellen. Es genügt im allgemeinen, daß die Absicht, dem Schuldner durch den Schulderlaß bei der Überwindung der Krise zu helfen, als Beweggrund mitgewirkt hat. In der Praxis wird die Sanierungsabsicht nie in reiner Form, sondern immer nur zusammen mit unterschiedlichen eigennützigen Motiven vorkommen. Eine mitwirkende Sanierungsabsicht wird daher als ausreichend angesehen.[1]

Bei einem allgemeinen Schuld(teil)erlaß wird die Absicht, dadurch zur Überwindung der Schuldnerkrise beizutragen, regelmäßig angenommen werden können. Erlassen dagegen einzelne oder sogar nur ein Gläubiger die Forderungen, so muß das Bestehen der Sanierungsabsicht - wenn die übrigen Voraussetzungen vorliegen - besonders dargelegt und geprüft werden.[2] In einem solchen Fall ist m.E. die Sanierungsabsicht gleichwohl gegeben, wenn es sich bei dem Einzelgläubiger um einen Großgläubiger bzw. um die Hausbank handelt.

- Die Sanierungseignung

Der Schulderlaß muß schließlich eine geeignete Maßnahme sein, das Schuldnerunternehmen vor dem Zusammenbruch zu bewahren und die Krise zu überwinden.[3] Hier gibt es bereits traditionell zwei gegensätzliche Auffassungen. Die Rechtsprechung vertritt die Auffassung, die Frage der Eignung der Sanierungsmaßnahmen sei ex post zu überprüfen und nur dann zu bejahen, wenn die Sanierungsmaßnahmen Erfolg hatten, wobei zum Erfolg gehören soll, daß das Unternehmen auch wieder ertragskräftig wird.[4] Demgegenüber meinen Stimmen in der Literatur, die Eignung der Sanierungsmaßnahmen sei ex ante

---

1) Vgl. Geist (1980), S. 200 f.; Ströfer (1982), S. 235 f.; Knief (1986), S. 447.

2) Vgl. Geist (1980), S. 201; Ströfer (1982), S. 235.

3) Siehe hierzu Fichtelmann (1985), S. 113 f.

4) Vgl. Jehner (1983), S. 1528 m.w.N.

an deren Erfolgsaussicht zu prüfen, wie sie sich zum Zeitpunkt der Sanierungsmaßnahmen dargestellt habe.[1)]

M.E. ist der letzteren Auffassung zu folgen und die Steuerfreiheit des Sanierungsgewinnes nicht von der Bedingung des Erfolges der eingeleiteten Sanierung abhängig zu machen. Für die Praxis ergeben sich jedoch nur mittelbar Auswirkungen auf die Bank. Im Falle eines späteren Konkurses der Schuldnerunternehmung sind nämlich die nach § 61 Abs. 1 Nr. 2 KO bevorrechtigten Forderungen des Fiskus mit einem eventuell höheren Betrag anzusetzen und daher wird die für die Bank zu erwartende Konkursquote möglicherweise geschmälert.

Zur Eignung der Sanierungsmaßnahme gehört auch noch die Forderung der Rechtsprechung, beim Forderungserlaß durch mehrere Gläubiger müsse zur Anerkennung der Steuerfreiheit des Sanierungsgewinns ein einheitlicher Sanierungsplan vorliegen.[2)]

Der Sanierungsgewinn wird in § 3 Nr. 66 EStG mit "Erhöhungen des Betriebsvermögens" umschrieben.[3)] Diese Erhöhung des Betriebsvermögens (steuerrechtlich: Betriebseinnahmen durch Gläubigerverzicht) wäre ein steuerpflichtiger Gewinn, wenn nicht die Voraussetzungen für eine steuerlich relevante Sanierung vorlägen. Kein steuerpflichtiger Gewinn ist demgegenüber gegeben, wenn ein Gesellschafter einer Kapitalgesellschaft dieser eine ihm zustehende Forderung erläßt. Der bei der Kapitalgesellschaft so entstandene Buchgewinn bleibt nach den Grundsätzen zur verdeckten Einlage steuerfrei.[4)]
Die Höhe des Sanierungsgewinns entspricht im allgemeinen den erlassenen Schulden. Der Sanierungsgewinn wird jedoch durch die

---

1) Vgl. zuletzt Knief (1986), S. 447-449; anderer Ansicht Jehner (1983), S. 1528.

2) Vgl. zum Beispiel Jehner (1983), S. 1528 m.w.N.; siehe auch Knief (1986), S. 448 f.

3) Zur Feststellung des Sanierungsgewinns vgl. Geist (1980), S. 205 f.

4) Vgl. derselbe, a.a.O., S. 205 m.w.N.

mit der Sanierung unmittelbar zusammenhängenden Kosten wie zum Beispiel Honorare und Auslagen für den Vergleichsverwalter sowie Honorare für Sachverständige gemindert.[1)]

Eine Begünstigung eines Sanierungsgewinns kann nur bei Steuerpflichtigen in Frage kommen, die "Erhöhungen" des Betriebsvermögens zu versteuern haben. Das sind diejenigen, die ihren steuerpflichtigen Gewinn durch Vermögensvergleich ermitteln. Steuerpflichtige, die ihren Gewinn mittels Einnahmeüberschußrechnung ermitteln, können von der Begünstigung des Sanierungsgewinns keinen Gebrauch machen. Bei dieser Gewinnermittlungsart sind die wirtschaftlichen Vorgänge nur insoweit bedeutsam, als sie Betriebseinnahmen oder -ausgaben auslösen. Das Betriebsvermögen in seinem wechselnden Bestand bleibt ohne Auswirkung auf den steuerpflichtigen Gewinn.[2)]

Als Zeitpunkt für die Entstehung des Sanierungsgewinns können das Wirksamwerden der Vereinbarungen oder der Bestätigung eines Zwangs- oder gerichtlichen Vergleichs angenommen werden. Es kommt also nicht auf die endgültige Abwicklung des Vergleichs an. Der Zeitpunkt der Vergleichsbestätigung ist deshalb maßgebend, weil mit der Bestätigung des Vergleichs durch das Gericht die Bindung der Gläubiger an ihren Verzicht eintritt.[3)]

Die Verpflichtungen aus Besserungsscheinen dürfen nicht passiviert werden und mindern daher auch nicht den steuerfreien Sanierungsgewinn. Die Zahlungen, die der Schuldner später zur Erfüllung dieser Verpflichtungen aus seinem laufenden Gewinn leistet, stehen in unmittelbarem Zusammenhang mit den steuerfreien Einnahmen aus dem Sanierungsgewinn, sind keine Betriebsausgaben und mindern nicht den im Jahr der Zahlung erzielten Gewinn. In Höhe dieser Zahlungen wird der Sanierungsgewinn wirtschaftlich rückgängig gemacht; die Vorgänge wirken sich deshalb

---

1) Siehe hierzu Fichtelmann (1985), S. 114 f.

2) Vgl. Geist (1980), S. 206.

3) Vgl. Niehus/Küntzel (1987), S. 249 m.w.N.

nicht mindernd auf den steuerlichen Erfolg aus.[1)]

5. Zum Forderungsrücktritt

Bei Kapitalgesellschaften gilt die Überschuldung als Insolvenztatbestand. Sie kann unter anderem dadurch beseitigt werden, daß man die Schulden derart vermindert, daß sie vom Gesellschaftsvermögen gedeckt werden. Dies ist zum Beispiel möglich mit einem Vertrag über den Forderungsrücktritt.[2)]

Der Forderungsrücktrittsvertrag ist vom Gesetzgeber nicht geregelt worden.[3)] Der Zweck der Beseitigung einer schon vorhandenen oder der Abwendung einer drohenden Überschuldung wird durch einen Vertrag über den Forderungsrücktritt zwischen der Schuldnerunternehmung und einem oder mehreren Gläubigern nur dann erreicht, wenn der Vertrag zum Inhalt hat, daß die Gläubigerforderung nur aus künftigen Jahresüberschüssen, aus einem Liquidationsüberschuß oder aus einem die sonstigen Schulden des Unternehmens übersteigenden Vermögen bezahlt werden soll.[4)] Die einer solchen Vereinbarung zugrunde liegenden Verbindlichkeiten des Schuldners sind also nicht auf der Passivseite des Überschuldungsstatus zu berücksichtigen. Dies ist auch in der höchstrichterlichen Judikatur anerkannt.[5)]

---

1) Vgl. Geist (1980), S. 209 f; siehe auch § 3c EStG.

2) In der Literatur werden auch die folgenden Bezeichnungen verwandt: Vereinbarung über das Zurücktreten mit einer Gläubigerforderung, Gläubigerrücktritt oder Rangrücktritt; vgl. Serick (1980), S. 10.
Zur Funktion des nachrangigen Haftkapitals siehe Lutter/Hommelhoff (1979), S. 55-57.

3) In der Praxis wurden einige unterschiedliche Formulierungen von Forderungsrücktrittserklärungen entwickelt, die teilweise jedoch nicht geeignet sind, eine Überschuldung zu beseitigen. Siehe hierzu Priester (1977), S. 2430 f. m.w.N.; Knobbe-Keuk (1983), S. 128 f.

4) Vgl. Zilias (1977), S. 449 m.w.N.; Knobbe-Keuk (1983), S. 128; Gottwald (1984), S. 6 f; siehe auch Blumers (1976), S. 1443; Lutter/Hommelhoff/Timm (1980), S. 741 f.

5) Vgl. BGH (1962, Steuerschuldfall); siehe auch RG (1912), S. 22.
Zur rechtsdogmatischen Einordnung des Forderungsrücktritts

Der Forderungsrücktritt mit dem Ziel der Beseitigung einer bestehenden oder drohenden Überschuldung beinhaltet naturgemäß, daß der Gläubiger sich zukünftig jeglicher Verfügung über die zugrunde liegende Forderung enthält. Eine solche Verfügung, wie zum Beispiel eine Abtretung der Forderung, ist jedoch wenig wahrscheinlich, denn der neue Gläubiger (Zessionar) wird Inhaber des Forderungsrechtes mit dem Inhalt, den es in der Person des Zedenten gehabt hat, d.h., daß der Forderungsrücktritt an die Forderung gekoppelt bleibt.[1]

Trotz des Bestehens eines Vertrages über den Forderungsrücktritt ist es denkbar, daß der Schuldner an den zurückgetretenen Gläubiger Zahlungen leistet, obgleich die Voraussetzungen für ein Wiederaufleben der Forderung noch nicht gegeben sind. Solche Zahlungen sind nach den Grundsätzen der Erfüllung einer Nichtschuld, also denen der ungerechtfertigten Bereicherung zu beurteilen.[2]

Bei der Aufstellung der Handelsbilanz des Schuldnerunternehmens ergibt sich die Frage, ob Verbindlichkeiten, hinsichtlich derer ein Rücktrittsvertrag mit dem Gläubiger vorliegt, weiterhin zu passivieren sind. In der Praxis dürfte der Ausweis derartiger Verbindlichkeiten in der Bilanz überwiegen.[3] Dieser Praxis ist m.E. jedoch nicht zuzustimmen, da der Anspruch des Gläubigers sich nicht auf Zahlung aus der Substanz, sondern nur auf Zahlungen aus zukünftigen Jahresüberschüssen oder aus einem Liquidationsüberschuß richtet. Dementsprechend ist die Entstehung einer schuldrechtlichen Verpflichtung vom Eintritt der Bedingung abhängig und erst dann in der Handelsbilanz passivierungs-

---

(Fortsetzung Fußnote von vorangegangener Seite)
siehe auch Herget (1974), S. 140 f.; Serick (1980), S. 12-16. Zum fehlerhaften Forderungsrücktritt siehe auch Serick (1980a).

1) Siehe hierzu auch Herget (1974), S. 142.

2) Vgl. hierzu Priester (1977), S. 2433 f.

3) Vgl. derselbe, a.a.O., S. 2434 mit Nachweisen auf befürwortende Literaturstellen.

fähig.[1]

Im Ergebnis wird also mit einem Forderungsrücktritt der gleiche Erfolg erzielt wie mit einem Forderungsverzicht verbunden mit einem Besserungsschein.

6. Zur Umschuldung

Eine weitere Möglichkeit, eine bestehende oder drohende Zahlungsfähigkeit durch Verringerung der sofort zu erfüllenden Geldschulden zu beseitigen, ist die Umschuldung bzw. die Umwandlung von kurzfristigen Forderungsteilen in mittel- und langfristige Forderungen.[2] Hierbei wird - oftmals in einem Stillhalteabkommen - vereinbart, daß die gesamten oder maßgebliche Gläubiger auf fällige Tilgungszahlungen bis zu einem bestimmten Termin verzichten und darüber hinaus Kreditrahmenlinien offenhalten. Es wird also kein Forderungsverzicht ausgesprochen, sondern lediglich die Tilgungsstruktur der Verbindlichkeiten des Schuldners in der Weise verändert, daß Tilgungsbelastungen in die Zukunft, d.h. nach einer hoffentlich erfolgreichen Sanierung, verlagert werden; bis zu dem im Stillhalteabkommen bestimmten Termin erfolgt ausschließlich eine Verzinsung der Gläubigerforderungen.

---

1) Siehe auch Herget (1974), S. 142; Priester (1977), S. 2434; abweichend Knobbe-Keuk (1983), S. 130 f.

2) Siehe auch Lutter/Hommelhoff/Timm (1980), S. 742.

8. Kapitel: Strategienbündel 2 - Stillhalten mit den gewährten Krediten

1. Vorbemerkung

Grundsätzlich ist es in das Ermessen einer Bank gestellt, in der Krise ihres Kunden zunächst abwartend still zu halten.[1)]

Stillhalten soll in diesem Zusammenhang negativ definiert werden, und zwar als Verzicht auf aktive Mitwirkung an Maßnahmen zur Überwindung der Schuldnerkrise (Strategienbündel 1) und Verzicht auf aktive Beendigung der Kreditbeziehung mit dem Schuldner (Strategienbündel 3). Unter den Begriff des Stillhaltens fällt also auch der Verzicht auf die gerichtliche Beitreibung eines durch Ablauf der vereinbarten Zeit fällig gewordenen Kredits. Desgleichen ist mit dem Stillhaltebegriff erfaßt, daß die Bank die weitere Inanspruchnahme eines bisher noch nicht ausgeschöpften, ungekündigten Kreditrahmens zuläßt.[2)]

Mit dem Stillhalten, d.h. mit dem Verzicht darauf, durch Kreditkündigung die Insolvenzeröffnung herbeizuführen, verstößt die Bank selbst dann nicht gegen die guten Sitten, wenn sie erkennt, daß ohne ihre Aufdeckung der Kreditunwürdigkeit des Schuldners andere Gläubiger zu Schaden kommen können.[3)] Solange die Bank auf Dritte nicht in irgendeiner Weise einwirkt, um sie zum Abschluß von Geschäften mit dem in der Krise befindlichen Kunden zu bewegen, braucht sie die Interessen der Dritten bei ihren eigenen Entscheidungen über Stillhalten oder Kreditkündigung nicht zu berücksichtigen. Denn auch die guten Sitten fordern von einer Bank nicht, die Wahrnehmung ihrer eigenen Interessen hinter die Belange anderer Gläubiger zurücktreten zu lassen.[4)] Von diesen Grundsätzen hat die Rechtsprechung in zwei Fallgruppen

---

1) Vgl. Obermüller (1980), S. 338 m.w.N.: siehe auch Rümker (1981), S. 512; Obermüller (1985), S. 230 f.

2) Vgl. Uhlenbruck/Obermüller (1985), S. 34.

3) Vgl. Obermüller (1985), S. 231 m.w.N.

4) Vgl. beispielhaft BGH (1964), S. 674; siehe auch Obermüller (1985), S. 231 m.w.N.

Ausnahmen gemacht:

- Ausnutzung von Sicherheiten

  Ein Stillhalten der Bank kann anstößig sein und zu einer Haftung wegen sittenwidriger Schädigung der übrigen Gläubiger führen, wenn der Schuldner den Zeitraum bis zur - unvermeidlichen - Insolvenzeröffnung nutzen soll, um der Bank eine Vorzugsstellung vor den übrigen Gläubigern zu verschaffen, zum Beispiel dadurch, daß sicherungsweise übereignete Ware verarbeitet und damit deren Wert erhöht werden soll.[1)] Hiermit wird regelmäßig der Tatbestand der Konkursverschleppung verbunden sein.[2)]

- Eingriffe in die Geschäftsführung

  Darüber hinaus kann eine sittenwidrige Schädigung anderer Gläubiger dann vorliegen, wenn die - gesicherte - Bank sich in die Geschäftsführung der Schuldnerunternehmung eingemischt und sie durch Vertrauensleute wesentlich beeinflußt hat. Die Sittenwidrigkeit kann allerdings nur bei einer erheblichen Einflußnahme in Betracht kommen, denn eine bestimmte Kontrolle der Geschäftsführung durch die Bank ist dem Schuldner zuzumuten, solange ihm noch eine ausreichende wirtschaftliche Bewegungsfreiheit und die Möglichkeit verbleibt, auch andere Gläubiger in angemessenem Rahmen zu befriedigen.[3)]

Bewegt sich die Bank mit den Stillhaltestrategien in dem von der Rechtsprechung vorgegebenen Rahmen, dann kann das Strategienbündel 2 = Stillhalten mit den gewährten Krediten danach differenziert werden, ob die Bank Sicherheiten freigibt, Sicherheiten verstärkt oder auf Sicherheitenfreigabe und Sicherheitenverstärkung verzichtet. Auf die hiermit verbundenen Probleme soll im

---

1) Vgl. Rümker (1981), S. 512; siehe auch Obermüller (1985), S. 232.

2) Vgl. dazu oben 7. Kapitel, 2.2, S. 138 f.

3) Vgl. Obermüller (1985), S. 232 f. m.w.N.; siehe auch Rümker (1981), S. 512.

folgenden eingegangen werden.

2. Stillhalten und Sicherheitenfreigabe

An einem gerichtlichen Vergleichsverfahren sind gemäß § 25 VerglO alle persönlichen Gläubiger des Schuldners beteiligt, die einen zur Zeit der Verfahrenseröffnung begründeten Vermögensanspruch gegen ihn haben. Nicht beteiligt sind aussonderungsberechtigte Gläubiger.[1] Gläubiger, die im Konkurs eine abgesonderte Befriedigung beanspruchen können, sind entsprechend § 27 VerglO insoweit Vergleichsgläubiger, als ihnen der Schuldner auch persönlich haftet und sie auf die abgesonderte Befriedigung verzichten oder bei ihr ausgefallen sind. Ein gesicherter Gläubiger muß sich also zunächst entscheiden, ob er auf der abgesonderten Befriedigung besteht oder ob er auf eine Sicherheitenverwertung zu seinen Gunsten verzichtet. Verzichtet er auf die abgesonderte Befriedigung, dann wird damit das auf dem Sicherungsgegenstand lastende Gläubigervorrecht aufgehoben und der Sicherungsgegenstand erhöht das zur Zahlung einer Vergleichsquote zur Verfügung stehende Vermögen des Schuldners. Dementsprechend wird in Grenzfällen die Wahrscheinlichkeit für das Zustandekommen eines Vergleichs überhaupt durch einen Gläubigerverzicht auf abgesonderte Befriedigung erheblich erhöht. Kommt also die Bank zu dem Ergebnis, daß sie langfristig einen Vergleich des Schuldners einem Konkurs vorziehen muß, dann kann sie auf eine Sicherheitenverwertung zu ihren Gunsten verzichten. Sie erhält dann auf ihre Forderung die Vergleichsquote und hat möglicherweise die Chance auf weitere Geschäfte mit dem (teil-)entschuldeten Schuldnerunternehmen.

3. Stillhalten und Sicherheitenverstärkung

3.1 Vorbemerkung

Die Bank hat nach den Allgemeinen Geschäftsbedingungen dem Kunden gegenüber jederzeit Anspruch auf die Bestellung oder <u>Verstärkung</u> bankmäßiger Sicherheiten für alle Ansprüche der

---

1) Vgl. § 26 Abs. 1 VerglO.

Bank, auch soweit sie bedingt oder befristet sind.[1] Diese Bestimmung gilt allgemein, vorbehaltlich einer anderslautenden Parteivereinbarung wie beispielsweise einem Ausschließlichkeitszusatz bei der Bezeichnung der Sicherheiten. Die Forderung auf nachträgliche Sicherheitenbestellung verstößt in aller Regel nicht schon gegen die guten Sitten.[2] Allerdings sind dem Sicherungsbegehren der Bank enge Grenzen gesetzt. Mißachtet das Kreditinstitut die Grenzen, so kann das nicht nur dazu führen, daß ihr die Sicherheiten steitig gemacht werden und sie im Verwertungsfall wegen ihrer Kreditforderung auf die Konkursquote angewiesen ist, sondern sie muß unter bestimmten Umständen darüber hinaus noch den Schaden ersetzen, der anderen Gläubigern durch ihr Verhalten entstanden ist.[3]

Ohne einen vertraglichen Ausschluß oder eine Einschränkung des in den Allgemeinen Geschäftsbedingungen vorgesehen Rechts der Bank auf Verstärkung der Sicherheiten ist diese grundsätzlich berechtigt, weitere Sicherheiten zu verlangen. Das Vorliegen eines konkreten Anlasses ist nicht erforderlich, insbesondere ist die Verschlechterung der wirtschaftlichen Verhältnisse des Schuldners keine Voraussetzung.[4] Bei der Ausübung des Rechts auf eine Verstärkung der Sicherheiten ist das Kreditinstitut allerdings an die allgemeinen Grundsätze von Treu und Glauben gebunden und hat im Rahmen der Billigkeit auf die schutzwürdigen Belange des Schuldners Rücksicht zu nehmen, der darauf vertrauen darf, daß die Bank ihm den Kredit nicht ohne besonderen Anlaß entziehen wird. Treuwidrig wäre es beispielsweise, wenn das Verlangen der Bank nach weiteren Sicherheiten zu ihrer Übersicherung führen würde oder, wenn der Gläubiger sich durch die Forderung auf Sicherheitenverstärkung in unzulässiger Weise widerprüchlich verhalten bzw. ein zuvor in zurechenbarer Weise geschaffenes Ver-

---

1) Vgl. Ziffer 19 Abs. 1 der Allgemeinen Geschäftsbedingungen der Banken bzw. Ziffer 21 Abs. 4 der Allgemeinen Geschäftsbedingungen der Sparkassenorganisation.

2) Vgl. BGH (1964), S. 672 f.

3) Vgl. Obermüller (1981), S. 352.

4) Vgl. BGH (1980b), S. 151; anderer Ansicht Grunewald (1981), S. 587.

trauen des Kreditkunden verletzen würde.[1)]

In der Situation der Bank in der Krise ihres Schuldners dürfte in der Regel die Forderung auf Sicherheitenverstärkung aus den besonderen Umständen des Einzelfalls zu begründen sein. Neben einer eventuellen Vermögensverschlechterung des Schuldners ist anerkannt, daß auch die Wertminderung von Sicherheiten die Forderung nachträglicher Sicherheitenbestellung untermauern kann.[2)]

Festzuhalten ist schließlich, daß der aus den Allgemeinen Geschäftsbedingungen abgeleitete Anspruch auf Sicherheitenverstärkung keinen Anspruch auf ein konkretes Sicherungsmittel gewährt, sondern lediglich auf bankmäßige Sicherheiten überhaupt, wobei dem Schuldner die freie Wahl der Art des konkreten Sicherungsmittels verbleibt.[3)]

Im folgenden sollen nun die Grenzen des Bankanspruchs auf Sicherheitenverstärkung im einzelnen aufgezeigt werden:

3.2 Zum Anfechtungsproblem

Eine Beeinträchtigung der Sicherheitenverstärkung ist durch die Anfechtungsregeln gegeben. Diese Anfechtungsregelungen sind nach geltendem Recht[4)] ein auf das Konkursverfahren beschränktes Rechtsinstitut; in einem erfolgreich beendeten Vergleichsverfahren hat der Vergleichsverwalter keine Möglichkeit der Anfechtung.[5)]

Das Instrument der Anfechtung ermöglicht es, unter bestimmten

---

1) Vgl. BGH (1980b), S. 151.

2) Siehe hierzu Pleyer/Weiser (1985); siehe auch Grunewald (1981), S. 588.

3) Vgl. BGH (1980b), S. 151.

4) Zur Diskussion um eine Reform der Anfechtungsregeln im Rahmen der geplanten Insolvenzrechtsreform siehe Kommission für Insolvenzrecht (1985), S. 399-443; siehe weiterhin Henckel (1982); derselbe (1984), S. 375-378; Pfefferle (1984), S. 148-156; Gerhardt (1985); Rausch (1985), S. 239-314 m.w.N.; Bitz/Hemmerde/Rausch (1986), S. 429-474.

5) Vgl. Rausch (1985), S. 225.

Voraussetzungen eine eingetretene Schmälerung der Konkursmasse wieder auszugleichen.[1] Grundsätzlich unterliegt der Schuldner in seiner Verfügungsgewalt über sein Vermögen keiner Beschränkung und setzt daher die Gläubiger der Gefahr des Entzugs von Haftungsgegenständen aus. Die schuldnerische Verfügungsgewalt unterliegt jedoch bestimmten Grenzen, die bewirken, daß seine Verfügungsbefugnis nicht so weit reicht, daß er dadurch die Befriedigungsaussicht seiner Gläubiger absichtlich zerstören oder in Form von (unentgeltlichen) Vermögensschmälerungen zunichte machen könnte.[2] Der Zweck der Anfechtungsregeln ist darüber hinaus zu verhindern, "daß noch nach Offenbarwerden der Krise einzelne Gläubiger sich Deckung verschaffen und dadurch das Prinzip der gleichen Behandlung aller Konkursgläubiger durchlöchert wird"[3].

Die Voraussetzungen für die Anfechtung sind,

1. daß es sich um eine vor Konkurseröffnung vorgenommene Rechtshandlung handelt,[4]

2. daß durch die erfolgte Rechtshandlung die Befriedigung der Konkursgläubiger beeinträchtigt wird, die Konkursmasse infolge der fraglichen Rechtshandlung vermindert ist (Gläubigerbenachteiligung). Benachteiligt sind die Konkursgläubiger immer dann, wenn das Rechtsgeschäft mittelbar oder unmittelbar eine Verringerung oder Belastung des ihnen zur gemeinschaftlichen Befriedigung dienenden Schuldnervermögens zur Folge hat.[5]

---

1) Zu den Sinnbezügen der Gläubigeranfechtung siehe Gerhardt (1969), S. 273-292.

2) Vgl. Hess (1983), S. 87; Rausch (1985), S. 225 f.; siehe auch Paulus (1956), S. 312-319.

3) BGH (1972), S. 243; siehe in diesem Zusammenhang zu den Wirkungen der Gläubiger- und Konkursanfechtung Marotzke (1987).

4) Vgl. Hess (1983), S. 88; Rausch (1985), S. 226 f.

5) Vgl. Hess (1983), S. 88; siehe auch Rausch (1985), S. 227; Lwowski (1986), S. 732-735.

3. daß ein Anfechtungsgrund vorliegt.[1)]

Die einzelnen Anfechtungsgründe sollen nun im folgenden dargestellt werden:

Die Anfechtungsregelungen lassen sich in diesem Zusammenhang in die folgenden fünf Regeln differenzieren:

- die besondere Konkursanfechtung (§ 30 KO),
- die Absichtsanfechtung (§ 31 KO, § 3 Abs. 1 Nr. 1-2 AnfG),
- die Schenkungsanfechtung (§ 32 KO, § 3 Abs. 1 Nr. 3-4 AnfG),
- die Anfechtung der Sicherung oder Befriedigung des Gläubigers eines kapitalersetzenden Darlehens (§ 32 a KO) und
- die Anfechtung der Befriedigung eines stillen Gesellschafters (§ 342 HGB).

Im Rahmen der besonderen Konkursanfechtung können drei Fallgruppen von anfechtbaren Handlungen unterschieden werden:[2)]

+ unmittelbar gläubigerbenachteiligende Rechtsgeschäfte des Gemeinschuldners nach Zahlungseinstellung oder Antrag auf Eröffnung des Konkursverfahrens,[3)]

+ Rechtshandlungen nach Zahlungseinstellung oder Konkursantrag, die einem Gläubiger, der ansonsten Konkursgläubiger wäre, Sicherung oder Befriedigung gewähren, die er in dieser Form und zu diesem Zeitpunkt verlangen konnte (kongruente

---

1) Vgl. Hess (1983), S. 88; siehe hierzu auch Rausch (1985), S. 228.

2) Vgl. beispielsweise Hess (1983), S. 90 f.; Rausch (1985), S. 228 f.; Lwowski (1986), S. 740-748.

3) Vgl. § 30 Nr. 1 Halbsatz 1 KO.

Deckung),[1]

Rechtshandlungen nach Zahlungseinstellung oder Konkursantrag oder in den letzten zehn Tagen vor Zahlungseinstellung oder Konkursantrag, die einem Gläubiger, der ansonsten Konkursgläubiger wäre, "eine Sicherung oder Befriedigung gewähren, die er nicht oder nicht in der Art oder nicht zu der Zeit zu beanspruchen hatte"[2] (inkongruente Deckung).

Gemeinsames Merkmal der Anfechtungsregeln nach der besonderen Konkursanfechtung ist, daß hiervon Handlungen in der Krise - die sich auf die Zeit nach Zahlungseinstellung oder Konkursantrag bzw. bei den inkongruenten Deckungsgeschäften auf die zehn Tage davor erstreckt - betroffen sind.[3] Lediglich Rechtshandlungen, die zwar in der Krise aber früher als sechs Monate vor der Eröffnung des Konkursverfahrens erfolgt sind, werden hierbei nicht erfaßt.[4] "Die 'besondere Konkursanfechtung' des § 30 KO beruht auf dem Gedanken, daß vom Offenbarwerden der Krise (Zahlungseinstellung oder Konkursantrag) ab das Vermögen des Schuldners der Allgemeinheit seiner persönlichen Gläubiger verfangen ist"[5].

In den Fällen der unmittelbar gläubigerbenachteiligenden Rechtsgeschäfte und der kongruenten Deckungsgeschäfte muß der Konkursverwalter beweisen, daß dem Anfechtungsgegner die Einstellung der Zahlungen durch den Schuldner oder das Vorliegen des Konkursantrages zur Zeit des Vertragsabschlusses positiv bekannt gewesen ist.[6] Im Fall der inkongruenten Deckungsgeschäfte muß der Anfechtungsgegner beweisen, "daß ihm zur Zeit der Handlung

---

1) Vgl. § 30 Nr. 1 Halbsatz 2 KO.

2) § 30 Nr. 2 KO.

3) Vgl. Rausch (1985), S. 229.

4) Vgl. § 33 KO.

5) BGH (1972), S. 242 f.

6) Vgl. § 30 Nr. 1 KO.
Fahrlässige Unkenntnis schadet der Bank in diesem Zusammenhang nicht, selbst wenn es sich um grobe Fahrlässigkeit handelt; vgl. Lwowski (1986), S. 740.
Siehe auch Schmidt, Karsten (1983a), S. 493.

weder die Zahlungseinstellung und der Eröffnungsantrag, noch eine Absicht des Gemeinschuldners, ihn vor den übrigen Gläubigern zu begünstigen, bekannt war"[1]; der Konkursverwalter hat lediglich zu beweisen, daß der Anfechtungsgegner eine inkongruente Deckung erhalten hat, daß die Krise des Schuldners bereits gegeben war oder daß das fragliche Rechtsgeschäft in den letzten zehn Tagen vorher vorgenommen wurde und daß dadurch die Konkursgläubiger (wenigstens mittelbar) benachteiligt sind.[2]

Die anfechtbaren unmittelbar gläubigerbenachteiligenden Rechtsgeschäfte gemäß der ersten Fallgruppe können mit Masseverschleuderung bzw. krisenbedingtem Schlußverkauf[3] bezeichnet werden; die Subsumierung einer Sicherheitenbestellung unter diese Fallgruppe ist m.E. ausgeschlossen.

Als kongruentes Deckungsgeschäft ist auch eine Sicherheitenverstärkung beim Vorliegen eines Vorvertrages einzustufen. Kongruenz ist ebenfalls gegeben, wenn im Kreditvertrag bzw. Kreditbestätigungsschreiben schon die spätere Bestellung eines bestimmten Sicherungsmittels aufgenommen worden ist.[4] Dagegen ist nach der Judikatur ein Sicherungsanspruch der Bank auf der Basis der Allgemeinen Geschäftsbedingungen, wie er hier vorliegt, nicht geeignet, die Kongruenz eines entsprechenden Deckungsgeschäftes zu begründen.[5] Das bedeutet, daß eine Sicherheitenbestellung dann als inkongruentes Deckungsgeschäft zu qualifizieren ist, wenn die Bank ihren Anspruch auf Sicherheitenverstärkung nach den All-

---

1) § 30 Nr. 2 KO.
Siehe hierzu auch Lwowski (1986), S. 745:
"Der Beweis der Unkenntnis der Zahlungseinstellung kann als erbracht gelten, wenn der Sicherungsnehmer dartut, daß er die Tatsache der Zahlungseinstellung nicht zweifelsfrei erkannt hatte, denn wenn und solange man Zweifel über das Bestehen einer Tatsache hegt, kennt man sie nicht."

2) Vgl. Hess (1983), S. 91.

3) Vgl. Henckel (1982), S. 393; Beispiele sind bei Hess (1983), S. 90 aufgeführt.

4) Vgl. BGH (1955), S. 406 f.; BGH (1977a), S. 255; Lwowski (1986), S. 735.

5) BGH (1969c), S. 968; siehe hierzu auch Canaris (1981), S. 1329; Lwowski (1986), S. 744-747.

gemeinen Geschäftsbedingungen geltend macht und daraufhin eine Sicherung erhält. Dies hat zur Folge, daß die Bank die Beweislast für ihre Unkenntnis von Zahlungseinstellung und Konkurseröffnungsantrag bzw. von der Begünstigungsabsicht des Gemeinschuldners trägt.

Im Rahmen der Absichtsanfechtung sind zwei Fallgruppen von anfechtbaren Handlungen zu unterscheiden:

+ Rechtshandlungen, bei denen der Gemeinschuldner in der Absicht, andere Gläubiger zu benachteiligen, gehandelt hat und der Vertragspartner von dieser Absicht des Schuldners positiv Kenntnis hatte[1] und

+ in dem letzten Jahr vor Konkurseröffnung bzw. Anfechtung geschlossene entgeltliche Verträge des Gemeinschuldners mit Angehörigen, "sofern durch den Abschluß des Vertrages die Gläubiger des Gemeinschuldners benachteiligt werden und der andere Teil nicht beweist, daß ihm zur Zeit des Vertragsabschlusses eine Absicht des Gemeinschuldners, die Gläubiger zu benachteiligen, nicht bekannt war."[2]

Die zweite Fallgruppe ist für das vorliegende Problem einer Sicherheitenverstärkung nicht relevant.[3] Bei der ersten Fallgruppe muß der Konkursverwalter die subjektiven Momente der Benachteiligungsabsicht des Gemeinschuldners und die Kenntnis des Anfechtungsgegners davon beweisen. Darüber hinaus hat er die Gläubigerbenachteiligung darzulegen.[4] Aufgrund der sehr starken Betonung des subjektiven Elements hat die Absichtsanfechtung - insbesondere im vorliegenden Fall der Sicherheitenverstärkung -

---

1) Vgl. §§ 31 Nr. 1 KO, 3 Abs. 1 Nr. 1 AnfG.

2) § 31 Nr. 2 KO; siehe auch § 3 Abs. 1 Nr. 2 AnfG.

3) So auch Kruppa (1982), S. 58-68.

4) Vgl. Hess (1983), S. 89; siehe auch Kruppa (1982), S. 55-57; Obermüller (1985), S. 258-260; Lwowski (1986), S. 736-739.

keine nennenswerte praktische Bedeutung.[1]

Bei der Schenkungsanfechtung sind anfechtbar zum einen die in dem letzten Jahr vor der Eröffnung des Konkursverfahrens bzw. - außerhalb des Konkursverfahrens - vor der Anfechtung von dem Gemeinschuldner vorgenommen unentgeltlichen Verfügungen, sofern diese nicht gebräuchliche Gelegenheitsgeschenke zum Gegenstand hatten,[2] und zum anderen die in den letzten zwei Jahren vor Konkurseröffnung bzw. Anfechtung von dem Schuldner vorgenommenen unentgeltlichen Verfügungen zugunsten seines Ehegatten.[3]

Die Schenkungsanfechtung greift durch, wenn es nach der Auffassung der Beteiligten an einem ausreichenden, vom Sicherungsnehmer, d.i. die Bank, zu erbringenden Gegenwert für die Sicherstellung gefehlt hat, d.h., wenn diese als ein unentgeltliches Rechtsgeschäft erscheint.[4] Da aber bereits dann keine Unentgeltlichkeit mehr vorliegt, wenn irgendein wirtschaftlicher Vorteil auf seiten des Schuldners gegeben ist, beispielsweise bei Stundung des Kredits, fällt in einem solchen Fall die Bestellung von Sicherheiten nicht unter die Regeln zur Schenkungsanfechtung.[5]

Die Regelung der Anfechtung der Sicherung oder Befriedigung des Gläubigers eines kapitalersetzenden Darlehens ist mit der GmbH-Novelle von 1980 in die Konkursordnung aufgenommen worden.[6] Nach dieser Vorschrift sind alle Rechtshandlungen anfechtbar, die dem Gläubiger einer von § 32a Abs. 1, 3 GmbHG erfaßten Forde-

1) Siehe auch Obermüller (1985), S. 260.

2) Vgl. §§ 32 Nr. 1 KO und 3 Abs. 1 Nr. 3 AnfG.

3) Vgl. §§ 32 Nr. 2 KO und 3 Abs. 1 Nr. 4 AnfG.

4) Vgl. Lwowski (1986), S. 739.

5) Vgl. Rausch (1985), S. 234; siehe auch Hess (1983), S. 89 f.; Obermüller (1985), S. 258.

6) Vgl. Mohrbutter (1981), S. 55.

rung Sicherung gewähren.[1] Damit soll der Versuch des Gesellschafter-Gläubigers, den Nachteil, seine Forderung im Insolvenzverfahren nicht geltend machen zu können, durch eine Sicherheitenbestellung zu vermeiden, vereitelt werden.[2] Diese Anfechtungsregelung sieht keine zeitliche Begrenzung auf eine kurze Frist vor Eröffnung des Konkursverfahrens über das Schuldnervermögen vor; die Anfechtung ist lediglich dann ausgeschlossen, "wenn seit Vornahme der Handlung dreißig Jahre verstrichen sind."[3]

Im Rahmen der Anfechtung der Befriedigung eines stillen Gesellschafters können Vereinbarungen zwischen dem Geschäftsinhaber und dem stillen Gesellschafter angegriffen werden, aufgrund derer in dem letzten Jahr vor Konkurseröffnung dem stillen Gesellschafter die Einlage ganz oder teilweise zurückgewährt worden ist.[4] In diesem Zusammenhang steht eine Vereinbarung über die Sicherung aus dem Gesellschaftsvermögen der Befriedigung gleich.[5] Die Anfechtung ist lediglich dann ausgeschlossen, wenn der Konkurs in Umständen seinen Grund hat, die erst nach der Vereinbarung der Einlagenrückgewähr eingetreten sind.[6]

Diese Anfechtungsregel geht davon aus, daß der Stille aufgrund seiner durch das Gesellschaftsverhältnis begünstigten Kenntnis von der wirtschaftlichen Lage des Geschäftsinhalbers mit diesem gemeinsam zum Nachteil der Gläubiger gehandelt hat.[7] Die Vor-

1) Vgl. §§ 32a Satz 1 KO, 3b Satz 1 AnfG; zu dieser Vorschrift siehe auch Mohrbutter (1981), S. 55-57; Rausch (1985), S. 235-237.
Zu den kapitalersetzenden Darlehen siehe auch oben Teil II, 4. Kapitel, 3.2, S. 80-93.

2) Vgl. Mohrbutter (1981), S. 56.

3) § 41 Abs. 1 Satz 3 KO.

4) Vgl. § 342 Abs. 1 HGB; zur ratio legis siehe auch Schmidt, Karsten (1977), S. 67 f.

5) Vgl. derselbe, a.a.O., S. 66 sowie S. 68 f.; Rausch (1985), S. 237.

6) Vgl. § 342 Abs. 2 HGB.

7) Vgl. Schmidt, Karsten (1977), S. 68; Rausch (1985), S. 238.

schrift läßt nur den einen, vom stillen Gesellschafter zu führenden Entlastungsbeweis[1] zu, daß die Konkurseröffnung ihren Grund in nach der Sicherheitenbestellung eingetretenen Umständen hat. Dieser Entlastungsbeweis ist m.E. aufgrund der Problematik der Ermittlung von Konkursursachen[2] in praxi wirtschaftlich konsistent äußerst schwer zu führen.

Die Anfechtung innerhalb des Konkursverfahrens kann nur durch den Konkursverwalter erfolgen,[3] und zwar durch Erhebung einer Anfechtungsklage, ausnahmsweise durch Erhebung einer Einrede, wenn sich der fragliche Sicherungsgegenstand in der Konkursmasse befindet oder ordnungsgemäß veräußert ist und der Anfechtungsgegner auf Herausgabe klagt.[4] Im Fall einer wirksamen konkursrechtlichen Anfechtung ist der Anfechtungsgegner = die Bank verpflichtet, das aus dem Vermögen des Gemeinschuldners erlangte Sicherungsgut zur Konkursmasse zurückzugewähren.[5]

Die Anfechtung außerhalb des Konkursverfahrens kann von jedem Gläubiger, der einen vollstreckbaren Schuldtitel erlangt hat und dessen Forderung fällig ist, im Wege des Prozesses geltend gemacht werden, "sofern die Zwangsvollstreckung in das Vermögen des Schuldners zu einer vollständigen Befriedigung des Gläubigers nicht geführt hat oder anzunehmen ist, daß sie zu einer solchen nicht führen würde"[6] Die erfolgreiche Anfechtung hat die Wirkung, daß der Anfechtungsgegner (= die Bank) das aus dem Vermögen des Schuldners erlangte Sicherungsmittel derart zurückgewähren muß, daß er, soweit es zur Befriedigung des Gläubigers erforderlich ist, die Zwangsvollstreckung in das anfechtbar erlangte Sicherungsgut zu dulden hat.[7] Soweit die Bank die Si-

---

1) Vgl. Rausch (1985), S. 238.

2) Siehe hierzu oben, Teil II, 3. Kapitel, 2.1/2.2, S. 42-47.

3) Vgl. § 36 KO.

4) Vgl. Hess (1983), S. 92.

5) Vgl. § 37 Abs. 1 KO; siehe auch Hess (1983), S. 93.

6) § 2 AnfG; siehe auch Hess (1983), S. 242 f.

7) Vgl. § 7 Abs. 1 AnfG; siehe auch Hess (1983), S. 243 f.

cherheit nicht mehr in Besitz hat, muß sie dem anfechtenden Gläubiger Ersatz des entsprechenden Wertes leisten.[1]

3.3 Zum Übersicherungsproblem

Grundsätzlich hat die Bank gemäß den Allgemeinen Geschäftsbedingungen einen Anspruch auf Sicherheitenverstärkung. Wenn allerdings die Grenzen nicht eingehalten werden, "die geschäftlicher Anstand und gute Sitte der Befriedigung eines an sich berechtigten Sicherungsbedürfnisses des Kreditgebers ziehen"[2] dann kann eine solche Sicherung gemäß § 138 BGB (sittenwidriges Rechtsgeschäft) nichtig sein. Die Grenzen des Anspruchs auf Sicherheitenbestellung sind insbesondere durch das Verbot der Übersicherung gegeben.[3] Bei der Wertzumessung der Sicherheiten muß auf den Erlös abgestellt werden, der im Wege der Zwangsvollstreckung aus der Sicherheit erzielbar ist.[4] Das bedeutet, daß die Bank eine angemessene Übersicherung verlangen kann, die sie vor etwaigen Gefahren, wie beispielsweise einem Wertverlust des Sicherungsgutes schützt.[5]

Verlangt die Bank nun über ihr berechtigtes Sicherungsinteresse hinaus weitere Sicherheiten, dann ist diese Sicherheitenverstärkung wirtschaftlich ohne Sinn, da die Bank lediglich ihr eigenes Kreditengagement absichern kann. Darüber hinaus ist die Bank schon aufgrund der Allgemeinen Geschäftsbedingungen verpflichtet, auf Verlangen des Kunden Sicherungsgegenstände freizugeben, "soweit sie diese nicht nur vorübergehend nicht mehr benötigt".[6]

---

1) Vgl. Hess (1983), S. 243 f.

2) BGH (1965a), S. 1249.

3) Vgl. Canaris (1981), S. 1329; siehe auch BGH (1979a), S. 1179; BGB (1980b), S. 151.

4) Vgl. BGB (1960), S. 578.

5) Vgl. Canaris (1981), S. 1328.

6) Ziffer 19 Abs. 6 der Allgemeinen Geschäftsbedingungen der Banken; siehe auch Ziffer 21 Abs. 4 der Allgemeinen Geschäftsbedingungen der Sparkassenorganisation.

3.4 Zum Problem der Vermögensübernahme

§ 419 BGB bestimmt für den Fall der vertraglichen Übernahme des Vermögens einer Person, daß deren Gläubiger, "unbeschadet der Fortdauer der Haftung des bisherigen Schuldners, von dem Abschlusse des Vertrages an ihre zu dieser Zeit bestehenden Ansprüche auch gegen den Übernehmer geltend machen"[1] können. Die Haftung des Übernehmers beschränkt sich jedoch auf den Bestand des übernommenen Vermögens und die ihm aus dem Vertrage zustehenden Ansprüche.[2] Diese aus der Vermögensübernahme resultierende Haftung kann nicht durch Vereinbarung zwischen dem Übernehmer und dem bisherigen Schuldner ausgeschlossen werden.[3]

Die Norm des § 419 BGB beruht auf dem Gedanken, daß den Gläubigern das Vermögen des Schuldners, welches die natürliche Grundlage des diesem gewährten Kredites (im weitesten Sinne) bildet, als Zugriffsobjekt erhalten bleiben soll, wenn dieser Schuldner sein Vermögen vertraglich an einen Dritten überträgt.[4]

In Rechtsprechung und Literatur ist umstritten, ob Sicherungsübereignung und Sicherungsabtretung als Vermögensübernahme gemäß § 419 BGB gelten können.[5] Die Sicherungsübereignung ist der Form nach eine Übereignung, d.h. Übertragung des Rechts,

1) § 419 Abs. 1 BGB.

2) Vgl. § 419 Abs. 2 Satz 1 BGB.

3) Vgl. § 419 Abs. 3 BGB.

4) Vgl. Möschel (1985), S. 1364; siehe auch Schwicker (1970; Möschel (1985), S. 1364-1366 m.w.N.

5) Vgl. BGH (1981b), S. 717 f. m.w.N.; BGH (1986), S. 569; Mormann (1965), S. 636 f.; Willke (1975); Lambsdorff/Lewental (1977), S. 1856-1858; Aden (1980); Dechamps (1983), S. 19 f. m.w.N.
Der BGH hat in einer jüngeren Entscheidung festgelegt, daß § 419 BGB jedenfalls dann auf eine Sicherungsübereignung anzuwenden ist, "wenn dem Übergeber kein entsprechender Gegenwert, der dem Zugriff seiner Gläubiger unterliegt, zufließt und wenn durch die Sicherungsübereignung aufgrund einer besonderen Absprache dem Übergeber das Vermögen auf Dauer entzogen und dem Übernehmer von vornherein die Verwertungsbefugnis eingeräumt wird." (BGH (1981b), S. 718).

dem Zweck nach aber eine Sicherung, und als solche ein von der Judikatur zugelassenes besitzloses Pfandrecht.[1] Für die Anwendbarkeit des § 419 BGB stellt sich die Frage, ob Sicherungsübereignung bzw. -abtretung der wesentlichen Vermögensgegenstände aufgrund ihrer Form als Vermögensübertragungen behandelt werden sollen, oder ob sie aufgrund ihres Sicherungszweckes, der seiner Natur nach nur ein vorübergehender ist, überhaupt nicht den Tatbestand einer Vermögensübertragung im Sinne der Gesetzesnorm erfüllen können.[2] Solange dieser Streit nicht endgültig entschieden ist, muß die Bank vorsichtigerweise davon ausgehen, daß § 419 BGB auf die Sicherungsübereignung und die Sicherungsabtretung anwendbar ist. Dagegen kann die Bestellung von sonstigen Sicherungsrechten, zum Beispiel auch von Grundpfandrechten, nicht den Tatbestand der Vermögensübernahme erfüllen.[3]

Sieht man § 419 BGB grundsätzlich als anwendbar an auf Sicherungsübereignung und -abtretung, dann müssen für die Haftung des Übernehmers im einzelnen die folgenden Voraussetzungen erfüllt sein:

- der Vertrag

  Entsprechend dem Gesetzeswortlaut muß die Übernahme durch Vertrag erfolgt sein.[4] Diese Voraussetzung dürfte bei den im Kreditgewerbe üblichen Sicherungsverträgen stets erfüllt sein.

- Die Vermögensübernahme

  Der Vertrag zwischen dem Schuldner und dem Übernehmer = Bank muß die Übernahme des Schuldnervermögens zum Gegenstand haben. Dies ist jedoch nicht so zu verstehen, daß das Vermögen als solches Gegenstand der vertraglichen Übertragung

1) Vgl. Mormann (1965), S. 636; Dechamps (1983), S. 20.

2) Vgl. Mormann (1965), S. 636; siehe auch Aden (1980), S. 99.

3) Vgl. Möschel (1985), S. 1373.

4) Siehe hierzu auch Mormann (1965), S. 634 f.; Dechamps (1983), S. 24 f.; Möschel (1985), S. 1375-1378.

sein müßte; es genügt vielmehr die Übertragung eines oder einzelner Vermögensgegenstände, wenn diese nahezu das ganze Vermögen des Kreditkunden ausmachen.[1] Der Verbleib einzelner Vermögensgüter beim Schuldner ist nicht relevant, wenn diese im Verhältnis zu seinem ganzen Vermögen wirtschaftlich ohne Bedeutung sind.[2]

Zur Feststellung einer Vermögensübernahme durch die Bank ist also ein Wertvergleich zwischen übertragenen und beim Schuldner verbliebenen Vermögensgegenständen erforderlich.[3] Bei diesem Wertvergleich ist zu fragen, ob die verbliebenen Vermögensbestandteile noch ein solches Gewicht haben, daß von einem Entzug der Haftungsgrundlage der sonstigen Gläubiger nicht gesprochen werden kann. Maßgeblich ist dabei der Wert der einzelnen Gegenstände als Zwangsvollstreckungsobjekt;[4] Lasten sind in diesem Zusammenhang sowohl bei den verbliebenen Gegenständen als auch beim Übernahmeobjekt in Abzug zu bringen.[5] Bei der Entscheidung der Frage, ob nahezu das gesamte Schuldnervermögen übertragen worden ist, muß auf den Einzelfall abgestellt werden; eine allgemeine Schwelle ist von der Rechtsprechung nicht festgesetzt worden. Nach MÖSCHEL zeigt jedoch eine Analyse der Judikatur, "daß eine im Sinne des § 419 relevante Vermögensübernahme verneint wird, wenn dem Schuldner Vermögenswerte verbleiben, die zwischen 10% und 18% oszillieren."[6]

- subjektive Haftungsvoraussetzungen

Ist eine vertragliche Vermögensübernahme objektiv gegeben, dann differenziert die Rechtsprechung je nach Art des über-

---

1) Vgl. Mormann (1965), S. 635 m.w.N.

2) Vgl. Möschel (1985), S. 1366.

3) Siehe hierzu auch Dechamps (1983), S. 22 f.; Möschel (1985), S. 1369 f.

4) Vgl. Möschel (1985), S. 1369.

5) Vgl. Dechamps (1983), S. 23; Möschel (1985), S. 1370.

6) Möschel (1985), S. 1369.

nommen Vermögens hinsichtlich der subjektiven Haftungsvoraussetzungen:

Soweit in dem Übernahmevertrag das Vermögen als ganzes explizit Gegenstand der Übernahme ist, bedarf es keiner weiteren Voraussetzung für die Haftung des Übernehmers; bei der Übertragung eines Gesamtvermögens hat der Übernehmer notwendigerweise Kenntnis.[1)]

Soweit sich dagegen der Vertrag lediglich auf einzelne Vermögensgegenstände bezieht, die nahezu das gesamte Schuldnervermögen ausmachen, so knüpft die Rechtsprechung die Haftungsfolgen nicht schon an die objektive Voraussetzung der Vermögensübernahme. In diesem Fall müssen weitere subjektive Voraussetzungen vorliegen, die damit umschrieben werden können, daß der Übernehmer entweder wissen muß, daß die übernommenen Vermögensgegenstände nahezu das gesamte Vermögen des Schuldners ausmachten, oder daß der Übernehmer die Vermögensverhältnisse des Schuldners näher kennt, aus denen sich ergibt, daß er nahezu das ganze Schuldnervermögen übernommen hat.[2)] Beurteilt der Übernehmer aufgrund unrichtiger Würdigung und Schätzung die übernommenen bzw. die verbliebenen Vermögensstücke falsch, so ist dies sein Risiko und schützt nicht vor dem Haftungseintritt.[3)]

Sind die Voraussetzungen für die Haftung gegeben, denn haftet der Übernehmer im wesentlichen immer dann für eine Verbindlichkeit des Schuldners, wenn der übernommene Vermögensbestandteil schon in der Hand des Schuldners dem Zugriff unterlag.[4)] Der Haftungsumfang ist jedoch nach dem Gesetzeswortlaut auf den Be-

---

1) Vgl. Möschel (1985), S. 1367; siehe auch Mormann (1965), S. 637 f.; Dechamps (1983), S. 25 f.

2) Vgl. Mormann (1965), S. 637; siehe auch Bartsch (1958), S. 35; Lambsdorff/Lewental (1977), S. 1854 f.; Dechamps (1983), S. 25 f.; Möschel (1985), S. 1367.

3) Vgl. Möschel (1985), S. 1367.

4) Vgl. Mormann (1965), S. 639; siehe auch Möschel (1985), S. 1378 f.

stand des übernommenen Vermögens und die dem Übernehmer aus dem Vertrage zustehenden Ansprüche begrenzt. Beruft sich der Übernehmer auf die Beschränkung seiner Haftung, so finden die für die Erbenhaftung geltenden Vorschriften des BGB entsprechende Anwendung.[1] Danach tritt die Haftungsbeschränkung nicht automatisch ein, sondern muß vom Übernehmer als Einrede geltend gemacht werden.[2] In einem solchen Fall ist der Übernehmer verpflichtet, das übernommene Vermögen zum Zwecke der Zwangsvollstreckung herauszugeben.[3] Allerdings steht ihm hier ein Vorwegbefriedigungsrecht zu; dieses Recht hat er jedoch nur wegen Forderungen, die schon <u>vor</u> dem Zeitpunkt der Vermögensübernahme begründet wurden.[4] Die Haftung wegen Vermögensübernahme läuft also leer, wenn diese Forderungen des Übernehmers den Wert des übertragenen Vermögens erreichen bzw. übersteigen.[5]

3.5 Zum Verbot sittenwidrigen Handels

Bei der Prüfung der Handlungsvariante "Sicherheitenverstärkung" ist zu beachten, daß die Bank die aus dem Verbot sittenwidrigen Handels gemäß §§ 138, 826 BGB[6] gezogenen Grenzen nicht überschreitet.[7] Mißachtet das Kreditinstitut mit seinem Sicherungsbegehren diese Grenzen, so kann nicht nur die Sicherheitenbestellung nichtig sein,[8] sondern die Bank kann sich unter Umständen Schadensersatzforderungen anderer Gläubiger gegenübersehen.[9] Die beiden in diesem Zusammenhang denkbaren Tatbestände lassen

---

1) Vgl. § 419 Abs. 2 Satz 2 BGB.

2) Vgl. § 1990 Abs. 1 Satz 1 BGB.

3) Vgl. § 1990 Abs. 1 Satz 2 BGB.

4) Vgl. Mormann (1965), S. 640; siehe auch Bartsch (1958), S. 36 f.; Möschel (1985), S. 1380-1382.

5) Vgl. BGB (1986), S. 596.

6) Siehe hierzu auch oben 7. Kapitel, 2.2, S. 137-141.

7) Siehe hierzu auch BGH (1971).

8) Siehe § 138 BGB.

9) Siehe § 826 BGB.

sich unter die Stichworte "Gläubigergefährdung" und "Knebelung" fassen.

Auf die Gläubigergefährdung wurde bereits oben bei der Erörterung der Sanierungskreditproblematik eingegangen;[1] der Tatbestand soll an dieser Stelle nicht mehr vertieft werden.

Als Knebelung bezeichnet man Abmachungen, die die wirtschaftliche Bewegungsfreiheit des Verpflichteten ganz oder zu einem wesentlichen Teil lähmen und damit eine rechtlich zu mißbilligende Abhängigkeit begründen.[2] Die Knebelung kann sowohl durch den Umfang der von der Bank hereingenommenen Sicherheiten als auch durch die Einflußnahme auf den Geschäftsbetrieb des Schuldners durch das Kreditinstitut herbeigeführt werden:[3]

- Knebelung durch den Umfang der Sicherheiten

  Diese Form der Knebelung wird immer dann vermieden, wenn

  + dem Schuldner für die Sicherheit ein Gegenwert in Form von Krediten zufließt, durch die er sein Geschäft weiterbetreiben kann, oder wenn
  + der Schuldner in seiner Entscheidung, durch freiwillige Leistung auch andere Gläubiger zu befriedigen, nicht beeinträchtigt wird, oder wenn
  + der Kreditkunde über die zur Sicherung übertragenen Vermögenswerte in seinem Geschäftsbetrieb weiter verfügen kann.[4]

- Stille Geschäftsinhaberschaft

  Dieser Tatbestand ist bereits oben bei der Erörterung der

---

1) Vgl. oben 7. Kapitel, 2.2, S. 140; siehe auch Obermüller (1981), S. 355-357.

2) Vgl. BGH (1958), S. 408; siehe auch BGH (1965a), S. 1249.

3) Vgl. Obermüller (1981), S. 352.

4) Vgl. derselbe, a.a.O., S. 352 f.

Sanierungskreditproblematik vorgestellt worden[1] und soll deshalb hier nicht mehr vertieft werden.

Ob eine Knebelung vorliegt, kann nicht allein anhand von Einzelmerkmalen entschieden werden, sondern es sind stets die Gesamtheit der Beschränkungen, denen der Schuldner durch die Sicherheitenbestellung bzw. -verstärkung unterworfen wird, und der Geist, in dem die Bank ihre Rechte ausübt, zu würdigen.[2] Dabei ist zu berücksichtigen, welcher Teil des Schuldnervermögens der Bank als Sicherheit dient, unter welchen Voraussetzungen der Kreditnehmer noch darüber verfügen kann, ob die Bank den Schuldner im Rahmen seiner Kreditlinie ungehindert über das Konto verfügen läßt, ob der Schuldner im Rahmen seiner Kreditlinie Waren oder Rohstoffe nach eigener Entscheidung kaufen kann, ob er seine Produkte nach eigener Entscheidung verkaufen kann, ob er in der Einstellung und Entlassung von Personal Beschränkungen unterliegt und ob die Bank auf seine Unternehmensplanung Einfluß nimmt.[3]

Hat die Bank einen Schuldner objektiv geknebelt, dann ist eine weitere Voraussetzung für die Anwendung von § 138 BGB, daß das Kreditinstitut die Tatumstände, die den Vorwurf sittenwidrigen Handelns begründen, gekannt hat.[4] Ist auch diese Voraussetzung erfüllt, dann ist der Vertrag über die Sicherheitenbestellung gemäß § 138 Abs. 1 BGB nichtig. Die Nichtigkeit des Rechtsgeschäftes kann dann vom Schuldner bzw. dem Konkursverwalter geltend gemacht werden. Schadensersatzansprüche aus § 826 BGB können dritte Gläubiger auf die Knebelung allein nicht stützen, da Dritte nie nur dadurch einen Schaden erleiden können, daß der Schuldner seiner wirtschaftlichen Bewegungsfreiheit beraubt ist.[5]

---

1) Vgl. oben 7. Kapitel, 2.2, S. 139; siehe auch Obermüller (1981), S. 353 f.

2) Vgl. Obermüller (1981), S. 354 m.w.N.; zum Tatbestand der Knebelung siehe auch Lwowski (1983), S. 52-57.

3) Vgl. Obermüller (1981), S. 354.

4) Vgl. derselbe, ebenda.

5) Vgl. derselbe, a.a.O., S. 355.

4. Ergebnis

Grundsätzlich ist es in das Ermessen einer Bank gestellt, in der Krise ihres Schuldners zunächst abwartend still zu halten. Stillhalten mit den gewährten Krediten wurde dabei negativ definiert, und zwar als Verzicht auf aktive Mitwirkung an Sanierungsmaßnahmen und Verzicht auf aktive Beendigung der Kreditbeziehung mit dem Schuldner.

Die Stillhaltestrategien können dann danach differenziert werden, ob die Bank Sicherheiten freigibt, Sicherheiten verstärkt oder auf Sicherheitenfreigabe und Sicherheitenverstärkung verzichtet.

Mit der Sicherheitenfreigabe verzichtet die Bank zunächst auf ihr Recht auf abgesonderte Befriedigung. Es gibt nun Grenzfälle, in denen ohne die Sicherheitenfreigabe das zur Zahlung einer Vergleichsquote zur Verfügung stehende Schuldnervermögen nur eine Vergleichsquote gewährleisten könnte, die knapp unter der gesetzlich vorgeschriebenen Mindestquote liegt. In solchen Fällen wäre die Konkursalternative - immer vorausgesetzt, ein außergerichtlicher Vergleich erscheint undurchführbar - mit allen Folgen der Zerschlagung des Schuldnerunternehmens vorgezeichnet. Hier könnte nun die Bank mit ihrer Sicherheitenfreigabe das von Sicherungsrechten unbelastete Schuldnervermögen erhöhen, so daß eine ausreichend hohe Vergleichsquote gezahlt und damit ein gerichtliches Vergleichsverfahren realisiert werden könnte.

Nach den Allgemeinen Geschäftsbedingungen hat die Bank dem Kunden gegenüber jederzeit Anspruch auf Sicherheitenverstärkung. Dieser Anspruch wird jedoch begrenzt, und zwar durch Anfechtungsregeln, das Verbot der Übersicherung, die mit einer Vermögensübernahme verbundenen Probleme sowie das Verbot sittenwidrigen Handelns.

Praktisch bedeutsam sind vor allem die Anfechtungsregeln. Das Instrument der Anfechtung ermöglicht es, unter bestimmten Voraussetzungen eine eingetretene Schmälerung der Konkursmasse wieder auszugleichen.

§ 419 BGB bestimmt für den Fall der vertraglichen Übernahme des Vermögens einer Person, daß deren Gläubiger danach ihre Ansprüche und gegen den Übernehmer geltend machen können (Vermögensübernahme). Wie im bankrechtlichen Schrifttum kaum beachtet, kann dieses Problem jedoch - wenn überhaupt - nur für die Sicherungsübereignung und Sicherheitsabtretung Geltung erlangen. Darüber hinaus steht dem Vemögensübernehmer in einem bestimmten Rahmen ein Vorwegbefriedigungsrecht zu.

Das Verbot sittenwidrigen Handelns konkretisiert sich durch das Verbot der Gläubigergefährdung und der Knebelung.

9. Kapitel: Strategienbündel 3 - Aktive Beendigung der Kreditbeziehung

1. Vorbemerkung

Im Gegensatz zu den beiden zuerst dargestellten Strategienbündeln "Sanierung" und "Stillhalten mit den gewährten Krediten" ist das Strategienbündel "Aktive Beendigung der Kreditbeziehung" weniger variantenreich. Hier sind zunächst nur die Varianten "ordentliche Kreditkündigung" und "außerordentliche Kreditkündigung" zu unterscheiden. Darüber hinaus muß das Kreditinstitut noch entscheiden, ob es eine Kreditkündigung für das Gesamtengagement oder - zunächst - nur für einzelne Kredite anspricht.

Im folgenden sollen nun die Varianten des Strategienbündels "Aktive Beendigung der Kreditbeziehung" dargestellt werden. Daran anschließend erfolgt eine Erörterung der Schranken des Kündigungsrechts.

2. Ordentliche Kreditkündigung

Ist für den Kredit bzw. einen der Kredite keine feste Laufzeit vereinbart, "so hängt die Fälligkeit davon ab, daß der Gläubiger oder der Schuldner kündigt."[1] Neben diesem gesetzlichen Kündigungsrecht bestimmen die Allgemeinen Geschäftsbedingungen der Kreditinstitute, daß sowohl der Kreditgeber als auch der Kreditnehmer - mangels anderweitiger Vereinbarung - die Geschäftsverbindung im ganzen oder einzelne auf Dauer angelegte Geschäftsbeziehungen nach freiem Ermessen einseitig auflösen kann.[2] Eine anderweitige Vereinbarung im Sinne dieser Bestimmung und damit ein Ausschluß der ordentlichen Kreditkündigung liegt immer dann vor, wenn eine Kündigungsfrist fest vereinbart oder die Geschäftsverbindung auf bestimmte Zeit fest eingegangen wird, wie

---

1) § 609 Abs. 1 BGB. Die Kündigungsfrist beträgt dann bei Darlehen von mehr als 300 DM drei Monate; vgl. § 609 Abs. 2 BGB.

2) Vgl. Ziffer 17 Satz 1 der Allgemeinen Geschäftsbedingungen der Banken; Ziffer 13.1. der Allgemeinen Geschäftsbedingungen der Sparkassenorganisation.

zum Beispiel bei Darlehensverträgen mit fixierten Rückzahlungsterminen.[1] Sowohl aus der gesetzlichen Bestimmung als auch aus der Regelung des Kündigungsrechts in den Allgemeinen Geschäftsbedingungen folgt, daß die Bank bei einer ordentlichen Kreditkündigung keinen Grund angeben muß.

In der Kreditpraxis wird in der Regel entweder eine Kündigungsfrist fest vereinbart oder es werden für Darlehen und andere Kredite feste Rückzahlungstermine fixiert. Aus diesem Grund kommt dem ordentlichen Kündigungsrecht in praxi mit der Ausnahme der Kontokorrentkredite keine große Bedeutung zu.[2]

3. Außerordentliche Kreditkündigung

3.1 Vorbemerkung

Neben dem ordentlichen Kündigungsrecht besteht nach den Allgemeinen Geschäftsbedingungen der Kreditinstitute - unterstellt, daß sie in dem Verhältnis zwischen Kunde und Bank Geltung haben[3] - für Kreditgeber und Kreditnehmer das Recht zu einer außerordentlichen Kündigung.[4] Hierbei können die Vertragspar-

---

1) Vgl. Rieder (1984), S. 18.

2) Siehe auch Capeller (1986), S. 50.

3) Siehe hierzu auch Pantel (1979), S. 37 f.

4) Siehe hierzu Ziffer 13.2 der Allgemeinen Geschäftsbedingungen der Sparkassenorganisation:

"Auch wenn eine anderweitige Vereinbarung getroffen ist, dürfen der Kunde und die Bank die Geschäftsverbindung im ganzen oder hinsichtlich einzelner Geschäftsbeziehungen aus einem wichtigen Grunde jederzeit beendigen. Ein solcher Grund ist für die Bank insbesondere dann gegeben,
a) wenn der Kunde unrichtige Angaben über seine Vermögensverhältnisse oder über die seiner Firma gemacht hat;
b) wenn eine wesentliche Verschlechterung oder eine erhebliche Gefährdung seiner Vermögensverhältnisse oder der seiner Firma eintritt, insbesondere wenn der Kunde oder seine Firma die Zahlungen einstellt oder erklärt, sie einstellen zu wollen, oder wenn von dem Kunden oder seiner Firma angenommene Wechsel zu Protest gehen oder eine Zwangsvollstreckung gegen den Kunden oder seine Firma eingeleitet wird;
c) wenn der Kunde eine Gesellschaft ist und die Vermögensverhältnisse eines persönlich haftenden Gesellschafters sich we-

teien - auch bei vertraglich vereinbartem Kündigungsausschluß - die Geschäftsverbindung im ganzen oder hinsichtlich einzelner Geschäftsbeziehungen aus einem wichtigen Grund jederzeit fristlos kündigen.
Wenn also im folgenden die Kreditkündigungsgründe behandelt werden, dann geht es darum, darzustellen, was der Terminus "wichtiger Grund" im Rahmen der außerordentlichen Kündigung besagen kann. Ein Kündigungsgrund ist dabei die Voraussetzung für eine außerordentliche Kündigung; es wird aber nicht verlangt, daß der oder die Kreditkündigungsgründe bei der Kündigung geltend gemacht werden.[1)]

3.2 Zu den Kreditkündigungsgründen

3.2.1 Zerrüttung des Vertrauensverhältnissses zwischen Bank und Schuldner

Nach dem in § 626 BGB[2)] enthaltenen Rechtsgedanken ist ein wichtiger Grund zur Auflösung eines Rechtsverhältnisses gegeben, wenn Tatsachen vorliegen, aufgrund derer der kündigenden Vertragspartei unter Berücksichtigung aller Umstände des Einzelfalles

---

(Fortsetzung Fußnote von vorangegangener Seite)
sentlich verschlechtert haben oder erheblich gefährdet sind, oder wenn hinsichtlich eines persönlich haftenden Gesellschafters Änderungen (z.B. Personenwechsel, Todesfall) eingetreten sind;
d) wenn der Kunde seiner Verpflichtung zur Stellung oder Verstärkung von Sicherheiten (Nummer 21.4 Satz 1) nach Aufforderung durch die Bank nicht innerhalb angemessener Frist nachkommt."

Siehe auch die weniger ausführliche Formulierung in Ziffer 17, Satz 2, der Allgemeinen Geschäftsbedingungen der Banken. Siehe weiterhin Westphalen (1980), S. 1419 f.

1) Vgl. BGH (1979a), S. 1178.

2) Siehe § 626 Abs. 1 BGB:
"Das Dienstverhältnis kann von jedem Vertragsteil aus wichtigem Grund ohne Einhaltung einer Kündigungsfrist gekündigt werden, wenn Tatsachen vorliegen, auf Grund derer dem Kündigenden unter Berücksichtigung aller Umstände des Einzelfalles und unter Abwägung der Interessen beider Vertragsteile die Fortsetzung des Dienstverhältnisses bis zum Ablauf der Kündigungsfrist oder bis zu der vereinbarten Beendigung des Dienstverhältnisses nicht zugemutet werden kann."

und unter Abwägung der Interessen beider Vertragsteile die Fortsetzung des Vertrages bis zum Ablauf der Kündigungsfrist oder bis zu der vereinbarten Beendigung des Vertragsverhältnisses nicht mehr zugemutet werden kann.[1] Die Bank kann nach diesen Grundsätzen das Kreditverhältnis aufheben, wenn der Schuldner das für ein Dauerschuldverhältnis - auch in der Präambel der Allgemeinen Geschäftsbedingungen der Banken bzw. Sparkassen besonders hervorgehobene - wesentliche Vertrauensverhältnis zwischen der Bank und dem Kunden so schwer zerrüttet hat, daß dem Gläubiger nicht mehr zugemutet werden kann, weiter zum Kreditvertrag zu stehen.[2]

Eine Zerrüttung des Vertrauensverhältnisses zwischen Bank und Schuldner ist insbesondere dann anzunehmen, wenn - nach der Formulierung der Allgemeinen Geschäftsbedingungen - der Kunde unrichtige Angaben über seine Vermögensverhältnisse oder über die seines Unternehmens gemacht hat.[3] Dies ist dann gegeben, wenn der Kunde falsche Auskünfte über die Höhe seines Einkommens (zum Beispiel durch Vorlage falscher Bilanzen und GuV-Rechnungen), den Wert seines Vermögens oder den Wert der von ihm gestellten Sicherheiten erteilt hat. Angaben Dritter, beispielsweise des Steuerberaters, muß sich der Schuldner zurechnen lassen, sofern diese insoweit seine Erfüllungsgehilfen sind.[4] Weiterhin müssen die falschen Angaben - sollen sie zur außerordentlichen Kündigung berechtigen - vertragserheblich sein, d.h. sie müssen sich entweder auf die Sicherheit des Kredits auswirken oder Zweifel an der persönlichen Zuverlässigkeit des Kunden als Kreditnehmer begründen.[5]

Im weiteren ist eine Zerrüttung des Vertrauensverhältnisses anzunehmen, wenn der Kreditnehmer den Anspruch der Bank aus dem

---

1) Vgl. BGH (1977), S. 235; siehe auch Pantel (1979), S. 59-61.

2) Vgl. BGH (1975), S. 2032.

3) Siehe hierzu Pantel (1979), S. 62-65.

4) Vgl. Bauer (1984), S. 12.

5) Siehe derselbe, a.a.O., S. 13 m.w.N.

Kreditverhältnis leugnet.[1] Dadurch stellt der Schuldner die Grundlage des Vertrages in Frage und gefährdet zugleich die Durchsetzung des Anspruchs. In solchen Fällen kann es dem Gläubiger nicht zugemutet werden, weiter am Vertrag festzuhalten. Allerdings bedarf es auch in diesem Zusammenhang einer Gesamtwürdigung der besonderen Umstände des Einzelfalles und einer Abwägung der Interessen beider Vertragsteile. So ist nicht jedes Bestreiten eines Anspruchs geeignet, das bei Vertragsschluß bestehende Vertrauensverhältnis so nachhaltig zu zerstören, daß der Bank ein weiteres Festhalten am Vertrag nicht mehr zuzumuten ist. "Stützt sich die Rechtsverteidigung des Schuldners auf erwägenswerte Überlegungen und ergibt sich aus einem Vorbringen, daß er nach einer ihm ungünstigen Klärung der ihm zweifelhaften Rechtsfragen zu den übernommenen Verpflichtungen stehen wird, also an sich vertragstreu bleiben will, so verleiht das Bestreiten des Anspruchs allein dem Gläubiger kein Recht, sofort die Rückzahlung der Darlehenssumme zu verlangen. Insbesondere kann er darauf verweisen, daß er andernfalls Gefahr läuft, seinen Anspruch nicht durchsetzen zu können."[2]

Schließlich wird die persönliche Unzuverlässigkeit des Schuldners offenbar, wenn der Bank bekannt wird, daß der Kreditnehmer einschlägige Vermögensdelikte (zum Beispiel: Kreditbetrug) begangen hat.[3]

3.2.2 Verschlechterung oder Gefährdung des Schuldnervermögens

Nach der Formulierung der Allgemeinen Geschäftsbedingungen ist ein "wichtiger Grund" gegeben, wenn eine wesentliche Verschlechterung oder eine erhebliche Gefährdung der Vermögensverhältnisse des Schuldners eintritt.[4] Die Bank kann sich in diesem Zusammenhang bei einer außerordentlichen Kündigung jedoch nicht auf Umstände stützen, die bereits zum Zeitpunkt der Kreditgewährung

---

1) Siehe hierzu BGH (1980a), S. 381; BGH (1981a), S. 680.

2) BGH (1981a), S. 680 f.

3) Vgl. Bauer (1984), S. 19.

4) Siehe hierzu auch Pantel (1979), S. 65-71.

bestanden haben und der Bank zu diesem Zeitpunkt bekannt gewesen sind.[1] Eine andere Beurteilung ergibt sich hier, wenn der Bank ein bei Beginn der Geschäftsverbindung bestehender Zustand erst nachträglich bekannt wird.[2] Weiterhin kann die Bank ein Recht zur Aufhebung der Geschäftsverbindung wegen wesentlicher Verschlechterung des Schuldnervermögens oder erheblicher Vermögensgefährdung nicht aus Veränderungen in den Bilanzen des Kunden herleiten, welche notwendige und voraussehbare Folge der Kreditgewährung sind.[3]

Bei der Beurteilung der Kündigungsvoraussetzungen Verschlechterung oder Gefährdung des Schuldnervermögens sind wirtschaftliche Gesichtspunkte und die Verkehrsauffassung maßgebend.[4] Ein wichtiger Grund in diesem Sinne ist anzunehmen, wenn sich die wirtschaftliche Lage des Schuldners so ungünstig entwickelt hat, daß die ernsthafte Gefahr besteht, daß der Kreditnehmer seinen Verpflichtungen aus dem Kreditvertrag, insbesondere der Rückzahlungs- und Zinszahlungsverpflichtung, nicht nachkommen kann. Damit rechtfertigt noch nicht jede wirtschaftliche Schwierigkeit des Schuldners eine außerordentliche Kreditkündigung. Wann die Kündigungsvoraussetzungen als erfüllt anzusehen sind, wird anhand der folgenden Einzelfälle behandelt, die jedoch keinen Anspruch auf Vollständigkeit erheben[5]:

- Erhebliche Verschlechterung der Vermögenslage

  Jede erhebliche Verminderung des Aktivvermögens des Schuldners, die nicht mit einer entsprechenden Verminderung der Verbindlichkeiten einhergeht, führt zu einer Verminderung der Haftungsreserven, was eine Gefährdung

---

1) Vgl. OLG Düsseldorf (1978), S. 1303.

2) Siehe hierzu BGH (1957), S. 951; BGH (1960), S. 577.

3) Vgl. OLG Düsseldorf (1978), S. 1303.

4) Siehe BGH (1963), S. 1276; siehe auch OLG München (1983), S. 130.

5) Siehe auch Bauer (1984), S. 13 f.

des Kredits zur Folge haben kann. Auswirkungen können sich auch auf die Ertragslage des Kreditnehmers ergeben, was die Rückzahlung des Kredites ebenfalls gefährden könnte.

Erhebliche Veränderungen im Bereich der Finanzierung des Schuldners können gleichfalls als Kündigungsvoraussetzung angesehen werden. Ein wichtiger Grund liegt insbesondere vor, wenn sich die bisherige Finanzplanung des Kreditnehmers als unzuverlässig erweist.[1)]

- Erhebliche Verschlechterung der Ertragslage

  Die Beeinträchtigung von Absatz- und Gewinnchancen, ein starker Umsatzrückgang und eine damit einhergehende Ertragsminderung verbunden mit einer Zunahme des Finanzbedarfs können gleichfalls Voraussetzungen für eine außerordentliche Kreditkündigung darstellen. Eine solche - auch aus anderen Ursachen begründete - unzureichende Rentabilität des Unternehmens können die Zins- und Kapitaldienstfähigkeit des Schuldners in Frage stellen.

- Erhebliche Verschlechterung der Liquidität

  Kann eine erhebliche Verschlechterung der Liquidität in absehbarer Zeit nicht behoben werden und ist deshalb zu befürchten, daß der Schuldner seinen Verpflichtungen aus dem Kreditvertrag nicht mehr nachkommen kann, dann ist dies als "wichtiger Grund" anzusehen, der die Bank zu einer außerordentlichen Kündigung befugt. Symptome mangelnder Liquidität sind:
  + wiederholte Scheck- und Lastschriftrückgaben sowie Wechselproteste;
  + wiederholte Ausstellung ungedeckter Schecks, gleichgültig, ob es zu Scheckprotesten gekommen ist oder

---
1) Vgl. BGH (1960), S. 577; siehe auch BGH (1959), S. 629.

nicht;[1)]

+ wenn der Schuldner die Zahlungen einstellt[2)] oder erklärt, sie einstellen zu wollen;
+ wenn Außenstände des Kreditnehmers in größerem Umfang nur erschwert realisiert werden können oder gar ausfallen;
+ wenn anderweitige Finanzierungsmöglichkeiten wegfallen und insoweit die Rückzahlung des Kredites gefährdet ist (zum Beispiel Ablehnung von Kreditgesuchen[3)], Widerruf von Kreditzusagen, Kündigung von Krediten durch andere Gläubiger[4)]);
+ wenn Vollstreckungshandlungen wegen bereits bei Vertragsabschluß bestehender Schulden erfolgen, da ein solches Vorgehen den Kredit schädigt und eine wirtschaftliche Notlage verschärft.[5)]

---

1) Vgl. BGH (1961):
"Ein Kaufmann, der innerhalb eines Zeitraumes von kaum mehr als einem Monat zu verschiedenen Malen ungedeckte Schecks ausstellt, verliert durch ein solches Gebaren, das jeder guten kaufmännischen Sitte widerspricht und mindestens ans Strafbare grenzt, jegliche Kreditwürdigkeit."

2) Siehe hierzu BGH (1960a), S. 30:
Zahlungseinstellung liegt vor, "wenn der Schuldner wegen eines voraussichtlich dauernden Mangels an Zahlungsmitteln, nach außen erkennbar, nicht in der Lage ist, seine fälligen Geldschulden im allgemeinen zu erfüllen."

3) Siehe auch BGH (1963), S. 1276. Der BGH führt aus, daß eine begründete Aussicht auf Kreditgewährung zu den Vermögensverhältnissen dessen gehört, der auf die Vorleistung Anspruch hat, so daß die Ablehnung des Kreditgesuchs eine wesentliche Verschlechterung sein kann.

4) Vg. OLG Hamburg (1959).

5) Vgl. BGH (1963), S. 1276.
Siehe auch Bauer (1984), S. 14. Bauer führt die folgenden zur außerordentlichen Kündigung berechtigenden Zwangsvollstreckungsmaßnahmen auf:
- Pfändung des Anspruchs auf Auszahlung des von der Bank zugesagten Kredits;
- Anordnung der Zwangsversteigerung oder Zwangsverwaltung eines zur Absicherung des Kredits mit einem Grundpfandrecht belasteten Grundstücks;
- Pfändungen;
- Abgabe einer eidesstattlichen Versicherung im Sinne des § 807 ZPO
- Vorliegen von Anträgen auf Eröffnung des Konkurs- und Ver-

- Erhebliche Verschlechterung der Vermögensverhältnisse eines persönlich haftenden Gesellschafters der Schuldnerunternehmung

  Ist eine offene Handelsgesellschaft oder eine Kommanditgesellschaft Kreditnehmer, dann stellt die Verschlechterung der Vermögensverhältnisse eines persönlich haftenden Gesellschafters einen "wichtigen Grund" dar, der der Bank die Befugnis zu einer außerordentlichen Kündigung gibt, wenn der Anspruch auf Kreditrückzahlung gefährdet ist.[1)]

  Wenn eine wesentliche Verschlechterung oder eine erhebliche Gefährdung der Vermögensverhältnisse des Schuldners zu bejahen ist, dann ist im weiteren zusätzlich die Frage zu stellen, ob eine konkrete Gefährdung der Bankinteressen gegeben ist. Dies ist vor allem beim Vorhandensein ausreichender Sicherheiten regelmäßig zu verneinen.[2)]

3.2.3 Erhebliche Vertragsverstöße des Schuldners

Erhebliche Verstöße des Schuldners gegen seine vertraglichen Pflichten können dazu führen, daß die Fortsetzung der Geschäftsbeziehung der Bank nicht zuzumuten ist. Als erhebliche Vertragsverstöße sind beispielhaft anzusehen:[3)]

- die vertragswidrige Verfügung über die Kreditzusage sowie die Zweckentfremdung des Kredits;
- die Nichteinhaltung wesentlicher mit der Kreditgewährung verbundener Auflagen;
- die Teilnahme des Schuldners an Wechsel-, Scheck- und Last-

---

(Fortsetzung Fußnote von vorangegangener Seite)
gleichsverfahrens sowie bei Eröffnung des Verfahrens selbst.

1) Siehe Ziffer 13.2 c) der Allgemeinen Geschäftsbedingungen der Sparkassenorganisation.

2) Vgl. Canaris (1979), S. 120; Schmidt, Karsten (1983a), S. 491.

3) Siehe hierzu Bauer (1984), S. 18 f.

schriftreitereien;[1]

- beträchtliche und kontinuierlich steigende Überziehungen der eingeräumten Kreditlinien (trotz Abmahnung);[2]
- Verletzung der vertraglich vereinbarten Pflicht zur Offenlegung der wirtschaftlichen Verhältnisse des Schuldners (trotz Aufforderung).

In diesem Zusammenhang ist jedoch zu beachten, daß es dann an einem wichtigen Grund zur Beendigung der Bankverbindung fehlt, wenn noch erwartet werden kann, daß der Schuldner die Verstöße gegen seine vertraglichen Pflichten nach einer angemessenen Abmahnung aufgeben und auch die der Bank nachteiligen Folgen seines bisherigen Verhaltens beheben wird. In einem solchen Fall ist die Fortsetzung der Geschäftsbeziehungen für die Bank noch nicht unzumutbar. Unter solchen Umständen ist zunächst eine Warnung wegen der allgemein einschneidenden Folgen einer Lösung der Bankverbindung geboten. Der Schuldner muß insbesondere dann vor einer Aufhebung der Geschäftsbeziehungen abgemahnt werden, wenn infolge einer Ungenauigkeit der bisherigen Abreden oder eines stillschweigenden Entgegenkommens der Bank Zweifel darüber möglich sind, ob die Bank sein Verhalten überhaupt als vertragswidrig angesehen hat, vor allem wenn er annehmen konnte, die Bank werde sein vertragswidriges Verhalten, zum Beispiel eine Kontoüberziehung, weiterhin dulden.
Darüber hinaus darf sich die Bank nicht widersprüchlich verhalten und eine Vertragswidrigkeit als Anlaß einer Lösung der Geschäftsbeziehungen benutzen, wenn ihr bisheriges Verhalten in dem Schuldner den Eindruck erweckt hat oder erwecken konnte, sie billige sein Vorgehen und ändere damit stillschweigend die bisherigen vertraglichen Vereinbarungen, beispielsweise über die Höhe des Kreditlimits.[3]
Schließlich ist die Bank gehalten, im Interesse des Vertragsgegners = Schuldner alsbald Klarheit darüber zu schaffen, ob sie

---

1) Siehe auch BGH (1969).

2) Vgl. BGH (1977), S. 236.

3) Vgl. derselbe, ebenda.

beabsichtigt, ihr Kündigungsrecht auszuüben.[1]

3.2.4 Erhebliche Veränderungen in den persönlichen Verhältnissen des Schuldners

Ein wichtiger Grund, der zu einer außerordentlichen Kündigung berechtigt, kann auch vorliegen, wenn in den persönlichen Verhältnissen des Schuldners bzw. der Schuldnerunternehmung erhebliche Veränderungen eintreten. Hier sind beispielhaft zu nennen:[2]

- einschneidende, personelle Änderungen bei einem Unternehmen, wie zum Beispiel Wechsel eines persönlich haftenden Gesellschafters bei einer offenen Handelsgesellschaft oder einer Kommanditgesellschaft, Gesellschafter- und Geschäftsführerwechsel bei einer GmbH;
- Wechsel der Rechtsform des Schuldners, soweit die Haftungsverhältnisse dabei zuungunsten der Bank eingeschränkt wurden, wie beispielsweise Umwandlung einer Einzelfirma oder offenen Handelsgesellschaft bzw. Kommanditgesellschaft in eine GmbH, GmbH & Co. Kommanditgesellschaft oder Aktiengesellschaft;
- mangelnde Zuverlässigkeit und Qualifikation sowie schwere charakterliche Mängel der Geschäftsleitung der Schuldnerunternehmung, wenn dadurch die allgemeine Kreditwürdigkeit beeinträchtigt wird, ggf. auch bei einer erheblichen Zerstrittenheit der Gesellschafter untereinander;
- wenn der Schuldner unbekannt verzieht, seinen Wohnsitz, dauernden Aufenthalt oder Sitz ins Ausland verlegt;[3]
- wenn sich in erheblichem Umfang der Gegenstand des Schuldnerunternehmens ändert und dies Einfluß auf deren Kreditwürdigkeit hat.

3.2.5 Keine Bestellung oder Verstärkung von Sicherheiten

Dem Wortlaut der Allgemeinen Geschäftsbedingungen folgend ist ein

---

1) Vgl. BGH (1969a), S. 723.

2) Siehe hierzu Bauer (1984), S. 19 f.

3) Siehe auch OLG Oldenburg (1973), S. 1141.

zu einer außerordentlichen Kündigung berechtigender "wichtiger Grund" auch dann gegeben, wenn der Kunde seiner Verpflichtung zur Stellung oder Verstärkung von Sicherheiten nach Aufforderung durch die Bank nicht innerhalb angemessener Frist nachkommt.[1)] Diese Bestimmung ist nach dem BGH unter Berücksichtigung der Gebote von Treu und Glauben auszulegen.[2)] Das bedeutet, die Verweigerung zusätzlicher Sicherheiten nur dann als Kündigungsgrund anzusehen, wenn die Bank einen Anspruch auf die geforderten Sicherheiten hatte. Andernfalls hätte sie es in der Hand, durch das willkürliche Verlangen weiterer Sicherheiten einen Grund zur Auflösung eines auf feste Zeit abgeschlossenen Kreditvertrages herbeizuführen. Ein solches unbilliges Ergebnis würde den Grundsätzen von Treu und Glauben widersprechen. Ein Anspruch der Bank auf Bestellung oder Verstärkung von Sicherheiten könnte sich ebenfalls aus den Allgemeinen Geschäftsbedingungen ergeben.[3)] Die entsprechende Klausel gewährt allerdings keinen Anspruch auf ein konkretes Sicherungsmittel, sondern lediglich auf bankmäßige Sicherheiten überhaupt, wobei dem Schuldner die freie Wahl des konkreten Sicherungsmittels verbleibt.[4)]

Ohne einen vertraglichen Ausschluß oder eine Einschränkung des in der oben zitierten Sicherungsklausel der Allgemeinen Geschäftsbedingungen vorgesehenen Rechts der Bank auf Bestellung oder Verstärkung der Sicherheiten ist die Bank grundsätzlich berechtigt, (weitere) Sicherheiten zu verlangen. Das Vorliegen eines konkreten Anlasses ist danach grundsätzlich nicht erforderlich, insbesondere ist die Verschlechterung der Vermögensverhältnisse des Schuldners seit der Gewährung der letzten (ungesicherten)

---

1) Siehe hierzu auch Pantel (1979), S. 71 f.

2) Vgl. BGH (1980b), S. 151.

3) Siehe Ziffer 19 Absatz 1 der Allgemeinen Geschäftsbedingungen der Banken:
"Die Bank hat dem Kunden gegenüber jederzeit Anspruch auf die Bestellung oder Verstärkung bankmäßiger Sicherheiten für alle Verbindlichkeiten, auch soweit sie bedingt oder befristet sind."
Siehe auch die ähnliche Bestimmung in Ziffer 21.4, Satz 1, der Allgemeinen Geschäftsbedingungen der Sparkassenorganisation. Siehe weiterhin § 321 BGB.

4) Vgl. BGH (1960a), S. 30; BGH (1980b), S. 151.

Kredite keine Voraussetzung.[1] Bei der Ausübung des Rechts auf Bestellung oder Verstärkung der Sicherheiten ist die Bank allerdings an die allgemeinen Grundsätze von Treu und Glauben gebunden; sie hat im Rahmen der Billigkeit auf die schutzwürdigen Belange des Schuldners Rücksicht zu nehmen, der darauf vertrauen durfte, daß die Bank ihm den Kredit jedenfalls nicht ohne besonderen Anlaß entziehen und dadurch die Finanzierung gefährden oder gar zu Fall bringen werde. Treuwidrig wäre es insbesondere, wenn das Verlangen der Bank nach (weiteren) Sicherheiten zu ihrer Übersicherung führen würde. Gegen Treu und Glauben würde es weiterhin verstoßen, wenn die Bank sich durch die Forderung zusätzlicher Sicherheiten in unzulässiger Weise widersprüchlich verhalten oder ein zuvor in zurechenbarer Weise geschaffenes Vertrauen des Schuldners verletzen würde.[2]

Einen Anspruch der Bank auf Leistung von Austauschsicherheiten oder Verstärkung der bestehenden Sicherheiten wird man bei Gefährdung oder Wegfall der Sicherheit(en) annehmen dürfen, insbesondere also bei einer erheblichen Entwertung der Sicherheit (zum Beispiel bei einer erheblichen Verringerung des Werts einer sicherungsübereigneten Sache, bei einem drohenden Ausfall einer zur Sicherheit abgetretenen Forderung, bei einem Wertverfall eines mit einem Grundpfandrecht belasteten Grundstücks, bei einer wesentlichen Verschlechterung der wirtschaftlichen Lage des Bürgen) oder einem Wegfall der Sicherheit.[3]
Bei der Frage, ob eine vom Schuldner gegebene Sicherheit ausreichend ist, muß dann auf den Erlös abgestellt werden, der im Wege der Zwangsvollstreckung aus der Sicherheit erzielbar ist.[4]

Verlangt die Bank die Bestellung (zusätzlicher) Sicherheiten, dann muß sie dem Schuldner eine angemessene Frist einräumen. Kommt der Kreditnehmer der Aufforderung innerhalb der Frist nicht

---

1) Vgl. BGH (1979a), S. 1179; BGH (1980b), S. 151.

2) Vgl. BGH (1980b), S. 151.

3) Vgl. OLG Düsseldorf (1976), S. 885; siehe auch OLG Frankfurt a.M. (1977), S. 1293.

4) Vgl. BGH (1960), S. 578.

nach, dann kann die Bank die außerordentliche Kündigung aussprechen, ohne daß es einer zusätzlichen Schonfrist bedarf.[1)]

3.2.6 Zusammenfassung

Basierend auf den Allgemeinen Geschäftsbedingungen darf die Bank die Geschäftsverbindung sowie insbesondere einzelne Kreditverträge mit dem Schuldner aus einem wichtigen (Kreditkündigungs-)Grund jederzeit fristlos kündigen.

Als wichtiger Grund sind Tatsachen anzusehen, aufgrund derer der kündigenden Vertragspartei unter Berücksichtigung aller Umstände des Einzelfalls und unter Abwägung der Interessen beider Vertragsteile die Fortsetzung des Vertrages bis zum Ablauf der Kündigungsfrist oder bis zu der vereinbarten Beendigung des Vertragsverhältnisses nicht mehr zugemutet werden kann (Zerrüttung des Vertrauensverhältnisses zwischen Bank und Schuldner).
Weiterhin ist eine wesentliche Verschlechterung oder eine erhebliche Gefährdung der Vermögensverhältnisse des Schuldners als ein zur außerordentlichen Kündigung berechtigender wichtiger Grund anzusehen, wenn die ernsthafte Gefahr besteht, daß der Kreditnehmer seinen Verpflichtungen aus dem Kreditvertrag, insbesondere der Rückzahlungs- und Zinszahlungsverpflichtung, nicht nachkommen kann.
Im weiteren können erhebliche Verstöße des Schuldners gegen seine vertraglichen Pflichten dazu führen, daß die Fortsetzung der Geschäftsbeziehung der Bank nicht zuzumuten ist.
Darüber hinaus kann ein wichtiger Grund auch dann vorliegen, wenn in den persönlichen Verhältnissen des Schuldners bzw. der Schuldnerunternehmung erhebliche Veränderungen eintreten.
Schließlich ist ein Kreditkündigungsgrund gegeben, wenn der Schuldner seiner Verpflichtung zur Stellung oder Verstärkung von Sicherheiten nach Aufforderung durch die Bank nicht innerhalb angemessener Frist nachkommt.

---

1) Vgl. BGH (1979a), S. 1179 f.

4. Zu den Schranken des Kündigungsrechtes

4.1 Vorbemerkung

In Rechtsprechung und Literatur ist anerkannt, daß das Kündigungsrecht der Bank bestimmten Schranken unterliegt.[1)] Mißachtet das Kreditinstitut diese Schranken des Kündigungsrechts, dann kann die Kündigung gegen Treu und Glauben[2)] verstoßen und wegen Rechtsmißbrauchs unwirksam sein;[3)] darüber hinaus ist in bestimmten Fällen auch eine Schadensersatzpflicht der Bank denkbar.[4)]

Im folgenden sollen nun die Schranken des Kündigungsrechts im einzelnen aufgezeigt werden.

4.2 Das Verbot der Kündigung zur Unzeit

Aus den §§ 627 Abs. 2, 671 Abs. 2, 675 und 723 Abs. 2 BGB läßt sich als allgemeiner Rechtsgrundsatz das Verbot der Kündigung zur Unzeit herleiten.[5)] Es gilt sowohl für ordentliche als auch für außerordentliche Kreditkündigungen.[6)] Die Regelung gilt jedoch nur für solche Kündigungen, die an keine Frist gebunden sind bzw. bei sehr kurzen Fristen, wie zum Beispiel von drei Tagen. Dagegen werden nicht auch solche Kündigungen erfaßt, die an eine geschäftsübliche, längere Frist gebunden sind, auch wenn sie den Schuldner in einem für ihn besonders ungünstigen Zeitpunkt treffen.[7)]

Die Kreditkündigung ist also nicht schon deshalb als unzeitig

---

1) Vgl. OLG Hamm (1985), S. 1390 m.w.N.

2) Siehe hierzu § 242 BGB.

3) Vgl. OLG Hamm (1985), S. 1390.

4) Vgl. Canaris (1979), S. 115.

5) Vgl. Canaris (1979), S. 114; Uhlenbruck (1983), S. 107.

6) Vgl. Rümker (1981), S. 495; Uhlenbruck (1983), S. 107.

7) Vgl. Canaris (1979), S. 115.

anzusehen, weil sie gerade in eine Phase der Schuldnerkrise fällt und in dieser Situation naturgemäß eine besondere Härte für den Kreditkunden darstellt.[1] Die Bedeutung des Verbots einer Kündigung zur Unzeit liegt darin, dem Schuldner eine angemessene Frist für die erforderlichen Umdispositionen zu sichern.[2] Bei der Fristbemessung genügt es, zu berücksichtigen, wie lange bei Banken üblicherweise eine Entscheidung über eine Kreditvergabe in der betreffenden Größenordnung dauert und welcher Zeitraum bis zur Kreditauszahlung, zum Beispiel wegen vorheriger Sicherheitenübertragungen, vergehen wird.[3]

4.3 Die Pflicht zur Rücksichtnahme auf die Interessen des Schuldners

Wie bereits in der Einleitung zu den Allgemeinen Geschäftsbedingungen der Kreditinstitute konstatiert, besteht ein besonderes Vertrauensverhältnis zwischen Bank und Schuldner,[4] aus dem sich eine grundsätzliche Treupflicht des Gläubigers gegenüber dem Kreditkunden konstruieren läßt.[5] Auch diese Treupflicht gilt im allgemeinen sowohl für die ordentliche als auch die außerordentliche Kündigung eines Kreditverhältnisses.[6]

Die Treupflicht konkretisiert sich darin, daß die Bank ihr Kündigungsrecht nicht willkürlich und ohne Rücksicht darauf ausüben darf, ob dem Schuldner ein vermeidbarer und durch die eigenen Interessen des Kreditinstituts nicht gerechtfertigter Nachteil zuge-

---

1) Vgl. Canaris (1979), S. 115.

2) Vgl. derselbe, ebenda; Hopt (1979), S. 163; Rümker (1981), S. 495.

3) Vgl. Obermüller (1980), S. 341; derselbe (1985), S. 237.

4) Vgl. die Präambeln der Allgemeinen Geschäftsbedingungen der Banken sowie der Sparkassenorganisation.

5) Vgl. Canaris (1979), S. 116 f.; Zur Treupflicht in Dauerverhältnissen siehe auch Ulmer (1975), S. 298-306.

6) Vgl. Rümker (1981), S. 496.

fügt wird.[1] "Das gilt insbesondere dann, wenn die Bank über ausreichende Sicherheiten verfügt, während andererseits der Kunde in starker wirtschaftlicher Abhängigkeit[2] zu ihr steht und ihm durch die Kündigung ein großer Schaden droht."[3]

Man wird also der Bank das Recht zur ordentlichen Kündigung beispielsweise dann absprechen müssen, wenn sie zum einen über werthaltige Sicherheiten verfügt und durch ein Hinausschieben der Kündigung kein Wertverfall der Sicherheiten zu befürchten ist, wenn zum anderen der Schuldner seine Leistungen bisher pünktlich und vollständig erbracht hat und wenn darüber hinaus die Kündigung für den Schuldner unverhältnismäßige Nachteile bringen würde und bei eingehender Prüfung der wirtschaftlichen Verhältnisse des Schuldners erwartet werden kann, daß die Rückführung des Engagements zu einem späteren Zeitpunkt ohne schwerwiegende Probleme möglich sein wird.[4]

4.4 Das Verbot widerprüchlichen Verhaltens

Das Kreditinstitut darf sich mit der Kreditkündigung nicht in unzulässiger Weise widerprüchlich verhalten bzw. ein zuvor in zurechenbarer Weise geschaffenes Vertrauen des Schuldners verletzen.[5] Die Bank darf daher eine Vertragswidrigkeit nicht als Begründung für eine außerordentliche Kündigung heranziehen, wenn ihr bisheriges Verhalten in dem Schuldner den Eindruck erweckt hat oder erwecken konnte, daß sie sein Verhalten billigt und damit stillschweigend bisherige Vereinbarungen ändert, wie bei-

---

1) Vgl. Obermüller (1980), S. 341, derselbe (1985), S. 237.

2) Siehe hierzu auch Obermüller (1980), S. 342 f.; derselbe (1985), S. 239.

3) OLG Hamm (1985), S. 1390.

4) Siehe Obermüller (1980), S. 342; derselbe (1985), S. 238.

5) Vgl. Rieder (1984), S. 20; siehe auch BGH (1983), S. 1038.

spielsweise über die Höhe des Kreditlimits.[1] In einem solchen Fall ist das Kreditinstitut erst nach einer Abmahnung zur außerordentlichen Kündigung berechtigt.[2]

---

1) Vgl. Bauer (1984), S. 21.

2) Vgl. derselbe, ebenda.

Teil IV: Auswahl eines Aktionsplanes

10. Kapitel: Die Zielfunktion als Grundlage der Auswahlentscheidung

1. Vorbemerkung

Nachdem im vorangegangenen Teil die der Bank in der Krise ihres Schuldners zur Verfügung stehenden Handlungsvarianten aufgezeigt worden sind, soll nun der optimale Aktionsplan ermittelt werden. Damit die Handlungsvarianten im Sinne einer rationalen Entscheidung in eine bezüglich der Zielvorstellungen eindeutige Rangordnung gebracht werden können, wird eine Entscheidungsregel herangezogen. Entscheidungsregeln sind Grundsätze, nach denen die verschiedenen Ausprägungen der Ergebnisse einer Handlungsvariante gewichtet und zusammengefaßt werden sollen, damit jeder Variante ein einziger Wert zugeordnet werden kann. Die Entscheidungsregeln ermöglichen also eine Umformung der vorhandenen bzw. prognostizierten Daten, so daß eine eindeutige Rangordnung der Handlungsvarianten aufgestellt werden kann.[1] In der formal-mathematischen Darstellung werden die Entscheidungsregeln auch als Zielfunktionen bezeichnet.[2]

Ziele sind Aussagen mit normativem Charakter, die einen von einem Entscheidungsträger gewünschten, von ihm oder anderen anzustrebenden, zukünftigen Zustand der Realität beschreiben.[3]

Die problemrelevante Zielfunktion soll im folgenden erarbeitet werden. Dabei wird auf eine Darstellung der empirischen Forschungstechniken zur Ermittlung von Unternehmenszielen vor dem Hintergrund verzichtet, daß mit dieser Arbeit Verhaltensempfehlungen erarbeitet werden sollen und damit Hypothesen über das

---

1) Vgl. Pfohl (1972), S. 311; siehe auch Schneeweiß, Hans (1967), S. 17-20; Bitz (1977), S. 67; Bitz (1981), S. 33; Schirmeister (1981), S. 26-29.

2) Vgl. Bitz (1981), S. 33; Laux (1982), S. 26.

3) Vgl. Hauschildt (1977), S. 9; siehe auch Andrä (1975), S. 17-22 m.w.N.

reale Entscheidungsverhalten nicht gefragt sind.[1] Desgleichen wird von einer detaillierten Erläuterung der organisatorischen Aspekte des Zielbildungsprozesses abgesehen.[2]

2. Zur Zielkonzeption einer Bank

2.1 Vorbemerkung

Vor dem Hintergrund, daß die Zielsetzung für die Entscheidungssituation einer Bank in der Krise ihres Schuldners sinnvoll in Beziehung zur Bankzielkonzeption zu setzen ist, erfolgt im Rahmen dieser Arbeit eine Problematisierung der Zielsetzung einer Bank. Die Beziehung zwischen der Bank-Zielkonzeption und der entscheidungssituationsbezogenen Zielsetzung kann als Instrumentalbeziehung bezeichnet werden. Eine Instrumentalbeziehung zwischen zwei Zielen 1 und 2 besagt, daß die Erreichung des Zieles 1 Mittel zum Zweck zur Erreichung des Zieles 2 ist.[3] Die Einteilung der Einzelziele erfolgt dann in Ober- und Unterziele.[4]

Oberziele sind die Haupt- und Nebenziele, die der Betrieb als Gebilde insgesamt, als organisatorische Einheit erreichen soll. Sie bilden die ranghöchste Stufe der betrieblichen Formal- und Sachzielhierarchie, sind aber selbst das Resultat des Zweck-Mittel-Umschlags außerbetrieblicher ökonomischer Motive in generelle betriebliche Leitvorstellungen. Als Formalziele spiegeln sie das Interesse der Entscheidungsträger an der Existenz der Unternehmung und dem Ergebnis seiner betrieblichen Betätigung wider, als Sachziele eine generelle Festlegung, durch welche Mittel Formal-

---

1) Siehe hierzu Berg (1973); Lerchner (1975), insbesondere S. 29-88; Fritz (1986); siehe auch Szyperski (1971), S. 645-649; Hauschildt (1977).
Zur Kritik an der empirischen Zielforschung siehe auch Bischoff (1973), S. 99-106.

2) Siehe hierzu Bidlingmaier (1967); Wächter (1969), S. 37-81; Kirsch (1971), S. 32-36 und 110-160; Schürner (1974); Hauschildt (1976); Heinen (1976), S. 187-249; Laux (1982a), S. 121-157.

3) Vgl. Kirsch (1971), S. 149.

4) Vgl. Heinen (1976), S. 102-107; Kupsch (1979), S. 33-38.

zielerfüllung angestrebt werden soll.[1)]

Unterziele sind Verhaltensnormen, die für einzelne betriebliche Teilbereiche an die Stelle des obersten Betriebsziels gesetzt werden.[2)3)]

Im Rahmen dieser Arbeit ist die Bank-Zielkonzeption als Oberziel und die Zielsetzung für die Entscheidungssituation einer Bank in der Krise ihres Schuldners als Zielsetzung für einen betrieblichen Teilbereich und damit als Unterziel zu interpretieren.

Dem Problem einer Zielkonzeption einer Bank kann man sich auf zwei verschiedenen methodischen Ebenen nähern: zum einen kann die Bank-Zielkonzeption deskriptiv ermittelt werden, zum anderen kann sie präskriptiv vorgegeben werden.

Die deskriptive Methode bedient sich der empirischen Zielforschung und stellt den Versuch dar, Bedürfnisse und Motivationen von Entscheidungsträgern in einer Zielfunktion abzubilden.[4)] Ein solcher Abbildungsversuch muß auch personenbezogene Ziele[5)] wie persönliches Prestigestreben und Machtstreben aufspüren, wenn davon auszugehen ist, daß solche personenbezogenen Ziele in praxi mögliche und vorkommende Bedürfnisse und Motivationen von Entscheidungsträgern sind. Da aber ein präskriptives Entscheidungsmodell den Gegenstand dieser Arbeit bildet, soll auch der präskriptiven Methode der Vorzug gegeben werden, d.h. es soll im folgenden eine personenbezogene Ziele ausschließende Zielkonzep-

---

1) Vgl. Andrä (1975), S. 56 f.

2) Vgl. derselbe, a.a.O., S. 57 f.

3) In diesem Zusammenhang ist auch auf den Begriff der Zielhierarchie hinzuweisen. Vgl. hierzu insbesondere Andrä (1975), S. 213-350; siehe auch Berthel (1973), S. 97-117; Schneider (1978); Kupsch (1979), S. 63-99.

4) Siehe hierzu Hax (1967), S. 749; Bamberg/Coenenberg (1974), S. 4-6

5) Schiemenz/Seiwert bezeichnen solche Ziele als "Persönliche Managerziele"; vgl. Schiemenz/Seiwert (1979), S. 585 f.

tion einer Bank deduktiv abgeleitet werden.[1]

Die Formulierung eines Zieles schließt mehrere Elemente ein. Hier können sachliches Zielelement (=Zielinhalt), zeitliches Zielelement (=zeitlicher Bezug der Unternehmungsziele) und Zielvorschrift (=angestrebtes Ausmaß der Zielerreichung) unterschieden werden.[2]

Mit dem sachlichen Zielelement wird der angestrebte Zustand inhaltlich beschrieben. Dabei wird entsprechend der Anzahl der zu berücksichtigenden Merkmale die monovariable Zielsetzung (nur ein Merkmal wird zur Kennzeichnung des zukünftigen Zustandes verwendet) und die multivariable Zielsetzung (es gehen mehrere Merkmale in die Beschreibung des zukünftigen Zustandes ein) unterschieden. Synonym werden auch die Begriffe Entscheidungen bei einfacher bzw. mehrfacher Zielsetzung verwandt.[3]

---

1) Auf die Diskussion um eine empirisch ermittelte Bank-Zielkonzeption soll hier deshalb nicht eingegangen werden. Als Beispiel für ein von einem Praktiker vorgestelltes Zielsystem sei hier lediglich auf den Beitrag von Herrhausen verwiesen; vgl. Herrhausen (1971), S. 355.
Zur präskriptiven Entscheidungstheorie siehe beispielsweise Bamberg/Coenenberg (1974), S. 2-4.

2) Vgl. Kupsch (1979), S. 16.
Heinen charakterisiert die Zielelemente als "Dimension der Unternehmungsziele"; vgl. Heinen (1976), S. 59.

3) Auf den Streit zwischen den - in der Regel im Rahmen eines präskriptiven Ansatzes argumentierenden - Vertretern der monovariablen Zielsetzung des homo oeconomicus und den - im allgemeinen im Rahmen eines deskriptiven Ansatzes argumentierenden - Vertretern einer multivariablen Zielsetzung sei hier nur kurz eingegangen.
Das Verhalten des homo oeconomicus läßt sich in folgender Weise zusammenfassen:
"1. Sein alleiniges ökonomisches Ziel ist die Gewinnmaximierung bzw. Verlustminimierung.
2. Das monistische Ziel wird bei jeweils zweckrationaler Mittelwahl stets erreicht, da der Modellunternehmer als homo rationalis mit Allwissenheit, vollkommener Voraussicht und Irrtumsfreiheit im Handeln begabt ist und auf relevante betriebsex- und/oder -interne Änderungen unendlich schnell, total und normal zu reagieren vermag."
Bidlingmaier (1973), S. 31.
Zur Zielsetzung "Gewinnmaximierung" siehe auch Gümbel (1963); derselbe (1964); Hamann (1968).
Zur Kritik an dieser Zielsetzung siehe Simon (1957), S. 198; Simon (1959), S. 262-265, deutsch: Simon (1977), S. 87 f.; Heinen (1962), S. 71; Strasser (1966), S. 112 f.; Schmidt-Sud-

2.2 Zum Gewinnstreben

Bereits in der traditionellen Bankbetriebslehre wird das "Gewinnstreben" bzw. die "Rentabilität" als ein sachliches Zielelement genannt.[1] Auch in der jüngeren Literatur wird nicht in Abrede gestellt, daß das "Gewinnstreben" als Bank-Zielinhalt zu sehen ist; die Auseinandersetzung richtet sich lediglich auf das angestrebte Ausmaß der Zielerreichung (Stichworte: Gewinnmaximierung oder angemessener Gewinn).[2]

Die Postulierung des "Gewinnstrebens" als sachliches Zielelement ist auch aus der folgenden Überlegung plausibel, wenn auch nicht empirisch bewiesen: Die Entscheidungsträger, d.s. hier die mit einer Kompetenz zur Formulierung eines Bank-Zielsystems ausgestatteten Personen, können die Ziele insbesondere an den Interessen der Eigentümer des Unternehmens ausrichten. Von diesen ist anzunehmen, daß sie ihre Kapitalhergabe in der Regel nicht aus altruistischen Motiven betrieben haben (bei der Gründung der Bank) bzw. betreiben (bei der weiteren Haltung des Eigenkapitals und bei der Teilnahme an Kapitalerhöhungen). Ohne auf die Unterschiede zwischen den einzelnen Kreditinstitutsgruppen einzugehen,[3] kann daher angenommen werden, daß das "Gewinnstreben" allgemein als Motiv in Frage kommt.[4]

Zur weiteren Konkretisierung des Zieles ist die Zielvorschrift festzulegen. Hier können zwei Möglichkeiten unterschieden werden:

(Fortsetzung Fußnote von vorangegangener Seite)
hoff (1967), S. 43-62; Heinen (1970), S. 12; Bidlingmaier (1973), S. 35 f.; Bretzke (1983); derselbe (1984), S. 64-66.

1) Vgl. Büschgen (1979), S. 22 m.w.N.

2) Siehe beispielhaft Wächtershäuser (1971), S. 35-40; Steinbrink (1976), S. 22-29; Hagenmüller (1977), S. 288; Kreim (1977), S. 16-20; Wiegel (1985), S. 22-27.

3) Vgl. hierzu Hagenmüller (1977), S. 299-303.

4) So auch Schiemenz/Seiwert (1979), S. 584 f.; Schiemenz/Seiwert erarbeiten das Gewinnstreben auch als Ziel für die Interessengruppen Unternehmensführung/Management und Arbeitnehmer; vgl. Schiemenz/Seiwert (1979), S. 585-589; siehe auch Dülfer (1962), S. 83-102.

zum einen ist es denkbar, daß der Entscheidungsträger Alternativen zu ermitteln sucht, für die die Zielvariablen extremale Werte annehmen (zum Beispiel "Gewinnmaximierung"); zum anderen kann er die Lösungssuche bereits dann abbrechen, wenn die Zielvariable einen - als befriedigend angesehenen - Wert übersteigt ("Konzept des Anspruchsniveaus").[1] Letzteres wird unter anderem damit begründet, daß auf Grund der begrenzten Kenntnis der Entscheidungssituation die Kosten der Informationsgewinnung bei der Suche nach weiteren, noch unbekannten Alternativen zu berücksichtigen sind. Die weitere Alternativensuche ist nur dann sinnvoll, wenn die verbesserte Zielerreichung die zusätzlichen Informationskosten zumindest aufwiegt. Da im voraus meist nicht bekannt ist, ob gegenüber der Ausgangssituation verbesserte Alternativen ermittelt werden können und ob diese die entstehenden Kosten rechtfertigen, bricht der Entscheidungsträger in der Realität vielfach mit der Suche nach Alternativen ab, wenn die Zielerreichung als befriedigend erachtet wird. So betrachtet kann allerdings das Setzen eines Anspruchsniveaus durchaus als der heuristische Versuch interpretiert werden, aus dem gesamten Entscheidungsprozeß, d.h. unter Abschätzung aller Informations- und Planungskosten, letztlich doch noch ein bestmögliches Ergebnis abzuleiten.[2]

Vor dem Hintergrund der Kritik an dem Konzept der "Gewinnmaximierung" soll im folgenden davon ausgegangen werden, daß nicht das "idealobjektive" Gewinnmaximum angestrebt wird, sondern die Alternativensuche bereits dann abzubrechen ist, wenn

---

1) Vgl. Heinen (1976), S. 82-85.
Zum Konzept des Anspruchsniveaus siehe insbesondere Simon (1957), S. 241-252 und S. 270-272, vor allem S. 198:
"The alternative approach employed in these papers is based on what I shall call the principle of bounded rationality: The capacity of the human mind for formulating and solving complex problems is very small compared with the size of the problems whose solution is required for objectively rational behaviour in the real world - or even for a reasonable approximation to such objective rationality."
Siehe weiterhin Sauermann/Selten (1962); Bierfelder (1968), S. 126 f.; March/Simon (1977), insbesondere S. 73; Simon (1959), S. 262-265, deutsch: Simon (1977), S. 86-90.

2) Vgl. Bitz (1977), S. 229; siehe auch Heinen (1976), S. 85; Jungermann (1976), S. 37 f.

die Zielerreichung als befriedigend erachtet wird, d.h. es wird der Gewinn angestrebt, der unter realen Handlungsbedingungen zu erreichen ist.[1)]

Schließlich ist das zeitliche Zielelement zu fixieren. Hierunter sind die Zeitpunkte oder Zeiträume zu verstehen, auf die sich die Forderung nach Erreichung des zukünftigen Zustandes bezieht.[2)]

Der zeitliche Bezug des "Gewinnstrebens" ist langfristig und erfährt seine Begrenzung in der Zukunft durch den "Ergebnishorizont"[3)]. Im Rahmen des Modells ist festzulegen, bis zu wel-

---

1) Vgl. Kreim (1977), S. 16.

2) Vgl. Kupsch (1979), S. 17; siehe hierzu auch Heinen (1976), S. 86-89.

3) Siehe hierzu Bitz (1977), S. 193.
Streitferdt sieht hier den "risikopolitischen Horizont". Damit wird der zukünftige Zeitpunkt bezeichnet, von dem an das Risiko eines Pfades - ein Pfad beschreibt die möglichen Auswirkungen bzw. Ergebnisse einer Handlungsalternative oder eines Handlungsprogramms - unter Beachtung der Fühlbarkeitsschwellen des Entscheidungssubjektes und der von ihm geforderten Meßgenauigkeit durch eine Verlängerung des Bezugszeitraumes des Pfades nicht mehr erhöht werden kann.
Analysiert man einen bestimmten Pfad, so ergibt sich das Risiko dieses Pfades aus den auf diesem Pfad realisierten Situationen und den Wahrscheinlichkeiten für deren Realisation.
Vor dem Hintergrund der mit dem zeitlichen Abstand vom Entscheidungszeitpunkt zunehmenden Unsicherheit und der damit verbundenen Einschätzung, daß die Entscheidungsträger gegenwärtige Zielerreichungsbeiträger höher bewerten als zukünftige, wird die Bewertung eines bestimmten Pfades durch das Entscheidungssubjekt mit steigendem zeitlichen Abstand des Pfades vom Bewertungszeitpunkt geringer und geht gegen Null. Der risikopolitische Horizont ist daher dann erreicht, wenn der Wert einer Pfadverlängerung und damit auch das Risiko für die Realisierung dieser Verlängerung unter die Fühlbarkeitsschwelle des Entscheidenden sinkt.
Vgl. Streitferdt (1973), S. 51-54; siehe auch Schneider (1980), S. 42 f.
Gäfgen unterscheidet in diesem Zusammenhang:
- Wert-Horizont: die Grenze, jenseits derer die weiteren Konsequenzen für die Bewertung irrelevant werden;
- Wertkonstanz-Horizont: die Zeitgrenze innerhalb derer das Wertsystem noch konstant ist;
- (objektiver) technologischer Horizont: die Grenze, jenseits derer eine Handlungsalternative keine Konsequenzen mehr hat bzw. nur noch

cher zukünftigen Periode t^E die Ergebniswerte der darzustellenden Handlungsalternativen explizit erfaßt und im Hinblick auf ihre Auswirkung auf die Zielfunktion dargestellt werden sollen. Die Gesamtheit der für das Modell überhaupt relevanten Zahlungsströme wird also eingeschränkt. Für die Darstellung von Handlungsalternativen, deren individuelle Laufzeit vor Ablauf von t^E beendet ist, ergibt sich aus der zeitlichen Eingrenzung keinerlei Beeinträchtigung; die Gesamtheit der aus ihrer Realisierung folgenden Konsequenzen wird vollständig erfaßt. Demgegenüber werden alle Alternativen mit längerer Laufzeit "abgeschnitten", d.h. die mit der Durchführung zu erwartende zeitliche Folge von Ein- und Auszahlungen wird nur noch teilweise explizit in dem Entscheidungsmodell abgebildet. Die durch die Festlegung von t^E bestimmte Grenzperiode wird dann als "Ergebnishorizont" bezeichnet.[1)]

Bei der Festlegung des Ergebnishorizonts sind die Planungskosten und die Informationsunsicherheit von Bedeutung.[2)]

Im Zusammenhang mit der Informationsbeschaffung ist abzuschätzen, für welchen Zeitraum es überhaupt lohnt, sich nähere Kenntnisse über die Konsequenzen einer Handlungsalternative zu verschaffen. Bei der Modellformulierung wird also entsprechend zu überlegen sein, inwieweit die von der Einbeziehung auch zeitlich weiter entfernter Zahlungsströme zu erwartende Verbesserung der Entscheidungsgrundlage die damit verbundene Erhöhung des Rechen- und Lösungsaufwandes (Planungskosten) überhaupt rechtfertigt.

(Fortsetzung Fußnote von vorangegangener Seite)
infinitesimale Wirkungen vorhanden sind, die praktisch vernachlässigt werden können;
- Informationshorizont=(subjektiver) technologischer Horizont: die Grenze, jenseits derer über weitere Konsequenzen keine Information vorhanden ist, so daß alle denkbaren Konsequenzen gleich wahrscheinlich erscheinen.

Vgl. Gäfgen (1974), S. 201.

1) Vgl. Bitz (1978), S. 176.

2) Siehe hierzu Bitz (1977), S. 220-224; derselbe (1978), S. 184-189.

Darüber hinaus werden einer Ausdehnung des Ergebnishorizontes auch durch die Unsicherheit über künftige Entwicklungen Grenzen gesetzt. Je weiter man die Konsequenzen einer bestimmten Handlungsalternative in die Zukunft hinein zu erkennen versucht, um so ungewisser werden die Prognosemöglichkeiten und um so größer wird die Streubreite der möglichen Ergebnisse, so daß die Unterschiede zwischen den zur Auswahl stehenden Alternativen mehr und mehr verschwimmen. Der Ergebnishorizont kann also höchstens so weit gespannt werden, wie die vorliegende Information es erlaubt, die zur Verfügung stehenden Handlungsalternativen in ihren Ergebnismöglichkeiten hinreichend zu erkennen.

2.3 Zum Sicherheitsstreben

Das Unternehmen bzw. hier die Bank wird nicht nur von den Eigentümern, sondern auch vom Management und den Mitarbeitern als Ertrags-/Einkunftsquelle angesehen, so daß davon auszugehen ist, daß eine Gefährdung des Kreditinstituts - insbesondere in der Funktion als Einkunftsquelle - zu vermeiden ist. Dementsprechend ist dem Streben nach Sicherheit ein hoher Stellenwert einzuräumen.[1] Darunter soll das Streben nach der für die langfristige Erzielung von Gewinnen erforderlichen Berücksichtigung der vorhandenen Risiken[2] verstanden werden.

Ausgehend von der Tatsache, daß das Betreiben von Bankgeschäften erlaubnispflichtig ist,[3] ist jeder Verstoß gegen gesetzliche Vorschriften zu vermeiden, der zur Rücknahme der Erlaubnis, Bankgeschäfte zu betreiben,[4] führen könnte. Weiterhin sind alle Maßnahmen/Entscheidungen eines Kreditinstitutes darauf hin auszurichten, daß die Insolvenztatbestände Zahlungsunfähigkeit[5]

---

1) Vgl. Schiemenz/Seiwert (1979), S. 584-589; zum Sicherheitsstreben siehe auch allgemein Wittstock (1970), S. 837-845 sowie insbesondere für das Kreditwesen Bellinger (1973), S. 4 f.; Hagenmüller (1977), S. 296-299 und S. 354-437.

2) Vgl. Hagenmüller (1977), S. 297.

3) Vgl. § 32 Abs. 1 KWG.

4) Vgl. § 35 i.V.m. § 33 KWG.

5) Vgl. oben Teil III, 6. Kapitel, 3.2, S. 120-124.

und Überschuldung[1] vermieden werden. In engem Zusammenhang mit der Existenzsicherung ist auch die Standingpflege[2] zu sehen, d.h. es sind alle Verhaltensweisen bzw. nur deren Anschein zu vermeiden, die die Gläubiger der Bank zur Krediteinschränkung oder -verweigerung oder gar zum unerwarteten schlagartigen Abzug ihrer Einlagen, wie beipielsweise während der Bankenkrise von 1931,[3] veranlassen könnten.[4]

Als Zielvorschrift für das "Sicherheitsstreben" ist also ein hohes Anspruchsniveau zu konstatieren; der zeitliche Bezug des Zieles ist wiederum durch den Ergebnishorizont gegeben.

3. Formulierung der Zielsetzung für die Entscheidungssituation einer Bank in der Krise ihres Schuldners

3.1 Vorbemerkung

Die Zielsetzung der Entscheidung einer Bank in der Krise ihres Schuldners als Sonderform der Kreditentscheidung ist als Sektoralziel bzw. Unterziel zu interpretieren.[5] Als Oberziel in der Instrumentalrelation ist die Zielkonzeption der Bank zu sehen, und die abzuleitende Zielsetzung hat dann zu dem Oberziel in einer Mittel-Zweck-Beziehung zu stehen.

---

1) Vgl. oben Teil III, 6. Kapitel, 3.3, S. 124-130.

2) Vgl. Wittstock (1970), S. 849 f.

3) Vgl. hierzu die Berichterstattung und Analyse bei Lansburgh (1931); Walb (1932); Fischer, Otto Chr. (1933); Schacht (1934), S. 3-5; Born (1967); Lüke (1981).

4) Siehe auch Krümmel (1984), S. 483:
"Erhalten Gläubiger (insbesondere gut unterrichtete und reaktionsschnelle Großgläubiger) einer Bank Informationen über erratische und bedeutende Verluste ihrer Bank, so kommt es zu Einlagenabzügen, die für sich genommen oder mit denen der (auf die Information oder das Verhalten der vorangehenden Großgläubiger reagierenden) Kleinanleger zusammen die Insolvenzwahrscheinlichkeit bei dieser Bank zu erhöhen."

5) Zur Ableitung von Sektoralzielen siehe auch Berthel (1973a), S. 31 f.
Zur Zielsetzung einer Kreditentscheidung siehe auch Strack (1976), S. 22.

Daneben haben die Unterziele der Forderung nach Operationalität zu genügen, d.h. es muß für sie mögliche Aktivitäten geben (Verfolgbarkeit),[1] es muß feststellbar sein, ob sie erreicht wurden (Meßbarkeit), es muß für sie ein Erreichungszeitraum festliegen (Zeitbezug), und es muß für Zielmehrheiten eine Prioritätsordnung existieren (Dominanzen).[2]

Der operationale Zeitbezug ist mit der Fixierung des zeitlichen Zielelementes gegeben, wenn ein überprüfbarer Zeitbezug mit einem überschaubaren zukünftigen Zeitraum gewählt wird, innerhalb dessen Entscheidungen zur Verwirklichung der Zielgröße möglich sind.

Eine operationale Bestimmung der Zielvorschrift bzw. des angestrebten Ausmaßes der Zielerreichung verlangt die Bestimmung einer Maßgröße sowie eine ihr zugeordnete Maßskale. Grundsätzlich kommen dabei die folgenden Skalen in Betracht:

- Nominalskala: Hierbei werden verschiedene Ausprägungsmöglichkeiten der zur Beschreibung der betrachteten Objekte herangezogenen Merkmale in beliebiger Weise durch unterschiedliche Zahlen "benannt".[3] Bei einer Nominalskala kann also kein Über-/Unterordnungsverhältnis zwischen den einzelnen Maßgrößen konstruiert werden.

- Ordinalskala: Bei dieser Skala kennzeichnen die Skalenwerte außer Identität oder Diversität der betrachteten Sachverhalte zusätzlich deren Rangfolge in bezug auf die gemessenen Merkmalsausprägungen.[4] Kennzeichnend für die Ordinalskala ist jedoch, daß die Vorziehenswürdigkeit nicht in

1) Vgl. hierzu Andrä (1975), S. 117; siehe auch derselbe, a.a.O, S. 117-129; Berthel (1973), S. 53-65.

2) Vgl. Berthel (1973), S. 24; siehe auch Andrä (1975), S. 103-116; Heinen (1976), S. 115-118.

3) Vgl. Bitz (1977), S. 82.

4) Vgl. derselbe, a.a.O., S. 83.

numerischen Werten angegeben werden kann.

- Intervallskala: Diese Skala bildet die Ausprägungen der betrachteten Merkmale in der Weise ab, daß Differenzen von Skalenwerten mit anderen entsprechenden Differenzen voll vergleichbar sind, also eine gehaltvolle Aussage nicht nur über die Rangfolge, sondern auch über den Abstand der dargestellten Sachverhalte beinhaltet.[1]

- Verhältnisskala: Bei einer solchen Skala existiert für das zu messende Merkmal ein "natürlicher Nullpunkt". Diese Skala erlaubt bei dem Vergleich der Skalenwerte somit auch den Schluß, um das Wievielfache das betrachtete Merkmal bei dem einen Sachverhalt stärker ausgeprägt ist als bei dem anderen Sachverhalt.[2]

Intervall- und Verhältnisskalen werden zum Begriff der Kardinalskala zusammengefaßt.

Zur Beschreibung von Handlungsergebnissen sind grundsätzlich alle Typen unterschiedlicher Maßskalen verwendbar. Operationale Zielkonzeptionen sollen jedoch nicht nur beliebige beschreibende Aussagen über verschiedene Handlungsfolgen enthalten, sondern die Auswahl einer Alternative ermöglichen, die anderen Handlungsmöglichkeiten gegenüber als vorziehenswürdig erscheint. Der durch die Zielvorschrift umschriebene Meßvorgang muß also vorwiegend zu einer Ranglozierung der betrachteten Handlungsalternativen führen. Das aber bedeutet, daß Nominalskalen zur Darstellung der Maßgrößen in dem hier definierten Sinne nicht in Frage kommen.[3]

---

1) Vgl. Bitz (1977), S. 84.

2) Vgl. derselbe, a.a.O., S. 85.

3) Vgl. derselbe, ebenda.

Die Höhe des Ausmaßes der Zielerreichung kann bei graduell erreichbaren Zielen extremal (als Maximum oder Minimum), limitiert (als Mindest- und/oder Höchstzielerfüllungsgrad) oder punktuell fixiert formuliert werden.[1] Zwischen diesen idealtypischen Grundkonzeptionen lassen sich dann vielfältige Mischformen konstruieren.

Im folgenden werden sukzessiv drei Ziele erläutert. Die Numerierung dient lediglich der Identifikation und gibt keinen Hinweis auf Dominanzen. Vorab werden einige Aspekte des Problems der Einbeziehung von Unsicherheiten beleuchtet.

3.2 Zur Einbeziehung des Problems der Unsicherheit

Bereits oben ist herausgearbeitet worden, daß die themarelevante Entscheidung unter Risiko zu treffen ist.[2] Die Ergebnisse der einzelnen Handlungsvarianten sind nicht mit Sicherheit vorhersehbar, es können aber (subjektive) Wahrscheinlichkeiten für verschiedene Ergebnisausprägungen formuliert werden. Der Entscheidende hat also die Wahl zwischen verschiedenen Wahrscheinlichkeitsverteilungen.

Hier treten nun besondere Probleme bei der Formulierung einer Zielfunktion auf. Eine gute Problembewältigung wird durch die gedankliche Differenzierung zwischen originären und subsidiären Zielvariablen möglich.[3] Dabei müssen für das einer jeden Handlungsvariante x_i zugeordnete Spektrum verschiedener möglicher Werte der originären (Teil-)Zielvariablen die zugehörigen Werte einer oder mehrerer eigens zu diesem Zweck festzulegender subsidiärer (Teil-) Zielvariablen $e(x_i)$ bestimmt werden. Im Anschluß daran muß auf der Basis dieser subsidiären (Teil-)Zielvariablen eine definitive Zielfunktion festgelegt werden, um so zu einer Ranglozierung der zur Auswahl stehenden Handlungsvarianten und zur Ableitung einer Handlungsempfehlung

---

1) Vgl. Andrä (1975), S. 109-113, insbesondere S. 111.

2) Vgl. oben Teil I, 1. Kapitel, 2., S. 11 f.

3) Siehe hierzu Bitz (1977), S. 283.

zu gelangen.[1]

Die subsidiären Zielvariablen sollen jene Qualitäten der alternativ möglichen Werte der originären Zielvariablen widerspiegeln, die für den Entscheidungsträger besonders wichtig sind; diejenigen Momente der Unsicherheitssituation sollen berücksichtigt werden, die dem Entscheidenden vorrangig beachtenswert erscheinen.[2]

Wenn - wie im vorliegenden Fall - zumindest subjektive Wahrscheinlichkeitsurteile formuliert werden können, dann kann der Wert der subsidiären Zielvariablen $e(x_i)$ aus dem Vektor der verschiedenen originären Zielvariablenwerte sowie deren Eintrittswahrscheinlichkeiten p_j abgeleitet werden.[3] Zu den geläufigsten subsidiären Zielvariablen dieses Typs zählen:[4]

a) der wahrscheinlichste originäre Zielvariablenwert,

b) der Fraktilswert, d.h. der größte der Zielvariablenwerte, für den die Wahrscheinlichkeit, daß er mindestens erreicht wird, nicht unterhalb einer bestimmten Mindestwahrscheinlichkeit p_{min} liegt,

c) der Erwartungswert der originären Zielvariablen,

d) der Erwartungswert aller unterhalb eines Mindestwertes gelegenen originären Zielvariablen (beispielsweise Verlusterwartung),

e) das zweite zentrale Moment, d.h. die Varianz der Zielvariablenwerte, oder auch deren Standardabweichung,

f) das quadratische Mittel die Zielvariablenwerte, d.h. die Sum-

1) Vgl. Bitz (1977), S. 283.

2) Vgl. derselbe, a.a.O., S. 284.

3) Vgl. derselbe, a.a.O., S. 284 f.

4) Vgl. hierzu derselbe, a.a.O., S. 286 f. m.w.N.

me aus Varianz und dem Quadrat des Erwartungswertes,

g) der Variationskoeffizient, d.h. die Quotient aus Standardabweichung und Erwartungswert der Zielvariablenwerte sowie

h) die Wahrscheinlichkeit dafür, daß der originäre Zielvariablenwert einen kritischen Wert unterschreitet (beispielsweise Verlust- oder Ruinwahrscheinlichkeit).

Welche dieser genannten subsidiären Zielvariablen im einzelnen ausgewählt werden soll, ist sinnvoll am besten im Zusammenhang mit den Einzelzielen zu diskutieren.

3.3 Ziel 1: Barwertmaximierung

Das Ziel 1 wird aus dem Oberziel "Gewinnstreben" abgeleitet. In der hier unterstellten Entscheidungssituation mutet das Streben nach Gewinn zunächst seltsam an, wenn man bedenkt, daß der Bank tatsächlich - bedingt durch die Krise des Schuldners - Verluste drohen. Ziel der Bank kann es in einer solchen Situation nur sein, die drohenden Verluste abzuwenden bzw. zu minimieren. Als zeitlicher Bezug eines solchen Zieles ist sinnvollerweise der Ergebnishorizont zugrunde zu legen, da die Konsequenzen der der Bank in der themarelevanten Entscheidungssituation zur Verfügung stehenden Strategienbündel "Sanierung", "Stillhalten mit den gewährten Krediten" und "Aktive Beendigung der Kreditbeziehung"[1] unter Umständen weit in die Zukunft reichen. Um dem langfristigen Bezug der Ziele Rechnung zu tragen, ist es zweckmäßig, von den Bilanzierungsvorschriften für den einzelnen Jahresabschluß zu abstrahieren und den Rückzahlungsstrom als Maßstab zu wählen, d.h. auf der Zahlungsebene zu argumentieren.

Als relevante - erwartete[2] - Zahlungsströme kommen in diesem

1) Zu den Handlungsalternativen vgl. im einzelnen oben Teil III, 7.-9. Kapitel, S. 133-215.

2) Zu der Charakterisierung der Entscheidungssituation im Hinblick auf den Informationsstand vgl. oben Teil I, 1. Kapitel, S. 9-27.

Zusammenhang in Betracht:

- Forderungsbezogene Einzahlungen

  Hierunter sind alle Einzahlungen zu subsummieren, die einen engen Bezug zu der Forderung der Bank gegen den in einer Krise befindlichen Schuldner aufweisen. Insbesondere sind hier Einzahlungen aus Kreditrückzahlung, Zinszahlung und Verwertung von der Bank gestellten Sicherheiten, Konkurs- und Vergleichsquote sowie Einzahlungen aus der eventuellen Bedienung einer Eigenkapitalposition zu nennen.

- Forderungsbezogene Auszahlungen

  In dieser Kategorie sind alle Auszahlungen mit einem engen Bezug zu der Forderung des Kreditinstituts gegen den Schuldner zu erfassen. Beispielhaft seien weitere Kreditauszahlungen und Auszahlungen für die Übernahme einer Sanierungsbeteiligung aufgezählt.

  Ausdrücklich ist darauf hinzuweisen, daß die bereits in der Vergangenheit geleisteten Auszahlungen, also insbesondere die ursprünglichen Kreditauszahlungen, nicht entscheidungsrelevant sind.[1] Bei der Zielfixierung ist ein Ziel für die zu treffende Entscheidung der mit einer Schuldnerkrise konfrontierten Bank zu finden. Da mit dieser fraglichen Entscheidung nur noch zukünftige Zahlungsströme beeinflußt werden können, kann eine in der Vergangenheit geleistete Auszahlung keinen Beitrag zur Zielerreichung leisten und wird daher hier nicht berücksichtigt.

- Sonstige entscheidungsabhängige Einzahlungen

  Unter diesem Begriff sind alle Einzahlungen zusammenzufassen, die von der zu treffenden Entscheidung beeinflußt werden und nicht forderungsbezogene Einzahlungen sind. Vor dem Hintergrund, daß das Kreditinstitut mit dem Kunden häufig

---

1) Siehe auch Rudolph (1981), S. 105.

nicht nur eine Kreditbeziehung unterhält, sondern auch andere Produkte der Bank in Anspruch genommen werden, sind hier Einzahlungen aus der sonstigen Geschäftsverbindung, wie zum Beispiel Provisionen, zu erfassen. Darüber hinaus sind über die isolierte Betrachtung der Einzelkundenbeziehung hinaus die Auswirkungen der zu treffenden Entscheidung auf Kundenbeziehungen mit Dritten, wie beispielsweise mit Lieferanten und Abnehmern oder auch Arbeitnehmern des kriselnden Schuldners, ins Kalkül einzubeziehen.

- Sonstige entscheidungsabhängige Auszahlungen

  Hier sind alle Auszahlungen zu subsumieren, die entscheidungsabhängig und nicht forderungsbezogene Auszahlungen sind. Entsprechend den entscheidungsabhängigen Einzahlungen sind in diesem Zusammenhang Auszahlungen aus Kundenbeziehungen mit Dritten oder auch Auszahlungen für die Informationsbeschaffung zu erfassen. Darüber hinaus sind in dieser Kategorie Auszahlungen zu berücksichtigen, die ihre Begründung darin haben, daß Dritte einen Schadensersatz aufgrund der Bank vorgeworfener Gläubigergefährdung/Konkursverschleppung geltend machen.[1]

Die erwarteten Ein- und Auszahlungen werden in der Regel zu unterschiedlichen Zeitpunkten realisiert. Um sie vergleichen zu können, ist es deshalb notwendig, sie auf einen einheitlichen Zeitpunkt zu normieren; dieser einheitliche Zeitpunkt ist zweckmäßigerweise der Zeitpunkt der Entscheidung, d.h. die Zahlungen sind in einen Barwert oder Gegenwartswert umzurechnen. Als Gegenwartswert einer Zahlungsreihe wird die Summe aller auf den einheitlichen Bezugszeitpunkt t_o abgezinsten Zahlungen bezeichnet.[2] Ist i_t der Kalkulationszinsfuß für die Laufzeit t[3] und setzt man $q_t = 1+i_t$, so gilt für den auf die Gegenwart nor-

---

1) Zur Problematik der Sanierungskredite vgl. ausführlich oben Teil III, 7. Kapitel, 2.2, S. 137-141.

2) Siehe auch Hax (1985), S. 12.

3) Als Kalkulationszinsfuß kann die Bank ihre Refinanzierungskosten für die jeweilige Laufzeit zugrunde legen.

mierten Ergebniswert e der Zahlungsreihe a_o, a_1, ..., a_T im Bezugszeitpunkt t_o:

$$e = \sum_{t=0}^{T} a_t \times q_t^{-t}$$

Dieser Wert wird mit der - hier nicht geltenden - Annahme eines vollkommenen Kapitalmarktes auch als Kapitalwert bezeichnet.[1)] Bei einem vollkommenen Kapitalmarkt wird angenommen, daß der Investor jederzeit und in beliebiger Höhe zu einem einheitlichen Kalkulationszinsfuß Mittel anlegen und aufnehmen kann. Diese Annahme ist nier nicht notwendig, da davon auszugehen ist, daß die Bank für jeden Zahlungszeitpunkt t_i einen Kalkulationszinsfuß für die Mittelanlage und einen Kalkulationszinsfuß für die Mittelaufnahme ermitteln kann. Je nach Qualifikation der Zahlungen als Aus- oder Einzahlung ist dann der entsprechende Kalkulationszinsfuß für die Berechnungen heranzuziehen.

Als Zielvorschrift für das Ziel "Gewinnstreben" bzw. "Verlustvermeidung" ist - bezogen auf die einzelne Kreditbeziehung - ein Maximum des Überschusses der forderungsbezogenen Einzahlungen über die forderungsbezogenen Auszahlungen anzustreben. Allerdings ist auch hier nicht die ideale Maximierung des Barwertes anzustreben, sondern eine solche Barwertmaximierung, die unter realen Handlungsbedingungen zu erreichen ist.

Ein zusätzliches Problem liegt nun darin, daß die zukünftigen Zahlungen der Zahlungsreihe a_o, a_1, ..., a_T im Entscheidungszeitpunkt noch nicht mit Sicherheit feststehen. Denkbar sind für jeden Zahlungszeitpunkt t_i unterschiedliche Ausprägungen der Zahlungen a_i. Für jede dieser Ausprägungen von a_i kann eine (subjektive) Wahrscheinlichkeit p_j (a_{ij}) formuliert werden.

Dieses Problem der Unsicherheit soll nun in der Weise einbezogen werden, daß neben den originären Zielvariablen a_i eine subsi-

1) Siehe dazu Albach (1959), S. 44-47; Blohm/Lüder (1983), S. 56-73; Süchting (1984), S. 239-245; Braun (1985); Hax (1985), S. 13 f.

diäre Zielvariable festgelegt wird.[1] Diese soll jene Qualitäten der alternativ möglichen Werte der originären Zielvariablen widerspiegeln, die für den Entscheidenden besonders wichtig sind. M.E. kann hier plausibel unterstellt werden, daß der Entscheidungsträger in diesem Punkt eine risikoneutrale Abbildung der Gesamtheit der möglichen Ergebniswerte in einen "repräsentativen" Wert fordert. Das bedeutet, daß der (mathematische) Erwartungswert[2] herangezogen werden kann. Den (mathematischen) Erwartungswert μ enthält man als Summe aller mit ihrer Eintrittswahrscheinlichkeit multiplizierten Ergebniswerte:

$$\mu_t = \sum_{i=1}^{n} a_{tj} \times p_j;$$

mit a_t = Ergebniswert in der Periode t,
p = Eintrittswahrscheinlichkeit.

Diese Kennzahl gibt also das Durchschnittsergebnis einer Zahlung a_t zum Zeitpunkt t an, wobei die Wahrscheinlichkeiten als Gewichte verwendet werden.

Der zu maximierende Barwert e ergibt sich also als der auf die Gegenwart normierte Ergebniswert der Erwartungswerte μ_0, μ_1, ..., μ_t der Zahlungen a_{0j}; a_{1j}, ..., a_{Tj} im Bezugszeitpunkt t=0:

$$e = \sum_{t=0}^{T} \mu_t \times q_t^{-t}$$

3.4 Ziel 2: Imagepflege

Dieses weitere Ziel steht zu dem "Gewinnstreben" in einer Zweck-Mittel-Beziehung. Wenn eine Bank anstrebt, aus der Geschäftsverbindung mit bestimmten Kunden (Zielkunden) Gewinne zu erzielen, dann muß sie darauf achten, daß - langfristig - ihr Image bei den Kunden die Anbahnung und Aufrechterhaltung bzw. den Ausbau von Geschäftsbeziehungen fördert. Das Image der Bank ergibt sich konkret nicht nur durch (erforderliche) Public-Relations-Arbeit, sondern auch durch vom Publikum beobachtete

---

1) Siehe hierzu oben, 3.2., S. 228.

2) Siehe hierzu oben Teil I, 2. Kapitel, 2.1, S 30.

Geschäftsentscheidungen, insbesondere Kreditentscheidungen und Entscheidungen der Bank in der Krise eines Schuldners.[1)]

So könnten sich zum Beispiel Kunden veranlaßt sehen, die Geschäftbeziehung zu einem anderen Kreditinstitut zu verlagern, wenn sie beobachten, daß die Bank (gegebenenfalls als Hausbank) in der Schuldnerkrise - aus Sicht des Publikums - "voreilige" Kreditkündigungen ausspricht.[2)] Hier findet auch eine gelegentlich anzutreffende Einstellung der Öffentlichkeit ihren Niederschlag, die den Banken eine besondere Verantwortung für das Allgemeinwohl und für die Arbeitsplätze im Schuldnerunternehmen zuweist.[3)] Diese Einstellung ist insbesondere im Zusammenhang mit jüngeren spektakulären Krisenfällen, wie beispielsweise AEG und Arbed Saarstahl, entscheidungsrelevant geworden.

Daneben ist für das Image der Bank bedeutsam, daß sie sich mit ihren Kreditentscheidungen an Recht und Gesetz hält und zum Beispiel im Zusammenhang mit Sanierungskrediten nicht die Tatbestände der Gläubigergefährdung oder Konkursverschleppung erfüllt.[4)]

Unter dem Ziel "Imagepflege" ist darüber hinaus auch das Verhalten in Kreditkonsortien mit anderen Banken zu sehen. Hier kann die mehrheitliche Entscheidung der Konsortialpartner für eine bestimmte Handlungsalternative die Entscheidung der Bank faktisch präjudizieren.

---

1) Siehe auch Süchting (1972), insbesondere S. 275 f.;
"Der berühmte Banklehrsatz 'Kredit ist Vertrauen' kehrt sich hier aus Sicht der Abnehmer von Bankleistungen gegen die Bank um."
Zum Ruf der Bank als bankbetriebliches Ziel siehe auch Mattes (1980), S. 549 f.; siehe weiterhin Woeste (1986), S. 813.

2) Hierzu ist das folgende Motto gebildet worden:
Banken sind Institutionen, die einen Regenschirm anbieten, wenn die Sonne scheint, und ihn wieder einziehen, sobald es regnet.
Vgl. zum Beispiel Herrhausen (1979), S. 358.

3) Siehe hierzu Holzach (1982), S. 319-322.

4) Zur Sanierungskreditproblematik siehe oben Teil III, 7. Kapitel, 2.2, S. 137-141.

Bezüglich der Zielvorschrift für das Ziel "Imagepflege" ist als ständiger Anspruch zu formulieren, daß durch die zu treffenden Entscheidungen das Image der Bank bei den Zielkunden gefördert bzw. nicht beeinträchtigt wird. Da sich hier Probleme bei der Messung des Einflusses einer Einzelentscheidung auf das Bank-Image ergeben, tauchen Schwierigkeiten auf, das Ziel operational zu formulieren. Gleichwohl dürfen diese Schwierigkeiten nicht dazu führen, daß das Ziel insgesamt aufgegeben wird; die Konkretisierung ergibt sich dann zumeist im praktischen Einzelfall.

Die Zielerfüllung bezüglich des Zieles "Imagepflege" ist aus Gründen der Praktikabilität lediglich auf einer auf zwei Werte reduzierten Ordinalskala abzutragen, d.h. bei einer Zielerfüllung wird eine Eins vergeben, bei Verstoß gegen das Ziel "Imagepflege" eine Null.

3.5 Ziel 3: Bilanzielle Verlustvermeidung

Das Ziel 3 wird aus dem Oberziel "Sicherheitsstreben" abgeleitet. Ein Verstoß gegen gesetzliche Vorschriften, der zur Rücknahme der Erlaubnis, Bankgeschäfte zu betreiben, führen könnte, ist in der Schuldnerkrise in aller Regel nur aus besonders großen Kreditverlusten zu befürchten. Das Bundesaufsichtsamt für das Kreditwesen ist in solchen Fällen befugt, die Bankerlaubnis zurückzunehmen, "wenn Gefahr für die Erfüllung der Verpflichtungen eines Kreditinstitutes gegenüber seinen Gläubigern, insbesondere für die Sicherheit der ihm anvertrauten Vermögenswerte besteht und die Gefahr nicht durch andere Maßnahmen nach diesem Gesetz abgewendet werden kann; eine Gefahr für die Sicherheit der einem Kreditinstitut anvertrauten Vermögenswerte besteht auch

a) bei einem Verlust in Höhe der Hälfte des nach § 10 Abs. 7 maßgebenden haftenden Eigenkapitals oder

b) bei einem Verlust in Höhe von jeweils mehr als zehn vom Hundert des nach § 10 Abs. 7 maßgebenden haftenden Eigenkapitals in mindestens drei aufeinanderfolgenden Geschäftsjahren."[1])

Es ist unmittelbar einsichtig und ergibt sich aus der Erfahrung, daß Kreditverluste im oben beschriebenen Ausmaß die Ausnahme im Bankgeschäft bilden; gleichwohl ist die Vorschrift stets zu beachten.

Das Ziel "Bilanzielle Verlustvermeidung" bezieht sich also - im Gegensatz zum Ziel "Barwertmaximierung" - auf die Erfolgsebene. Bilanzielle Verluste, deren Höhe sich aus der gesetzlichen Vorschrift ergibt, sind zu jedem Zeitpunkt zu vermeiden. Dies ist das Anspruchsniveau.

Es ist in der Regel nicht denkbar, daß Überschuldung für ein Kreditinstitut gegeben ist, obwohl keine Verluste in dem oben beschriebenen Ausmaß zu verzeichnen sind. Damit greifen im allgemeinen die Spezialvorschriften des KWG (wie beispielhaft oben erläutert) vor dem Insolvenztatbestand Überschuldung.

Der Insolvenztatbestand Zahlungsunfähigkeit und die ihrem Eintritt vorbeugende Standingpflege sind für das Kreditgewerbe von besonderer Bedeutung. Grundsätzlich ist jede Entscheidung im Bankbetrieb daraufhin zu überprüfen, ob sie nicht zu einer Krediteinschränkung oder -verweigerung seitens der Einleger führen könnte. Vor dem Hintergrund jedoch, daß die Reaktionen der Bankgläubiger kaum sicher vorhergesehen werden können, ist eine operationale Zielformulierung für die in Frage stehenden Entscheidungssituationen praktisch ausgeschlosssen. Im folgenden gehen wir daher davon aus, daß den Anforderungen an eine ausreichende Standingpflege bereits durch die allgemeine Geschäftspolitik und Öffentlichkeitsarbeit Rechnung getragen wird.

Ein zusätzliches Problem liegt auch hier darin, daß die zukünftigen entscheidungsabhängigen Gewinne/Verluste im Entscheidungszeitpunkt noch nicht mit Sicherheit feststehen. Denkbar sind unterschiedliche Ausprägungen, für die jeweils (subjektive) Wahrscheinlichkeiten formuliert werden können.

---

1) § 35 Abs. 2 Nr. 4 KWG.

Das Problem der Unsicherheit soll nun wiederum so einbezogen werden, daß eine subsidiäre Zielvariable festgelegt wird. Die bei der Formulierung des Zieles "Bilanzielle Verlustvermeidung" inhärente Risikoscheu kann hier m.E. sinnvoll mit der Forderung abgebildet werden, daß die Wahrscheinlichkeit dafür, daß die zukünftigen entscheidungsabhängigen Verluste einen kritischen Wert überschreiten (Ruinwahrscheinlichkeit) einen bestimmten Prozentsatz von beispielsweise 10 % nicht überschreiten darf. Bei der Festlegung dieses Prozentsatzes für die Ruinwahrscheinlichkeit findet die Risikoscheu des Entscheidungsträgers ihren Ausdruck.

3.6 Zielrelationen und Zielkonflikte

Ausgehend von dem oben abgeleiteten Ergebnis, daß in der Entscheidungssituation der Bank in der Krise ihres Schuldners ein Zielpluralismus gegeben ist, sind die Relationen bzw. Beziehungen zwischen den einzelnen Zielen zu analysieren. Für die Zwecke dieser Arbeit ist es dabei bedeutsam, die Interdependenzrelationen zu erläutern.[1)] Hierbei sind Komplementarität, Konkurrenz und Indifferenz zwischen Zielen auseinanderzuhalten.

Zwei Ziele stehen miteinander im komplementärer Beziehung, wenn für jedes beliebige Paar von Handlungsalternativen aus dem Aktionsfeld gilt, daß durch die Erfüllung eines Zieles auch die Erfüllung des anderen Zieles gesteigert wird. Ist die Erfüllung eines Zieles mit einer Minderung des Zielerfüllungsgrades des

---

1) Darüber hinaus unterscheidet Kirsch Instrumental- und Präferenzrelationen; vgl. Kirsch (1971), S. 147-151.
Instrumentalrelationen, also eine Einteilung in Ober- und Unterziele sind hier zwischen den Zielen Gewinn- und Sicherheitsstreben als Bestandteile des Zielsystems der Bank (= Oberziele) und den für die themarelevante Entscheidungssituation abgeleiteten Zielen (= Unterziele) zu konstatieren.
Präferenzrelationen geben an, ob und inwieweit ein Entscheidungssubjekt die Erreichung eines Zieles der Erreichung des anderen Zieles vorzieht und insofern als dringlicher erachtet, d.h. den Zielen ein relatives Gewicht beimißt. Üblich ist dann im weiteren die Unterscheidung von Haupt- und Nebenzielen; Hauptziele besitzen für die Wahl der optimalen Alternative ein vergleichsweise höheres Gewicht als Nebenziele.
Zu den Präferenzrelationen vgl. Kirsch (1971), S. 148; Heinen (1976), S. 107-113; Kupsch (1979), S. 30-33.

anderen Zieles verbunden, dann wird das Verhältnis zwischen diesen beiden Zielen als konkurrierend bezeichnet. Zwei Ziele verhalten sich zueinander indifferent, wenn für jedes beliebige Handlungsalternativenpaar die Erfüllung eines Zieles auf die Erfüllung des anderen keinen Einfluß ausübt.[1)]

Für den Fall, daß zwischen zwei Zielen Konkurrenzbeziehungen vorliegen, ist ein Zielkonflikt[2)] zu konstatieren. Die Rangordnungen der Alternativen hinsichtlich der einzelnen Ziele weichen dann voneinander ab. Dies kann dazu führen, daß jeweils eine andere Alternative sich als optimal erweist, je nachdem, welches Ziel der Ordnung der Alternativen zugrunde gelegt wird. Es gibt also keine Alternative, die hinsichtlich aller Ziele optimal ist.[3)]

Zielkonflikte können vorliegen, wenn eine Person mehrere konkurrierende Ziele berücksichtigt (intrapersoneller Zielkonflikt) oder wenn eine Zielauseinandersetzung zwischen widerstreitenden Personen gegeben ist (interpersoneller Zielkonflikt).[4)] Vor dem Hintergrund, daß im Rahmen dieser Arbeit die organisatorischen Aspekte des Zielbildungsprozesses nicht problematisiert werden sollen, wird auf den interpersonellen Zielkonflikt hier nicht eingegangen.[5)]
In der Literatur werden die folgenden drei Formen zur Lösung von intrapersonellen Zielkonflikten beschrieben, die Zieldominanz, das Zielschisma und der Zielkompromiß.[6)]

---

1) Vgl. Heinen (1976), S. 94 f.; siehe auch Bitz (1977), S. 240-244; Kupsch (1979), S. 26-30.

2) Siehe hierzu Bidlingmaier (1968), S. 56-63; Mus (1975), S. 29 f.; Bitz (1977), S. 262-282; derselbe (1981), S. 26.

3) Vgl. Kirsch (1970), S. 98.

4) Siehe auch Szyperski (1971), S. 662 f.

5) Zu den Merkmalen des interpersonellen Zielkonfliktes siehe Bidlingmaier (1968), S. 63-68.
Zu den Strategien zur Bewältigung solcher Konflikte siehe derselbe, a.a.O., S. 127-139, insbesondere die Abbildung auf S. 132.

6) In Anlehnung an Smith (1956), S. 135-137; Chmielewicz (1970), S. 254-256 m.w.N.; Heinen (1976), S. 141-147; Bitz (1977), S. 270-274.

Zieldominanz bedeutet, daß - im einfachsten Fall - bei Vorliegen zweier konkurrierender Ziele entweder der eine oder der andere Imperativ der Entscheidungsfindung zugrunde gelegt wird. Die Werte eines Zieles werden also unterdrückt. Konfliktlösung durch Zieldominanz setzt demzufolge voraus, daß sich der Entscheidungsträger auf ein Teilziel festlegt, das ihm letztlich als das gewichtigere erscheint.

Wird für unterschiedliche Entscheidungssituationen jeweils anderen Teilzielen der Vorrang eingeräumt, dann liegt die als Zielschisma bezeichnete Möglichkeit der Konfliktlösung vor. Als Lösung intrapersoneller Zielkonflikte schlägt sich die schismatische Regelung darin nieder, daß der Entscheidungsträger Partialmodelle jeweils auf der Basis verschiedener Zielvorstellungen formuliert und festlegt, welche Teilziele für die unterschiedlichen Partialmodelle jeweils ausschließlich relevant sein sollen. Das bedeutet, daß in bezug auf das einzelne Modell ein möglicher Zielkonflikt nach dem Prinzip der Zieldominanz gelöst wird. Insofern stellt eine schismatische Konfliktlösung eine im Hinblick auf verschiedene Entscheidungssituationen differenzierte Anwendung der Zieldominanzregel dar.[1)]

Beim Zielkompromiß gelangen die konkurrierenden Ziele für das gesamte Entscheidungsfeld gleichzeitig zur Anwendung. Der Zielkonflikt wird durch eine Gewichtung der Teilziele gelöst. Die verschiedenen Zielmaßstäbe werden somit zu einem einzigen Maßstab amalgamiert, die divergierenden Teilziele auf letztlich eine übergeordnete Zielgröße zurückgeführt. Die Anwendung des Zielkompromisses in dieser strengen Form setzt voraus, daß die einzelnen Teilziele in bestimmter Weise vergleichbar sind, eine übergeordnete Zielgröße definiert werden kann und der Beitrag einzelner Teilziele zur Erreichung dieser Zielgröße gemessen werden kann. Insoweit beinhaltet die Konfliktlösung auf der Basis des Zielkompromisses in erster Linie Bewertungsprobleme-

1) Vgl. Bitz (1977), S. 271-274 m.w.N.

me.[1)2)]

Die Verfolgung der Ziele "Barwertmaximierung" und "Bilanzielle

---

1) Vgl. Bitz (1977), S. 273 f.; siehe auch Dinkelbach (1969), S. 63-65; Strebel (1972).
Ein "Modell der Ausgleichlösung" als Alternative stellt Bürkle vor; vgl. Bürkle (1984).
Siehe auch Bürkle (1985); derselbe (1985a); Mus (1985); derselbe (1985a).

2) Daneben kann auch die Nutzwertanalyse erwähnt werden. Die Nutzwertanalyse will aus möglichen Handlungsoptionen des jeweiligen Entscheidungsträgers die für ihn optimale bestimmen, indem - bei den verschiedenen Handlungsalternativen - die erreichbaren Realisationsgrade der multidimensionalen, subjektiven Zielsetzungen dieses Entscheidungsträgers durch dimensionslose Nutzwerte gewichtet und amalgamiert werden. Das Entscheidungskriterium im Rahmen dieser Methode ist dann der "Nutzwert".
Struktur und Ablauf der Nutzwertanalyse können wie folgt beschrieben werden:
1. Zielkriterien
   Auffächerung des Oberzieles in Unterziele, d.h. Erstellung einer Zielhierarchie, deren Endglieder die entscheidungsrelevanten Zielkriterien sind.
2. Zielertragsmatrix
   Ermittlung der Beiträge aller Alternativen zu den einzelnen Zielkriterien und Zusammenfassung in einer Zielertragsmatrix. Die in der Zielertragsmatrix zusammengefaßten Elemente haben beliebige und ggf. unterschiedliche Dimensionen, sie können aber auch nur verbal formuliert sein.
3. Zielwertmatrix
   Bewertung der Zielerträge in einer Zielwertmatrix. Den einzelnen Zielkriterien werden entsprechend ihrem relativen Gewicht in der Menge aller Kriterien bestimmte Kriteriengewichte, deren Summe regelmäßig Eins ist, zugeordnet. Die Festlegung der Gewichte als Ausdruck subjektiver Zielpräferenzen kann intuitiv, aber auch systematisch-rational erfolgen.
4. Wertsynthese
   Die in der Zielwertmatrix abgebildeten Teilnutzwerte werden in der abschließenden Wertsynthese amalgamiert, in der Regel durch Addition der Teilnutzwerte zu dem Nutzwert.
5. Empfindlichkeitsanalyse
   Eine Empfindlichkeitsanalyse der ermittelten Nutzwerte ist regelmäßig dann sinnvoll, wenn
   - Unsicherheit über die Richtigkeit oder Genauigkeit der getroffenen Maßnahmen - insbesondere in ihrem zeitlichen Verlauf - herrscht
   oder wenn
   - die Höhe der Nutzwerte bei den einzelnen Handlungsalternativen sehr eng beieinanderliegen.
   Grundsätzlich sollten dann alle Elemente, die zur Berechnung des Nutzwertes beitragen, einer Empfindlichkeitsüberprüfung unterworfen werden, um den Einfluß einer

Verlustvermeidung" zielt im allgemeinen in die gleiche Richtung, d.h. es herrscht dann Zielkomplementarität. Bedingt dadurch, daß die "Barwertmaximierung" vom einzelnen Jahresabschluß abstrahiert gemessen wird und insofern langfristig (Begrenzung durch den Ergebnishorizont) und an der Zahlungsebene orientiert ist, während die "Bilanzielle Verlustvermeidung" auf der Erfolgsebene zu messen ist und jederzeit, also auch kurzfristig, zu verfolgen ist, sind seltene Situationen denkbar, bei denen die Erreichung des Zieles "Bilanzielle Verlustvermeidung" zu einer Einbuße bei der "Barwertmaximierung" führen kann. Beispielsweise gibt es praktische Fälle, bei denen die Bank von der Schuldnerkrise überrascht worden ist und dementsprechend noch keine Kreditausfallrückstellungen oder Einzelwertberichtigungen gebildet hat. In einer solchen Situation kann es sein, daß das Kreditinstitut, würde es allein die "Barwertmaximierung" verfolgen, sich für die Handlungsvariante "Aktive Beendigung der Kreditbeziehung" entscheiden würde und, würde es allein die "Bilanzielle Verlustvermeidung" verfolgen, sich für die Handlungsvariante "Sanierung" entscheidet, auch wenn die Erfolgsaussichten der Sanierung nicht hoch genug eingeschätzt werden. Die Bank gewinnt aber so Zeit, um Kreditausfallrückstellungen oder Einzelwertberichtigungen zu bilden und vermeidet bei einem möglichen späteren Scheitern der Sanierung bilanzielle Verluste

---

(Fortsetzung Fußnote von vorangegangener Seite)
Veränderung auf das Endergebnis festzustellen.
6. Alternativenreihung
Das Ergebnis der Analyse ist die Alternativenreihung, d.i. ein numerisches Gesamturteil bzw. der Nutzwert. Mit Hilfe der Nutzwerte werden die zur Auswahl stehenden Handlungsalternativen - nach Maßgabe der disaggregierten und differenziert gewichteten Präferenzen des Entscheidungssubjekts - in eine Reihenfolge gebracht.

Vgl. hierzu Rürup (1982); siehe auch Dreyer (1974), S. 256-258.
Siehe weiterhin Strebel (1969); Rischmüller (1980); Braun (1982); Blohm/Lüder (1983), S. 164 ff.; Zangemeister/Bomsdorf (1983); Zwoll (1984), S. 8-20.
Wesentlich bei der Methode der Nutzwertanalyse ist die Bewertung der einzelnen Zielkriterien mit einem Kriteriengewicht. Dies impliziert, daß der Beitrag einzelner Teilziele zur Erreichung einer übergeordneten Zielgröße formuliert werden kann und damit die Lösung eines Zielkonfliktes mit Hilfe des Zielkompromisses möglich ist.

in einer nicht gewünschten Höhe.[1] Zwischen den Zielen "Barwertmaximierung" und "Bilanzielle Verlustvermeidung" ist also überwiegend Zielkomplementarität, aber auch partiell Zielkonkurrenz zu konstatieren.
Der aufgrund der partiellen Zielkonkurrenz entstehende Zielkonflikt ist mit Hilfe der Zieldominanzregel zu lösen. Da die Erreichung des Zieles "Bilanzielle Verlustvermeidung" letztlich existenzwichtig für die Bank ist und eine solche existentielle Bedeutung für die "Barwertmaximierung" nicht festgestellt werden kann, ist dem hier erstgenannten Ziel Priorität einzuräumen.

Auch zwischen den Zielen "Barwertmaximierung" und "Imagepflege" sind (partiell) Konkurrenzbeziehungen denkbar. Zum Beispiel kann die Bank unter Zugrundelegung des ersten Zieles sich für die Handlungsvariante "Aktive Beendigung der Kreditbeziehung" entscheiden; verfolgt sie aber ausschließlich das Ziel "Imagepflege", dann ist es möglich, daß sie sich - um ihrer besonderen Verantwortung als Hausbank gerecht zu werden oder aus Rücksicht auf andere Kreditinstitute in Bankkonsortien - für die Handlungsvariante "Stillhalten mit den gewährten Krediten" oder gar "Aktive Mitwirkung an Maßnahmen zur Überwindung der Schuldnerkrise (Sanierung)" entscheidet.

Der entstehende Zielkonflikt kann zweckmäßig mit einer schismatischen Regelung gelöst werden. Es werden dann zwei unterschiedliche Partialmodelle formuliert: das <u>erste Modell</u> zeichnet sich dadurch aus, daß für den Fall der vorrangigen Verfolgung des Zieles "Imagepflege" eine Einbuße bei der Erreichung des Zieles "Barwertmaximierung" ein bestimmtes Maß <u>unter</u>schreitet, während bei dem <u>zweiten Modell</u> die Einbuße bei der "Barwertmaximierung" das bestimmte Maß <u>über</u>schreitet. In dem ersten Modell soll dann - weil die Einbuße bei der "Barwertmaximierung" unterhalb des vorgegebenen, auf den Einzelfall bezogenen Maßes und damit noch tolerabel ist - das Ziel "Imagepflege" vorrangig verfolgt werden. In dem zweiten Modell würde eine Priorität für dieses Ziel zu einer Zielerreichungseinbuße bei der

---

1) Zur Risikovorsorge durch Kreditausfallrückstellungen siehe beispielsweise Hesberg (1983), S. 537-539.

"Barwertmaximierung" in einer nicht mehr tolerablen Höhe führen, m.a.W. die Schmerzgrenze der Bank würde überschritten, so daß letztlich die "Barwertmaximierung" einziges zu verfolgendes Ziel sein muß.

Schließlich sind (seltene) Fälle denkbar, bei denen ein Vorrang für das Ziel "Imagepflege" zu einer anderen Entscheidung führt als ein Vorrang für die "Bilanzielle Verlustvermeidung". Wegen der existentiellen Bedeutung des letzteren Zieles ist dieses dann als dominant einzustufen.

4. Ergebnis

Im Rahmen einer modellhaften Betrachtung ist die Zielkonzeption einer Unternehmung neben dem Entscheidungsfeld (Handlungsalternativen, Umweltzustände und Ergebnisse) als zentrales Basiselement eines Entscheidungsmodells anzusehen. Diese Aussage steht vor dem Hintergrund der Feststellung, daß eine rationale Entscheidung nur dann getroffen werden kann, wenn Zielvorstellungen existieren, mit deren Hilfe die zu erwägenden Handlungsvarianten hinsichtlich ihrer Konsequenzen miteinander verglichen werden können.

Die Zielsetzung für die Entscheidungssituation einer Bank in der Krise ihres Schuldners wurde aus den Oberzielen Gewinn- und Sicherheitsstreben abgeleitet und besteht aus drei Zielen:

Das Ziel **"Barwertmaximierung"** hat zum Inhalt, daß der Rückzahlungsstrom zu maximieren ist. Dieser - erwartete - Rückzahlungsstrom kann nach forderungsbezogenen Ein- und Auszahlungen (enger Bezug zur Forderung der Bank gegen den Schuldner) und sonstigen entscheidungsabhängigen Ein- und Auszahlungen (alle Zahlungen, die von der zu treffenden Entscheidung beeinflußt werden und nicht forderungsbezogene Zahlungen sind) spezifiziert werden. Hier wird also von den Bilanzierungsvorschriften für den einzelnen Jahresabschluß abstrahiert und auf der Zahlungsebene argumentiert. Das Ziel "Barwertmaximierung" ist langfristig (Begrenzung durch den Ergebnishorizont) zu verfolgen. Als subsidiäre Zielvariable wurde der Erwartungswert der Zahlungen eingeführt.

Ebenso wie Ziel 1 wird das Ziel **"Imagepflege"** aus dem Oberziel "Gewinnstreben" abgeleitet. Die "Imagepflege" hat in diesem Zusammenhang zum Inhalt, daß die Kreditentscheidung, insbesondere die Entscheidung der Bank in einer Schuldnerkrise, langfristig das Image des Kreditinstituts bei den Kunden fördern soll. Hier sind beispielsweise Entscheidungen zu nennen, die der besonderen Verantwortung einer Hausbank gerecht werden oder aus Rücksicht auf andere Kreditinstitute in Bankenkonsortien getroffen werden.

Das Ziel **"Bilanzielle Verlustvermeidung"** wird aus dem Oberziel "Sicherheitsstreben" abgeleitet und findet seine Begründung darin, daß das Kreditinstitut die Aufhebung der Bankerlaubnis verhindern will. Dementsprechend muß die Bank Situationen vermeiden, die dem Bundesaufsichtsamt für das Kreditwesen die Befugnis zur Aufhebung der Bankerlaubnis geben. Im Rahmen dieser Arbeit ist es von Bedeutung, daß das Kreditinstitut jederzeit bilanzielle Verluste in der sich aus § 35 KWG ergebenden Höhe vermeiden muß, will es nicht seine Existenz bedroht sehen. Das Ziel "Bilanzielle Verlustvermeidung" bezieht sich also - im Gegensatz zum Ziel "Barwertmaximierung" - auf die Erfolgsebene. Als subsidiäre Zielvariable wurde die Ruinwahrscheinlichkeit eingeführt, die einen bestimmten Prozentsatz nicht überschreiten darf.

Die Zielrelationen und die Lösung der auftretenden Zielkonflikte können zusammengefaßt an Hand einer mathematischen Darstellung des Wertsystems als Zielfunktion erläutert werden. Eine zu maximierende Zielfunktion soll in diesem Zusammenhang als Abbildung (im mathematischen Sinne) definiert werden, die jedem Ergebniswert $e \in E$ (E: Menge der Ergebniswerte) eine reelle Zahl $z = z(e) \in R$ derart zuordnet, daß $z(e_1) \leq z(e_2)$ genau dann gilt, wenn der Entscheidungsträger das Ergebnis e_1 dem Ergebnis e_2 im Hinblick auf sein Ziel nicht vorzieht. Als Zielvariable wird dann eine Abbildung (im mathematischen Sinne) bezeichnet, die jeder Alternative $x \in X$ (X: Alternativenmenge) ein Ergebnis $e = e(x)$ zuordnet, das zur Definition einer in bezug auf ein bestimmtes Ziel sinnvollen Zielfunktion geeignet ist.[1)]

Die problemrelevante Zielfunktion kann dann folgendermaßen dargestellt werden:

$$\max \left\{ Z_1(x) \times Z_2(x) \times Z_3(x) \mid x \in X \right\}$$

mit $Z_1(x) := e_1(x)$

$$Z_2(x) := \begin{cases} 1, & \text{falls } e_2(x) \geq \bar{e}_2 \ \underline{\text{oder}}\ e_2(x) < \bar{e}_2 \ \underline{\text{und}} \\ & (e_1(\bar{x}) - e_1(x)) < \bar{e}_1 \\ 0, & \text{sonst} \end{cases}$$

$$Z_3(x) := \begin{cases} 1, & \text{falls } e_3(x) \geq \bar{e}_3 \\ 0, & \text{sonst} \end{cases}$$

e_i := Ergebniswert bezüglich des Zieles Z_i

$\bar{e}_i$:= Anspruchsniveau bezüglich des Zieles Z_i

i := 1, 2, 3

x := Handlungsvariante

$\bar{x}$:= Handlungsvariante mit dem höchsten Zielerfüllungsgrad

Z_1 : "Barwertmaximierung"

Z_2 : "Imagepflege"

Z_3 : "Bilanzielle Verlustvermeidung"

1) Vgl. Dinkelbach (1978), S. 53.

Eine andere Darstellung ergibt sich aus dem folgenden Ablaufdiagramm:

Abbildung 12: Ablaufdiagramm zum Zielsystem

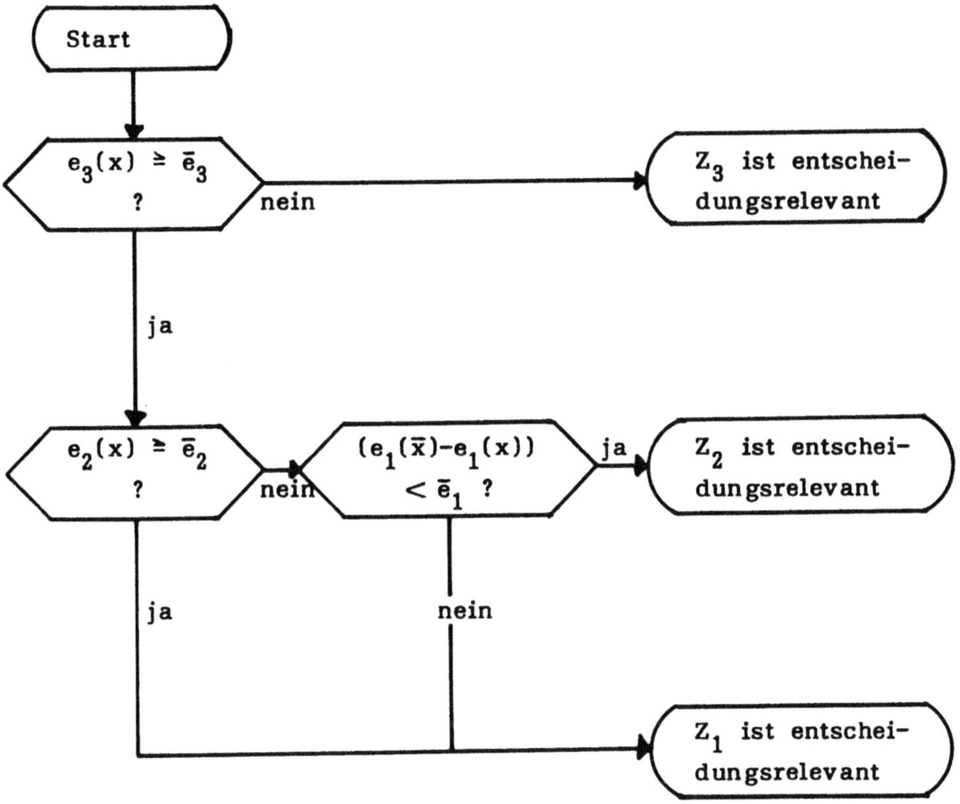

Zunächst wird geprüft, ob das Anspruchsniveau bezüglich des existentiell bedeutenden Zieles Z_3 "Bilanzielle Verlustvermeidung" erreicht ist. M.a.W. es wird danach gefragt, ob die Ruinwahrscheinlichkeit einen bestimmten Prozentsatz unterschreitet. Handlungsvarianten, die dieses Ziel nicht erfüllen, werden gar nicht mehr auf die Zielerfüllung bezüglich der anderen beiden Ziele untersucht. Ist das Anspruchsniveau in bezug auf Z_3 erreicht, dann wird in einem weiteren Schritt geprüft, ob die untersuchte Handlungsvariante das Anspruchsniveau in bezug auf Ziel Z_2 "Imagepflege" erreicht. Fällt das Ergebnis positiv aus, dann erfolgt die Ranglozierung der so ermittelten Handlungsvarianten nach dem Ziel Z_1 "Barwertmaximierung";, d.h. es wird der Barwert der erwarteten Zahlungsströme maximiert. Z_1 ist in diesem Fall also letztlich entscheidungsrelevant. Wird dagegen das Anspruchsniveau hinsichtlich des Zieles Z_2 "Imagepflege" nicht erreicht, dann erfolgt eine Zusatzprüfung. In dieser Prüfung wird festgestellt, ob die Differenz der Ergebnisse der untersuchten Handlungsvariante und der Handlungsvariante mit dem höchsten Zielerfüllungsgrad in bezug auf das Ziel Z_1 "Barwertmaximierung" die "Schmerzgrenze" der Bank ($\bar{e}_1$) überschreitet oder nicht $((e_1(\bar{x}) - e_1(x)) < \bar{e}_1 ?)$. Führt diese Prüfung zu dem Ergebnis, daß bei vorrangiger Verfolgung des Zieles Z_2 "Imagepflege" die Zielerfüllungseinbuße bezüglich des Zieles Z_1 das kritische Maß nicht überschreitet, m.a.W. eine noch tolerable Höhe erreicht, dann wird das Ziel Z_2 entscheidungsrelevant. Andernfalls würde die vorrangige Verfolgung des Zieles Z_2 zu nicht mehr tolerablen Zielerreichungseinbußen hinsichtlich des Zieles Z_1 "Barwertmaximierung" führen, so daß letztlich nur nach dem Ziel Z_1 zu entscheiden ist.

An der Abstufung werden die Zielrelationen und die Lösung der Zielkonflikte besonders deutlich. Stets ist sichergestellt, daß nur Handlungsvarianten in die engere Auswahl kommen, die der "Bilanziellen Verlustvermeidung" gerecht werden. Eine mögliche Zielkonkurrenz und daraus resultierende Zielkonflikte werden also mit Hilfe der Dominanzregel gelöst, indem das Ziel Z_3 oberste Priorität erhält. In den meisten praktischen Fällen wird eine Verletzung des Zieles Z_3 jedoch nicht in Betracht kommen. Dann werden Handlungsvarianten ausgewählt, die zusätzlich zum Ziel "Bilanzielle Verlustvermeidung" dem Ziel "Imagepflege" genügen. Bedeutsam ist hier, daß das Ziel Z_2 nur dann relevant wird, wenn die Einbuße bei der Erreichung des Zieles "Barwertmaximierung" ein bestimmtes Maß nicht überschreitet. Ein auftretender Zielkonflikt wird also mit Hilfe einer schismatischen Regelung gelöst. Aus den verbliebenen Handlungsvarianten wird schließlich die "optimale" Variante mit Hilfe der Maximierungsregel ("Barwertmaximierung") ermittelt. Damit ist eine eindeutige, operationale Zielfunktion für das themarelevante Entscheidungsproblem gegeben.

11. Kapitel: Ermittlung der optimalen Handlungsstrategie

1. Vorbemerkung

Nachdem im vorangegangenen Kapitel die Zielfunktion als Grundlage der Auswahlentscheidung abgeleitet wurde, soll nun die optimale Handlungsstrategie ermittelt werden. Hierzu werden zunächst einige Bemerkungen zur Vorauswahl von Handlungsstrategien vorangestellt. Die weitere Differenzierung bzw. Ranglozierung der Aktionspläne erfolgt dann entsprechend den im 10. Kapitel abgeleiteten Zielen. Aufgrund der existentiellen Bedeutung des Zieles "Bilanzielle Verlustvermeidung" werden die Handlungsstrategien zuerst nach diesem Ziel differenziert, d.h. es werden diejenigen Aktionspläne ermittelt und für das weitere Auswahlverfahren festgehalten, die dem Anspruchsniveau des Zieles gerecht werden. Danach erfolgt die Ranglozierung der verbliebenen Handlungsstrategien nach dem Ziel "Barwertmaximierung". Schließlich sind die Aktionspläne nach dem Ziel "Imagepflege" zu differenzieren, so daß am Ende die Ermittlung einer Gesamtlösung stehen kann.

2. Zur Vorauswahl von Handlungsstrategien

Vor dem Einstieg in das Auswahlverfahren ist zu entscheiden, ob die Gesamtheit der denkbaren Aktionsmöglichkeiten vollständig erfaßt werden soll oder ob einige Handlungsstrategien von vornherein aus der Betrachtung ausgeschlossen werden können. Als solche kommen diejenigen Aktionspläne in Betracht, die auch ohne nähere Prüfung als nicht lohnend angesehen werden können.[1] Als Extremfall einer solchen Einschränkung des Aktionsfeldes wäre es möglich, daß bereits vor dem Durchlaufen des Auswahlverfahrens nur noch eine einzige Aktionsmöglichkeit in Betracht gezogen wird. Die Entscheidung würde in einem solchen Fall gar nicht mehr aus der objektiv überprüfbaren Analyse des Entscheidungsmodelles abgeleitet, sondern fiele praktisch bereits im Zuge des vorgelagerten weitgehend subjektiv geprägten Prozesses der ge-

---

1) Vgl. Bitz (1977), S. 125.

danklichen Abklärung der überhaupt in ein Modell einzubeziehenden Handlungsstrategien.[1] Unabhängig davon, ob eine solche Vorauswahl bereits zur Entscheidung führt und damit eine Entscheidungsrechnung überflüssig macht, oder ob doch noch mehrere Aktionspläne verbleiben, über die dann aufgrund eines Modelles entschieden werden soll - der vorgelagerte Auswahlprozeß selbst entzieht sich im allgemeinen größtenteils einer objektiv überprüfbaren Darstellung und kann deshalb auch nicht selbst zum Gegenstand einer exakten modellmäßigen Analyse gemacht werden.[2] Allerdings ist darauf hinzuweisen, daß die Aufstellung eines praktikablen Modelles eine solche Reduktion des betrachteten Aktionsfeldes generell voraussetzt.[3]

3. Die Differenzierung der Aktionspläne nach dem Ziel "Bilanzielle Verlustvermeidung"

Aufgrund der existentiellen Bedeutung des Zieles "Bilanzielle Verlustvermeidung" muß die Bank sicherstellen, daß bei der Auswahl eines Aktionsplanes in der Entscheidungssituation der Bank in der Krise ihres Schuldners nur Handlungsvarianten in Betracht kommen, mit denen - zusammen mit den sonstigen Aktivitäten der Bank - bilanzielle Verluste in der sich aus § 35 KWG ergebenden Höhe vermieden werden. Das Ziel "Bilanzielle Verlustvermeidung" bezieht sich also auf die Erfolgsebene. Das Anspruchsniveau ist hier die Vermeidung bilanzieller Verluste, deren Höhe sich aus der gesetzlichen Vorschrift ergibt. Nur wenn mit einer Handlungsvariante dieses Anspruchsniveau erreicht wird, m.a.W. die Wahrscheinlichkeit dafür, daß die zukünftigen entscheidungsabhängigen Verluste eine Toleranzschwelle überschreiten (Ruinwahrscheinlichkeit) einen bestimmten Prozentsatz von beispielsweise 10 % unterschreitet, dann darf die entsprechende Handlungsvariante bei der Auswahl eines Aktionsplanes berücksichtigt werden. In der problemrelevanten Zielfunktion wird dieses Ziel dadurch erreicht,

---

1) Vgl. Bitz (1977), S. 126.

2) Vgl. derselbe, ebenda.

3) Zu Anhaltspunkten dafür, inwieweit eine Einengung des Blickfeldes zu einer Beeinträchtigung des Planungsergebnisses führen kann, siehe derselbe, a.a.O., S. 126-129.

daß nur das Anspruchsniveau in bezug auf Ziel 3 (e_3) erreichende Handlungsvarianten mit der Zielvariablen "1" normiert werden und so in die engere Auswahl kommen.

In der Praxis dürfte die mögliche Relevanz des Zieles "Bilanzielle Verlustvermeidung" für alle Handlungsvarianten leicht vorzuprüfen sein, indem einfach die Größenordnung des noch nicht wertberichtigten Engagements mit dem Schuldner mit dem sich aus den - laufend aktualisierten - Planungsrechnungen ergebenden bilanziellen Handlungsspielraum verglichen wird. Nur wenn diese beiden Größen ungefähr gleich hoch sind bzw. die Engagementgröße den bilanziellen Handlungsspielraum übersteigt, ist eine Detailprüfung vorzunehmen. Nach einer solchen Vorprüfung dürfte im allgemeinen eine Relevanz des Zieles 3 zu verneinen sein.

4. Die Ranglozierung der Handlungsstrategien nach dem Ziel "Barwertmaximierung"

4.1 Vorbemerkung

Nachdem durch die Differenzierung der Handlungsstrategien nach dem Ziel "Bilanzielle Verlustvermeidung" bereits die Aktionspläne aus dem Auswahlverfahren ausgeschieden sind, die dem Anspruchsniveau bezüglich dieses existentiell wichtigen Zieles nicht genügen konnten, sollen nun die verbliebenen Handlungsstrategien in eine Rangordnung gemäß dem Ziel "Barwertmaximierung" gebracht werden.

Ausgehend von der Einschätzung, daß die Entscheidung der Bank in der Krise ihres Schuldners nicht isoliert zu treffen ist, sondern auch Folgeentscheidungen mit in das Kalkül einzubeziehen sind, müssen die zeitlich-vertikalen Interdependenzen bei der Ranglozierung der Handlungsstrategien Berücksichtigung finden. Diesem Anspruch wird das Konzept der flexiblen Planung gerecht.[1)]

Im folgenden soll nun zunächst der problemrelevante Entschei-

1) Vgl. hierzu oben Teil I, 2. Kapitel, S. 28-37.

dungsbaum dargestellt werden. In diesem Zusammenhang werden die Umweltzustände beschrieben und es werden die zu treffenden Folgeentscheidungen erläutert.

4.2 Darstellung des problemrelevanten Entscheidungsbaumes

Bei der Darstellung des problemrelevanten Entscheidungsbaumes werden folgende vereinfachende Annahmen gemacht:

- Entscheidungen sind nur in zwei Perioden t = 0 und t = 1 zu treffen. Die Entscheidungen in t = 0 werden als Ausgangsaktivitäten und die Entscheidungen in t = 1 werden als Folgeaktivitäten bezeichnet.

- Der Ergebnishorizont beträgt lediglich drei Perioden; bis dahin erreicht jede Variante jeder denkbaren Strategie einen Endpunkt.

Die graphische Darstellung ergibt sich aus der Abbildung 13 auf der folgenden Seite. Aus Gründen der Übersichtlichkeit werden lediglich die Umweltentwicklungen und Handlungsstrategien dargestellt, die der Wahl der Handlungsvariante a_1 folgen; die entsprechenden Umweltentwicklungen und Handlungsstrategien können für die anderen Ausgangsaktivitäten analog dargestellt werden.

Abbildung 13: Problemrelevanter Entscheidungsbaum

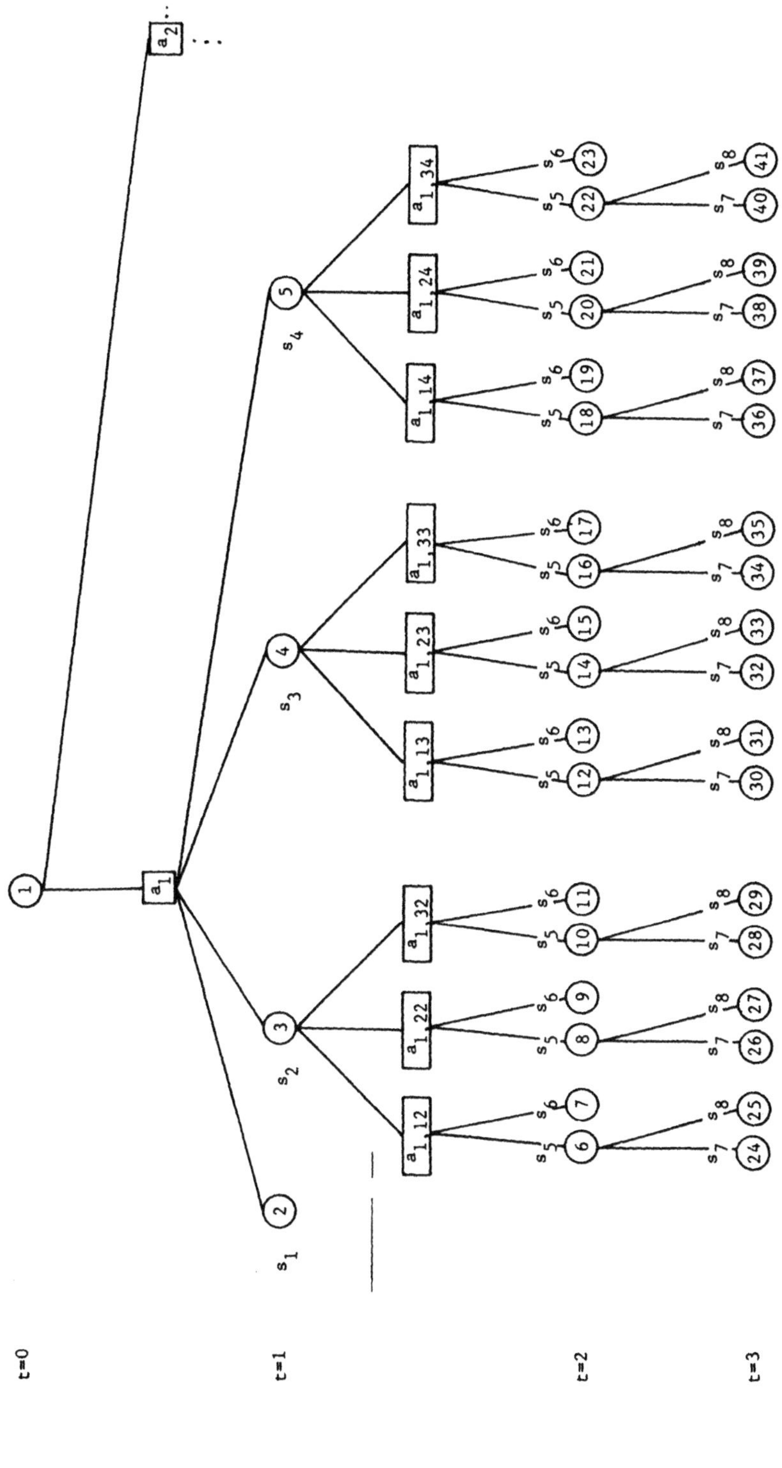

Die Umweltzustände[1] im Zeitpunkt t = 1 können wie folgt bezeichnet werden:

S_1: Überwindung der Krise; in der Folge ist ein von Leistungsstörungen freies Kreditengagement zu erwarten.

S_2: Nichtüberwindung der Krise; Zahlungsunfähigkeit droht.

S_3: Nichtüberwindung der Krise; Überschuldung droht.

S_4: Nichtüberwindung der Krise; Zahlungsunfähigkeit und Überschuldung drohen.

Die Übergangswahrscheinlichkeiten von dem Ausgangspunkt (1) zu den Punkten (2), (3), (4) und (5) können als bedingte Wahrscheinlichkeiten formuliert werden:

$p_{1,i}/a_1$: Wahrscheinlichkeit für den Zustand S_i; unter der - Bedingung, daß in t = 0 die Ausgangsaktivität a_1 gewählt wurde; i = 1, 2, 3, 4.

Die Wahrscheinlichkeiten für die Umweltzustände in t = 1 sind also nicht unabhängig von der Wahl der Ausgangsaktivitäten der Bank. Hierin spiegelt sich die Interdependenz der Entscheidungssituation wider. So ist es ohne weitere Erläuterung einleuchtend, daß beispielsweise die Chancen und damit die Wahrscheinlichkeit für eine Überwindung der Schuldnerkrise steigen, wenn die Bank eine Strategie aus dem Bündel "Aktive Mitwirkung an Maßnahmen zur Überwindung der Schuldnerkrise (Sanierung)" realisiert.

In t = 1 wird die Annahme unterstellt, daß aus der Entscheidungssituation lediglich die Auswege Vergleich oder Konkurs bzw. Zwangsmaßnahmen zur Sicherheitenverwertung offenstehen. Die

1) Als Umweltzustände werden die einander ausschließenden Konstellationen von Ausprägungen der entscheidungsrelevanten Daten bezeichnet; vgl. Laux (1982), S. 24; siehe auch Bitz (1981), S. 10.

Bank muß also entscheiden, ob sie einem Vergleichsvorschlag zustimmt oder ob sie den Vergleichsvorschlag ablehnt und ggf. darüber hinaus Maßnahmen zur Sicherheitenverwertung[1] einleitet oder Konkursantrag stellt. Die Handlungsvarianten in t = 1 - immer unter der Voraussetzung der Wahl von a_1 in t = 0 - können dann folgendermaßen beschrieben werden:

$a_{1,1i}$: Zustimmung zu einem Vergleich unter der Voraussetzung, daß in t = 1 der Umweltzustand S_i, i = 2, 3, 4, vorausging.

$a_{1,2i}$: Ablehnung eines Vergleichsvorschlages und weiterhin Verzicht auf Stellung eines Konkursantrages bzw. von Maßnahmen zur Sicherheitenverwertung durch die Bank unter der Voraussetzung, daß in t = 1 der Umweltzustand S_i, i = 2, 3, 4, vorausging.

$a_{1,3i}$: Ablehnung eines Vergleichsvorschlages und weiterhin Stellung eines Antrages auf Konkurseröffnung bzw. Einleitung von Maßnahmen zur Sicherheitenverwertung durch die Bank unter der Voraussetzung, daß in t = 1 der Umweltzustand S_i, i = 2, 3, 4, vorausging.

Die Entscheidung darüber, ob die Bank lediglich den Vergleichsvorschlag ablehnt und darüber hinaus sich abwartend verhält, oder ob sie über die Ablehnung des Vergleichsvorschlages hinaus Konkursantrag stellen soll bzw. Maßnahmen zur Verwertung der ihr bestellten Sicherheiten einleiten soll, hängt davon ab, ob die Bank darauf vertraut, daß die Rückführung und planmäßige Bedienung des Kreditengagements in kurzer Zeit erfolgen wird. Ist dieses Vertrauen nicht gegeben, dann muß die Bank ihren Rückzahlungsfluß durch die Verwertung der eingeräumten Sicherheiten ohne Zeitverzug sichern. Daneben steht der Bank - wie jedem Gläubiger - die Folgeaktivität "Konkursantragstellung"[2] offen.

---

1) Siehe hierzu Weimar, Wilhelm (1979), S. 16-54, Rieder (1984), S. 55-77; Zimmermann (1984); Obermüller (1985), S. 337-349; Eidenschink/Henkelmann (1986), S. 14-103; Wolff (1986), S. 85-147.

2) Siehe hierzu zum Beispiel Berges (1983).

Zu dem Konkursantrag sind neben dem Gemeinschuldner bestimmte Massegläubiger sowie alle Konkursgläubiger berechtigt.[1] Der Insolvenzverfahrensantrag bezieht sich jedoch nur auf ein Konkursverfahren, denn im Gegensatz zum Gemeinschuldner ist ein Gläubiger nicht berechtigt, einen Antrag auf Eröffnung des Vergleichsverfahrens zu stellen.[2] Der Konkursantrag des Gläubigers ist zuzulassen, wenn neben der Forderung des Kreditgebers ein Insolvenztatbestand glaubhaft gemacht werden kann.[3] Als Insolvenztatbestand kommt in der Regel die Zahlungsunfähigkeit des Schuldners sowie in bestimmten Fällen alternativ oder kumulativ die Überschuldung des Schuldnerunternehmens in Frage.[4] Wesentlich für die Erörterung der Folgevariante "Konkursantragstellung" ist daher die Prüfung der Insolvenztatbestände.[5]

Anzumerken ist noch, daß die Banken gemäß einer empirischen Untersuchung[6] höchst selten und offenbar nur bei kleinen Unternehmen einen Antrag auf ein die Gläubigergleichbehandlung[7] sicherndes Konkursverfahren stellen.[8]

Die Umweltzustände in t = 2 können dann wie folgt bezeichnet werden:

s_5 : es kommt ein Vergleich zustande;

s_6 : es kommt zu einem Konkurs und damit einer Zerschlagung des Schuldnerunternehmens.

---

1) Vgl. § 103 Abs. 2 KO.

2) Vgl. § 2 Abs. 1 Satz 2 VerglO.

3) Vgl. § 105 Abs. 1 KO.

4) Siehe hierzu im einzelnen Tabelle 3 oben S. 119.

5) Siehe hierzu oben Teil III, 6. Kapitel, S. 120-130.

6) Vgl. Gessner u.a. (1978), S. 264.

7) Siehe hierzu Uhlenbruck (1979a), S. 47; siehe auch Häsemeyer (1982).

8) Zur Fundierung der Gläubigerentscheidung über das Stellen eines Konkursantrages siehe auch Beeck (1979), S. 55-208.

In diesem Zusammenhang ist dann je nach Situation eine Vergleichs- bzw. Konkursquote zu schätzen.

Die Übergangswahrscheinlichkeiten von den Punkten (3), (4) und (5) zu den Punkten (6) bis (23) können wieder als bedingte Wahrscheinlichkeiten formuliert werden:

$p_{j,i} / a_{1,kl}$: Wahrscheinlichkeit für den Zustand S_i unter der Bedingung, daß in t = 1 die Folgeaktivität $a_{1,kl}$ gewählt wurde, i = 5, 6, j = 3, 4, 5, k = 1, 2, 3, l = 2, 3, 4.

Ist es nun in t = 2 mit oder ohne Unterstützung der Bank zu einem Vergleich gekommen (Umweltzustand S_5), dann wird sich in der Folgeperiode zu erweisen haben, ob der Vergleich erfüllt werden kann und die Schuldnerkrise überwunden wird, oder ob der Vergleich nicht erfüllt wird und ein Anschlußkonkurs einzuleiten ist:

S_7 : Vergleichserfüllung;

S_8 : Vergleich wird nicht erfüllt, Anschlußkonkurs.

Die Übergangswahrscheinlichkeiten können dann folgendermaßen bezeichnet werden:

$p_{j,i}$: Wahrscheinlichkeit für den Umweltzustand S_i, i = 7,8, j = 6, 8, 10, 12, 14, 16, 18, 20, 22.

Aus der Kombination der Ausgangsaktivität a_1 mit einer situationsbezogenen Folgeaktivität $a_{1,kl}$ (k = 1, 2, 3, l = 2, 3, 4) können dann 3^3 = 27 verschiedene denkbare Handlungsstrategien für a_1 formuliert werden. Ein solcher Aktionsplan a_x könnte beispielsweise wie folgt aussehen:

in t = 0 a_1,
in t = 1 (wenn S_1, dann kein weiterer Handlungsbedarf),
wenn S_2, dann $a_{1,12}$,
wenn S_3, dann $a_{1,13}$,
wenn S_4, dann $a_{1,34}$.

Dieser Handlungsstrategie entspricht nun eine Wahrscheinlichkeitsverteilung über das Endergebnis, mit deren Hilfe man den Erwartungswert der hier zugehörigen Ergebnisse errechnen kann. Die erwarteten Endergebnisse sind mit ihren Barwerten zu berücksichtigen. In diesem Beispiel ergibt sich der Erwartungswert der Strategie wie folgt:

- Anfangsauszahlung

$+ p_{1,1} / a_1 \times e(\textcircled{2})$

$+ p_{1,2} / a_1 \times p_{3,6} / a_{1,12} \times e(\textcircled{7})$

$+ p_{1,2} / a_1 \times p_{3,5} / a_{1,12} \times p_{6,7} \times e(\textcircled{24})$

$+ p_{1,2} / a_1 \times p_{3,5} / a_{1,12} \times p_{6,8} \times e(\textcircled{25})$

$+ p_{1,3} / a_1 \times p_{4,6} / a_{1,13} \times e(\textcircled{13})$

$+ p_{1,3} / a_1 \times p_{4,5} / a_{1,13} \times p_{12,7} \times e(\textcircled{30})$

$+ p_{1,3} / a_1 \times p_{4,5} / a_{1,13} \times p_{12,8} \times e(\textcircled{31})$

$+ p_{1,4} / a_1 \times p_{5,6} / a_{1,34} \times e(\textcircled{23})$

$+ p_{1,4} / a_1 \times p_{5,5} / a_{1,34} \times p_{22,7} \times e(\textcircled{40})$

$+ p_{1,4} / a_1 \times p_{5,5} / a_{1,34} \times p_{22,8} \times e(\textcircled{41})$

$= \mu(a_x)$

Mit e (i), i = 2, 7, 13, 23, 24, 25, 30, 31, 40, 41, wird dabei der den Endpunkten i zugehörige Ergebniswert bezeichnet.

Die Bank unterstützt also in diesem Fall einen Vergleich, wenn nur Zahlungsunfähigkeit droht oder nur Überschuldung droht, und sie lehnt einen Vergleich ab und stellt Konkursantrag bzw. leitet Maßnahmen zur Sicherheitenverwertung ein, wenn sowohl Zahlungsunfähigkeit als auch Überschuldung drohen.

Für jede andere Ausgangsaktivität a_i (i = 2, 3, ..., n) können dann jeweils 27 verschiedene Aktionspläne analog gebildet werden.

Als Ergebnis werden in diesem Zusammenhang alle die Größen bezeichnet, die für die Beurteilung des Erfolges des Entscheidungsprozesses maßgeblich sind. Was unter Erfolg zu verstehen ist, hängt insbesondere von der Zielsetzung des Entscheidenden ab.[1] Bei dem Ziel "Barwertmaximierung" werden die Zahlungsströme herangezogen. Als relevante Zahlungsströme wurden oben die folgenden herausgearbeitet:[2]

- Forderungsbezogene Einzahlungen,

- Forderungsbezogene Auszahlungen,

- Sonstige entscheidungsabhängige Einzahlungen und

- Sonstige entscheidungsabhängige Auszahlungen.

Als subsidiäre Zielvariable wurde der Barwert der Erwartungswerte der oben genannten Zahlungen festgelegt.

5. Die Differenzierung der Aktionspläne nach dem Ziel "Imagepflege"

Durch die Beachtung des Zieles "Imagepflege" soll (auch) mit den Entscheidungen der Bank in der Krise ihres Schuldners das Image der Bank bei ihren Zielkunden gefördert bzw. nicht beeinträchtigt

---

1) Siehe auch Hax (1965), S. 26.

2) Siehe hierzu oben 10. Kapitel S. 231 f.

werden. So soll beispielsweise mit der problemrelevanten Entscheidung der besonderen Verantwortung einer Hausbank entsprochen oder Rücksicht auf andere Kreditinstitute in Bankenkonsortien geübt werden.

Zwischen den Zielen "Barwertmaximierung" und "Imagepflege" sind (partiell) Konkurrenzbeziehungen denkbar.[1] Der entstehende Zielkonflikt kann dann so gelöst werden, daß die Bank eine "Schmerzgrenze" formuliert. Führt dabei eine Priorität für das Ziel "Imagepflege" zu einer Zielerreichungseinbuße in einer nicht mehr tolerablen Höhe, m.a.W. wird die Schmerzgrenze der Bank überschritten, dann wird die Auswahl allein nach dem Ziel "Barwertmaximierung" getroffen. Andernfalls, d.h. wenn die Einbuße bei der Erreichung des Zieles "Barwertmaximierung" noch tolerabel erscheint, wird die Auswahl vorrangig nach dem Ziel "Imagepflege" getroffen.

6. Die Ermittlung einer Gesamtlösung

Die Ermittlung einer Gesamtlösung kann sinnvollerweise anhand eines vereinfachten Beispiels verdeutlicht werden:

Die Bank unterhält bei dem Schuldner ein Kreditengagement von TDM 11.583. Sie ist nicht an der Schuldnerunternehmung beteiligt; Einlagen des Schuldners, mit denen der Gläubiger eventuell aufrechnen könnte, werden nicht bei der Bank unterhalten. Als Sicherheit stehen werthaltige Grundschulden auf dem Verwaltungsgebäude der Schuldnerunternehmung in Höhe von TDM 10.000 zur Verfügung. Die Bank ist eine von fünf Bankverbindungen des Schuldners; sie hat keine Hausbankfunktion.

Bei dem Kreditkunden handelt es sich um ein Produktionsunternehmen, das in seinem Produktbereich zur Weltmarktspitze gehört. Üblicherweise arbeitet das Unternehmen profitabel; es ist - gemessen an vergleichbaren Branchenunternehmen - knapp durchschnittlich mit Eigenkapital ausgestattet. In den vergangenen zwei Jahren hat der Schuldner einen Modellwechsel vollzogen. Die

1) Siehe hierzu oben 10. Kapitel S. 243.

damit verbundenen außergewöhnlichen Forschungs- und Entwicklungskosten haben zu einem Gewinneinbruch geführt, der jedoch noch nicht zu solch hohen Verlusten geführt hat, daß eine Überschuldung drohen würde. Bei der Produktion der neuen Modelle ergeben sich jedoch schwerwiegende Probleme, die zu unvorhergesehenden Zeit- und damit Lieferverzögerungen geführt haben. Diese haben zum einen dazu geführt, daß das Unternehmen wegen der verspäteten Lieferung hohe Konventionalstrafen zu zahlen hatte und andererseits blieb durch die Lieferverzögerungen der erwartete Zahlungseingang aus. Das Schuldnerunternehmen befindet sich also in akuten Liquiditätsschwierigkeiten und hat bei seinen Kreditinstituten um zusätzliche Kreditlinien in Höhe von TDM 30.000 nachgesucht. Die Bank soll weitere Kredite von TDM 5.000 zur Verfügung stellen, die voraussichtlich nicht vor Ablauf von zwei Jahren zurückgeführt werden können.

Zunächst stehen der Bank alle denkbaren Handlungsstrategien zur Verfügung, wie sie oben im Teil III dieser Arbeit erläutert wurden. Dann wird eine Vorauswahl getroffen, bei der alle diejenigen Aktionspläne für den weiteren Auswahlprozeß ausgeschlossen werden, die auch ohne nähere Prüfung als nicht lohnend oder als nicht durchführbar angesehen werden können. Als nicht problemadäquat können hier ausgeschlossen werden:

- Maßnahmen, die zu einer Erhöhung des Schulnervermögens beitragen sowie

- Maßnahmen, die zu einer Verringerung der Schulden des Schuldners führen.

Diese Maßnahmen sind gegen eine drohende Überschuldung gerichtet, die hier nicht akut befürchtet werden muß.

Daneben müssen alle Maßnahmen ausgeschlossen werden, die zu einem Eigenkapitalengagement der Bank führen, da es sich bei dem Schuldnerunternehmen um eine von einer Familie beherrschte Aktiengesellschaft handelt und die Teilhaber es ablehnen, einen neuen Gesellschafter mit aufzunehmen.

Als Ergebnis dieser Vorauswahl verbleiben die folgenden Handlungsvarianten:

a_1 : Sanierungskredit (nur ungesichert, da keine weiteren Sicherheiten zur Verfügung stehen),
a_5 : Zins-/Forderungsverzicht (außergerichtlicher Vergleich),
a_6 : Forderungsrücktritt,
a_7 : Umschuldung,
a_8 : Stillhalten,
a_9 : Stillhalten und Sicherheitsfreigabe,
a_{12}: außerordentliche Kreditkündigung (Kreditkündigungsgrund: Verschlechterung/Gefährdung des Schuldnervermögens).

Bei der Differenzierung der Aktionspläne nach dem Ziel "Bilanzielle Verlustvermeidung" ist zunächst die Toleranzschwelle für die entscheidungsabhängigen Verluste zu ermitteln. Diese wird hier beispielhaft mit rd. DM 100 Mio angenommen. Schon der erste Augenschein ergibt also, daß die Toleranzschwelle in dem Beispiel nicht erreicht werden kann und sich deshalb die Frage der kritischen Ruinwahrscheinlichkeit erübrigt. Das Anspruchsniveau in bezug auf das Ziel "Bilanzielle Verlustvermeidung wird also von allen verbliebenen Handlungsstrategien erreicht.

Die Ranglozierung der Aktionspläne nach dem Ziel "Barwertmaximierung" erfogt dann mit Hilfe der flexiblen Planung. Im folgenden soll der problemrelevante Entscheidungsbaum am Beispiel der Handlungsstrategie a_1 = "ungesicherter Sanierungskredit" erläutert werden. Die anderen Handlungsstrategien werden der Einfachheit halber lediglich mit ihrem Ergebnis dargestellt.

Bei der Darstellung des Entscheidungsbaumes werden die folgenden vereinfachenden Annahmen gemacht:

- Entscheidungen sind nur in zwei Perioden t=0 und t=1 zu treffen. t=1 entspricht t=0 plus einem halben Jahr. In diesem Zeitpunkt ist voraussichtlich abzusehen, ob ggf. eingeleitete Sanierungsmaßnahmen den gewünschten Erfolg zeigen oder nicht.

- Der Ergebnishorizont beträgt lediglich drei Perioden; bis dahin erreicht jede Variante jeder denkbaren Strategie einen Endpunkt. t=2 entspricht t=1 plus drei Monaten. Zu diesem Zeitpunkt ist voraussichtlich das Ergebnis der eventuellen Bemühungen um einen Vergleich abzusehen. t=3 entspricht t=0 plus zwei Jahren.

Die graphische Darstellung ergibt sich aus der Abbildung 14 auf der folgenden Seite.

Die Umweltzustände im Zeitpunkt t=1 werden wie folgt bezeichnet:

S_1: Überwindung der Krise.

S_2: Nichtüberwindung der Krise; Zahlungsunfähigkeit droht.

S_3: Nichtüberwindung der Krise; Überschuldung droht.

S_4: Nichtüberwindung der Krise; Zahlungsunfähigkeit und Überschuldung drohen.

Die Übergangswahrscheinlichkeiten von dem Ausgangspunkt (1) zu den Punkten (2), (3), (4) und (5) werden folgendermaßen geschätzt:

$p_{1,1} = 0,7;$

$p_{1,2} = 0,3;$

$p_{1,3} = 0;$

$p_{1,4} = 0.$

Auch wenn die Krise nicht überwunden werden kann, drohen lediglich Liquiditätsschwierigkeiten bzw. Zahlungsfähigkeit; drohende Überschuldung wird zu keinem Zeitpunkt zu einem Problem.

Abbildung 14: **Entscheidungsbaum für das Beispiel zur Ermittlung einer Gesamtlösung (Strategie a_1: ungesicherter Sanierungskredit)**

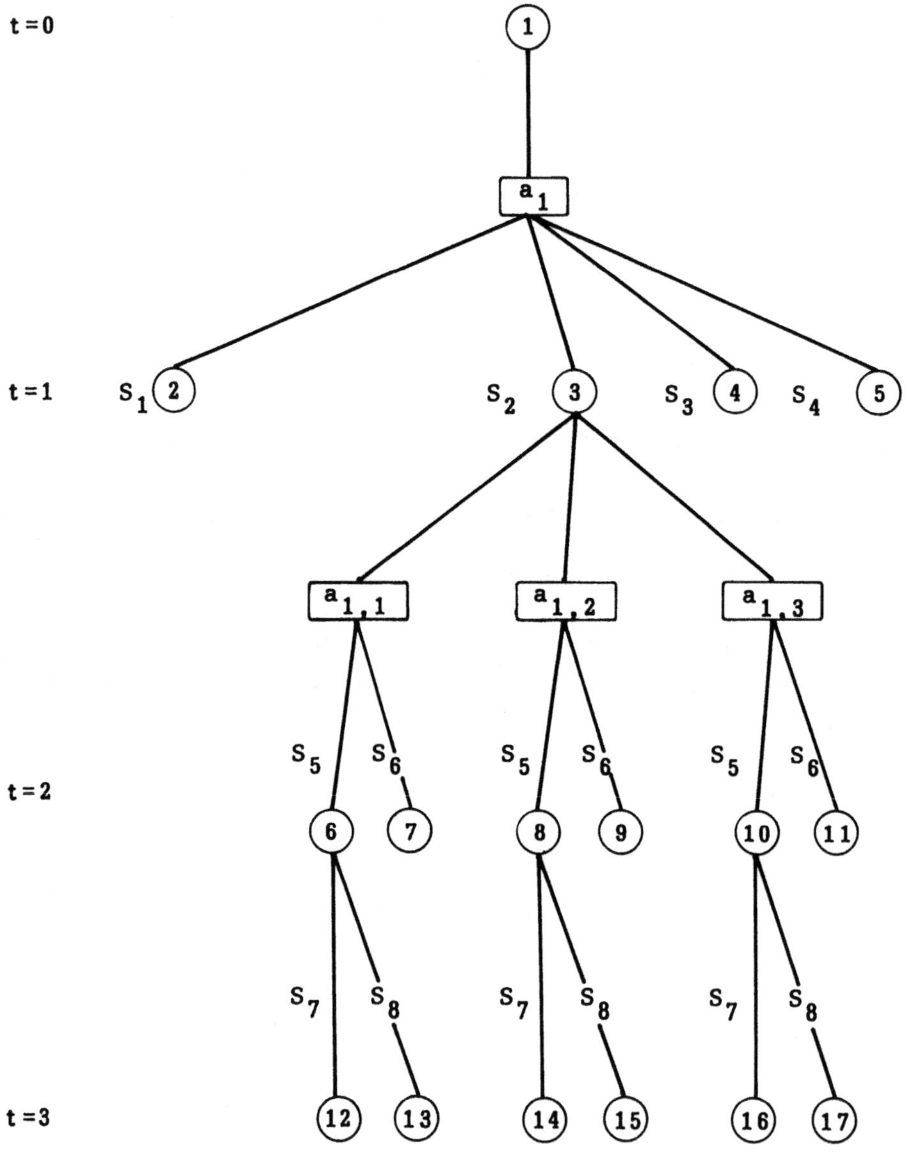

In t=1 ergibt sich Handlungsbedarf nur für den Fall der Nichtüberwindung der Krise. Hier wird nun unterstellt, daß aus der Entscheidungssituation lediglich die Auswege Vergleich oder Konkurs bzw. Zwangsmaßnahmen zur Sicherheitenverwertung offenstehen. Die Bank muß also entscheiden, ob sie einem Vergleichsvorschlag zustimmt oder ob sie den Vergleichsvorschlag ablehnt und ggf. darüber hinaus Maßnahmen zur Sicherheitenverwertung einleitet oder Konkursantrag stellt. Die Handlungsvarianten in t=1 können dann wie folgt beschrieben werden:

$a_{1,1}$: Zustimmung zu einem Vergleich.

$a_{1,2}$: Ablehnung eines Vergleichsvorschlages und weiterhin Verzicht auf Stellung eines Konkursantrages bzw. von Maßnahmen zur Sicherheitenverwertung durch die Bank.

$a_{1,3}$: Ablehnung eines Vergleichsvorschlages und weiterhin Stellung eines Antrages auf Konkurseröffnung bzw. Einleitung von Maßnahmen zur Sicherheitenverwertung durch die Bank.

Die Umweltzustände in t=2 können dann folgendermaßen bezeichnet werden.

S_5: Es kommt ein Vergleich zustande.

S_6: Es kommt zu einem Konkurs und damit einer Zerschlagung des Schuldnerunternehmens.

In diesem Zusammenhang ist dann eine Vergleichs- bzw. Konkursquote zu schätzen. Hier sei beispielhaft angenommen, daß mit einer Wahrscheinlichkeit von 0,8 eine Vergleichsquote von 40 % und mit einer Wahrscheinlichkeit von 0,2 eine Vergleichsquote von 50 % zum Tragen kommt. Kommt es zu einem Konkurs, dann wird mit einer Wahrscheinlichkeit von 0,7 eine Konkursquote von 10 % für die nicht bevorrechtigten Gläubiger und mit einer Wahrscheinlichkeit von 0,3 eine Konkursquote von nur 5 % ausgeschüttet wird. Diese Vergleichs- und Konkursquoten und ihre Eintrittswahrscheinlichkeiten werden für alle entsprechenden Situationen gleichermaßen angenommen.

Die Übergangswahrscheinlichkeiten von dem Punkt (3) zu den Punkten (6) bis (11) können als bedingte Wahrscheinlichkeiten formuliert werden:

$p_{3,5}/a_{1,1} = 0{,}7;$

$p_{3,6}/a_{1,1} = 0{,}3;$

$p_{3,5}/a_{1,2} = 0{,}5;$

$p_{3,6}/a_{1,2} = 0{,}5;$

$p_{3,5}/a_{1,3} = 0{,}4;$

$p_{3,6}/a_{1,3} = 0{,}6.$

Wenn es nun in t=2 mit oder ohne Unterstützung der Bank zu einem Vergleich gekommen ist (Umweltzustand S_5), dann muß sich in der Folgeperiode erweisen, ob der Vergleich erfüllt werden kann und die Schuldnerkrise überwunden wird, oder ob der Vergleich nicht erfüllt werden kann und ein Anschlußkonkursverfahren einzuleiten ist:

S_7: Vergleichserfüllung.

S_8: Vergleich wird nicht erfüllt, Anschlußkonkurs.

Für die Fälle des Anschlußkonkurses ist stets mit einer Wahrscheinlichkeit von 0,6 eine Konkursquote von 10 % und mit einer Wahrscheinlichkeit von 0,4 eine Konkursquote von 20 % zu erwarten.

Die Übergangswahrscheinlichkeiten von den Punkten (6), (8) und (20) zu den Punkten (12) bis (17) werden wie folgt angenommen.

$p_{6,7} = 0{,}8;$

$p_{6,8} = 0,2;$

$p_{8,7} = 0,8;$

$p_{8,8} = 0,2;$

$p_{10,7} = 0,8;$

$p_{10,8} = 0,2.$

Aus der Kombination der Ausgangsaktivität a_1 mit einer situationsbezogenen Folgeaktivität $a_{1,k}$ $(k = 1,2,3)$ können dann drei verschiedene denkbare Handlungsstrategien für a_1 formuliert werden:

a_{1a}: in $t = 0$ a_1,
in $t = 1$ (wenn S_1, dann kein weiterer Handlungsbedarf),
wenn S_2, dann $a_{1,1}$.

a_{1b}: in $t = 0$ a_1,
in $t = 1$ (wenn S_1, dann kein weiterer Handlungsbedarf),
wenn S_2, dann $a_{1,2}$.

a_{1c}: in $t = 0$ a_1,
in $t = 1$ (wenn S_1, dann kein weiterer Handlungsbedarf),
wenn S_2, dann $a_{1,3}$.

Diesen Handlungsstrategien entsprechen nun Wahrscheinlichkeitsverteilungen über die erwarteten Endergebnisse, mit deren Hilfe man die Erwartungswerte der hier zugehörigen Ergebnisse errechnen kann. Die erwarteten Endergebnisse sind mit ihren Barwerten zu berücksichtigen. Hierzu seien die Abzinsungsfaktoren 3 % für $t = 1$, 4 % für $t = 2$ und 4,5 % für $t = 3$ vorgegeben. In dem Beispiel ergeben sich die Erwartungswerte der Stragegien a_{1a}, a_{1b} und a_{1c} wie folgt:

für a_{1a}:

$$\begin{aligned}
&- \text{Anfangsauszahlung}\\
&+ p_{1,1} \times e\,(\text{②}) \times 1{,}015^{-1}\\
&+ p_{1,2} \times p_{3,6}/a_{1,1} \times e\,(\text{⑦}) \times 1{,}03^{-2}\\
&+ p_{1,2} \times p_{3,5}/a_{1,1} \times p_{6,7} \times e\,(\text{⑫}) \times 1{,}045^{-2}\\
&+ p_{1,2} \times p_{3,5}/a_{1,1} \times p_{6,8} \times e\,(\text{⑬}) \times 1{,}045^{-2}
\end{aligned}$$

$$\begin{aligned}
&= - 5.000\\
&+ 0{,}7 \times 16.583 \times 1{,}015^{-1}\\
&+ 0{,}3 \times 0{,}3 \times (10.000+0{,}7 \times 1.158+0{,}3 \times 579) \times 1{,}03^{-1}\\
&+ 0{,}3 \times 0{,}7 \times 0{,}8 \times (10.000+0{,}8 \times 4.633+0{,}2 \times 5.791) \times 1{,}045^{-2}\\
&+ 0{,}3 \times 0{,}7 \times 0{,}2 \times (10.000+0{,}6 \times 1.158+0{,}4 \times 2.316) \times 1{,}045^{-2}
\end{aligned}$$

$$\underline{\underline{= 10.130 = \mu\,(a_{1a})}}$$

für a_{1b}:

$$\begin{aligned}
&- \text{Anfangsauszahlung}\\
&+ p_{1,1} \times e\,(\text{②}) \times 1{,}015^{-1}\\
&+ p_{1,2} \times p_{3,6}/a_{1,2} \times e\,(\text{⑨}) \times 1{,}03^{-1}\\
&+ p_{1,2} \times p_{3,5}/a_{1,2} \times p_{8,7} \times e\,(\text{⑭}) \times 1{,}045^{-2}\\
&+ p_{1,2} \times p_{3,5}/a_{1,2} \times p_{8,8} \times e\,(\text{⑮}) \times 1{,}045^{-2}
\end{aligned}$$

$$\begin{aligned}
&= - 5.000\\
&+ 0{,}7 \times 16.583 \times 1{,}015^{-1}\\
&+ 0{,}3 \times 0{,}5 \times (10.000+0{,}7 \times 1.158+0{,}3 \times 579) \times 1{,}03^{-1}\\
&+ 0{,}3 \times 0{,}5 \times 0{,}8 \times (10.000+0{,}8 \times 4.633+0{,}2 \times 5.791) \times 1{,}045^{-2}\\
&+ 0{,}3 \times 0{,}5 \times 0{,}2 \times (10.000+0{,}6 \times 1.158+0{,}4 \times 2.316) \times 1{,}045^{-2}
\end{aligned}$$

$$\underline{\underline{= 9.989 = \mu\,(a_{1b})}}$$

für a_{1c}:

- Anfangsauszahlung
$+ p_{1,1} \times e(②) \times 1{,}015^{-1}$
$+ p_{1,2} \times p_{3,6}/a_{1,3} \times e(⑪)$
$+ p_{1,2} \times p_{3,5}/a_{1,3} \times p_{10,7} \times e(⑯) \times 1{,}045^{-2}$
$+ p_{1,2} \times p_{3,5}/a_{1,3} \times p_{10,8} \times e(⑰) \times 1{,}045^{-2}$

$= - 5.000$
$+ 0{,}7 \times 16.583 \times 1{,}015^{-1}$
$+ 0{,}3 + 0{,}6 \times (10.000+0{,}7 \times 1.158+0{,}3 \times 579) \times 1{,}03^{-1}$
$+ 0{,}3 \times 0{,}4 \times 0{,}8 \times (10.000+0{,}8 \times 4.633+0{,}2 \times 5.791) \times 1{,}045^{-2}$
$+ 0{,}3 \times 0{,}4 \times 0{,}2 \times (10.000+0{,}6 \times 1.158+0{,}4 \times 2.316) \times 1{,}045^{-2}$

$= 9.918 = \mu(a_{1c})$
================

Mit e (i), i = 2,7,9,11,12,...,17, wird dabei der den Endpunkten (i) zugehörige Ergebniswert bezeichnet.

Die beste Handlungsstragegie für die Handlungsvariante a_1 ist damit a_{1a}. Die Bank legt dabei zunächst einen ungesicherten Sanierungskredit in Höhe von TDM 5.000 heraus und unterstützt in t = 1 Vergleichsbemühungen für den Fall, daß die Krise bis dahin nicht überwunden werden konnte und Zahlungsunfähigkeit droht.

Die jeweils besten Handlungsstrategien der anderen nach der Vorauswahl verbliebenen Handlungsvarianten führen zu den folgenden Erwartungswerten:

$\mu(a_5)$ = TDM 9.866

$\mu(a_6)$ = TDM 9.679

$\mu(a_7)$ = TDM 9.457

$\mu(a_8)$ = TDM 9.422

$\mu(a_9)$ = TDM 8.377

$\mu\ (a_{12}) = \text{TDM } 10.190$

In diesem Beispiel wird unterstellt, daß Kombinationen dieser Handlungsstrategien zu keinen besseren Ergebnissen führen, so daß sie für den weiteren Auswahlprozeß vernachlässigt werden können.

Bei vorrangiger Berücksichtigung des Zieles "Barwertmaximierung" würde also die Handlungsstrategie a_{12} zu realisieren sein. Im Zusammenhang mit der Differenzierung der Aktionspläne nach dem Ziel "Imagepflege" wird zunächst eine "Schmerzgrenze" von 10 % der derzeitigen Kreditvaluta, maximal TDM 5.000 festgelegt. Dies entspricht hier TDM 1.158. Das Ergebnis der Differenzierung ergibt dann, daß die Handlungsstrategien a_1 bis a_9 das Anspruchsniveau in bezug auf dieses Ziel erfüllen. Es ist also ein Zielkonflikt zu konstatieren, da die Entscheidung nach dem Ziel "Barwertmaximierung" mit der Auswahl von a_{12} zu einer anderen Lösung als die Entscheidung nach dem Ziel "Imagepflege" führt. In einem weiteren Schritt wird nun die Zielerreichungseinbuße des Aktionsplanes a_1 (beste Handlungsstrategie der Varianten a_1 bis a_9) in bezug auf das Ziel "Barwertmaximierung" errechnet:

$\mu\ (a_{12}) - \mu\ (a_1) = \text{TDM } 60$

Mit der Zielerreichungseinbuße von TDM 60 bei der Handlungsstrategie a_1 wird die "Schmerzgrenze" der Bank von TDM 1.158 deutlich unterschritten, so daß dieser Aktionsplan realisiert werden kann.

Das Ergebnis, "die Bank entscheidet sich für einen ungesicherten Sanierungskredit", widerspricht also der intuitiven Entscheidung der Praktiker, nach der gut gesicherte Gläuber (werthaltige Sicherheit hier: TDM 10.000 von TDM 11.583 Kreditvaluta) tendenziell dazu neigen, Sanierungsbemühungen nicht zu unterstützen. Eine sorgfältige Analyse der Entscheidungssituation führte in dem Beispiel zu einem nun wohl fundierten anderen Ergebnis.

Zusammenfassende Darstellung der Ergebnisse und Ausblick

In der Krise ihres Schuldners bzw. Kreditnehmers sieht sich die Bank vor ein Entscheidungsproblem gestellt. In der Schuldnerkrise ist die Fähigkeit des Kunden beeinträchtigt, die der Bank geschuldeten Leistungen (pünktlich) zu erbringen. Hier ist nun eine Wahlsituation gegeben, in der sich dem Gläubiger mehrere Verhaltens- bzw. Handlungsmöglichkeiten eröffnen. Es war ein Anliegen dieser Arbeit, das Entscheidungsproblem der Bank in der Krise ihres Schuldners analytisch aufzuarbeiten und Lösungsmöglichkeiten aufzuzeigen. Sowohl die Entwicklung der Insolvenzverluste der jüngsten Vergangenheit als auch eine Analyse der Bankbilanzen und der Insolvenzen im Bankgewerbe machen deutlich, daß es sich dem untersuchten Entscheidungsproblem um ein wesentliches praktisches Problem handelt.

Die Arbeit ist im Kern der präskriptiv orientierten Entscheidungstheorie zuzurechnen, d.h. es wird versucht, Verhaltensempfehlungen für eine Entscheidungssituation in der Realität zu geben. Die themarelevante Entscheidung ist unter Risiko zu treffen. In diesem Zusammenhang ist anzunehmen, daß die Entscheidungsträger subjektive Glaubwürdigkeit in bezug auf verschiedene Prognosen zu formulieren in der Lage sind, d.h. dem Entscheidungsmodell können subjektive Wahrscheinlichkeiten zugrunde gelegt werden.

Eine Einteilung der Kreditrisiken geht von der entscheidungsorientierten Risikodefinition aus. Risiko ist hier als Möglichkeit einer Fehlentscheidung zu interpretieren, d.h. als Möglichkeit einer unter der gewählten Zielsetzung suboptimalen Entscheidung. Ursächlich für die mögliche Fehlentscheidung sind die Risikoquellen unvollkommene Information sowie menschliches Versagen. Insofern kann der in der Arbeit entwickelte Ansatz als risikoquellenorientierte Einteilung der Kreditrisiken bezeichnet werden:

- Kreditrisiko als Fehlentscheidung aufgrund von Mängeln bei der Informationsbeschaffung,

- Kreditrisiko als Fehlentscheidung aufgrund von Mängeln bei der Informationsverarbeitung und

- Kreditrisiko aufgrund von Mängeln bei der Durchführung der Kreditentscheidung.

Das Entscheidungsproblem der Bank in der Krise ihres Schuldners ist häufig nicht mit einer Einmalentscheidung abgeschlossen. In der problemrelevanten Entscheidungssituation unter unsicheren Erwartungen ist es nicht zweckmäßig, im ursprünglichen Plan bereits über alle zukünftigen Aktionen zu entscheiden. Andererseits kann aber auch nicht ganz auf die Planung zukünftiger Aktionen verzichtet werden, weil dann die Grundlage für die Beurteilung der gegenwärtigen Aktionen fehlt. Die zukünftigen Aktionen müssen also zwar geplant werden, aber nicht in der Weise, daß man sich endgültig festlegt, sondern so, daß die zukünftigen Aktionen von den bis zu ihrer Durchführung eingehenden Informationen über die Umweltentwicklungen abhängig gemacht werden. Das in der Entscheidungstheorie entwickelte System der flexiblen Planung kann also eine sinnvolle Entscheidungshilfe leisten.

Entscheidungsvorgänge lösen sich nicht automatisch aus, sondern es bedarf Anstöße, um den Entscheidungsprozeß der Bank in der Krise ihres Schuldners im Gang zu setzen. Die in der Literatur entwickelten mathematisch-statistischen Insolvenzprognosemodelle sind - gemessen an der Zielsetzung "Insolvenzprognose" - unzureichend, vermögen aber eine Hilfestellung bei der notwendigen Initiierung des Entscheidungsprozesses zu leisten.

Die beispielsweise mittels einer multiplen Diskriminanzanalyse ermittelten Trenngrenzen dienen dann als Hilfsmittel zu einer Risikoklassenbildung, wobei eine Einteilung in drei Risikoklassen als zweckmäßig beurteilt wird. Eine Entscheidungsprozeßinitiierung erfolgt immer dann, wenn die Kredite an eine Unternehmung aufgrund ihrer Jahresabschlußzahlen bzw. Kennzahlenausprägungen, die in einen Punktwert transformiert werden, in die Klasse der stark gefährdeten Kredite eingeordnet wird oder der Klasse der gefährdeten Kredite zugeordnet wird und eine anschließende

Zusatzprüfung in der Kreditbearbeitung zu einer Identifizierung als krisenbehaftetes Unternehmen führt. Zusätzlich können in einem solchen Verfahren, das praktikabel und wirtschaftlich erscheint, Brancheninformationen berücksichtigt werden, d.h. eine Schuldnerkrise wird dann unterstellt, wenn der Kreditnehmer einer gefährdeten Branche zuzurechnen ist. Eine Ergänzung des Systems um qualitative Indikatoren erscheint denkbar. Welches Verfahren konkret einzusetzen ist, kann sich erst nach praktischen Tests an nach der Umsetzung des Bilanzrichtliniengesetzes anders gestaltbaren Jahreabschlüssen beurteilt werden.

Die Entscheidung der Bank wird wesentlich von den Daten der Ausgangssituation beeinflußt. Das Engagement der Bank bei dem Schuldner wird der Quantität und der Qualität danach bestimmt, welche Kreditforderungen der Bank bestehen und welche Beteiligungen die Bank an der Schuldnerunternehmung eingegangen ist. In diesem Kontext ist von besonderer Bedeutung, festzustellen, welche Beteiligungen unbeabsichtigt entstanden sind, d.h. welche Kreditforderungen zwangsweise in Eigenkapital umqualifiziert worden sind (eigenkapitalersetzende Darlehen). Eine Reduzierung des Bank-Engangements kann sich ergeben, wenn der Schuldner Einlagen bei der Bank unterhält, und eine Aufrechnung möglich ist. Darüber hinaus ist es wesentlich, einen Überblick über ggf. eingeräumte Kreditsicherheiten zu gewinnen, da die Bank sich damit durch Liquidisierung der Sicherheiten einen Einzahlungsanspruch sichern kann, der nicht von den wirtschaftlichen Gegebenheiten beim Schuldner abhängt.

Die Entscheidung über Informationsaktivitäten ist wie die Handlungsentscheidung eine Entscheidung unter Risiko. Sie kann aber praktisch nicht separat optimiert werden. Die ermittelbaren Informationskosten sind daher bei der Prognose der erwarteten Zahlungsströme im Zusammenhang mit dem Ziel "Barwertmaximierung" zu berücksichtigen. Entscheidungsproblem und Informationsproblem werden dann (simultan) mit der gleichen Entscheidungsregel gelöst, so daß sich die isolierte Bestimmung des Informationswertes erübrigt.

Die Systematik der Ausgangsaktivitäten ist an der Überwindung bzw. Nichtüberwindung der Schuldnerkrise orientiert:

Die Bank kann zunächst an Maßnahmen zur Überwindung der Schuldnerkrise aktiv mitwirken (Strategienbündel 1).

Der aktiven Mitwirkung an Maßnahmen zur Krisenüberwindung direkt entgegengesetzt ist die aktive Beendigung der Kreditbeziehung (Strategienbündel 3).

Zwischen diesen beiden grundsätzlichen Arten der Ausgangsaktivitäten ist das Stillhalten der Bank (Strategienbündel 2) angesiedelt. Das Stillhalten wird also negativ definiert durch den Verzicht sowohl auf eine aktive Mitwirkung an Maßnahmen zur Überwindung der Schulderkrise als auch auf eine aktive Beendigung der Kreditbeziehung.

Die Maßnahmen zur Überwindung der Schuldnerkrise können im Hinblick auf ihre Eignung zur Erreichung der Sanierungsziele differenziert werden:

- Maßnahmen, die eine Erhöhung der Zahlungsmittel beim Schuldner bewirken:

  + Sanierungskredit (gesichert oder ungesichert),

  + liquiditätswirksame Zuführung von Eigenkapital.

- Maßnahmen, die die sofort zu erfüllenden Geldschulden des Schuldners verringern:

  + nichtliquiditätswirksame Zuführung von Eigenkapital als Umwandlung von fälligen Forderungen in Eigenkapital,

  + Zins-/Forderungsverzicht (außergerichtlicher Vergleich),

  + Forderungsrücktritt,

+ Umschuldung.

- Maßnahmen, die zur einer Erhöhung des Schuldnervermögens beitragen:

  + liquiditätswirksame Zuführung von Eigenkapital.

- Maßnahmen, die zu einer Verringerung der Schulden des Schuldners führen:

  + nichtliquiditätswirksme Zuführung von Eigenkapital,

  + Zins-/Forderungsverzicht,

  + Forderungsrücktritt.

Die Stillhaltestrategien können danach differenziert werden, ob die Bank Sicherheiten freigibt, Sicherheiten verstärkt oder auf Sicherheitenfreigabe und Sicherheitenverstärkung verzichtet. Die Motivation für die Sicherheitenfreigabe kann in der Ermöglichung eines Vergleichs liegen.

Bei der aktiven Beendigung der Kreditbeziehung sind die ordentliche Kreditkündigung und die an Kreditkündigungsgründe gebundene außerordentliche Kreditkündigung zu unterscheiden. Die Schranken des Kündigungsrechts liegen in dem Verbot der Kündigung zur Unzeit, in der Pflicht zur Rücksichtsnahme auf die Interessen des Schuldners und in dem Verbot widersprüchlichen Verhaltens.

Die themarelevante Zielsetzung besteht aus drei Zielen:

- Das Ziel "<u>Barwertmaximierung</u>" hat zum Inhalt, daß der Rückzahlungsstrom zu maximieren ist. Als subsidiäre Zielvariable wurde der Erwartungswert der Zahlungen ausgewählt.

- Das Ziel "<u>Imagepflege</u>" bedeutet, daß die Entscheidung langfristig das Image der Bank bei ihren Kunden fördern soll.

- Das Ziel "Bilanzielle Verlustvermeidung" hat die Vermeidung aufsichtsrechtlich relevanter Verluste zum Inhalt. Es sollen also Situationen vermieden werden, die dem Bundesaufsichtsamt für das Kreditwesen die Befugnis zur Aufhebung der Bankerlaubnis geben. Als subsidiäre Zielvariable wurde die Ruinwahrscheinlichkeit herangezogen, die einen bestimmten Prozentsatz nicht überschreiten darf.

Die so entwickelte Zielkonzeption enthält sowohl risikoneutrale als auch risikoscheue Elemente. Die subsidiäre Zielvariable Erwartungswert im Zusammenhang mit dem Ziel "Barwertmaximierung" steht für Risikoneutralität. Demgegenüber steht die Konstruktion des Zieles "Bilanzielle Verlustvermeidung" für risikoscheues Verhalten. Insgesamt erscheint die Zielkonzeption eher risikoscheu.

Die Ermittlung der optimalen Handlungsstrategie vollzieht sich in zwei Schritten:

Zunächst werden die Aktionspläne nach dem Ziel "Bilanzielle Verlustvermeidung" differenziert. Nur wenn die Wahrscheinlichkeit dafür, daß die zukünftigen entscheidungsabhängigen Verluste eine Toleranzschwelle überschreiten (Ruinwahrscheinlichkeit), einen bestimmten Prozentsatz von beispielsweise 10 % unterschreiten, darf die entsprechende Handlungsvariante bei der Auswahl eines Aktionsplanes weiter berücksichtigt werden.

Danach erfolgt die Ranglozierung der verbliebenen Handlungsstrategien. Dabei werden die Aktionspläne zum einen nach dem Ziel "Barwertmaximierung" vorläufig rangloziert, d.h. es wird der Barwert der erwarteten Zahlungsströme maximiert. Als Hilfsmittel zur Darstellung der alternativ möglichen Zahlungsströme dient dabei das Konzept der flexiblen Planung. Zum anderen werden die Handlungsstrategien nach dem Ziel "Imagepflege" differenziert. Schließlich wird die Gesamtlösung in der Weise ermittelt, daß geprüft wird, ob die untersuchte Handlungsvariante das Anspruchsniveau in bezug auf das Ziel "Imagepflege" erreicht. Fällt das Ergebnis positiv aus, dann erfolgt die Ranglozierung der so ermittelten Handlungsvarianten nach dem Ziel "Barwertmaximierung". Andernfalls erfolgt eine Zusatzprüfung. In dieser Prüfung wird festgestellt, ob die Differenz der Ergebnisse der untersuchten Handlungsvariante und der Handlungsvariante mit dem höchsten Zielerfüllungsgrad in bezug auf das Ziel "Barwertmaximierung" die "Schmerzgrenze" der Bank überschreitet oder nicht. Führt diese Prüfung zu dem Ergebnis, daß bei vorrangiger Verfolgung des Zieles "Imagepflege" die Zielerfüllungseinbuße bezüglich der "Barwertmaximierung" das kritische Maß nicht überschreitet, m.a.W. eine noch tolerable Höhe erreicht, dann wird das Ziel "Imagepflege" entscheidungsrelevant. Ansonsten würde die vorrangige Verfolgung des Zieles "Imagepflege" zu nicht mehr tolerablen Zielerreichungseinbußen hinsichtlich der "Barwertmaximierung" führen, so daß letztlich nur nach letzterem Ziel zu entscheiden ist.

Ziel dieser Untersuchung war es, das Entscheidungsproblem der Bank in der Krise ihres Schuldners analytisch aufzuarbeiten und Lösungsmöglichkeiten aufzuzeigen. Im Hinblick hierauf mußte die Arbeit in Teilbereichen notwendigerweise eher allgemein gehalten werden. So müssen beispielweise die ggf. bereits entwickelten mathematisch-statistischen Verfahren, die eine Hilfestellung bei der Entscheidungsprozeßinitiierung leisten können, in praktischen Tests an aktuellen Jahresabschlüssen beurteilt und weiterentwickelt werden. Darüber hinaus wird die anstehende Insolvenzrechtsreform einen wesentlichen Einfluß sowohl auf die Bestandsaufnahme (Stichwort: Sicherheiten) als auch auf die Beurteilung der Handlungsstrategien ausüben. Der in der Arbeit aufgezeigte Lösungsweg erscheint - mindestens für größere Problemengagements - praktikabel und problemadäquat. Es bleibt daher die Hoffnung des Verfassers, daß mit Hilfe einer präzisen Strukturierung des Entscheidungsproblems zukünftig "bessere" Bank-Entscheidungen in der Schuldnerkrise möglich werden.

Anhang 1: Konkursursachen in der Reihenfolge ihrer Bedeutung (nach SCHIMMELPFENG)

1. Verteuerung der Bankzinsen
2. Keine ausreichenden Eigenmittel
3. Personalkostensteigerung aufgrund von Tarifabschlüssen
4. Verknappung des Geldes durch die Banken
5. Rückläufige Inlandsnachfrage
6. Auswirkungen der Insolvenzen anderer Unternehmen
7. Investitionen teurer als geplant
8. Mängel im Rechnungswesen/in der Finanzplanung/in der Kostenrechnung
9. Verschlechterte Zahlungsmoral der Kunden
10. Hohe Wechselverbindlichkeiten mit gebündelten Fälligkeiten
11. Überbestand an Personal
12. Unnötige Ausweitung der Produktionskapazitäten
13. Mangelnde Wettbewerbsfähigkeit durch zu hohe Preise
14. Verteuerung der Einkaufspreise
15. Zu hohe Entnahmen
16. Verwendung kurzfristiger Kredite für langfristige Zwecke
17. Erhöhung der Zinsen für Lieferantenkredite
18. Überkapazitäten aufgrund unvollständiger Auslastung der eigenen Produktionsanlagen
19. Branchengerüchte über die kritische Situation der Firma
20. Ausbleiben von Exportaufträgen
21. Unqualifiziertes/überaltertes Personal
22. Verteuerung von Porto, Verpackung, Spedition
23. Verschönerung von Bilanzen (Vermeidung von Rückstellungen, Wertberichtigungen)
24. Lieferanten gewähren keine Zahlungsziele mehr
25. Unrationelle Produktionsanlagen
26. Angebot von nicht mehr marktgängigen Waren/Dienstleistungen
27. Übermäßige/unzureichende Vorratshaltung
28. Einseitige Abhängigkeit von wenigen Lieferanten
29. Reduzierung langfristig wirkender Ausgaben für Produktforschung, Werbung, Ausbildung

30. Klagen der Kunden über Auftragsabwicklungen/Außendienst
31. Billige Einfuhren
32. Ungenügende Abdeckung betrieblicher Risiken durch Versicherungen

---

Quelle: Schimmelpfeng (o.J.), S. 8

Anhang 2: Die Bedeutungsrangfolge der Insolvenzursachenbereiche im Gesamtüberblick (nach dem Institut für Mittelstandsforschung)

1. Betriebsführung
2. Finanzierung
3. Absatz
4. Betriebsstruktur
5. Überbetrieblicher Bereich
6. Betriebsleistung
7. Abnehmer
8. Rechnungswesen
9. Konkurrenten
10. Kreditinstitute
11. Beschaffung/Lagerung
12. Verwaltung/Personalwesen
13. Lieferanten

Quelle: Reske/Brandenburg/Mortsiefer (1976), S. 177

Anhang 3: Gerichtsnotorische und außergerichtliche Insolvenzsymptome (nach dem Rationalisierungs-Kuratorium der Deutschen Wirtschaft)

Gerichtsnotorische Symptome:

- Konkursanmeldung,
- gerichtlicher Vergleich,
- Ableistung des Offenbarungseides,
- Haftanordnung zwecks Erzwingung des Offenbarungseides,
- Zwangsversteigerungen,
- Zwangsverwaltungen,
- Sequestrationen,
- dingliche Arreste,
- Zahlungsklagen und
- Zahlungsbefehle (= Mahnbescheide).

Außergerichtliche Symptome:

- Außergerichtlicher Vergleich,
- Angebot der Umwandlung von Forderungen in Gesellschaftsanteile,
- Umwandlung von Warenforderungen in Darlehen,
- Weitergabe von Globalzessionen,
- Unvermitteltes Auftreten von Einflußnahmen nicht satzungsgemäß vertretungsberechtigter Dritter auf die Unternehmensleitung und auf Verhandlungen mit Kreditoren,
- Scheckrückgaben und
- Wechselproteste

Quelle: Goldbeck/Gauer (1981), S. 41 f.

Anhang 4: Der Ansatz von BEAVER zur Insolvenzprognose[1]

Mit seiner "Financial Ratios as Predictors of Failure" überschriebenen Untersuchung unternimmt BEAVER den Versuch, die Aussagefähigkeit von Bilanzkennzahlen für Vorhersagen zu prüfen: "the immediate purpose of this study was not to find the best predictor of failure but rather to investigate the predictive ability of financial ratios"[2].

BEAVER wertete die Daten von 79 insolventen Unternehmungen[3] aus, denen er die gleiche Anzahl vergleichbarer solventer Unternehmen[4] gegenüberstellte; die Untersuchung erstreckte sich auf den Zeitraum von 1954 bis 1964.[5] Im weiteren testete er dann 30 Kennzahlen[6], die aufgrund der Auswahlkriterien[7]

- Häufigkeit ihres Auftauchens in der Literatur,

- gutes Abschneiden bei früheren Untersuchungen und

- Stellung in einem cash-flow-Konzept

ermittelt wurden.

---

1) In der deutschsprachigen Literatur finden sich kurze Darstellungen der Untersuchung von Beaver unter anderem bei Mayr (1976), S. 84-94 und Kindlinger (1977), S. 67-71.

2) Beaver (1966), S. 100.

3) Zur Auswahl der insolventen Unternehmungen vgl. derselbe, a.a.O., S. 72 f.

4) Zur Auswahl der solventen Unternehmungen vgl. derselbe, a.a.O., S. 73-77.

5) Vgl. derselbe, a.a.O., S. 73.

6) Vgl. derselbe, a.a.O., S. 78; die Liste ist auch bei Kindlinger wiedergegeben, vgl. Kindlinger (1977), S. 68 f.

7) Vgl. Beaver (1966), S. 78 f.

Die Analyse des Datenmaterials erfolgte in drei Schritten durch

1) eine Profilanalyse[1],

2) einen dichotomischen Klassifikationstest[2] und

3) eine Analyse der Likelihood-Quotienten[3].

Nach Durchführung eines dichotomischen Klassifikationstestes ergaben sich die aus der unten dargestellten Tabelle ersichtlichen Fehlklassifikationsraten.

Tabelle 4: Prozentwerte der bei der Durchführung des dichotomischen Klassifikationstests aufgetretenen Fehlklassifizierungen (nach BEAVER)

Kennzahlen	Irrtumswahrscheinlichkeiten in Prozenten in den Jahren vor Insolvenz				
	1	2	3	4	5
CF/FK	13	21	23	24	22
RG/GK	13	20	23	29	28
FK+)/GK	19	25	34	27	28
WC/GK	24	34	33	45	41
UV/kurzfristiges FK	20	32	36	38	45
BvG/BA vor Abschreibungen	23	38	43	38	37

+) FK + Vorzugsaktienkapital

1) Vgl. Beaver (1966), S. 79-83.

2) Vgl. derselbe, a.a.O., S. 83-91.

3) Vgl. derselbe, a.a.O., S. 91-99.

Legende:	CF :	Cash-flow
	FK :	Fremdkapital
	RG :	Reingewinn
	GK :	Gesamtkapital
	WC :	Working capital (UV - kurzfristiges FK)
	UV :	Umlaufvermögen
	BvG :	Bald verfügbare Geldmittel
	BA :	Betriebsaufwand

Quelle: Beaver (1966), S. 85

Die Kritik an der Untersuchung BEAVERS besteht im wesentlichen aus einer Kritik der von ihm verwendeten Verfahren.[1] Die eigene Einschätzung BEAVERS ergibt sich aus dem folgenden Zitat: "Posibly the most important contribution to be made by this paper is to suggest a methodology for the evaluation of accounting data for any purpose, not merely for solvency determination."[2] [3]

---

1) Vgl. dazu oben Teil II, 3. Kapitel, 3.2.1, S. 50-57.

2) Beaver (1966), S. 99.

3) Das Verfahren Beavers ist von Steinhausen auf der Basis von Jahresabschlüssen der deutschen Textilindustrie empirisch überprüft worden; vgl. Steinhausen (1984), S. 57-60.

Anhang 5: Die Untersuchung von TAMARI zur Insolvenzprognose

"Um die Bedeutung der Finanzanalyse für die israelischen Firmen festzustellen"[1], wurden von TAMARI, Bank of Israel, im Untersuchungszeitraum von 1956 - 1960 die Bilanzen von 28 Industrieunternehmen (davon 12 in Konkurs gegangen und 16 in einer Krise) überprüft.

Die Bilanzanalyse dieser Unternehmungen ergab folgendes Bild:

- Fünf Jahre vor der Zahlungseinstellung waren die finanzwirtschaftlichen Kennzahlen der Untersuchungsobjekte niedriger als die Vergleichszahlen der gesamten Industrie.

- In der Mehrzahl der Fälle waren die Kennzahlen während des Untersuchungszeitraumes gefallen.[2]

Ausgehend von der Erkenntnis, daß eine einzige Kennzahl nicht ausreicht, den Risikograd abzuschätzen, entwickelte TAMARI einen Risikoindex, der sich folgendermaßen aufbaut: "Es wird eine Anzahl von Kennzahlen zusammengestellt, die allgemein als Indikatoren der finanziellen Lage einer Unternehmung gelten; sodann wird die einzelne Kennzahl entsprechend ihrer Bedeutung in den Augen in- und ausländischer Finanzanalysten, Betriebswirten und 'credit men' gewichtet, indem jede Kennzahl eine bestimmte Anzahl von Punkten erhält."[3]

---

1) Tamari (1966), S. 29.

2) Vgl. derselbe, a.a.O., S. 30.

3) Derselbe, a.a.O., S. 32; das Punktesystem findet sich bei demselben, a.a.O., S. 34 (Anhang A).

Folgende Kennzahlen wurden von TAMARI verwandt[1]:

1. Eigenkapital dividiert durch gesamte Passiva,
2. Gewinnentwicklung,
3. Liquidität (kurzfristiges Umlaufvermögen dividiert durch kurzfristige Verbindlichkeiten),
4. Produktionswert (Umsatz plus Bestandsveränderungen bei Halb- und Fertigprodukten) dividiert durch Warenbestand,
5. Umsatz dividiert durch Forderungen (einschließlich Wechsel),
6. Produktionswert dividiert durch working capital (Umlaufvermögen minus kurzfristige Schulden).

Eine nicht näher erläuterte Untersuchung ergab als Ergebnis, daß insolvente Unternehmen signifikant geringere Punktewerte aufwiesen als die Gesamtindustrie. In einem weiteren Schritt untersuchte TAMARI die Wahrscheinlichkeit eines Zusammenbruchs bei Unternehmen mit niedrigem Index. Zu diesem Zweck berechnete er die Risikoindices für 130 (zufällig?) ausgewählte Unternehmen für den Untersuchungszeitraum 1958 und 1960.

Tabelle 5: Verteilung der 130 Industrieunternehmen nach ihrem Risikoindex 1958 und 1960 (nach TAMARI)

1958		1960				
Index	Anzahl der Firmen	Anteil der Firmen mit Punktezahlen				insgesamt
		hoch (>60 P.)	mittel (31-60 P.)	niedrig (<30 P.)	Tätigkeit eingestellt (0 P.)	
hoch (>60 P.)	59 = 100%	76	21	-	3	100
mittel (31-60 P.)	50 = 100%	32	50	12	6	100
niedrig (<30 P.)	21 = 100%	10	14	24	52	100

Quelle: Tamari (1966), S. 33

1) Vgl. Tamari (1966), S. 32.

Man erkennt, daß die zunächst hoch eingestuften Unternehmen auch noch nach zwei Jahren überwiegend hoch eingestuft sind, dagegen die zunächst niedrig eingestuften Unternehmen nach zwei Jahren überwiegend ihre Tätigkeit eingestellt haben. TAMARI schließt daraus, "daß Unternehmen mit weniger als 30 Punkten mit größerer Wahrscheinlichkeit insolvent werden als solche mit 60 Punkten"[1].

Diese Aussage kann jedoch für die Beurteilung einer einzelnen Unternehmung keine hinreichenden Erkenntnisse bereitstellen.

---

1) Tamari (1966), S. 33.

Anhang 6: Der Ansatz von ALTMANN zur Insolvenzprognose[1)]

Die Intention der Untersuchung von ALTMANN ist die Prüfung der Aussagefähigkeit der Bilanzkennzahlenanalyse: "This paper seeks to assess the analytical quality of ratio analysis."[2)] Mit dem Instrument der multiplen Diskriminanzanalyse[3)] untersucht ALTMANN das Datenmaterial einer Stichprobe von 66 mittelgroßen Unternehmen aus der Fertigungsindustrie, von denen die Hälfte im Untersuchungszeitraum 1946 bis 1965 zusammengebrochen sind.[4)]

Aus einem Katalog von 22 "potentially helpful variables (ratios)"[5)], die leider nicht angegeben sind, gewinnt ALTMANN nach einer nicht näher erläuterten Untersuchung den folgenden reduzierten Kennzahlenkatalog[6)]:

- Working capital dividiert durch Gesamtkapital,
- Rücklagen dividiert durch Gesamtkapital,
- Gewinn vor Steuern und Zinsen dividiert durch Gesamtkapital,
- Börsenkapitalisierungswert dividiert durch Fremdkapital,
- Umsatz dividiert durch Gesamtkapital.

Die Kennzahl cash-flow dividiert durch Fremdkapital, die sich in

---

1) In der deutschprachigen Literatur finden sich kurze Darstellungen der Untersuchung von Altmann unter anderem bei Mayr (1976), S. 106-112 und Kindlinger (1977), S. 72-75.

2) Altmann (1968), S. 609.

3) Vgl. derselbe, a.a.O., S. 590-593.

4) Vgl. derselbe, a.a.O., S. 593.

5) Derselbe, a.a.O., S. 594.

6) Vgl. derselbe, ebenda.

der Untersuchung von BEAVER als prognosekräftigste erwies, konnte von ALTMANN nicht berücksichtigt werden, da das ihm zur Verfügung stehende Datenmaterial keine präzisen Angaben über die Abschreibungen enthielt.[1)]

Die Diskriminanzanalyse führt ein Jahr vor Insolvenz zu einer Prognosegenauigkeit von 95 %. ALTMANN kommt damit zu folgendem Ergebnis: "The theory is that ratios, if analysed within a multivariate framework, will take on greater statistical significance than the common technique of sequential ratio comparisons. The results are very encouraging."[2)]

Kritisch anzumerken ist jedoch neben der Kritik an dem Verfahren multiple Diskriminanzanalyse[3)], daß das Modell von ALTMANN erst relativ kurz vor dem tatsächlichen Eintritt einer Insolvenz in der Lage ist, diese zu prognostizieren.[4)]

---

1) Vgl. Altmann (1968), S. 594, Fußnote 20.

2) Derselbe, a.a.O., S. 609.

3) Vgl. dazu oben Teil II, 3. Kapitel, 3.2.2, S. 62 f.

4) Siehe auch Mayr (1976), S. 112; siehe weiterhin Hänchen (1983) und Steinhausen (1984), S. 60-62.

Anhang 7: Das Prognosemodell von WEIBEL zur Insolvenzprognose

Die erste deutschsprachige empirische Untersuchung über die Aussagefähigkeit von Bilanzkennzahlen stammt von WEIBEL.[1] Die Bilanzkennzahlenanalyse wurde dabei im Hinblick auf die Bonitätsbeurteilung und Insolvenzprognose durchgeführt. Für die Untersuchung wählte WEIBEL zunächst 41 Kennzahlen[2] aus,

" - die in der bilanzanalytischen Literatur immer wieder erwähnt werden,
- die sich in anderen empirischen Untersuchungen schon bewährt haben oder
- die den durch die beiden ersten Auswahlkriterien geschaffenen Kennzahlenkatalog mit zusätzlichen Aspekten abzurunden vermögen."[3]

Aus dem Datenmaterial des als Forschungspartner ausgewählten Kreditinstitutes wurden von über 200 insolventen Unternehmen 36 aus der Bekleidungs-, Metall- und Uhrenindustrie sowie dem Baugewerbe berücksichtigt, die zwischen 1960 und August 1971 insolvent wurden, bei denen die letzten sechs Jahresabschlüsse vor dem jeweiligen Insolvenzdatum vorhanden waren und deren Jahresabschlüsse bestimmten inhaltlichen Anforderungen genügten. Zusätzlich wurden alle Unternehmungen aus Branchen mit weniger als acht insolventen Unternehmungen ausgeschieden.[4] Diesen 36 insolventen Unternehmen wurde die gleiche Anzahl sorgfältig

---

1) Siehe Weibel (1973); Weibels Arbeit besteht aus drei empirischen Untersuchungen:
- Die Aussagefähigkeit von Bonitätsbeurteilungskriterien im schweizerischen Konsumentenkreditgeschäft,
- Die Bedeutung ausgewählter Schichtungskriterien auf die Insolvenzwahrscheinlichkeit von Unternehmungen,
- Die Aussagefähigkeit von Bilanzkennzahlen in ihrer Eigenschaft als Bonitätsbeurteilungskriterien.

Die folgenden Ausführungen beziehen sich auf die dritte Untersuchung. Vgl. Weibel (1973), S. 155-250.

2) Vgl. derselbe, a.a.O., S. 164 f. (Tabelle 25).

3) Vgl. derselbe, a.a.O., S. 158.

4) Vgl. derselbe, a.a.O., S. 168-171.

ausgewählter nicht-insolventer Unternehmen (gute Kreditrisiken) im Wege der Pärchenbildung gegenübergestellt.[1]

Im weiteren unterwarf WEIBEL die für alle 41 Kennzahlen von ihm aufgestellten Hypothesen bezüglich der Art und der Richtung bilanzstruktureller Zusammenhänge einem Signifikanztest. Er wählte hierzu den U-Test von WILCOXON, MANN und WHITNEY aus.[2]

Im Anschluß daran wurde der Kennzahlenkatalog auf 20 Kennzahlen reduziert, die in allen untersuchten fünf Jahren vor Eintritt der Insolvenz statistisch signifikant - bezogen auf WEIBELS Stichprobe - waren. Die Trennfähigkeit dieser verbleibenden Kennzahlen wurde sodann mit Hilfe von zwei verschiedenen dichotomischen Klassifikationstests - einem paarweisen und einem nicht-paarweisen - auf univariater Basis untersucht.[3]

Schließlich versucht WEIBEL, durch Anwendung der Cluster-Analyse ein überblickbares Kennzahleninstrumentarium zusammenzustellen, das dem Kreditsachbearbeiter dank der relativen Unabhängigkeit der in dem Instrumentarium vertretenen Kennzahlen den notwendigen Einblick in verschiedene betriebswirtschaftliche Tatbestände einer Unternehmung vermittelt.[4]

Das so ermittelte Kennzahleninstrumentarium umfaßt die folgenden Kennzahlen[5]:

- cash-flow dividiert durch kurzfristiges Fremdkapital,

- Umlaufvermögen dividiert durch kurzfristiges Fremdkapital,

---

1) Vgl. Weibel (1973), S. 172-179.

2) Vgl. derselbe, a.a.O., S. 190-194.

3) Vgl. derselbe, a.a.O., S. 200-224.

4) Vgl. derselbe, a.a.O., S. 224-246.

5) Vgl. derselbe, a.a.O., S. 233.

- Bald verfügbare Geldmittel minus kurzfristiges Fremdkapital dividiert durch Betriebsaufwand vor Abschreibungen,

- (Durchschnittlicher Lagerbestand dividiert durch Materialaufwendungen) x 365,

- (Durchschnittlicher Kreditorenbestand dividiert durch Wareneinkauf) x 365,

- Fremdkapital dividiert durch Gesamtkapital.

Anstelle einer Kritik kann WEIBELS Feststellung stehen, daß seine Untersuchung "nur erste Anhaltspunkte und nicht etwa letzte Erkenntnisse über die Eignung der Bilanz als Prognosebasis liefern kann"[1], so daß sich eine Verallgemeinerung der Untersuchungsergebnisse verbietet.[2]

1) Weibel (1973), S. 249.

2) Vgl. Mayr (1976), S. 102 f.

Anhang 8: Die Untersuchung von BEERMANN zur Insolvenzprognose

Mit seiner Analyse der Jahresabschlußdaten von 21 in den Jahren 1966 - 1971 gescheiterten[1] deutschen Aktiengesellschaften sowie der gleichen Anzahl von Vergleichsunternehmen testet BEERMANN die Prognosemöglichkeiten von Kapitalverlusten mit Hilfe von Bilanzkennzahlen.[2] Dabei werden Kennzahlen herangezogen, deren Aussagefähigkeit vorher theoretisch untersucht wird.[3] Der ermittelte Kennzahlenkatalog umfaßt dann die folgenden zehn Kennzahlen, die allesamt aus dem Jahresabschluß abgeleitet werden können[4]:

1) Ergebnisanalyse

a) Analyse des ordentlichen Erfolges

-Jahresüberschuß + Steuern ± außerordentliches Ergebnis dividiert durch Verbindlichkeiten,

-Jahresüberschuß + Steuern ± außerordentliches Ergebnis dividiert durch Umsatz,

-Jahresüberschuß + Steuern ± außerordentliches Ergebnis dividiert durch Bilanzsumme.

b)Analyse von Finanzierung und Ertragskraft

-cash-flow dividiert durch Verbindlichkeiten.

1) Unternehmen, die in Konkurs gegangen sind, sowie Unternehmen, die hohe Kapitalverluste zu verzeichnen haben; vgl. Beermann (1976), S. 49 f.

2) Vgl. derselbe, a.a.O., S. 13.

3) Vgl. derselbe, a.a.O., S. 35.

4) Vgl. derselbe, a.a.O., S. 35-48.

2) Direkte Ermittlung der Unternehmensentwicklung

a) Analyse der Investitionspolitik

- Zugänge Sachanlagevermögen dividiert durch Abschreibungen auf Sachanlagevermögen.

b) Analyse der Verschuldung

- Verbindlichkeiten dividiert durch Bilanzsumme,

- Bankverbindlichkeiten dividiert durch Verbindlichkeiten.

c) Analyse der Vorratshaltung

- Vorräte dividiert durch Umsatz.

d) Analyse der Umsatztätigkeit

- Umsatz dividiert durch Bilanzsumme.

3) Kennzahlen aufgrund der Hypothese über Bilanzierungsverhalten bei Rückstellungen und Abschreibungen

- Abschreibungen auf Sachanlagevermögen dividiert durch Sachanlagevermögen Anfangsbestand + Zugang.

Die hierauf aufbauende Analyse der Vermögenverluste wird in dreifacher Weise vorgenommen: Als Profilanalyse[1)], als dichotomischer Klassifikationstest[2)] sowie als multiple Diskriminanzanalyse[3)]. Die besten Ergebnisse wurden dabei mit Hilfe der Diskriminanzanalyse erzielt:

---

1) Vgl. Beermann (1976), S. 56-66.

2) Vgl. derselbe, a.a.O., S. 66-98.

3) Vgl. derselbe, a.a.O., S. 98-121.

Tabelle 6: Fehler 1. Art und 2. Art bei Gruppentrennung mit Hilfe der Diskriminanzanalyse in den einzelnen Jahren vor dem Vermögensverlust (nach BEERMANN)

Jahr vor Vermögensverlust	Fehlklassifikationen					
	Fehler 1. Art =scheiternde Unternehmung als Vergleichsunternehmung einordnen		Fehler 2. Art = Vergleichsunternehmung als scheiternd bezeichnen		Gesamtfehler	
	absolut	anteilig	absolut	anteilig	absolut	anteilig
1	2	9,5 %	1	4,8 %	3	7,1 %
2	1	4,8 %	4	19,1 %	5	11,9 %
3	2	9,5 %	7	33,3 %	9	21,4 %
4	3	14,3 %	9	42,9 %	12	28,6 %

Quelle: Beermann (1976), S. 103

Abgesehen davon, daß auch bei dieser Untersuchung die Datenbasis sehr schmal ist, gesteht BEERMANN selbst zu, daß sich aus dem Jahresabschluß auch bei Verwendung der Diskriminanzanalyse für die untersuchten Unternehmungen keine ausreichende Entscheidungsregel ableiten läßt, die eine fehlerfreie Zuordnung aller einzustufenden Unternehmungen zu einer der beiden Gruppen (scheiternde und solvente Unternehmen) ermöglicht.[1][2]

---

1) Vgl. Beermann (1976), S. 125.

2) Das Verfahren von Beermann ist von Steinhausen auf der Basis von Jahresabschlüssen der deutschen Textilindustrie empirisch überprüft worden; vgl. Steinhausen (1984), S. 62-65. Holthaus hat die Diskriminanzfunktion von Beermann an einem Modelljahresabschluß getestet; vgl. Holthaus (1985), S. 38-193.

Anhang 9: Auszug aus der Gebührentabelle für Rechtsanwälte

Die volle Gebühr beträgt bei einem Gegenstandswert

von über	900	bis	1.200	DM	-	85 DM
von über	9.500	bis	10.000	DM	-	539 DM
von über	95.000	bis	100.000	DM	-	1.889 DM
von über	190.000	bis	205.000	DM	-	2.414 DM
von über	295.000	bis	310.000	DM	-	2.939 DM
von über	385.000	bis	400.000	DM	-	3.389 DM
von über	490.000	bis	520.000	DM	-	3.869 DM
von über	580.000	bis	610.000	DM	-	4.229 DM
von über	670.000	bis	700.000	DM	-	4.589 DM
von über	790.000	bis	820.000	DM	-	5.069 DM
von über	880.000	bis	910.000	DM	-	5.429 DM
von über	970.000	bis	1.000.000	DM	-	5.789 DM
von über	1.950.000	bis	2.000.000	DM	-	8.789 DM
von über	2.950.000	bis	3.000.000	DM	-	11.789 DM
von über	3.950.000	bis	4.000.000	DM	-	14.789 DM
von über	4.950.000	bis	5.000.000	DM	-	17.789 DM

Die Gebühren für Gegenstandswerte über 5 Mio DM können wie folgt berechnet werden:

3°/oo von dem auf 50.000 DM aufgerundeten Betrag.

Quelle: Anlage zu § 11 BRAGO.

Anhang 10: Auszug aus der Gebührentabelle A (Beratungstabelle) für Steuerberater

Die volle Gebühr beträgt bei einem Gegenstandswert

von	über	900	bis	1.200 DM	-	85 DM
von	über	9.000	bis	10.000 DM	-	489 DM
von	über	95.000	bis	100.000 DM	-	1.585 DM
von	über	190.000	bis	200.000 DM	-	2.130 DM
von	über	280.000	bis	300.000 DM	-	2.639 DM
von	über	380.000	bis	400.000 DM	-	3.108 DM
von	über	490.000	bis	520.000 DM	-	3.454 DM
von	über	580.000	bis	610.000 DM	-	3.697 DM
von	über	670.000	bis	700.000 DM	-	3.926 DM
von	über	790.000	bis	820.000 DM	-	4.208 DM
von	über	880.000	bis	910.000 DM	-	4.403 DM
von	über	970.000	bis	1.000.000 DM	-	4.584 DM

von dem Mehrbetrag bis 10 Mio DM für je 50.000 DM - 120 DM,

von dem Mehrbetrag bis 50 Mio DM für je 50.000 DM - 90 DM,

von dem Mehrbetrag bis 100 Mio DM für je 50.000 DM - 70 DM,

von dem Mehrbetrag über 100 Mio DM für je 50.000 DM - 50 DM.

Gegenstandswerte über 1 Mio DM sind auf volle 50.000 DM aufzurunden.

Quelle: Anlage 1 zur StBGebV.

Anhang 11: **Auszug aus der Gebührentabelle B (Abschlußtabelle) für Steuerberater**

Die volle Gebühr beträgt bei einen Gegenstandswert

von über	9.000	bis	10.000 DM	-	126 DM
von über	75.000	bis	100.000 DM	-	384 DM
von über	900.000	bis	1.000.000 DM	-	1.223 DM
von über	9.000.000	bis	10.000.000 DM	-	3.420 DM
von über	15.000.000	bis	20.000.000 DM	-	4.644 DM
von über	25.000.000	bis	30.000.000 DM	-	5.611 DM
von über	35.000.000	bis	40.000.000 DM	-	6.308 DM
von über	45.000.000	bis	50.000.000 DM	-	7.099 DM
von über	50.000.000	bis	60.000.000 DM	-	7.810 DM
von über	60.000.000	bis	70.000.000 DM	-	8.461 DM
von über	70.000.000	bis	80.000.000 DM	-	9.067 DM
von über	80.000.000	bis	90.000.000 DM	-	9.635 DM
von über	90.000.000	bis	100.000.000 DM	-	10.171 DM

von dem Mehrbetrag bis 250 Mio DM je angefangene 10 Mio DM - 400 DM,

von dem Mehrbetrag bis 500 Mio DM je angefangene 25 Mio DM - 700 DM,

von dem Mehrbetrag über 500 Mio DM je angefangene 50 Mio DM - 1.000 DM.

Quelle: Anlage 2 zur StBGebV.

LITERATURVERZEICHNIS

ADAM/WITTE (1976)

Adam, Dietrich/Witte, Th.: Typen betriebswirtschaftlicher Modelle, in: WISU 1976, S. 1-5.

ADAMS (1980)

Adams, Michael: Ökonomische Analyse der Sicherungsrechte - Ein Beitrag zur Reform der Mobiliarsicherheiten - Monographien zur rechtswissenschaftlichen Forschung, Zivilrecht, Königstein/Ts. 1980.

ADEN (1979)

Aden, Menno: Der Vorwurf der Konkursverschleppung gegen den Mitgläubiger, in: MDR 1979, S. 891-896.

ADEN (1980)

Aden, Menno: Sicherungsübertragung und Vermögensübernahme (Überlegungen im Anschluß an BGH v. 10.5.78), in: MDR 1980, S. 98-100.

AHRENKIEHL/LORK (1987)

Ahrenkiehl, Björn/Lork, Heinrich: Überschuldung trotz kapitalersetzender Bürgschaft? - Anmerkung zum Urteil des Hans. OLG Hamburg vom 18.7.1986 - in: DB 1987, S. 823-825.

ALBACH (1959)

Albach, Horst: Wirtschaftlichkeitsrechnung bei unsicheren Erwartungen. Beiträge zur betriebswirtschaftlichen Forschung, hrsg. von Gutenberg, E. u.a., Band 7, Köln - Opladen 1959.

ALBACH (1962)

Albach, Horst: Die Prognose im Rahmen unternehmerischer Entscheidungen, in: Diagnose und Prognose als wirtschaftswissenschaftliche Methodenprobleme, Schriften des Vereins für Sozialpolitik - Gesellschaft für Wirtschafts- und Sozialwissenschaften -, Neue Folge Band 25, hrsg. von Giersch, Herbert und Borchardt, Knut, Berlin 1962, S. 201-214.

ALTMANN (1968)

Altmann, Edward I.: Financial Ratios, Discriminant Analysis and the Prediction of Corporate Bankruptcy, in: JoF, Vol. 23, 1968, S. 589-609.

ANDRÄ (1975)

Andrä, Bernd Olaf: Die Zielhierarchie des Betriebes - Versuch einer Darstellung der Eigenschaften eines rationalen Zielsystems erwerbswirtschaftlich orientierter Betriebe - Europäische Hochschulschriften, Reihe V, Volks- und Betriebswirtschaft, Bd. 104, Diss., Bern - Frankfurt a.M. 1975.

ANGELE (1981)

Angele, Jürgen: Die Unternehmensinsolvenzen in der Bundesrepublik Deutschland aus der Sicht der Statistik - unter besonderer Berücksichtigung des Zeitraums 1970-1980, in: ZIP 1981, S. 463-467.

ARROW (1963)

Arrow, Kenneth J.: Uncertainty and the Welfare Economics of Medical Care, in: AER 1963, S. 941-973

AULER (1976)

Auler, Wolf-D.: Der Überschuldungsstatus als Bewertungsproblem, in: DB 1976, S. 2169-2173.

BAETGE (1980)

Baetge, Jörg: Früherkennung negativer Entwicklungen der zu prüfenden Unternehmung mit Hilfe von Kennzahlen, in: WPg 1980, S. 651-665.

BAETGE/HUß/NIEHAUS (1986)

Baetge, Jörg/Huß, Michael/Niehaus, Hans-Jürgen: Die statistische Auswertung von Jahresabschlüssen zur Informationsgewinnung bei der Abschlußprüfung, in: WPg 1986, S. 605-613.

BALLHAUS (1976)

Ballhaus, Werner: § 610, in: BGB-Reichsgerichtsrätekommentar, Kommentar zum BGB, 12. Auflage, Berlin - New York 1976.

BAMBERG/COENENBERG/KLEINE-DOEPKE (1976)

Bamberg, Günter/Coenenberg, Adolf Gerhard/Kleine-Doepke, Rainer: Zur entscheidungsorientierten Bewertung von Informationen, in: ZfbF 1976, S. 30-42.

BAMBERG/COENENBERG (1985)

Bamberg, Günter/Coenenberg, Adolf Gerhard: Betriebswirtschaftliche Entscheidungslehre, WiSo-Kurzlehrbücher, Reihe Betriebswirtschaft, 4., überarbeitete Auflage, München 1985.

BARTSCH (1958)

Bartsch, Helmut: Zur Haftung aus Vermögensübernahme, in: KTS 1958, S. 33-38.

BAUER (1984)

Bauer, Heinrich: Die außerordentliche Kündigung des Kreditvertrages, in: KP 1984, S. 12-22.

BAUER (1969)

Bauer, Klaus-Peter: Zielfunktionen und finanzielle Nebenbedingungen in Investitionsmodellen bei Unsicherheit. Diss. Bonn 1969.

BAUR (1978)

Baur, Walter: Sanierungen - Wege aus Unternehmenskrisen - Wiesbaden 1978.

BEA/KÖTZLE (1983)

Bea, F.X./Kötzle, A.: Ursachen von Unternehmenskrisen und Maßnahmen zur Krisenvermeidung, in: DB 1983, S. 565-571.

BEAVER (1966)

Beaver, William H.: Financial Ratios as Predictors of Failure, in: Empirical Research in Accounting: Selected Studies 1966 (Ergänzungsband zu Journal of Accounting Research, Vol. 4, 1966), S. 71-111.

BECKER (1978)

Becker, Heinz: Unternehmenskrise und Krisenmanagement, in: ZfB 1978, S. 672-685.

BEECK (1979)

Beeck, Volker: Die Konkursantragstellung als gläubigerspezifisches Entscheidungsproblem - Notwendigkeit und planerische Gestaltung der Entscheidungsfindung im Vorfeld der Schuldnerinsolvenz, Diss., Schwarzenbeck 1979.

BEERMANN (1976)

Beermann, Klaus: Prognosemöglichkeiten von Kapitalverlusten mit Hilfe von Jahresabschlüssen. Schriftenreihe des Instituts für Revisionswesen der Westfälischen Wilhelms-Universität Münster, hrsg. von Leffson, Ulrich, Band 11, Diss. Münster 1975, Düsseldorf 1976.

BELLINGER (1973)

Bellinger, Bernhard: Die Kreditentscheidung als Instrument der Unternehmensführung im Kreditwesen, in: Management im Kreditwesen, FS für Hans Krasensky zum 70. Geburtstag, hrsg. von Schneider, Wilfried und Fuchs, Konrad, Wien 1973, S. 1-35.

BERG (1973)

Berg, Claus C.: Individuelle Entscheidungsprozesse: Laborexperimente und Computersimulation. Die Betriebswirtschaft in Forschung und Praxis, hrsg. von Heinen, Edmund, Band 15, Wiesbaden 1973.

BERG/TREFFERT (1979)

Berg, Claus C./Treffert, Jürgen C.: Die Unternehmenskrise - Organisatorische Probleme und Ansätze zu ihrer Lösung, in: ZfB 1979, S. 459-473.

BERGES (1983)

Berges, August Maria: Der Konkurs als Kreditschutzmittel des Fremdkapitals - Das Fremdkapital im betrieblichen Umlaufvermögen, in: BB 1983, S. 22-26.

BERTHEL (1973)

Berthel, Jürgen: Zielorientierte Unternehmungssteuerung - Die Formulierung operationaler Zielsysteme - Habil. Freiburg i.Br. 1972, Stuttgart 1973.

BERTHEL (1973a)

Berthel, Jürgen: Zur Operationalisierung von Unternehmungs-Zielkonzeptionen, in: ZfB 1973, S. 29-58.

BIDLINGMAIER (1967)

Bidlingmaier, Johannes: Zur Zielbildung in Unternehmungsorganisationen, in: ZfbF 1967, S. 246-256.

BIDLINGMAIER (1968)

Bidlingmaier, Johannes: Zielkonflikte und Zielkompromisse im unternehmerischen Entscheidungsprozeß. Betrieb und Markt - Studienreihe -, hrsg. von Behrens, Karl Christian, Band XI, Wiesbaden 1968.

BIDLINGMAIER (1973)

Bidlingmaier, Johannes: Unternehmerziele und Unternehmerstrategien. Betrieb und Markt - Studienreihe -, hrsg. von Behrens, Karl Christian, Band VIII, Wiesbaden 1973.

BIERFELDER (1968)

Bierfelder, Wilhelm H.: Optimales Informationsverhalten im Entscheidungsprozeß der Unternehmung. Betriebswirtschaftliche Schriften, Heft 25, Habil. Erlangen-Nürnberg, Berlin 1968.

BIERMANN (1963)

Biermann, Manfred: Die Überschuldung als Voraussetzung zur Konkurseröffnung. Die Unternehmung im Markt, hrsg. von Bergler, S./Fettel, J./Hintner, O./Linhardt, M./Sieber, E.H., Band 9, Berlin 1963.

BILO (1981)

Bilo, Franz: Zum Problemkreis der Überschuldung im strafrechtlichen Bereich, in: GmbHR 1981, S. 73-78 und 104-109.

BISCHOFF (1973)

Bischoff, Manfred: Multivariable Zielsysteme in der Unternehmung. Beiträge zur Datenverarbeitung und Unternehmensforschung, hrsg. von Angermann, Adolf, Band 7, Meisenheim am Glan 1973.

BITZ (1975)

Bitz, Michael: Modelle zur Informationsbewertung, in: ZfB 1975, S. 521-546.

BITZ (1977)

Bitz, Michael: Die Strukturierung ökonomischer Entscheidungsmodelle, Habil. Saarbrücken, Wiesbaden 1977.

BITZ (1978)

Bitz, Michael: Zeithorizonte bei der Investitions- und Finanzplanung, in: ZfB 1978, S. 175-193.

BITZ (1979)

Bitz, Michael: Zur rechtlichen Behandlung von Gesellschafterdarlehen an Gesellschaften mit beschränkter Haftung - Eine betriebswirtschaftliche Analyse der Reformvorschläge zum GmbH-Gesetz -, in: WiSt 1979, S. 353-358.

BITZ (1981)

Bitz, Michael: Entscheidungstheorie, München 1981.

BITZ (1982)

Bitz, Michael: Gläubigerrisiken und Gläubigerschutz, unveröffentlichtes Vortragsmanuskript, Hagen 1982.

BITZ/HEMMERDE/RAUSCH (1986)

Bitz, Michael/Hemmerde, Wilhelm/Rausch, Werner: Gesetzliche Regelungen und Reformvorschläge zum Gläubigerschutz - Eine ökonomische Analyse - Heidelberger betriebswirtschaftliche Studien, Berlin - Heidelberg - New York - Tokyo 1986.

BITZ/WENZEL (1974)

Bitz, Michael/Wenzel, Frank: Zur Preisbildung bei Informationen, in: ZfbF 1974, S. 451-472.

BLANZ (1978)

Blanz, Herbert: Kontrolle im Bankbetrieb - Zur Bedeutung der Kontrolle als Instrument bankbetrieblicher Unternehmensführung aus funktionaler und institutionaler Sicht - Diss. München 1978.

BLEIER (1983)

Bleier, Ernst: Insolvenzprognose aus den Jahresabschlüssen nicht publizitätspflichtiger Unternehmen, in: JfB 1983, S. 42-55.

BLEIER (1985)

Bleier, Ernst: Insolvenzfrüherkennung mittels praktischer Anwendung der Diskriminanzanalyse, 2., überarbeitete Auflage, Wien 1985.

BLOHM/LÜDER (1983)

Blohm, Hans/Lüder, Klaus: Investition - Schwachstellen im Investitionsbereich des Industriebetriebes und Wege zu ihrer Beseitigung - Vahlens Handbücher der Wirtschafts- und Sozialwissenschaften, 5., verbesserte und ergänzte Auflage, München 1983.

BLOMEYER (1980)

Blomeyer, Karl: Hypotheken und Grundschulden. Taschenbücher für Geld, Bank und Börse, hrsg. von Möhring, Ph. und Rittershausen, H., Band 84, Frankfurt a.M. 1980.

BLUMERS (1976)

Blumers, Wolfgang: Überschuldung als Konkursgrund bei der GmbH & Co. KG, in: BB 1976, S. 1441-1443.

BOCCARA (1981)

Boccara, Bruno: L'honoraire de l'avocat - des faits économiques aux techniques d'évaluation - Paris 1981.

BÖING (1980)

Böing, Hermann: Strategien zur Begrenzung von Kreditverlusten im Betriebs- und Investitionskreditgeschäft der Geschäftsbanken - Möglichkeiten und Grenzen bankbetrieblicher Kreditnehmer-Insolvenzprognosen - Diss., Köln 1980.

BÖNKHOFF (1983)

Bönkhoff, Franz Josef: Die Kreditwürdigkeitsprüfung - zugleich ein Beitrag zur Prüfung von Plänen und Prognosen - Schriftenreihe des Instituts für Revisionswesen der Westfälischen Wilhelms-Universität Münster, hrsg. von Leffson, Ulrich, Band 17, Diss. Münster 1982, Düsseldorf 1983.

BORCH (1969)

Borsch, Karl H.: Wirtschaftliches Verhalten bei Unsicherheit. Scientia Nova, Wien - München 1969.

BORN (1967)

Born, Karl Erich: Die deutsche Bankenkrise 1931, München 1967.

BORUP (1986)
Borup, Peter: Die eingetretene Zahlungsunfähigkeit aus der Sicht der Betriebswirtschaftslehre und das Problem ihrer Meßbarkeit, in: BB 1986, S. 1883-1887.

BRANDES (1983)

Brandes, Helmut: Die Rechtsprechung des BGH zur GmbH, in: WM 1983, S. 286-299.

BRANDSTETTER (1978)
Brandstetter, Alfred: Branchen-Kennzahlen als Grundlage von Kreditentscheidungen, in: ÖBA 1978, S. 162-170.

BRAUN (1982)

Braun, Günther E.: Der Beitrag der Nutzwertanalyse zur Handhabung eines multidimensionalen Zielsystems, in: WiSt 1982, S. 49-54.

BRAUN (1985)

Braun, Günther E.: Kapitalwertmethode, in: WISU 1985, S. 473-475.

BRAUNSPERGER (1969)

Braunsperger, Manfred: Die längerfristige Branchenprognose als Mittel der Kreditprüfung. Dr. Stigleitner-Schriftenreihe, Band 10, Hrsg. Österreichisches Forschungsinstitut für Sparkassenwesen, Diss., Wien 1969.

BRETZKE (1975)

Bretzke, Wolf-Rüdiger: Möglichkeiten und Grenzen einer wissenschaftlichen Lösung praktischer Prognoseprobleme, in: BFuP 1975, S. 496-515.

BRETZKE (1980)

Bretzke, Wolf-Rüdiger: Der Problembezug von Entscheidungsmodellen. Die Einheit der Gesellschaftswissenschaften, Studien in den Grenzbereichen der Wirtschafts- und Sozialwissenschaften, Band 29, hrsg. von Boettcher, Erik, Habil. Köln 1979, Tübingen 1980.

BRETZKE (1983)

Bretzke, Wolf-Rüdiger: HOMO OECONOMICUS - Bemerkungen zur Rehabilitation einer Kunstfigur ökonomischen Denkens, in: Rekonstruktion der Betriebswirtschaftslehre als ökonomische Theorie, hrsg. von Kappler, Ekkehard, Dogmengeschichte und Methodologie der Wirtschaftswissenschaften, Band 1, Spardorf 1983, S. 27-64.

BRETZKE (1984)

Bretzke, Wolf-Rüdiger: Homo oeconomicus - Wiederbelebungsversuche an einem Totgesagten, in: WISU 1984, S. 63-67.

BRETZKE (1985)

Bretzke, Wolf-Rüdiger: Wann ist ein Unternehmen insolvent?, in: DBW 1985, S. 405-413.

BROSE/CORSTEN (1983)

Brose, Peter/Corsten, Hans: Bedeutung und Bestimmungsfaktoren subjektiver Wahrscheinlichkeiten, in: WiSt 1983, S. 329-335.

BRUSE (1984)

Bruse, Helmut: Das Unternehmensrisiko: Eine theoretische und empirische Untersuchung, in: ZfB 1984, S. 964-996.

BÜHLER (1982)

Bühler, Wilhelm: Bonitätsbeurteilung auf der Grundlage qualitativer Indikatoren, in: ÖBA 1982, S. 81-93 und 180-199.

BÜHLER (1985)

Bühler, Wilhelm: Unternehmenssicherung mittels Problemerkennungssystem - eine Aufgabe moderner Unternehmensführung?, in: ZfB 1985, S. 330-346.

BÜHLER (1987)

Bühler, Wilhelm: Kreditrisiko und Unternehmenskrise, in: Risikomanagement in Banken, Schriftenreihe des Österreichischen Forschungsinstitutes für Sparkassenwesen, Heft 1/1987, Wien 1987, S. 7-24.

BÜRKLE (1984)

Bürkle, Roland: Modellgestützte Bewältigung zielinduzierter Konflikte in Unternehmungsentscheidungen, in: ZfB 1984, S. 430-447.

BÜRKLE (1985)

Bürkle, Roland: Entgegnung zu der Stellungnahme von Gerold Mus, in: ZfB 1985, S. 405-407.

BÜRKLE (1985a)

Bürkle, Roland: Abschließende Bemerkungen zur erneuten Stellungnahme von Gerold Mus, in: ZfB 1985, S. 410.

BÜSCHGEN (1968)

Büschgen, Hans E.: Entscheidungshilfen im Kreditgeschäft der Bank, in: Geld, Kapital und Kredit, FS zum siebzigsten Geburtstag von Heinrich Rittershausen, hrsg. von Büschgen, Hans E., Stuttgart 1968, S. 182-213.

BÜSCHGEN (1969)

Büschgen, Hans E.: Operations-Research-Verfahren bei der Vorbereitung und Kontrolle von Kreditgewährungsentscheidungen, in: Bl.f.G. 1969, S. 350-364.

BÜSCHGEN (1972)

Büschgen, Hans E.: Bankbetriebslehre, Wiesbaden 1972.

BÜSCHGEN (1975)

Büschgen, Hans E.: Zunehmende Fremdfinanzierung als Insolvenzgefahr, in: BFuP 1975, S. 93-109.

BÜSCHGEN (1979)

Büschgen, Hans E.: Bankbetriebslehre. Grundwissen der Ökonomik; Betriebswirtschaftslehre, Stuttgart - New York 1979.

BULLING (1976)

Bulling, Hinrich: Entscheidungshilfen der Diskriminanzanalyse bei der Gewährung von Konsumentenkrediten und gewerblichen Krediten, Diss. Technische Universität Berlin 1976.

BURKEL (1985)

Burkel, Peter: Arten, Aufgaben und Aussagekraft externer Bilanzen, in: BB 1985, S. 838-846.

CANARIS (1979)

Canaris, Claus-Wilhelm: Kreditkündigung und Kreditverweigerung gegenüber sanierungsbedürftigen Bankkunden, in: ZHR 1979, S. 113-138.

CANARIS (1981)

Canaris, Claus-Wilhelm: Ziffer 19 AGB, in: Handelsgesetzbuch - Großkommentar -, 3. Auflage, Dritter Band, 3. Teil, Bankvertragsrecht, 2. Bearbeitung, Berlin - New York 1981, S. 1327 ff., Rand-Nr. 2652-2696.

CAPELLER (1986)

Capeller, Rupert: Rechtsfragen beim Kredit. Rechtsfragen im Geschäftsverkehr mit der Sparkasse, 8., neubearbeitete Auflage von Engelken, Heiko, Stuttgart 1986.

CHMIELEWICZ (1970)

Chmielewicz, Klaus: Die Formalstruktur der Entscheidung, in: ZfB 1970, S. 239-268.

CLAUSSEN (1983)

Claussen, Carsten P.: Kapitalersetzende Darlehen und Sanierungen durch Kreditinstitute, in: ZHR 1983, S. 195-219.

CLAUSSEN (1985)

Claussen, Carsten P.: Kapitalersatzrecht und Aktiengesellschaft - Das BuM-Urteil des BGH vom 26.3.1984 -, in: AG 1985, S. 173-184.

COOLEY/LOHNES (1971)

Cooley, William W./Lohnes, Paul R.: Multivariate Data Analysis, New York - London - Sydney - Toronto 1971.

COOLEY/LOHNES (1976)

Cooley, William W./Lohnes, Paul R.: Einführung in die Statistik - mit EDV-Übungen, aus dem Amerikanischen übersetzt von Walter Sievers. Beiträge zur empirischen Unterrichtsforschung, hrsg. von Roth, Leo, Hannover - Dortmund - Darmstadt - Berlin 1976.

CUNY/HABERSTROH (1983)

Cuny, Reinhard H./Haberstroh, Dieter: Gesetzgeberische Ursachen steigender Insolvenzzahlen, in: BB 1983, S. 717-721.

CYERT/DILL/MARCH (1977)

Cyert, Richard M./Dill, William R./March, James G.: Die Rolle der Erwartungen bei unternehmerischen Entscheidungen, in: Entscheidungstheorie - Texte und Analysen -, hrsg. von Witte, Eberhard und Thimm, Alfred L., Moderne Lehrtexte: Wirtschaftswissenschaften, Band 16, Wiesbaden 1977, S. 109-126.

DECHAMPS (1983)

Dechamps, Regine: Haftung wegen Kreditvergabe an solvenzschwache Unternehmen - Die Pflicht eines einflußreichen Kreditgebers zum Ersatz der Forderungsausfälle seiner Mitgläubier im Konkurs des gemeinsamen Schuldners - Diss. Hamburg 1983.

DENDORFER (1985)

Dendorfer, Wilhelm: Die Feststellung eigenkapitalersetzender Gesellschafterdarlehen im Sinne des § 32a Abs. 1 Satz 1 GmbHG - Eine Analyse auf der Grundlage ausgewählter Beurteilungskriterien - Europäische Hochschulschriften, Reihe V, Volks- und Betriebswirtschaft, Band 613, Diss. Bayreuth 1984, Frankfurt a.M. - Bern - New York 1985.

DENK (1979)

Denk, Robert: Diagnosemethoden und Entscheidungshilfen in der Bonitätsprüfung, Wien 1979.

DIERKES (1983)

Dierkes, Friedhelm: Die Kreditüberwachung im Bankbetrieb - ein theoretischer Beitrag zur Überwachung des Firmenkredits - Diss. Bonn 1983.

DINKELBACH (1969)

Dinkelbach, Werner: Entscheidungen bei mehrfacher Zielsetzung und die Problematik der Zielgewichtung, in: Unternehmerische Planung und Entscheidung, hrsg. von Busse von Colbe, Walther und Meyer-Dohm, Peter, Bochumer Beiträge zur Unternehmungsführung und Unternehmensforschung, Band 2, Bielefeld 1969, S. 55-70.

DINKELBACH (1973)

Dinkelbach, Werner: Modell - ein isomorphes Abbild der Wirklichkeit?, in: Modell- und computer-gestützte Unternehmungsplanung, hrsg. von Grochla, Erwin und Szyperski, Norbert, Betriebswirtschaftliche Beiträge zur Organisation und Automation an der Universität zu Köln, Band 22, Wiesbaden 1973, S. 151-162.

DINKELBACH (1978)

Dinkelbach, Werner: Ziele, Zielvariablen und Zielfunktionen, in: DBW 1978, S. 51-58.

DOEHRING (1986)

Doehring, Carl: Insolvenzen und Wirtschaftskriminalität im Blickfeld neuerer statistischer Daten, in: KTS 1986, S. 613-625.

DORNDORFF/FRANK (1985)

Dorndorff, Eberhard/Frank, Jürgen: Reform des Rechts der Mobiliarsicherheiten - unter besonderer Berücksichtigung der ökonomischen Analyse der Sicherungsrechte, in: ZIP 1985, S. 65-84.

DREXL/KAYSER (1981)

Drexl, Andreas/Kayser, Georg: Überschuldungsfeststellung mittels Monte-Carlo-Simulation, in: BB 1981, S. 401-405.

DREYER (1974)

Dreyer, Arend: Scoring-Modelle bei Mehrfachzielsetzungen - Eine Analyse des Entwicklungsstandes von Scoring-Modellen, in: ZfB 1974, S. 255-274.

DROBNIG (1986)

Drobnig, Ulrich: Die Kreditsicherheiten im Vorschlag der Insolvenzrechts-Kommission, in: ZGR 1986, S. 252-280.

DRUKARCZYK (1974)

Drukarczyk, Jochen: Zum Problem der Bestimmung des Wertes von Informationen, in: ZfB 1974, S. 1-18.

DRUKARCZYK (1979)

Drukarczyk, Jochen: Bilanzielle Überschuldungsmessung - Zur Interpretation der Vorschriften von § 92 Abs. 2 AktG und § 64 Abs. 1 GmbHG, in: ZGR 1979, S. 553-582.

DRUKARCZYK (1980)

Drukarczyk, Jochen: Bilanzielle Überschuldungsmessung, in: WiSt 1980, S. 505-511.

DRUKARCZYK (1981)

Drukarczyk, Jochen: Zum Problem der Auslösung insolvenzrechtlicher Verfahren, in: ZfB 1981, S. 235-257.

DRUKARCZYK (1983)

Drukarczyk, Jochen: Kreditverträge, Mobiliarsicherheiten und Vorschläge zu ihrer Reform im Konkursrecht, in: ZfB 1983, S. 328-349.

DRUKARCZYK (1984)

Drukarczyk, Jochen: Die geplante Insolvenzrechtsreform und ihr Einfluß auf die Position der Kreditinstitute, in: B.Bl. 1984, S. 3-9.

DRUKARCZYK (1984a)

Drukarczyk, Jochen: Kreditverträge, Mobiliarsicherheiten und Vorschläge zu ihrer Reform im Konkursrecht - Stellungnahme, in: ZfB 1984, S. 284-293.

DRUKARCZYK (1984b)

Drukarczyk, Jochen: Reorganisation und Gläubigeransprüche, in: DBW 1984, S. 371-391.

DRUKARCZYK (1986)

Drukarczyk, Jochen: Was kann der Tatbestand der Überschuldung leisten?, in: ZfbF 1986, S. 207-234.

DRUKARCZYK/DUTTLE/RIEGER (1985)

Drukarczyk, Jochen/Duttle, Josef/Rieger, Reinhard: Mobiliarsicherheiten - Arten, Verbreitung, Wirksamkeit - Rechtstatsachenforschung, hrsg. vom Bundesministerium der Justiz, Köln 1985.

DRUKARCZYK/RIEGER (1986)

Drukarczyk, Jochen/Rieger, Reinhard: Zu den Entscheidungswirkungen von § 613a BGB vor und nach Insolvenz, in: KTS 1986, S. 209-242.

DÜLFER (1962)

Dülfer, Eberhard: Die Aktienunternehmung - Eine betriebswirtschaftlich-morphologische Betrachtung der Aktiengesellschaft und ihrer Ordnungsprobleme im Hinblick auf eine Reform des Aktienrechts - Göttingen 1962.

DUTTLE (1986)

Duttle, Josef: Ökonomische Analyse dinglicher Sicherheiten - Die Reform der Mobiliarsicherheiten und Probleme ihrer Behandlung in insolvenzrechtlichen Verfahren -, Krefeld 1986

EGNER/WOLFF (1978)

Egner, Henning/Wolff, Gerhardt: Zur Unbrauchbarkeit des Überschuldungstatbestands als gläubigerschützendes Instrument, in: AG 1978, S. 99-106.

EIDENSCHINK/HENKELMANN (1986)

Eidenschink, Peter/Henkelmann, Dieter: Leitfaden durch das Vollstreckungs- und Insolvenzrecht, 6., völlig überarbeitete Auflage, Stuttgart 1986.

ENGELHARDT (1981)

Engelhardt, Dietmar von: Risikobereitschaft bei betriebswirtschaftlichen Entscheidungen - Normative und empirische Aspekte individuellen Präferenzverhaltens unter Ungewißheit - Betriebswirtschaftliche Schriften, Heft 104, Berlin 1981.

ENGELKAMP (1980)

Engelkamp, Paul: Entscheidungsverhalten unter Risikobedingungen: Die Erwartungsnutzentheorie. Schriftenreihe des Instituts für Allgemeine Wirtschaftsforschung der Albert-Ludwigs-Universität, Band 3, Freiburg i.Br. 1980.

EULER (1987)

Euler, Manfred: Zur Entwicklung der Insolvenzen in der Bundesrepublik Deutschland, in: Der langfristige Kredit 1987, S. 365-371.

EYMÜLLER (1976)

Eymüller, Theo: Bilanzanalyse als Informationsinstrument für Entscheidungen, in: BFuP 1976, S. 399-407.

FAHRMEIR/HÄUßLER/TUTZ (1984)

Fahrmeir, Ludwig/Häußler, Walter/Tutz, Gerhard: Diskriminanzanalyse, in: Multivariate statistische Verfahren, hrsg. von Fahrmeir, Ludwig und Hamerle, Alfred, Berlin - New York 1984, S. 301-370

FELDMANN (1979)

Feldmann, Börries von: § 387, in: Münchener Kommentar zum Bürgerlichen Gesetzbuch, Band 2, Schuldrecht, Allgemeiner Teil (§§ 241-432), Redakteur: Heinrichs, Helmut, München 1979, S. 1054-1077.

FEUERBORN (1984)

Feuerborn, Sabine: Kapitalersetzende Aktionärsdarlehen, in: Sparkasse 1984, S. 448-453.

FICHTELMANN (1985)

Fichtelmann, Helmar: Die steuerlichen Probleme der Unternehmenssanierung, Köln 1985.

FISCHER, JÜRGEN H.(1981)

Fischer, Jürgen H.: Computergestützte Analyse der Kreditwürdigkeit auf Basis der Mustererkennung, Diss. Kiel 1980, Betriebswirtschaftliche Schriften zur Unternehmensführung, Band 23: Kreditwesen, Düsseldorf 1981.

FISCHER, OTTO CHR. (1933)

Fischer, Otto Chr.: Die fehlerhafte Kreditpolitik, in: Untersuchung des Bankwesens, Berlin 1933, I. Teil, 1. Band, S. 493-538.

FISCHER, WERNER (1980)

Fischer, Werner: Die Überschuldungsbilanz, Köln - Berlin - Bonn - München 1980.

FISCHER, WERNER (1981)

Fischer, Werner: Dynamische Überschuldungsprüfung als Insolvenzindikator, in: DB 1981, S. 1345-1351.

FISZ (1970)

Fisz, Marck: Wahrscheinlichkeitsrechnung und mathematische Statistik. Hochschulbücher für Mathematik, hrsg. von Grell, H./Maruhn, K./Rinow, W., Band 40, Berlin 1970.

FLECK (1982)

Fleck, Hans-Joachim: Kapitalaufbringung, Kapitalerhaltung und Insolvenzprobleme in der GmbH, RWS-Skript, 2., neubearbeitete Auflage, Köln 1982.

FLECK (1984)

Fleck, Hans-Joachim: Das kapitalersetzende Bankdarlehen in der GmbH, in: FS für Winfried Werner zum 65. Geburtstag am 17. Oktober 1984, Handelsrecht und Wirtschaftsrecht in der Bankpraxis, hrsg. von Hadding, Walter u.a., Berlin - New York 1984, S. 107-129.

FLESSNER (1981)

Flessner, Axel: Das rechtspolitische Für und Wider eines Sanierungsverfahrens, in: ZIP 1981, S. 1283-1288.

FRANKE (1983)

Franke, Günter: Ökonomische Überlegungen zur Gestaltung eines gerichtlichen Sanierungsverfahrens, in: KTS 1983, S. 37-55.

FRANKE (1984)

Franke, Günter: Zur rechtzeitigen Auslösung von Sanierungsverfahren, in: ZfB 1984, S. 160-179.

FRANKE (1986)

Franke, Günter: Wirkungen von Gläubigersicherungsrechten auf das Reorganisationsverfahren, in: BFuP 1986, S. 458-473.

FRANZHEIM (1980)

Franzheim, Horst: Das Tatbestandsmerkmal der Krise im Bankrottstrafrecht, in: NJW 1980, S. 2500-2504.

FRITZ (1986)

Fritz, W.: Empirische Zielforschung und Operations Research - Eine Untersuchung unternehmerischer Ziele und ihre Konsequenzen für das Operations Research -, in: OR Spektrum 1986, S. 99-108.

GABERDIEL (1985)

Gaberdiel, Heinz: Kreditsicherung durch Grundschulden. Sparkassenheft 7, hrsg. von Deutscher Sparkassen- und Giroverband e.V., 4., neu bearbeitete Auflage, Stuttgart 1985.

GÄFGEN (1974)

Gäfgen, Gerard: Theorie der wirtschaftlichen Entscheidung - Untersuchungen zur Logik und Bedeutung des rationalen Handelns - 3. Auflage, Tübingen 1974.

GEBHARD (1984)

Gebhard, Joachim: Kapitalersetzende Gesellschaftsdarlehen: Stehenlassen als Gewähren i.S. des § 32a GmbHG, in: DB 1984, S. 1385-1387.

GEBHARDT (1979)

Gebhardt, Günther: Insolvenzprognosen aus Jahresabschlüssen nach altem und neuem Aktienrecht, in: ZfbF 1979, S. 597-619.

GEBHARDT (1980)

Gebhardt, Günther: Insolvenzprognosen aus aktienrechtlichen Jahresabschlüssen - Eine Beurteilung der Reform der Rechnungslegung durch das Aktiengesetz 1965 aus der Sicht unternehmensexterner Adressaten - Bochumer Beiträge zur Unternehmensführung und Unternehmensforschung, hrsg. von Bester, Hans u.a., Band 22, Diss., Wiesbaden 1980.

GEBHARDT (1981)

Gebhardt, Günther: Die Eignung empirischer Untersuchungen als Grundlage für Kreditwürdigkeitsprüfungen, in: DBW 1981, S. 221-235.

GEIST (1980)

Geist, Günter: Insolvenzen und Steuern - Konkurs - Vergleich - Sanierung im Steuerrecht - 3., neu bearbeitete Auflage, Herne - Berlin 1980.

GERHARDT (1969)

Gerhardt, Walter: Die systematische Einordnung der Gläubigeranfechtung. Göttinger Rechtswissenschaftliche Studien, Band 79, Habil. Göttingen 1968, Göttingen 1969.

GERHARDT (1985)

Gerhardt, Walter: Zur Reform des Insolvenzrechts: das Anfechtungsrecht im Konkurs, in: ZIP 1985, S. 582-592.

GERKAN (1986)

Gerkan, Hartwin von: Schwerpunkte und Entwicklungen im Recht der kapitalersetzenden Gesellschafterleistungen, in: GmbHR 1986, S. 218-225.

GEROLD/SCHMIDT/SCHMIDT (1977)

Gerold, Wilhelm/Schmidt, Herbert/Schmidt, Holger: Bundesgebührenordnung für Rechtsanwälte - Kommentar - 6., neubearbeitete Auflage, München 1977.

GERSCH u.a. (1980)

Gersch, Hartmut/Herget, Rudolf/Marsch, Reinhard/Stützle, Rudolf: GmbH-Reform 1980 - Erläuterung mit praktischen Hinweisen - Forkel-Reihe Recht und Steuern, Stuttgart - Wiesbaden 1980.

GERTH (1977)

Gerth, Axel: Atypische Kreditsicherheiten unter Berücksichtigung der Vorschriften über die Rechnungslegung - Patronatserklärungen und Liquiditätsgarantien deutscher Muttergesellschaften - Frankfurt a.M. 1977.

GESSNER u.a. (1978)

Gessner, Volkmar/Rhode, Barbara/Strate, Gerhard/Ziegert, Klaus A.: Die Praxis der Konkursabwicklung in der Bundesrepublik Deutschland - eine rechtssoziologische Untersuchung - hrsg. vom Bundesministerium der Justiz, Köln 1978.

GEßLER (1975)

Geßler, Ernst: Die Umwandlung von Krediten in haftendes Kapital, in: FS für Philipp Möhring zum 75. Geburtstag am 4. September 1975, hrsg. von Hefermehl, Wolfgang/Nirk, Rudolf/Westermann, Harry, München 1975, S. 173-196.

GEßLER (1980)

Geßler, Ernst: Die GmbH-Novelle, in: BB 1980, S. 1385-1391.

GEßLER (1981)

Geßler, Ernst: Zur Problematik bei kapitalersetzenden Gesellschafterdarlehen, in: ZIP 1981, S. 228-235.

GIEBELER (1982)

Giebeler, Norbert: Die Feststellung der Überschuldung einer Unternehmung unter besonderer Berücksichtigung der Beziehungen zur Zahlungsunfähigkeit, Frankfurt a.M. 1982.

GLASER (1980)

Glaser, Horst: Informationswert, in: HWO, hrsg. von Grochla, Erwin, 2., völlig neu gestaltete Auflage, Enzyklopädie der Betriebswirtschaftslehre, Band 2, Stuttgart 1980, Spalten 933-941.

GLASSER (1983)

Glasser, Stephen A.: Hourly Fee Approach May Be Dethroned, in: Legal Times vom 10.10.1983, S. 10.

GÖHLER/WILTS (1976)

Göhler, Erich/Wilts, Walter: Das Erste Gesetz zur Bekämpfung der Wirtschaftskriminalität, in: DB 1976, S. 1609-1615, 1657-1662.

GÖLLERT (1984)

Göllert, Kurt: Auswirkungen des Bilanzrichtlinie-Gesetzes auf die Bilanzanalyse, in: BB 1984, S. 1845-1853.

GOLDBECK/GAUER (1981)

Goldbeck, Klaus-Jürgen/Gauer, Herbert: Insolvenzgefahren rechtzeitig erkennen und vorbeugend bekämpfen. Rationalisierungs-Kuratorium der Deutschen Wirtschaft (RKW) e.V., Eschborn (Hrsg.), o.O. 1981.

GOLLING (1980)

Golling, Hans-Joachim: Planung unter Unsicherheit - Eine theoretische und empirische Betrachtung unter besonderer Berücksichtigung des Einsatzes quantitativer Ansätze bei der Vorbereitung strategischer Unternehmensentscheidungen - Diss. Darmstadt 1980.

GOTTWALD (1984)

Gottwald, Peter: Rechtliche Möglichkeiten der Unternehmenssanierung im Insolvenzfall, in: KTS 1984, S. 1-26.

GRANRUT (1984)

Granrut, Bernard du: Guide pratique de fixation des honoraires d'avocats, hrsg. vom Ordre des avocats à la cour de Paris, Paris 1984.

GRIEM (1968)

Griem, Heinrich: Der Prozeß der Unternehmungsentscheidung bei unvollkommener Information - Eine Ablauf- und Problemanalyse - Diss. Freiburg i.Br., Berlin 1968.

GROCHLA (1969)

Grochla, Erwin: Modelle als Instrumente der Unternehmungsführung, in: ZfbF 1969, S. 382-397.

GROCHLA (1973)

Grochla, Erwin: Gestaltung und Überwachung computergestützter Informationssysteme zur Unterstützung des Managements im Entscheidungsprozeß, in: ZIR 1973, S. 1-17.

GROß (1982)

Groß, Paul J.: Sanierung durch Fortführungsgesellschaften - Der Weg von der Sanierungsprüfung bis zur Konstituierung und finanziellen Entlastung der Fortführungsgesellschaft in betriebswirtschaftlicher, rechtlicher und steuerlicher Sicht - Köln 1982.

GRUNEWALD (1981)

Grunewald, Barbara: Nachforderung von Sicherheiten bei der Kreditvergabe durch Banken, in: ZIP 1981, S. 586-588.

GÜMBEL (1963)

Gümbel, Rudolf: Nebenbedingungen und Varianten der Gewinnmaximierung, in: ZfhF 1963, S. 12-21.

GÜMBEL (1964)

Gümbel, Rudolf: Die Bedeutung der Gewinnmaximierung als betriebswirtschaftliche Zielsetzung, in: BFuP 1964, S. 71-81.

HAACK (1980)

Haack, Michael: Der Konkursgrund der Überschuldung bei Kapital- und Personengesellschaften. Europäische Hochschulschriften, Reihe II, Rechtswissenschaft, Band 247, Diss. Bielefeld, Frankfurt a.M. - Bern - Cirencester/U.K. 1980.

HAACK (1981)

Haack, Michael: Bewertungsprobleme bei der Überschuldungsfeststellung, in: BB 1981, S. 883-888.

HAACK (1981a)

Haack, Michael: Überschuldung - ein deskriptives Tatbestandsmerkmal?, in: NJW 1981, S. 1353.

HABSCHEID (1980)

Habscheid, Walther J.: Zur rechtlichen Problematik des außergerichtlichen Sanierungsvergleichs, in: Gedächtnisschrift für Rudolf Bruns, hrsg. von Baltzer, Johannes/Baumgärtel, Gottfried/Peters, Egbert/Pieper, Helmut, München 1980, S. 253-264.

HÄNCHEN (1983)

Hänchen, Axel: Überprüfung der Z-Funktion von Altmann für die Bundesrepublik Deutschland, Diplomarbeit Bonn 1983.

HAESELER (1981)

Haeseler, Herbert R.: Kreditvergabeentscheidung und dynamische Kreditüberwachung, in: Wirtschaftspolitische Blätter 3/1981, S. 47-56.

HÄSEMEYER (1982)

Häsemeyer, Ludwig: Die Gleichbehandlung der Konkursgläubiger, in: KTS 1982, S. 507-575.

HAGENMÜLLER (1976)

Hagenmüller, Karl Friedrich: Kreditwürdigkeitsprüfung, in: HWF, hrsg. von Büschgen, Hans E., Stuttgart 1976, Spalten 1224-1234.

HAGENMÜLLER (1976a)

Hagenmüller, Karl Friedrich: Kreditsicherheiten, in: HWF, hrsg. von Büschgen, Hans E., Stuttgart 1976, Spalten 1195-1208.

HAGENMÜLLER (1977)

Hagenmüller, Karl Friedrich: Der Bankbetrieb, Band III - Rechnungswesen - Bankpolitik - 4. Auflage, Wiesbaden 1977.

HAGENMÜLLER (1978)

Hagenmüller, Karl Friedrich: Der Bankbetrieb, Band II - Aktivgeschäfte und Dienstleistungsgeschäfte - 4. Auflage, Wiesbaden 1978.

HAGENMÜLLER/JACOB (1987)

Hagenmüller, Karl Friedrich/Jacob, Adolf-Friedrich: Der Bankbetrieb, Band II - Kredite und Kreditsurrogate - Dienstleistungsgeschäft - 5., völlig überarbeitete Auflage, Wiesbaden 1987.

HAHN (1979)

Hahn, Dietger: Frühwarnsysteme, Krisenmanagement und Unternehmensplanung, in: Frühwarnsysteme, Schriftleitung Albach, Horst/Hahn, Dietger/Mertens, Peter, ZfB-Ergänzungsheft 2/1979, S. 25-46.

HAMANN (1968)

Hamann, Peter: Gewinnmaximierung - Dominantes Ziel oder Zieldominante?, in: ZfB 1968, S. 257-268.

HAMANN (1969)

Hamann, Peter: Entscheidungsmodelle in der betriebswirtschaftlichen Theorie, in: ZfbF 1969, S. 457-467.

HARTMANN (1965)

Hartmann, Bernhard: Kreditprüfung und Kreditüberwachung, Stuttgart 1965.

HAUSCHILDT (1975)

Hauschildt, Jürgen: Kreditwürdigkeit - Bezugsgrößen von Verhaltenserwartungen in Kreditbeziehungen -, in: Die Finanzierung der Unternehmung, hrsg. von Hax, Herbert und Laux, Helmut, Neue Wissenschaftliche Bibliothek, Köln 1975, S. 250-268.

HAUSCHILDT (1976)

Hauschildt, Jürgen: Zielbildung - ein heuristischer Prozeß, in: ZfB 1976, S. 327-340.

HAUSCHILDT (1977)

Hauschildt, Jürgen: Entscheidungsziele - Zielbildung in innovativen Entscheidungsprozessen: theoretische Ansätze und empirische Prüfung - Empirische Theorie der Unternehmung, hrsg. von Witte, Eberhard, Band 9, Tübingen 1977.

HAUSCHILDT (1983)

Hauschildt, Jürgen: Alternativenzahl und Effizienz von Entscheidungen, in: ZfbF 1983, S. 94-112.

HAX (1965)

Hax, Herbert: Die Koordination von Entscheidungen - Ein Beitrag zur betriebswirtschaftlichen Organisationslehre - Schriftenreihe Annales Universitatis Saraviensis, Rechts- und Wirtschaftswissenschaftliche Abteilung, Heft 17, Habil. Köln 1964, Köln - Berlin - Bonn - München 1965.

HAX (1967)

Hax, Herbert: Bewertungsprobleme bei der Formulierung von Zielfunktionen für Entscheidungsmodelle, in: ZfbF 1967, S. 749-761.

HAX (1970)

Hax, Herbert: Investitionsentscheidungen bei unsicheren Erwartungen, in: Entscheidung bei unsicheren Erwartungen - Beiträge zur Theorie der Unternehmung, hrsg. von Hax, Herbert, Köln - Opladen 1970, S. 129-140.

HAX (1974)

Hax, Herbert: Entscheidungsmodelle in der Unternehmung / Einführung in Operations Research, Reinbek bei Hamburg 1974.

HAX (1985)

Hax, Herbert: Investitionstheorie, 5., bearbeitete Auflage, Würzburg - Wien 1985.

HAX/LAUX (1972)

Hax, Herbert/Laux, Helmut: Flexible Planung - Verfahrensregeln und Entscheidungsmodelle für die Planung bei Ungewißheit, in: ZfbF 1972, S. 318-340.

HEILMANN (1983)

Heilmann, Hans: Kapitalersetzende Darlehen bei Aktiengesellschaften, in: KTS 1983, S. 513-516.

HEIN (1986)

Hein, Manfred: Die gesetzlichen Anforderungen an Kreditprüfung und Kreditüberwachung in Bankbetrieben, in: WiSt 1986, S. 15-20.

HEINE (1979)

Heine, Klaus-Henning: Sind die Jahresabschlüsse der Bankkreditnehmer für eine Beurteilung der wirtschaftlichen Verhältnisse geeignet?, in: DB 1979, S. 1565-1573.

HEINEN (1962)

Heinen, Edmund: Die Zielfunktion der Unternehmung, in: Zur Theorie der Unternehmung, FS zum 65. Geburtstag von Erich Gutenberg, hrsg. von Koch, Helmut, Wiesbaden 1962, S. 9-71.

HEINEN (1970)

Heinen, Edmund: Zielanalyse als Grundlage rationaler Unternehmenspolitik, in: Zielprogramm und Entscheidungsprozeß in der Unternehmung, Schriften zur Unternehmensführung, hrsg. von Jacob, H., Band 11, Wiesbaden 1970, S. 7-26.

HEINEN (1976)

Heinen, Edmund: Grundlagen betriebswirtschaftlicher Entscheidungen - Das Zielsystem der Unternehmung - Die Betriebswirtschaft in Forschung und Praxis, hrsg. von Heinen, Edmund, Band 1, 3. Auflage, Wiesbaden 1976.

HEINEN (1985)

Heinen, Edmund: Einführung in die Betriebswirtschaftslehre, 9., verbesserte Auflage, Wiesbaden 1985.

HEINSIUS/KREUTZER (1985)

Heinsius, Theodor/Kreutzer, Matti: Der Bericht der Kommission für Insolvenzrecht und seine Bedeutung für die Kreditinstitute, in: WM 1985, Sonderbeilage Nr. 2/1985 zu Nr. 21 vom 25. Mai 1985, S. 3-14.

HELLGE (1982)

Hellge, Gisela: Konkursvermeidung - Erhaltung von Kapital und Arbeitsplätzen durch freiwillige Liquidation - Grundlagen und Praxis der Betriebswirtschaft, Band 45, Berlin 1982.

HEMMERDE (1985)

Hemmerde, Wilhelm: Insolvenzrisiko und Gläubigerschutz - Eine ökonomische Analyse gesetzlicher Normen zur Kapitalaufbringung und Kapitalerhaltung -, Reihe Wirtschaftswissenschaften, Band 343, Diss. Hagen, Thun - Frankfurt a.M. 1985.

HENCKEL (1982)

Henckel, Wolfram: Die Gläubigeranfechtung - ein taugliches Mittel zur Beseitigung von Verkürzungen der Konkursmasse?, in: ZIP 1982, S. 391-399.

HENCKEL (1984)

Henckel, Wolfram: Reform des Insolvenzrechts, in: ZZP 1984, S. 369-395.

HENO (1983)

Heno, Rudolf: Kreditwürdigkeitsprüfung mit Hilfe von Verfahren der Mustererkennung. Bankwirtschaftliche Forschungen, Band 8, Bern - Stuttgart 1983.

HERGET (1974)

Herget, Rudolf: Das Zurücktreten mit Forderungen bei Überschuldung der Aktiengesellschaft, in: AG 1974, S. 137-143.

HERRHAUSEN (1971)

Herrhausen, Alfred: Zielvorstellungen und Gestaltungsmöglichkeiten einer Langfristplanung in Kreditinstituten, in: Bank-Betrieb 1971, S. 354-359.

HERRHAUSEN (1979)

Herrhausen, Alfred: Die Rolle der Banken bei der Unternehmenssanierung, in: Die Bank 1979, S. 358-363.

HESBERG (1983)

Hesberg, Dieter: Risikovorsorge durch Kreditausfall- und Zinsänderungsrückstellungen im Jahresabschluß von Banken, in: KuK 1983, S. 531-567.

HESS (1983)

Hess, Harald: Konkurs, Vergleich, Gläubigeranfechtung - Ein Handbuch für die Praxis - Systematische Darstellung, Rechtsprechung, Gebühren, Steuerfragen, Vertragsmuster - begründet von Karl Haegele, 4., neu bearbeitete und wesentlich erweiterte Auflage, Herne - Berlin 1983.

HESS/FECHNER (1987)

Hess, Harald und Fechner, Dietrich: Sanierungshandbuch, Neuwied - Darmstadt 1987.

HIELSCHER (1979)

Hielscher, Udo: Instrumente der Kreditwürdigkeitsprüfung, in: WiSt 1979, S. 308-315.

HIERONIMUS (1979)

Hieronimus, Albert: Einbeziehung subjektiver Risikoeinstellungen in Entscheidungsmodelle - Ein Beitrag zur Bernoulli-Nutzentheorie. Reihe Wirtschaftswissenschaften, Band 177, Thun - Frankfurt a.M. 1979.

HIRSCH (1968)

Hirsch, Rudolph E.: Informationswert und -kosten und deren Beeinflussung, in: ZfbF 1968, S. 670-676.

HOCHSTÄDTER (1978)

Hochstädter, Dieter: Einführung in die statistische Methodenlehre, 2. überarbeitete Auflage, Frankfurt a.M. - Bern - Las Vegas 1978.

HÖFNER (1981)
Höfner, Klaus-Dieter: Die Überschuldung als Krisenmerkmal des Konkursstrafrechts, Diss. Augsburg 1981, Frankfurt a.M. 1981.

HOFFMANN (1980)

Hoffmann, Günther: Drohende und eingetretene Zahlungsunfähigkeit im neuen Konkursstrafrecht, in: DB 1980, S. 1527-1530.

HOHNER (1975)

Hohner, Georg: Zum Haftungsumfang bei überbewerteten Sacheinlagen in der GmbH, in: DB 1975, S. 629-631.

HOLTHAUS (1985)

Holthaus, Hans-Christian: Ein Simulationsmodell zur Überprüfung der Leistungsfähigkeit bilanzanalytischer Methoden - Dargestellt am Beispiel der Diskriminanzfunktionen - Reihe Wirtschaftswissenschaften Bd. 340, Thurn - Frankfurt am Main 1985

HOLZACH (1982)

Holzach, Robert: Die Verantwortung des Bankiers im Kreditgeschäft, in: ÖBA 1982, S. 317-322.

HOMMELHOFF (1984)

Hommelhoff, Peter: Zur Haftung bei unternehmerischer Beteiligung an Kapitalgesellschaften - kapitalersetzende Darlehen bei Sanierung und Konkurs in der neuesten höchstrichterlichen Rechtsprechung - RWS-Skript 141, Köln 1984.

HOPT (1979)

Hopt, Klaus J.: Rechtspflichten der Kreditinstitute zur Kreditversorgung, Kreditbelassung und Sanierung von Unternehmen - Wirtschafts- und bankrechtliche Überlegungen zum deutschen und französischen Recht -, in: ZHR 1979, S. 139-173.

HUNDERTMARK/HERMS (1972)

Hundertmark, Dedo/Herms, Volkmar: Zur Überschuldung von Kapitalgesellschaften, in: BB 1972, S. 1118-1120.

ILMAIER (1982)

Ilmaier, Gerald O.: Insolvenzursachenforschung - Ein bedeutendes Instrument zur Vermeidung von Unternehmenszusammenbrüchen, Diplomarbeit Wien 1982.

IMMENGA (1970)

Immenga, Ulrich: Konkursanfechtung und Gesellschafterdarlehen - Zugleich eine Besprechung des Urteiles des BGH VIII ZR 109/67 v. 14.7.69 -, in: GmbHR 1970, S. 258-262.

IMMENGA (1983)

Immenga, Ulrich: Kapitalersetzende Aktionärsdarlehen als Haftkapital in: ZIP 1983, S. 1405-1412.

INDERFURTH (1979)

Inderfurth, Karl: Starre und flexible Investitionsplanung bei laufender Planrevision, in: ZfbF 1979, S. 440-467.

INDERFURTH (1982)

Inderfurth, Karl: Starre und flexible Investitionsplanung - Eine Untersuchung starrer und flexibler Planungsverfahren bei sequentieller Investitionsprogrammplanung bei Unsicherheit -, Beiträge zur betriebswirtschaftlichen Forschung, hrsg. von Albach, Horst/Max, Herbert/Riebel, Paul/ Wysocki, Klaus v., Band 54, Wiesbaden 1982.

JÄGER (1986)

Jäger, Karl-Heinz: Die Zahlungsunfähigkeit nach geltendem und nach geplantem Insolvenzrecht, in: DB 1986, S. 1441-1447.

JÄHRIG/SCHUCK (1982)

Jährig, Alfred/Schuck, Hans: Handbuch des Kreditgeschäfts, 4. Auflage, Wiesbaden 1982.

JEHNER (1983)

Jehner, Hansgeorg: Die Steuerfreiheit von Sanierungsgewinnen, in: BB 1983, S. 1525-1529.

JOECKS (1986)

Joecks, Wolfgang: Kapitalersetzende Gesellschafterdarlehen und Pflicht zur Konkursanmeldung, in: BB 1986, S. 1681-1682.

JÜTTNER-KRAMNY (1983)

Jüttner-Kramny, Lioba: Staatliche Hilfen für sanierungsbedürftige Unternehmen? in: DB 1983, S. 1749-1754.

JUNGERMANN (1976)

Jungermann, Helmut: Rationale Entscheidungen - Am Beispiel Wahrscheinlichkeits-Lernen: Theoretische Überlegungen zu den entscheidungstheoretischen Konzepten "Rationalität" und "subjektive Wahrscheinlichkeit" und experimentelle Überprüfung daraus abgeleiteter Annahmen -, Psychologisches Kolloquium, Hrsg. Boesch, E.E. u.a., Band X, Bern - Stuttgart - Wien 1976.

KAHLE (1973)

Kahle, Egbert: Betriebswirtschaftliches Problemlösungsverhalten - Theoretische Überlegungen zum Einfluß von Zielen und Entscheidungsmodellen auf die Lösung betriebswirtschaftlicher Probleme -, Diss. Göttingen, Wiesbaden 1973.

KAMPRAD (1981)

Kamprad, Balduin: Gesellschafterdarlehen an die GmbH und GmbH & Co., Rechtsfragen der Handelsgesellschaften, Heft 18, 2., völlig neubearbeitete Auflage, Köln 1981.

KAMPRAD (1985)

Kamprad, Balduin: Bilanz- und steuerrechtliche Folgen aus der Anwendung der §§ 32 a und 32 b GmbH auf kapitalersetzende Gesellschafterkredite?, in: GmbHR 1985, S. 352-354.

KAYSER (1983)

Kayser, Georg: Sanierung oder Auflösung - Eine Analyse zur Bestimmung der Sanierungsfähigkeit von Unternehmen im Vorfeld der Insolvenz -, Europäische Hochschulschriften, Reihe V, Volks- und Betriebswirtschaft, Bd. 406, Diss., Frankfurt a.M. - Bern 1983.

KAYSER (1983a)

Kayser, Georg: Sanierungsfähigkeitsprüfung insolvenzbedrohter Unternehmen, in: BB 1983, S. 415-419.

KAYSER/PREISENBERGER (1983)

Kayser, Georg/Preisenberger, Markus: Unternehmenssanierung und Jahresabschluß - Eine empirische Analyse -, in: ZfB 1983, S. 951-969.

KELLER-STOLTENHOFF (1986)

Keller-Stoltenhoff, Elisabeth: Die rechtstatsächlichen Auswirkungen des § 613a BGB im Konkurs - Untersuchung im Auftrag der Zeitschrift für Wirtschaftsrecht (ZIP) -, Beiträge zum Insolvenzrecht, hrsg. von Balz, Manfred/Kübler, Bruno M./Merz, Franz/Timm, Wolfram, Band 2, Köln 1986.

KERN/HAGEMEISTER (1986)

Kern, Werner/Hagemeister, Stefan: Konzeption und Problematik der Clusteranalyse bei betriebswirtschaftlichen Anwendungen, in: WISU 1986, S. 79-86.

KINDLINGER (1977)

Kindlinger, Harry: Überwachung von Kreditengagements mit Hilfe von Bilanzkennzahlen und Kapitalflußrechnung, Diss. Technische Universität Berlin 1977.

KIRSCH (1970)

Kirsch, Werner: Entscheidungsprozesse, Erster Band: Verhaltenswissenschaftliche Ansätze der Entscheidungstheorie, Habil. München, Wiesbaden 1970.

KIRSCH (1971)

Kirsch, Werner: Entscheidungsprozesse, Dritter Band: Entscheidungen in Organisationen, Habil. München, Wiesbaden 1971.

KIRSCH (1971a)

Kirsch, Werner: Entscheidungsprozesse, Zweiter Band: Informationsverarbeitungstheorie des Entscheidungsverhaltens, Habil. München, Wiesbaden 1971.

KLEBBA (1953)

Klebba, W.: Die Feststellung der Überschuldung, in: BFuP 1953, S. 691-703.

KLEBBA (1955)

Klebba, W.: Die Feststellung der Zahlungseinstellung, in: BFuP 1955, S. 41-53.

KLINGER (1984)

Klinger, Michael A.: Früherkennung von Insolvenzrisiken beim Kundenunternehmen auf der Grundlage qualitativer Indikatoren, in: Früherkennungssysteme, hrsg. vom Österreichischen Forschungsinstitut für Sparkassenwesen, Wien 1984, S. 53-78.

KNIEF (1986)

Knief, Peter: Die Voraussetzungen für den steuerfreien Sanierungsgewinn, in: DB 1986, S. 441-449.

KNIGHT (1971)

Knight, Frank H.: Risk, Uncertainty and Profit, Chicago - London 1971.

KNOBBE-KEUK (1983)

Knobbe-Keuk, Brigitte: Stille Beteiligung und Verbindlichkeiten mit Rangrücktrittsvereinbarung im Überschuldungsstatus und in der Handelsbilanz des Geschäftsinhabers, in: ZIP 1983, S. 127-131.

KOBELT (1977)

Kobelt, Helmut: Wirtschaftsstatistik für Studium und Praxis - mit einer Sammlung statistischer Tabellen, Baden-Baden - Bad Homburg v.d.H. 1977.

KOHLER-GEHRIG (1987)

Kohler-Gehrig, Eleonora: Außergerichtlicher Vergleich zur Schuldenbereinigung und Sanierung, Stuttgart 1987.

KOHLHOF (1976)

Kohlhof, Joachim: Der Bürgschaftskredit, Taschenbücher für Geld, Bank und Börse, hrsg. von Möhring, Ph./Rittershausen, Hch., Band 75, Frankfurt a.M. 1976.

KOLLER (1985)

Koller, Ingo: Sittenwidrigkeit der Gläubigergefährdung und Gläubigerbenachteiligung, in: JZ 1985, S. 1013-1024.

KOLMOGOROFF (1933)

Kolmogoroff, A.: Grundbegriffe der Wahrscheinlichkeitsrechnung, Berlin 1933, Reprint Berlin - Heidelberg - New York 1973.

KOMMISSION FÜR INSOLVENZRECHT (1985)

Kommission für Insolvenzrecht: Erster Bericht der Kommission für Insolvenzrecht, hrsg. vom Bundesministerium der Justiz, Köln 1985.

KOMMISSION FÜR INSOLVENZRECHT (1986)

Kommission für Insolvenzrecht: Zweiter Bericht der Kommission für Insolvenzrecht, hrsg. vom Bundesministerium der Justiz, Köln 1986.

KORNMEIER (1983)

Kornmeier, Udo: Die Rechte des Gläubigers nach § 321 BGB im Vergleichsverfahren des Schuldners, in: BB 1983, S. 1312-1315.

KRAHNEN (1980)

Krahnen, Joachim: Die Finanzierung nicht emissionsfähiger mittelständischer Unternehmen, in: Finanzierungshandbuch, hrsg. von Christians, Friedrich Wilhelm, Wiesbaden 1980, S. 539-552.

KRAUS (1970)

Kraus, Herbert: Entscheidung und moderne Informationstechnologie, in: Entscheidung bei unsicheren Erwartungen - Beiträge zur Theorie der Unternehmung, hrsg. von Hax, Herbert, Köln - Opladen 1970, S. 189-201.

KREIM (1977)

Kreim, Erwin: Finanzplanung und Kreditentscheidung, Wiesbaden 1977.

KREMKOW (1981)

Kremkow, Klaus-Dieter: Problemorientierte Beurteilung von Kreditnehmerbilanzen, in: ZIR 1981, S. 25-40, 87-103, 161-181.

KRÜMMEL (1984)

Krümmel, Hans J.: Schutzzweck und Aufsichtseingriffe - Über den Run auf die Bankschalter und seine Verhinderung -, in: KuK 1984, S. 474-489.

KRUPPA (1981)

Kruppa, Thomas: Die Bankenhaftung bei der Sanierung einer Kapitalgesellschaft im Insolvenzfall, Europäische Hochschulschriften, Reihe II, Rechtswissenschaft, Band 293, Diss., Frankfurt a.M. - Bern 1982.

KRYSTEK (1987)

Krystek, Ulrich: Unternehmungskrisen - Beschreibung, Vermeidung und Bewältigung überlebenskritischer Prozesse in Unternehmungen - Wiesbaden 1987.

KÜBLER (1975)

Kübler, Bruno, M.: Die deutschen Nachkriegsinsolvenzen im Bankensektor - Chronik - Ursachenanalyse - Konsequenzen -, in: BFuP 1975, S. 162-178.

KÜHN (1970)

Kühn, Günter: Bewertungsprobleme bei Feststellung der Überschuldung einer GmbH, in: DB 1970, S. 549-555.

KÜHN/WALLISER (1978)

Kühn, Richard/Walliser, Marius: Problementdeckungssystem mit Frühwarneigenschaften, in: Die Unternehmung 1978, S. 223-246.

KÜNNE (1968)

Künne, Karl: Außergerichtliche Vergleichsordnung - Richtlinien zur Durchführung außergerichtlicher Sanierungen mit Musterformularen und einem Gesetzesanhang -, 7., völlig neu bearbeitete und erweiterte Auflage, München 1968.

KÜTING (1983)

Küting, Karlheinz: Grundsatzfragen von Kennzahlen als Instrumenten der Unternehmensführung, in: WiSt 1983, S. 237-241.

KÜTING (1983a)

Küting, Karlheinz: Kennzahlensysteme in der betrieblichen Praxis, in: WiSt 1983, S. 291-296.

KUHLMANN (1984)

Kuhlmann, Manfred: Sanierungsberatung und Kreditverantwortung, in: KP 6/1984, S. 25-28.

KUPSCH (1973)

Kupsch, Peter U.: Das Risiko im Entscheidungsprozeß, Die Betriebswirtschaft in Forschung und Praxis - Schriftenreihe, hrsg. von Heinen, Edmund, Band 14, Wiesbaden 1973.

KUPSCH (1975)

Kupsch, Peter: Risiken als Gegenstand der Unternehmenspolitik, in: WiSt 1975, S. 153-159.

KUPSCH (1979)

Kupsch, Peter: Unternehmungsziele, Grundwissen der Ökonomik, Betriebswirtschaftslehre, hrsg. von Bea, F.X./Dichtl, E./Schweitzer, M., Stuttgart - New York 1979.

KUPSCH (1984)

Kupsch, Peter: Zur Problematik der Überschuldungsmessung, in: BB 1984, S. 159-165.

LACHNIT (1979)

Lachnit, Laurenz: Systemorientierte Jahresabschlußanalyse - Weiterentwicklung der externen Jahresabschlußanalyse mit Kennzahlensystemen, EDV und mathematisch-statistischen Methoden - Habil. Dortmund 1978, Wiesbaden 1979.

LAHRMANN (1973)

Lahrmann, Walter: Rationale unternehmerische Entscheidungen bei unvollkommener Information, Frankfurt a.M - Zürich 1973.

LAMBSDORFF/LEWENTAL (1977)

Lambsdorff, H.G. Graf/Lewental, Rafael: Neue Aspekte der Vermögensübernahme, in: NJW 1977, S. 1854-1858.

LANDFERMANN (1987)

Landfermann, Hans-Georg: Die Rechtsstellung der dinglich gesicherten Gläubiger im künftigen Insolvenzverfahren, in: KTS 1987, S 381-409.

LANGEN/NAUJOKS (1977)

Langen, Werner/Naujoks, Wilfried: Strukturanalyse von Insolvenzen in der Bundesrepublik Deutschland, Beiträge zur Mittelstandsforschung, hrsg. vom Institut für Mittelstandsforschung - Forschungsgruppe Bonn - Prof. Dr. M.E. Kamp, Heft 21, Göttingen 1977.

LANGENFELD (1981)

Langenfeld, Gerrit: Verschleierte Sacheinlagen bei der GmbH, in: GmbHR 1981, S. 53-55.

LANSBURGH (1931):

Lansburgh, Alfred: Die Iden des Juli, in: Die Bank 1931, S. 955-962.

LAUX (1969)

Laux, Helmut: Flexible Planung des Kapitalbudgets mit Hilfe der linearen Programmierung, in: ZfbF 1969, S. 728-742.

LAUX (1971)

Laux, Helmut: Flexible Investitionsplanung - Einführung in die Theorie der sequentiellen Entscheidungen bei Unsicherheit -, Moderne Lehrtexte: Wirtschaftswissenschaften, Band 6, Habil. Saarbrücken 1971, Opladen 1971.

LAUX (1976)

Laux, Helmut: Zur Entscheidung bei Fehlen objektiver Wahrscheinlichkeiten, in: ZfB 1976, S. 59-68.

LAUX (1976a)

Laux, Helmut: Das Bernoulli-Kriterium, in: WiSt 1976, S. 125-129.

LAUX (1982)

Laux, Helmut: Entscheidungstheorie - Grundlagen, Berlin - Heidelberg - New York 1982.

LAUX (1982a)

Laux, Helmut: Entscheidungstheorie II - Erweiterung und Vertiefung, Berlin - Heidelberg - New York 1982.

LERCHNER (1975)

Lerchner, Helmut: Zielforschung in Unternehmungen, Betrieb und Markt - Studienreihe -, hrsg. von Behrens, Karl Christian/Bidlingmaier, Johannes, Band XX, Wiesbaden 1975.

LOITLSBERGER (1963)

Loitlsberger, Erich: Zum Informationsbegriff und zur Frage der Auswahlkriterien von Informationsprozessen, in: Empirische Betriebswirtschaftslehre, FS zum 60. Geburtstag von Leopold L. Kletschko, hrsg. von Loitlsberger, Erich, Wiesbaden 1963, S. 115-135.

LÜKE (1981)

Lüke, Rolf E.: 13. Juli 1931, Das Geheimnis der deutschen Bankenkrise, Frankfurt a.M. 1981.

LÜNEBORG (1981)

Lüneborg, Konrad: Konstruktion und Tests statistischer Verfahren im Rahmen der Kreditwürdigkeitsprüfung anhand der Jahresabschlüsse kleiner und mittlerer Unternehmen, Diss. Bochum 1981.

LÜTKEMEYER (1983)

Lütkemeyer, Jörg: Die Überschuldung der GmbH - Ein Beitrag zum Recht der Unternehmensbewertung -, Juristische Schriften, Band 25, Wirtschaftsrecht, Gelsenkirchen 1983.

LUHMANN (1984):

Luhmann, Niklas: Soziologische Aspekte des Entscheidungsverhaltens, in: DBW 1984, S. 591-603.

LUTTER (1964)

Lutter, Marcus: Kapital, Sicherung der Kapitalaufbringung und Kapitalerhaltung in den Aktien- und GmbH-Rechten der EWG - Eine Untersuchung zur Ausfüllung von Artikel 54 Absatz 3 lit. g des Vertrages über die Errichtung einer Europäischen Wirtschaftsgemeinschaft, Habil. Mainz 1964, Karlsruhe 1964.

LUTTER (1980)

Lutter, Marcus: Die GmbH-Novelle und ihre Bedeutung für die GmbH, die GmbH & Co. KG und die Aktiengesellschaft, in: DB 1980, S. 1317-1326.

LUTTER/HOMMELHOFF (1979)

Lutter, Marcus/Hommelhoff, Peter: Nachrangiges Haftkapital und Unterkapitalisierung in der GmbH, in: ZGR 1979, S. 31-66.

LUTTER/HOMMELHOFF/TIMM (1980)

Lutter, Marcus/Hommelhoff, Peter/Timm, Wolfram: Finanzierungsmaßnahmen zur Krisenabwehr in der Aktiengesellschaft, in: BB 1980, S. 737-750.

LWOWSKI (1983)

Lwowski, H. Jürgen: Insolvenzpraxis für Banken, RWS-Skript 124, Köln 1983.

LWOWSKI (1984)

Lwowski, Hans-Jürgen: Aktuelle Probleme des Kreditsicherungsrechts, RWS-Skript 133, Köln 1984.

LWOWSKI (1986)

Lwowski, Hans-Jürgen: Das Recht der Kreditsicherung, 6., neubearbeitete Auflage, Berlin 1986.

MÄRZ (1983)

März, Thomas: Interdependenzen in einem Kennzahlensystem - Eine empirische Untersuchung zur Aussagefähigkeit von Kennzahlen bei der Unternehmensanalyse - Hochschulschriften zur Betriebswirtschaftlehre, Band 25, hrsg. von Beschorner, D./Heinhold, M., Diss. München, München 1983.

MAG (1977)

Mag, Wolfgang: Entscheidung und Information, München 1977.

MAHLER (1982)

Mahler, Wolfgang M.: Gibt es Rechtsansprüche auf Sanierungskredite?, in: Sparkasse 1982, S. 160-162.

MANN (1970)

Mann, Gerhard: Grundprobleme der externen Sanierungsprüfung, in: Dienstleistungen in Theorie und Praxis, Otto Hintner zum siebzigsten Geburtstag, hrsg. von Linhardt, Hanns/Penzkofer, Peter/Scherpf, Peter, Stuttgart 1970, S. 237-255.

MARCH/SIMON (1977)

March, James G./Simon, Herbert A: Kognitive Grenzen der Rationalität, in: Entscheidungstheorie - Texte und Analysen -, hrsg. von Witte, Eberhard/Thimm, Alfred L., Moderne Lehrtexte: Wirtschaftswissenschaften, Band 16, Wiesbaden 1977, S. 41-75.

MAROTZKE (1987)

Marotzke, Wolfgang: "Dingliche" Wirkungen der Gläubiger- und Konkursanfechtung, in: KTS 1987, S. 1-25.

MARSCHAK (1957)

Marschak, Jacob: Towards an Economic Theory of Organization and Information, in: Decision Processes, Edited by Thrall, R.M/Coombs C.H./Davis, R.L., New York - London, 2. Auflage 1957, S. 187-220.

MATHEWS (1950)

Mathews, Kurt: Zahlungsfähigkeit, Zahlungseinstellung und Überschuldung im Konkurs- und Vergleichsrecht - Wege zu ihrer Ermittlung -, in: WPg 1950, S. 250-255.

MATSCHKE (1979)

Matschke, Manfred Jürgen: Insolvenzprognose aus vergangenheitsorientierten Jahresabschlüssen als Basis von Kreditentscheidungen, in: BFuP 1979, S. 485-504.

MATTES (1980)

Mattes, Helmut: Rahmenbedingungen und Grundsätze der Unternehmenspolitik, Zielkonzeptionen, in: Geld-, Bank- und Börsenwesen - Ein Handbuch, (Obst/Hintner), 37., völlig neu gestaltete Auflage, hrsg. von Kloten, Norbert/Stein, Johann Heinrich von, Stuttgart 1980, S. 539-553.

MATTESSICH (1969)

Mattessich, Richard: Neue erkenntnistheoretische Probleme der Betriebswirtschaftslehre, in: Betriebswirtschaftliche Forschung in internationaler Sicht, FS für Erich Kosiol zum 70. Geburtstag, hrsg. von Kloidt, Heinrich, Berlin 1969, S. 17-32.

MAYR (1976)

Mayr, Karl: Insolvenzprognosen mittels Jahresabschlußinformationen, Diss. München, Zürich - Frankfurt a.M. - Thun 1976.

MAYR (1979)

Mayr, Karl: Prognosereflexivität - Die Beeinflussung der Treffgenauigkeit von Vorhersagen über die Insolvenzgefährdung einer Unternehmung durch die Veröffentlichung der Vorhersagen -, in: WiSt 1979, S. 392-393.

MELLWIG (1972)

Mellwig, Winfried: Anpassungsfähigkeit und Ungewißheitstheorie - Zur Berücksichtigung der Elastizität des Handelns in der Unternehmenstheorie - Diss. Münster 1971, Tübingen 1972.

MENGES (1968)

Menges, Günter: Grundriß der Statistik, Teil 1: Theorie, Köln - Opladen 1968.

MENGES (1974)

Menges, Günter: Grundmodelle wirtschaftlicher Entscheidungen - Einführung in moderne Entscheidungstheorien unter besonderer Berücksichtigung volks- und betriebswirtschaftlicher Anwendungen -, Moderne Lehrtexte, Wirtschaftswissenschaften, Band 1, 2. erweiterte Auflage, Düsseldorf 1974.

MENGES (1976)

Menges, Günter: Risiko und Ungewißheit, in: Handwörterbuch der Finanzwirtschaft, hrsg. von Büschgen, Hans E., Stuttgart 1976, Spalten 1516-1531.

MENZEL (1982)

Menzel, Hans-Jürgen: Die Bedeutung der BGH-Rechtsprechung zu den Gesellschafterdarlehen für die Unternehmenssanierung, in: AG 1982, S. 197-206.

MERTENS, PETER (1977)

Mertens, Peter: Die Theorie der Mustererkennung in den Wirtschaftswissenschaften, in: ZfbF 1977, S. 777-794.

MERTENS, HANS-JOACHIM (1979)

Mertens, Hans-Joachim: Zur Bankenhaftung wegen Gläubigerbenachteiligung, in: ZHR 1979, S. 174-194.

MEYER-CORDING (1985)

Meyer-Cording, Ulrich: Mehr Klarheit für die Insolvenztatbestände!, in: BB 1985, S. 1925-1927.

MEYER-CORDING (1986)

Meyer-Cording, Ulrich: Wann wirken die Insolvenztatbestände? in: BB 1986, S. 415-417.

MISCHON (1984)

Mischon, Claudia: Materialien zur Insolvenzentwicklung in der Bundesrepublik Deutschland von 1976 bis 1983 - Insolvenzstatistik -, Informationen zur Mittelstandsforschung, hrsg. vom Institut für Mittelstandsforschung, Bonn 1984.

MÖHRING (1976)

Möhring, Philipp: Erbringung von Stammeinlagen bei einer GmbH durch Aufrechnung, in: FS für Reiner Schmidt, hrsg. von Reichert-Facilides, Fritz/Rittner, Fritz/Sasse, Jürgen, Karlsruhe 1976, S. 85-100.

MÖSCHEL (1985)

Möschel, Wernhard: § 419 (Vermögensübernahme; Haftung des Übernehmers), in: Münchener Kommentar zum Bürgerlichen Gesetzbuch, Band 2 - Schuldrecht - Allgemeiner Teil (§§ 241-432) - hrsg. von Rebmann, Kurt/Säcker, Franz Jürgen, 2. Auflage, München 1985, S. 1361-1384.

MOHRBUTTER (1981)

Mohrbutter, Jürgen: Zu den am 1. Januar 1981 in Kraft getretenen Änderungen der Konkurs- und Vergleichsordnung, in: KTS 1981, S. 55-63.

MOREL u.a. (1984)

Morel, J./Plomion, G./Sonlem, D./Watrigant, P. de/ Boisgibault, F./Boujac, E./Weinstein, C./Froment, J.: Les honoraires des avocats, conseils juridiques et fiscaux, notaires, architectes, experts-comptables..., Paris - Zürich - Mailand - Amsterdam - Barcelona - Kissing 1984.

MORMANN (1965)

Mormann: Die Rechtsprechung des Bundesgerichtshofs zur Haftung aus § 419 BGB und § 25 HGB, in: WM 1965, S. 634-642.

MORTSIEFER (1981)

Mortsiefer, Hans-Jürgen: Insolvenzursachen und Insolvenzprophylaxe in mittelständischen Betrieben - Ergebnisse empirischer Analysen, in: Zum Problem der Insolvenzverhütung in mittelständischen Betrieben, hrsg. von Fritz Klein-Blenkers, Beiträge zur Mittelstandsforschung, hrsg. vom Institut für Mittelstandsforschung - Forschungsgruppe Köln -, Heft 79, 2. Auflage, Göttingen 1981, S. 1-33.

MÜLLER, KLAUS (1975)

Müller, Klaus: Zur Haftung des Gesellschafters im Konkurs der unterkapitalisierten GmbH, in: ZRP 1975, S. 101-105.

MÜLLER, KLAUS (1982)

Müller, Klaus: Der Tatbestand des kapitalersetzenden Gesellschafterdarlehens in § 32a Abs. 1 GmbHG, in: GmbHR 1982, S. 33-41.

MÜLLER, KLAUS (1985)

Müller, Klaus: Das kapitalersetzende Gesellschafterdarlehen, in: Jura 1985, S. 337-341.

MÜLLER, RAINER (1986)

Müller, Rainer: Krisenmanagement in der Unternehmung - Vorgehen, Maßnahmen und Organisation -, 2., überarbeitete und erweiterte Auflage, Kölner Schriften zur Betriebswirtschaft und Organisation, hrsg. von Grochla, Erwin, Band 5, Frankfurt a.M. - Bern - New York 1986.

MÜLLER, WELF (1968)

Müller, Welf: Die Verwendung von Gesellschafterforderungen zur Erfüllung von Einlageverpflichtungen bei Gründung und von Übernahmeverpflichtungen bei Erhöhung des Stammkapitals einer GmbH, in: WPg 1968, S. 173-179.

MÜLLER, WERNER A. (1981)

Müller, Werner A.: Bankenaufsicht und Gläubigerschutz - Eine Analyse von Regulierungs- und Aufsichtsvorschriften für Kreditinstitute - Studien zum Bank- und Börsenrecht, hrsg. von Immenga, Ulrich, Band 6, Baden-Baden 1981.

MÜLLER-EMMERT/MAIER (1976)

Müller-Emmert, Adolf/Maier, Bernhard: Das Erste Gesetz zur Bekämpfung der Wirtschaftskriminalität, in: NJW 1976, S. 1657-1664.

MÜLLER-MERBACH (1977)

Müller-Merbach, Heiner: Frühwarnsysteme zur betrieblichen Krisenerkennung und Modelle zur Beurteilung von Krisenabwehrmaßnahmen, in: Computergestützte Unternehmensplanung, hrsg. von Plötzeneder, Hans D., Stuttgart 1977, S. 419-438.

MÜLLER-SCHWERIN/STRACK (1977)

Müller-Schwerin, Eberhard/Strack, Heinz: Mathematisch-Statistische Verfahren zur Formalisierung des Kreditentscheidungsprozesses, in: KuK 1977, S. 291-305.

MÜSSIGBRODT (1982)

Müssigbrodt, Frank: Haftungsbefreiende Nennwertaufrechnung und Gläubigerschutz bei Sanierungsgründungen von Kommanditgesellschaften, in: BB 1982, S. 338-341.

MUS (1975)

Mus, Gerold: Zielkombination - Erscheinungsformen und Entwicklungsmaximen, Diss. Braunschweig 1974, Frankfurt a.M. - Zürich 1975.

MUS (1985)

Mus, Gerold: Modellgestützte Bewältigung zielinduzierter Konflikte in Unternehmungsentscheidungen - Stellungnahme zum gleichnamigen Beitrag von R. Bürkle in ZfB 1984, S. 430 ff., in: ZfB 1985, S. 400-404.

MUS (1985a)

Mus, Gerold: Bemerkungen zur Entgegnung von Roland Bürkle, in: ZfB 1985, S. 408-409.

NEW YORK JURISPRUDENCE (1980)

The Lawyers Cooperative Publishing Co. (Hrsg.): New York Jurisprudence, 2. Auflage, Band 7, Rochester, New York 1980.

NIEDEN (1972)

Nieden, Manfred zur: Zur Anwendbarkeit von Informationswertrechnungen, in: ZfB 1972, S. 493-512.

NIEHUS/KÜNTZEL (1987)

Niehus, R.J./Küntzel, W.: Steuerliche Behandlung von Sanierungsmaßnahmen - Zugleich Besprechung des BFH-Urteils vom 24.4.1986 IV R 282/84 -, in: DB 1987, S. 246-249.

NIGGEMANN (1973)

Niggemann, Walter: Optimale Informationsprozesse in betriebswirtschaftlichen Entscheidungssituationen, Diss. Bochum Bochumer Beiträge zur Unternehmungsführung und Unternehmensforschung, hrsg. von Bester, Hans, Band 14, Wiesbaden 1973.

OBERMÜLLER (1980)

Obermüller, Manfred: Kredite vor Konkurseröffnung, in: ZIP 1980, S. 337-344.

OBERMÜLLER (1980a)

Obermüller, Manfred: Die Gewährung neuer Kredite in der Krise, in: ZIP 1980, S. 1059-1063.

OBERMÜLLER (1981)

Obermüller, Manfred: Nachträgliche Besicherung von Krediten, in: ZIP 1981, S. 352-357.

OBERMÜLLER (1982)

Obermüller, Manfred: Patronatserklärungen und kapitalersetzende Darlehen, in: ZIP 1982, S. 915-921.

OBERMÜLLER (1985)

Obermüller, Manfred: Die Bank im Konkurs und Vergleich ihres Kunden - Leitfaden für Konkurs, Vergleich und Sequestration -, 3., vollständig überarbeitete und erweiterte Auflage, Wiesbaden 1985.

OHLENROTH/REUTER (1985)

Ohlenroth, Wilfried/Reuter, Arnold: Zensuren für Unternehmen und Bilanzen - Statistische Bilanzanalyse im STS -, in: B.Bl. 1985, S. 336-342.

OSTHOFF (1973)

Osthoff, Michael: Die bankmäßige Kreditwürdigkeitsprüfung - Der gegenwärtige Stand, empirisch ermittelte Ursachen von Kreditnotlagen, Entwurf eines prognoseorientierten Verfahrens -, Diss. Freie Universität Berlin 1972, Saarbrücken 1973.

OTTO (1980)

Otto, Harro: Der Zusammenhang zwischen Krise, Bankrotthandlung und Bankrott im Konkursstrafrecht, in: Gedächtnisschrift für Rudolf Bruns, hrsg. von Baltzer, Johannes/ Baumgärtel, Gottfried/Peter, Egbert/Pieper, Helmut, München 1980, S. 265-283.

O.V. (1985)

O.V.: "Beraten und sanieren statt liquidieren" - Deutsche Sparkassen- und Giroverband/Neues Kreditüberwachungssystem entwickelt -, in: HB vom 12.3.1985, S. 1.

O.V. (1987)

O.V.: Die Ertragslage der deutschen Kreditinstitute im Jahre 1986, in: MB August 1987, S. 13-31.

O.V. (1986a)

O.V.: Ertragslage und Finanzierungsverhältnisse der Unternehmen im Jahre 1985, in: MB November 1986, S. 13-29.

PALANDT (1985)

Palandt: Bürgerliches Gesetzbuch, Beck'sche Kurz-Kommentare, Band 7, bearbeitet von Bassenge, Peter/Diederichsen, Uwe/Edenhofer, Wolfgang/Heinrichs, Helmut/Heldrich, Andreas/Putzo, Hans/Thomas, Heinz, 44., neubearbeitete Auflage, München 1985.

PANTEL (1979)

Pantel, Joachim: Pflichten der Bank aus dem Kreditverhältnis insbesondere bei der Kündigung, Diss. Bielefeld 1979.

PAULICK (1981)

Paulick, Heinz: Handbuch der stillen Gesellschaft - Systematische Darstellung in handelsrechtlicher, steuerrechtlicher und betriebswirtschaftlicher Sicht, 3., völlig neubearbeitete Auflage, Köln 1981.

PAULUHN (1980)

Pauluhn, Burkhardt: Anstatt Problemkredite abwickeln - Strategie entwickeln, in: Kreditwesen 1980, S. 130-134.

PAULUS (1956)

Paulus, Gotthard: Sinn und Formen der Gläubigeranfechtung, in: AcP 1956, S. 277-374.

PAULY (1968)

Pauly, Mark V.: The Economics of Moral Hazard: Comment, in: AER 1968, S. 531-537.

PENKER (1984)

Penker, Walter: Betriebliche Früherkennungssysteme - Zur Notwendigkeit der Verknüpfung mikro- und makroökonomischer Indikatoren, in: Früherkennungssysteme, hrsg. vom Österreichischen Forschungsinstitut für Sparkassenwesen, Wien 1984, S. 5-52.

PERLITZ (1979)

Perlitz, Manfred: Empirische Bilanzanalyse, in: ZfB 1979, S. 835-849.

PFEFFERLE (1984)

Pfefferle, Roland: Zur Reform der Konkursanfechtung und der Rückschlagsperre, in: ZIP 1984, S. 147-156.

PFOHL (1972)

Pfohl, Hans-Christian: Zur Problematik von Entscheidungsregeln, in: ZfB 1972, S. 305-336.

PFOHL (1977)

Pfohl, Hans-Christian: Problemorientierte Entscheidungsfindung in Organisationen, Mensch und Organisation 5, hrsg. von Staehle, W.H., Berlin - New York 1977.

PHILIPP (1967)

Philipp, Fritz: Risiko und Risikopolitik, Betriebswirtschaftliche Studienbücher, Reihe I: Grundlagen, Band 52, Stuttgart 1967.

PLATE (1980)

Plate, Georg: Eignung von Zahlungsunfähigkeit und Überschuldung als Indikatoren für die Insolvenzreife einer Unternehmung, in: DB 1980, S. 217-222.

PLEYER/WEISER (1985)

Pleyer, Klemens/Weiser, Christian: Die Rechte der Bank bei der Wertminderung von Sicherheiten - Zur Auslegung des Nr. 19 Abs. 1 AGB der privaten Banken -, in: DB 1985, S. 2233-2238.

POPPER (1982)

Popper, Karl R.: Logik der Forschung, 7. Auflage, Tübingen 1982.

POST (1984)

Post, Manfred: Sanierung durch Fortführungsgesellschaften - Typen und Begriffe, in: DB 1984, S. 280-282.

POTTHOFF (1976)

Potthoff, Erich: Sanierung, in: HWF, hrsg. von Büschgen, Hans, E., Stuttgart 1976, Spalten 1558-1568.

POTTSCHMIDT/ROHR (1986):

Pottschmidt, Günter/Rohr, Ulrich: Kreditsicherungsrecht - Ein Handbuch für Studium und Praxis -, 3., überarbeitete und wesentlich erweiterte Auflage, München 1986.

PRIESTER (1976)

Priester, Hans-Joachim: Die Verwendung von Gesellschafterforderungen zur Kapitalerhöhung bei der GmbH, in: DB 1976, S. 1801-1806.

PRIESTER (1977)

Priester, Hans-Joachim: Gläubigerrücktritt zur Vermeidung der Überschuldung, in: DB 1977, S. 2429-2434.

PRIESTER (1987)

Priester, Hans-Joachim: Gläubigerbefriedigung - Bar- oder Sacheinlage?, in: BB 1987, S. 208-213.

RADGE (1976)

Radge, Magnus: Finanzwirtschaftliche Kennzahlen, in: HWF, hrsg. von Büschgen, Hans E., Stuttgart 1976, Spalten 1111-1120.

RÄFLE (1984)

Räfle, Siegfried: Hypothek und Grundschuld in der Rechtsprechung des Bundesgerichtshofes, RWS-Skript 119, 2., neubearbeitete Auflage, Köln 1984.

RÄSS (1983)

Räss, Hugo E.: Die Restrukturierung von Unternehmen aus der Sicht der kreditgebenden Bank, Diss., Bern - Stuttgart 1983.

RATJEN (1980)

Ratjen, Karl Gustaf: Die externe Eigenfinanzierung bei Kapitalgesellschaften, in: Finanzierungshandbuch, hrsg. von Christians, Friedrich Wilhelm, Wiesbaden 1980, S. 67-98.

RAUSCH (1985)

Rausch, Werner: Gläubigerschutz im Insolvenzverfahren - Eine ökonomische Analyse einschlägiger rechtlicher Regelungen - Reihe: Steuer, Wirtschaft und Recht, Band 17, hrsg. von Bischoff, Johannes Georg/Kellermann, Alfred, Diss. Hagen, Bergisch Gladbach - Köln 1985.

REHBERG (1973)

Rehberg, Jürgen: Wert und Kosten von Informationen, Diss. Frankfurt a.M., Frankfurt a.M. - Zürich 1973.

REINICKE/TIEDTKE (1981)

Reinicke, Dietrich/Tiedtke, Klaus: Gesamtschuld und Schuldsicherung - durch Bürgschaft, Hypothek, Grundschuld, Pfandrecht an beweglichen Sachen und Rechten -, Bürgerliches Recht im Querschnitt, Neuwied - Darmstadt 1981.

RESKE/BRANDENBURG/MORTSIEFER (1976)

Reske, Winfried/Brandenburg, Achim/Mortsiefer, Hans-Jürgen: Insolvenzursachen mittelständischer Betriebe - Eine empirische Analyse -, Schriften zur Mittelstandsforschung, hrsg. vom Institut für Mittelstandsforschung - Forschungsgruppe Köln - Klein-Blenkers, F., Nr. 70, Göttingen 1976.

REUTER (1978)

Reuter, Axel L.: Das Problem der Vollwertigkeit von Gesellschafterforderungen im Zusammenhang mit deren Verwendung zur Kapitalerhöhung bei Gesellschaften mit beschränkter Haftung, in: BB 1978, S. 1195-1196.

REUTER/STEIN (1984)

Reuter, A./Stein, J.H. von: Früherkennung von Risiken, unveröffentlichtes Manuskript, o.O. 1984.

REUTER/Stein (1984a)

Reuter, Arnold/Stein, Johann Heinrich von: Auf dem Wege zu einem geschlossenen Kreditinformations- und Kreditüberwachungssystem, in: Sparkasse 1984, S. 248-252.

RIEDER (1984)

Rieder, Josef: Die Abwicklung notleidender Kredite, Stuttgart 1984.

RISCHMÜLLER (1980)

Rischmüller, Gerhard: Die multi-attributive Nutzentheorie - Ein Entscheidungshilfeverfahren bei mehrfacher Zielsetzung, in: ZfbF 1980,S. 498-518.

RÖDL (1979)

Rödl, Helmut: Kreditrisiken und ihre Früherkennung - Ein Informationssystem zur Erhaltung des Unternehmens - Düsseldorf 1979.

RÖDL (1981)

Rödl, Helmut: Insolvenzrisiken und ihre Früherkennung - unter besonderer Berücksichtigung der Lieferantenkreditgeber, in: Zum Problem der Insolvenzverhütung in mittelständischen Betrieben, hrsg. von Fritz Klein-Blenkers, Beiträge zur Mittelstandsforschung, hrsg. vom Institut für Mittelstandsforschung - Forschungsgruppe Köln -, Heft 79, 2. Auflage, Göttingen 1981, S. 35-69.

ROMMELFANGER/UNTERHARNSCHEIDT (1985)

Rommelfanger, Heinrich/Unterharnscheidt, Dieter: Entwicklung einer Hierarchie gewichteter Bonitätskriterien für mittelständische Unternehmungen, in: ÖBA 1985, S. 419-437.

RUDOLPH (1974)

Rudolph, Bernd: Die Kreditvergabeentscheidung der Banken - Der Einfluß von Zinsen und Sicherheiten auf die Kreditgewährung -, Opladen 1974.

RUDOLPH (1981)

Rudolph, Bernd: Ein dynamisches Modell der Kreditbeziehungen zwischen einer Bank und ihren Kreditnehmern, in: KuK 1981, S. 94-113.

RUDOLPH (1982)

Rudolph, Bernd: Können die Banken ihre Kreditsicherheiten "vergessen"?, in: KuK 1982, S. 317-340.

RUDOLPH (1984)

Rudolph, Bernd: Kreditsicherheiten als Instrument zur Umverteilung und Begrenzung von Kreditrisiken, in: ZfbF 1984, S. 16-43.

RUDOLPH (1985)

Rudolph, Bernd: Zur Funktionsanalyse von Kreditsicherheiten, in: Die Bank 1985,S. 503-507.

RUDOLPH (1985a)

Rudolph, Bernd: Kreditsicherungsrecht und Reform des Insolvenzrechts, in: Die Bank 1985, S. 554-557.

RÜCKLE (1984)

Rückle, Dieter: Externe Prognosen und Prognoseprüfung, in: DB 1984, S. 57-69.

RÜMKER (1979)

Rümker, Dietrich: Gläubigerbenachteiligung durch Gewährung und Belassung von Krediten - Erwiderung auf die Abhandlung von Mertens "Zur Bankenhaftung wegen Gläubigerbenachteiligung" -, in: ZHR 1979, S. 195-207.

RÜMKER (1981)

Rümker, Dietrich: Verhaltenspflichten der Kreditinstitute in der Krise des Kreditnehmers, in: KTS 1981, S. 493-512.

RÜMKER (1982)

Rümker, Dietrich: Bankkredite als kapitalersetzende Gesellschafterdarlehen unter besonderer Berücksichtigung der Sanierungssituation, in: ZIP 1982, S. 1385-1396.

RÜMKER (1985)

Rümker, Dietrich: Formen kapitalersetzender Gesellschafterdarlehen in der Bankpraxis, in: FS für Walter Stimpel zum 68. Geburtstag am 29. November 1985, hrsg. von Marcus Lutter/Hans-Joachim Mertens/Peter Ulmer, Berlin - New York 1985, S. 673-704.

RÜRUP (1982)

Rürup, Bert: Die Nutzwertanalyse, in: WiSt 1982, S. 109-113.

SAUERMANN/SELTEN (1962)

Sauermann, Heinz/Selten, Reinhard: Anspruchsanpassungstheorie der Unternehmung, in: ZgS 1962, S. 577- 597.

SCHACHT (1934)

Schacht, Hjalmar: Bericht des Untersuchungsausschusses für das Bankwesen, Berlin 1934.

SCHAEBERLE/MEERMANN (1985)

Schaerberle, Jürgen/Meermann, Albert: Die Kapitalerhöhung bei einer GmbH, Achim bei Bremen 1985.

SCHAEFER/BORCHERDING (1978)

Schaefer, Ralf Erwin/Borcherding, Katrin: Probleme bei der Messung von subjektiver Sicherheit, in: Attraktivität von Entscheidungsalternativen und Urteilssicherheit, hrsg. von Irle, Martin, Zeitschrift für Sozialpsychologie, Beiheft 4, Bern - Stuttgart - Wien 1978, S. 133-146.

SCHEDLBAUER (1984)

Schedlbauer, Hans: Auslösung und Durchführung von Insolvenzprüfungen, in: DB 1984, S. 2205-2213.

SCHIEMENZ/SEIWERT (1979)

Schiemenz, Bernd/Seiwert, Lothar: Ziele und Zielbeziehungen in der Unternehmung, in: ZFB 1979, S. 581-603.

SCHILDBACH (1983)

Schildbach, Thomas: Sicherheiten versus par conditio creditorum - Eine betriebswirtschaftliche Analyse im Zusammenhang mit der Insolvenzrechtsreform -, in: BB 1983, S. 2129-2136.

SCHIMMELPFENG (o.J.)

Schimmelpfeng GmbH (Hrsg.): Frühsignale zum Erkennen von Insolvenzen - Schutzmaßnahmen zur Schadensabwendung - Befragung über Konkursursachen, Frankfurt a.M. o.J.

SCHINDEL (1977)

Schindel, Volker: Risikoanalyse - Darstellung und Bewertung von Risikorechnungen am Beispiel von Investitionsentscheidungen -, Schriftenreihe Wirtschaftswissenschaftliche Forschung und Entwicklung, hrsg. von Aschoff, Christoff/Müller-Bader, Peter, Band 3, Diss. München 1977.

SCHLÜCHTER (1978)

Schlüchter, Ellen: Die Krise im Sinne des Bankrottsstrafrechts, in: MDR 1978, S. 265-269.

SCHMETTERER (1966)

Schmetterer, Leopold: Einführung in die mathematische Statistik, 2. verbesserte und wesentlich erweiterte Auflage, Wien - New York 1966.

SCHMID (1984)

Schmid, Markus L.: Überschuldung und Sanierung - Konkursaufschub und Nachlassvertrag, rechtliche Sanierungshilfen in der Schweiz und der Bundesrepublik Deutschland -, Arbeiten aus juristischen Seminar der Universität Freiburg, Schweiz, hrsg. von Gauch, Peter, Band 66, Diss. Freiburg (Schweiz) 1984, Freiburg (Schweiz) 1984.

SCHMIDT, GÜNTER (1981)

Schmidt, Günter: Strafbarkeit der Sparkassenleiter bei fehlerhafter Kreditgewährung, in: Sparkasse 1981, S. 428-432.

SCHMIDT, KARSTEN (1977)

Schmidt, Karsten: Das Vollstreckungs- und Insolvenzrecht der stillen Gesellschaft, in: KTS 1977, S. 1-22 und S. 65-80.

SCHMIDT, KARSTEN (1978)

Schmidt, Karsten: Konkursgründe und präventiver Gläubigerschutz - Ein Beitrag zur Diskussion um den Konkursgrund der Überschuldung -, in: AG 1978, S. 334-340.

SCHMIDT, KARSTEN (1978a)

Schmidt, Karsten: Zur Differenzhaftung des Sacheinlegers (nach gegenwärtigem Stand von Gesetzgebung, Rechtsprechung und Lehre), in: GmbHR 1978, S. 5-9.

SCHMIDT, KARSTEN (1980)

Schmidt, Karsten: Organverantwortlichkeit und Sanierung im Insolvenzrecht der Unternehmen, in: ZIP 1980, S. 328-337.

SCHMIDT, KARSTEN (1981)

Schmidt, Karsten: Gesellschafterdarlehen als Insolvenzrechtsproblem, in: ZIP 1981, S. 689-699.

SCHMIDT, KARSTEN (1982)

Schmidt, Karsten: Sinnwandel und Funktion des Überschuldungstatbestandes - Rechtspolitische Perspektiven der Verfahrenseröffnung im Insolvenzrecht -, in: JZ 1982, S. 165-174.

SCHMIDT, KARSTEN (1982a)

Schmidt, Karsten: Die sanierende Kapitalerhöhung im Recht der Aktiengesellschaft, GmbH und Personengesellschaft, in: ZGR 1982, S. 519-538.

SCHMIDT, KARSTEN (1983)

Schmidt, Karsten: Kapitalersetzende Bankenkredite?, in: ZHR 1983, S. 165-194.

SCHMIDT, KARSTEN (1983a)

Schmidt, Karsten: Das Insolvenzrisiko der Banken zwischen ökonomischer Vernunft und Rechtssicherheit - Bemerkungen zu einem Zielkonflikt in der bankrechtlichen Judikatur -, in: WM 1983, S. 490-495.

SCHMIDT, KARSTEN (1984)

Schmidt, Karsten: Gründe und Ziele der Insolvenzrechtsreform, in: B.Bl. 1984, S. 23-26.

SCHMIDT, KARSTEN (1984a)

Schmidt, Karsten: Kapitalersetzende Gesellschafterdarlehen: ein Rechtsproblem nur der GmbH und der GmbH & Co.?, in: AG 1984, S. 12-15.

SCHMIDT, KARSTEN (1985)

Schmidt, Karsten: Insolvenzrisiko und gesellschaftsrechtliche Haftung - Die Unternehmensinsolvenz als Bewährungsprobe des Gesellschaftsrechts -, in: JZ 1985, S. 301-308.

SCHMIDT, KARSTEN (1985a)

Schmidt, Karsten: Institutionen eines künftigen Insolvenzrechts der Unternehmen - Ein Diskussionsbeitrag zm Ersten Bericht der Kommission für Insolvenzrecht -, in: ZIP 1985, S. 713-724.

SCHMIDT, KARSTEN (1986)

Schmidt, Karsten: Barkapitalaufbringung und "freie Verfügung" bei der Aktiengesellschaft und der GmbH - Mittelaufbringung und Mittelverwendung bei Kapitalgesellschaften -, in: AG 1986, S. 106-116.

SCHMIDT, KARSTEN (1986a)

Schmidt, Karsten: Das Insolvenzverfahren neuer Art - Kernprobleme der Insolvenzrechtsreform nach dem Kommissionsbericht -, in: ZGR 1986, S. 178-210.

SCHMIDT, KARSTEN (1986b)

Schmidt, Karsten: Kapitalersetzende Kommanditistendarlehen, in: GmbHR 1986, S. 337-342.

SCHMIDT, REINHARD (1980)

Schmidt, Reinhard H.: Ökonomische Analyse des Insolvenzrechts, neue betriebswirtschaftliche forschung 18, Wiesbaden 1980.

SCHMIDT, REINHARD (1981)

Schmidt, Reinhard H.: Grundformen der Finanzierung - Eine Anwendung des neo-institutionalistischen Ansatzes der Finanzierungstheorie -, in: KuK 1981, S. 186-221.

SCHMIDT, REINHART (1981)

Schmidt, Reinhart: Diagnose von Unternehmensentwicklungen auf Basis computergestützter Inhaltsanalyse, in: Unternehmenskrisen - Ursachen, Frühwarnung, Bewältigung, hrsg. von Bratschitsch, Rudolf/Schnellinger, Wolfgang, Stuttgart 1981, S. 353-379.

SCHMIDT-SUDHOFF (1967)

Schmidt-Sudhoff, Ulrich: Unternehmerziele und unternehmerisches Zielsystem, Betriebswirtschaftliche Beiträge, hrsg. von Münstermann, Hans, Band 10, Wiesbaden 1967.

SCHMIEDEL (1984)

Schmiedel, Ekkehard: Die Prüfung der Sanierungswürdigkeit unter betriebswirtschaftlichen Gesichtspunkten, in: ZfB 1984, S. 761-772.

SCHMOLL (1983)

Schmoll, Anton: Theorie und Praxis der Kreditprüfung unter besonderer Berücksichtigung der Klein- und Mittelbetriebe, in: ÖBA 1983, S. 87-106, 165-191, 212-232.

SCHMOLL (1985)

Schmoll, Anton: Betreuungsorganisation bei gefährdeten Engagements, in: ÖBA 1985, S. 3-11.

SCHNEEWEIß, CHR. (1984)

Schneeweiß, Christoph: Elemente einer Theorie betriebswirtschaftlicher Modellbildung, in: ZfB 1984, S. 480-504.

SCHNEEWEIß, HANS (1967)

Schneeweiß, Hans: Entscheidungskriterien bei Risiko, Ökonometrie und Unternehmensforschung, Band VI, Berlin - Heidelberg - New York 1967.

SCHNEIDER (1978)

Schneider, Dieter J.G.: Ziele und Mittel der Betriebswirtschaftslehre, Betrieb und Markt - Studienreihe -, hrsg. von Behrens, Karl Christian, Band XXII, Wiesbaden 1978.

SCHNEIDER (1979)

Schneider, Dieter: Meßbarkeitsstufen subjektiver Wahrscheinlichkeiten als Erscheinungsformen der Ungewißheit, in: ZfbF 1979, S. 89-122.

SCHNEIDER (1980)

Schneider, Dieter: Investition und Finanzierung - Lehrbuch der Investitions-, Finanzierungs- und Ungewißheitstheorie -, 5., neu bearbeitete Auflage, Wiesbaden 1980.

SCHNEIDER (1985)

Schneider, Dieter: Eine Warnung vor Frühwarnsystemen - Statistische Jahresabschlußanalysen als Prognosen zur finanziellen Gefährdung einer Unternehmung? -, in: DB 1985, S. 1489-1494.

SCHNEIDER/VERHOEVEN (1982)

Schneider, Dieter/Verhoeven, Thomas: Vorfinanzierung einer Barkapitalerhöhung?, in: ZIP 1982, S. 644-648.

SCHOLZ, CHRISTIAN (1985)

Scholz, Christian: Strategische Branchenanalyse durch Mustererkennung, in: ZfB 1985, S. 120-141.

SCHOLZ, FRANZ JOSEF (1984)

Scholz, Franz Josef: Mobiliarsicherheiten und Insolvenzrechtsreform, in: KP 5/1984, S. 25-28.

SCHRICKER (1970)

Schricker, Gerhard: Probleme der Haftung aus Vermögensübernahme (§ 419 BGB), in: JZ 1970, S. 265-273.

SCHRÖDER (1986)

Schröder, Gustav Adolf: Bericht über den Stand des Kreditinformations- und Kreditüberwachungssystems der Sparkassenorganisation, in: B.Bl. 1986, S. 302-310.

SCHRÖTER/WEBER (1982)

Schröter, Jürgen/Weber, Ahrend: Sanierungsverfahren aus der Sicht der Banken, in: ZIP 1982, S. 1023-1029.

SCHUCHARD-FICHER u.a. (1982)

Schuchard-Ficher (u.a.): Multivariate Analysemethoden - Eine anwendungsorientierte Einführung, 2., verbesserte Auflage, Berlin - Heidelberg - New York 1982.

SCHÜRER (1962)

Schürer, Heinz: Der Tatbestand der Überschuldung im deutschen Insolvenzrecht - eine Stellungnahme aus betriebswirtschaftlicher Sicht -, Diss. München 1962.

SCHÜRNER (1974)

Schürner, Axel: Die Willensbildung im Zielplanungssystem von Unternehmungen, Köln - Bonn 1974.

SCHÜTT (1979)

Schütt, K.-P.: Ein "goal programming"-Ansatz zur Bestimmung von subjektiven Wahrscheinlichkeiten, in: Proceedings in Operations Research 8, hrsg. von Gaede, K.-W. u.a., Würzburg - Wien 1979, S. 447-453.

SCHULZ (1977)

Schulz, Dietrich, H.: Die Initiative zu Entscheidungen, Tübingen 1977.

SCHULZE ZUR WIESCHE (1980)

Schulze zur Wiesche, Dieter: Die steuerliche Behandlung von Sanierungsgewinnen bei GmbH und GmbH & Co. KG, in: GmbHR 1980, S. 36-43.

SCHULZE ZUR WIESCHE (1984)

Schulze zur Wiesche, Dieter: Die GmbH & Still - Eine alternative Gesellschaftsform -, Wiesbaden 1984.

SCHUPPISSER (1978)

Schuppisser, Hans Rudolf: Die Gestaltung der Investionsentscheidung unter Berücksichtigung des Risikos, Schriftenreihe des Instituts für betriebswirtschaftliche Forschung an der Universität Zürich, Band 25, Diss., Bern - Stuttgart 1978.

SEICHT (1984)

Seicht, Gerhard: Kennzahlen der Bonitätsprüfung in kritischer Sicht, in: ÖBA 1984, S. 269-284.

SEIFFERT (1968)

Seiffert, Helmut: Information über die Information - Verständigung im Alltag - Nachrichtentechnik - Wissenschaftliches Verstehen - Informationssoziologie - Das Wissen des Gelehrten -, Beck'sche Schwarze Reihe, Band 56, München 1968.

SERICK (1980)

Serick, Rolf: Überschuldete Gesellschaft und konkursabwendender Forderungsrücktritt eines Nichtgesellschafters, in: ZIP 1980, S. 9-16.

SERICK (1980a)

Serick, Rolf: Fehlerhafter Forderungsrücktritt, fehlende Konkurseröffnung und die Lehre von der fehlerhaften Gesellschaft, in: ZIP 1980, S. 153-159.

SERICK (1985)

Serick, Rolf: Die Insolvenzrechtsreform aus der Sicht der Wissenschaft, in: BB 1985, S. 2202-2204.

SIMON (1957)

Simon, Herbert A.: Models of Man - Social and Rational - Mathematical Essays on Rational Human Behavior in a Social Setting, New York - London - Sydney 1957.

SIMON (1959)

Simon, Herbert A.: Theories of Decision-Making in Economics and Behavioral Science, in: AER 1959, S. 253-283.

SIMON (1977)

Simon, Herbert A.: Theorien der Entscheidung in den Wirtschafts- und Verhaltenswissenschaften, in: Entscheidungstheorie - Texte und Analysen -, hrsg. von Witte, Eberhard/ Thimm, Alfred L., Moderne Lehrtexte: Wirtschaftswissenschaften, Band 1, Wiesbaden 1977, S. 82-108.

SMITH (1956)
Smith, Nicholas M.: A Calculus for Ethics: Theory of the Structure of Value, in: Behavioral Science 1956, S. 111-142.

SPAETLING (1972)

Spaetling, Dieter: Informationskosten und Zeit in der Theorie der Unternehmung, in: ZfB 1972, S. 693-711.

STARKE (1985)

Starke, Wolfgang: Neue Systeme zur Bonitätsanalyse von Kreditnehmern, in: Innovationen im Kreditmanagement, Vorträge und Berichte der Tagung Innovationen im Kreditmanagement am 27.9.1984, hrsg. von Krümmel, Hans J./Rudolph, Bernd, Frankfurt a.M. 1985, S. 173-195.

STATISTISCHES BUNDESAMT (Jahrgang 19..)

Statistisches Bundesamt (Hrsg.): Statistisches Jahrbuch für die Bundesrepublik Deutschland, Jahrgang 1961 (1962, ..., 1987), Stuttgart - Mainz 1961 (1962, ..., 1987).

STEIN (1970)

Stein, Johann Heinrich von: Untersuchungsergebnisse von Insolvenzen als Hilfsmittel für den Kreditgeber, in: B.Bl. 1970, S. 153-156.

STEIN (1975)

Stein, Johann Heinrich von: Ansätze zur Insolvenzprognose, in: Bank-Betrieb 1975, S. 170-175.

STEIN (1979)

Stein, Johann Heinrich von: Früherkennung von Risiken im Kreditgeschäft, in: Sparkassen-Prüfertag 1978, Stuttgart 1979, S. 24-31.

STEIN (1979a)

Stein, Johann Heinrich von: Unternehmenskrisen im Bankgewerbe, in: KTS 1979, S. 29-40.

STEIN (1984)

Stein, Johann Heinrich von: Zur Weiterentwicklung der Kreditbeurteilung, in: B.Bl. 1984, S. 218-222.

STEINBRINK (1976):

Steinbrink, Klaus: Information und Entscheidung im Bankbetrieb, Veröffentlichungen des Instituts für Bankwirtschaft und Bankrecht an der Universität Köln, hrsg. von Büschgen, Hans E. u.a., Wirtschaftswissenschaftliche Reihe, Band 27, Diss. Köln, Frankfurt a.M. 1976.

STEINER (1980)

Steiner, Manfred: Ertragskraftorientierter Unternehmenskredit und Insolvenzrisiko - Eine betriebswirtschaftliche und rechtliche Analyse der Insolvenzregelungsmechanismen und der Insolvenzprognosemöglichkeiten aus Gläubigersicht - Habil. Augsburg, Stuttgart 1980.

STEINER (1984)

Steiner, Manfred: Insolvenzrechtliche Unternehmenssanierung und Marktwirtschaft, in: Aktuelle Probleme der Marktwirtschaft in gesamt- und einzelwirtschaftlicher Sicht, Festgabe zum 65. Geburtstag von Louis Perridon, hrsg. von Blum, Reinhard/Steiner, Manfred, Berlin 1984, S. 373-392.

STEINER (1986)

Steiner, Manfred: Prognoseorientierte Involvenztatbestände, in: BFuP 1986, S. 420-440.

STEINER/RÖSSLER (1976)

Steiner, Manfred/Rössler, Martin: Zukunftsorientierte Bilanzanalyse und ihre Prognosequalität, in: BFuP 1976, S. 440-453.

STEINHAUSEN (1984)

Steinhausen, Detlef: Empirische Überprüfung ausgewählter statistischer Verfahren zur Insolvenzprognose auf der Basis von Jahresabschlüssen aus der deutschen Textilindustrie, Diplomarbeit Hagen 1984.

STIGLER (1961)

Stigler, Georg J.: The Economics of Information, in: JPE 1961, S. 213-225.

STRACK (1976)

Strack, Heinz: Beurteilung des Kreditrisikos - Erweiterung der traditionellen Kreditbewertung durch prognoseorientierte Entscheidungshilfen -, Diss. Technische Universität Berlin 1975, Grundlagen und Praxis des Bank- und Börsenwesens, Band 1, Berlin 1976.

STRASSER (1966)

Strasser, Helge: Zielbildung und Steuerung der Unternehmung, Betriebswirtschaftliche Beiträge, hrsg. von Münstermann, Hans, Band 8, Wiesbaden 1966.

STREBEL (1969)

Strebel, Heinz: Scoring-Methoden als Entscheidungshilfen bei der Wahl von Forschungs- und Entwicklungsprojekten, in: Rechnungswesen und Betriebswirtschaftspolitik, FS für Gerhard Krüger zu seinem 65. Geburtstag, hrsg. von Layer, Manfred/Strebel, Heinz, Berlin 1969, S. 251-278.

STREBEL (1972)

Strebel, Heinz: Zur Gewichtung von Urteilskriterien bei mehrdimensionalen Zielsystemen, in: ZfB 1972, S. 89-128.

STREITFERDT (1973)

Streitferdt, Lothar: Grundlagen und Probleme der betriebswirtschaftlichen Risikotheorie, Schriftenreihe des Seminars für Allgemeine Betriebswirtschaftslehre der Universität Hamburg, Band 1, Wiesbaden 1973.

STROBEL (1968)

Strobel, Wilhelm: Betriebswirtschaftslehre und Wissenschaftstheorie, in: ZfbF 1968, S. 129-145.

STRÖFER (1982)

Ströfer, Joachim: Unternehmenssanierung und Steuerrecht, in: StuW 1982, S. 231-252.

SÜCHTING (1972)

Süchting, Joachim: Die Bankloyalität als Grundlage zum Verständnis der Absatzbeziehungen von Kreditinstituten, in: KuK 1972, S. 269-300.

SÜCHTING (1976)

Süchting, Joachim: Risikoüberlegungen bei der Kreditfinanzierung von Unternehmen, in: BI 2/1976, S. 20-27 und BI 3/1976, S. 20-24.

SÜCHTING (1984)

Süchting, Joachim: Finanzmanagement - Theorie und Politik der Unternehmensfinanzierung, Schriftenreihe des Instituts für Kredit und Finanzwirtschaft, Band 1, 4., vollständig überarbeitete Auflage 1984.

SWOBODA (1983)

Swoboda, Peter: Instrumente der Unternehmenssanierung aus betriebswirtschaftlicher Sicht, in: Rechtsprobleme der Unternehmenssanierung, hrsg. von Ruppe, Hans Georg, Schriften zum gesamten Recht der Wirtschaft, Band 7, Wien 1983, S. 3-25.

SWOBODA (1984)

Swoboda, Peter: Betriebswirtschaftliche Anmerkungen zur Reform des Insolvenzrechts, in: ZfB 1984, S. 180-186.

SZYPERSKI (1971)

Szyperski, Norbert: Das Setzen von Zielen - Primäre Aufgabe der Unternehmungsleitung, in: ZfB 1971, S. 639-670.

TAMARI (1966)

Tamari, Meir: Finanzwirtschaftliche Kennzahlen als Mittel zur Vorhersage von Insolvenzen, in: m i, Heft 4, 1966, S. 29-34.

TAMARI (1981)

Tamari, Meir: Risiko-Index "Insolvenzprognose" - Wirksamkeit durch Erfahrung und Intuition, in: Der Bankkaufmann 1981, S. 495-500.

TEICHMANN (1971)

Teichmann, Heinz: Die Bestimmung der optimalen Information, in: ZfB 1971, S. 745-774.

TEICHMANN (1973)

Teichmann, Heinz: Zum Wert und Preis von Informationen, in: ZfB 1973, S. 373-390.

THÖNE (1980)

Thöne, Wolfgang A.: Behandlung der Gesellschafterdarlehen im Konkurs der Gesellschaft nach der GmbH-Novelle, in: DB 1980, S. 2179.

THOMAS (1983)

Thomas, Karl: Erkenntnisse aus dem Jahresabschluß für die Bonität von Wirtschaftsunternehmen, in: Der Jahresabschluß im Widerstreit der Interessen, hrsg. von Baetge, Jörg, Düsseldorf 1983, S. 69-84.

THOMAS (1985)

Thomas, Karl: Aussagen quantitativer Kreditnehmeranalysen, in: Innovationen im Kreditmanagement, Vorträge und Berichte der Tagung Innovationen im Kreditmanagement am 27.9.1984, hrsg. von Krümmel, Hans J./Rudolph, Bernd, Frankfurt a.M. 1985, S. 196-207.

TICHY (1983)

Tichy, Bruno: Insolvenzursachen als Basis eines Indikatorsystems zur Bonitätsbeurteilung, in: ÖBA 1983, S. 115-121.

TICHY (1983a)

Tichy, Bruno: Insolvenzursachen als Kriterien für ein Scoring-Modell, in: ÖBA 1983, S. 245-250.

TIEDEMANN (1983)

Tiedemann, Klaus: Insolvenzstraftaten aus der Sicht der Kreditwirtschaft, in: ZIP 1983, S. 513-522.

TÖPFER (1986)

Töpfer, Armin: Analyse von Insolvenzursachen, in: Krisenmanagement und Sanierungsstrategien, hrsg. von Ernst Schimke und Armin Töpfer, 2. durchgesehene Auflage, Landsberg am Lech 1986, S. 158-171.

TUCHOLSKY (1953)

Tucholsky, Kurt: Kurzer Abriss der Nationalökonomie, in: Kurt Tucholsky: Und überhaupt ... - Eine neue Auswahl hrsg. von Gerold-Tucholsky, Mary, Hamburg 1953.

UHLENBRUCK (1977)

Uhlenbruck, Wilhelm: Typische Symptome in den durch Strukturwandel gefährdeten Betrieben - Versuch einer Insolvenzanalyse -, in: DBW 1977, S. 311-322.

UHLENBRUCK (1979)

Uhlenbruck, Wilhelm: Krise, Konkurs, Vergleich und Sanierung als neue Aufgabe der Betriebswirtschaft, in: Unternehmenskrisen - Ursachen, Frühwarnung, Bewältigung, hrsg. von Bratschitsch, Rudolf/Schnellinger, Wolfgang, Stuttgart 1979, S. 173-214.

UHLENBRUCK (1979a)

Uhlenbruck, Wilhelm: Insolvenzrecht - Grundriß für Studium und Praxis -, Schriftenreihe Recht und Praxis, hrsg. von Pohl, Karl Wilhelm, Bonn 1979.

UHLENBRUCK (1980)

Uhlenbruck, Wilhelm: Die Umwandlung von Kredit in Haftkapital als Kredit vor Konkurseröffnung, in: ZIP 1980, S. 515-516.

UHLENBRUCK (1982)

Uhlenbruck, Wilhelm: Sicherung gegen Zahlungsausfälle aus der Sicht des Insolvenzrechts de lege lata und de lege ferenda, in: ZfbF 1982, S. 524-545.

UHLENBRUCK (1982a)

Uhlenbruck, Wilhelm: Privilegierung statt Diskriminierung von Sanierungskrediten de lege lata und als Problem der Insolvenzrechtsreform, in: GmbHR 1982, S. 141-153.

UHLENBRUCK (1983)

Uhlenbruck, Wilhelm: Gläubigerberatung in der Insolvenz - Ein Handbuch für die Praxis -, Köln 1983.

UHLENBRUCK (1983a)

Uhlenbruck, Wilhelm: Grundzüge einer Insolvenzrechtsreform, in: ZfB 1983, S. 350-382.

UHLENBRUCK (1983b)

Uhlenbruck, Wilhelm: Wirtschaftliche, rechtliche und verfahrensmäßige Grenzen einer Bewältigung von Unternehmenskrisen durch ein Insolvenzrechts-Reformgesetz, in: BB 1983, S. 1485-1490.

UHLENBRUCK (1984)

Uhlenbruck, Wilhelm: Grundzüge eines künftigen Insolvenzrechts nach den Vorstellungen der Reformkommission, in: BB 1984, S. 1949-1961.

UHLENBRUCK (1985)

Uhlenbruck, Wilhelm: Die Pflichten des Geschäftsführers einer GmbH oder GmbH & Co. KG in der Krise des Unternehmens, in: BB 1985, S. 1277-1284.

UHLENBRUCK (1986)

Uhlenbruck, Wilhelm: Die Kehrseite des Wirtschaftswunders: Die großen Nachkriegspleiten, in: HB vom 26.5.1986, S. B16-B17.

UHLENBRUCK (1986a)

Uhlenbruck, Wilhelm: Zahlungsunfähigkeit und Überschuldung nach den Vorstellungen der Kommission für Insolvenzrecht, in: KTS 1986, S. 27-47.

UHLENBRUCK/OBERMÜLLER (1985)

Uhlenbruck, Wilhelm/Obermüller, Manfred: Insolvenzrecht und Insolvenzpraxis für die Kreditwirtschaft, WM-Script 100, Frankfurt a.M. 1985.

ULLRICH (1983)

Ullrich, Hanns: Gesellschafterdarlehen der Banken in der Finanzkrise der GmbH, in: GmbHR 1983, S. 133-146.

ULMER (1975)

Ulmer, Peter: Kündigungsschranken im Handels- und Gesellschaftsrecht - Zum Einfluß der Treupflicht auf die einseitige Vertragsbeendigung -, in: FS für Philipp Möhring zum 75. Geburtstag, 4. September 1975, hrsg. von Hefermehl, Wolfgang/Nirk, Rudolf/Westermann, Harry, München 1975, S. 295-317.

ULMER (1981)

Ulmer, Peter: Konkursantragspflicht bei Überschuldung der GmbH und Haftungsrisiken bei Konkursverschleppung, in: KTS 1981, S. 469-492.

ULMER (1984)

Ulmer, Peter: Umstrittene Fragen im Recht der Gesellschafterdarlehen (§ 32a GmbHG), in: ZIP 1984, S. 1163-1174.

VEIT (1982)

Veit, Klaus-Rüdiger: Die Definition der Zahlungsunfähigkeit als Konkursgrund, in: ZIP 1982, S. 273-279.

VÖLZKE (1982)

Völzke, Heinz: Die Steuerberatergebührenverordnung, in: DStZ 1982, S. 118-124.

VOLLMAR (1957)

Vollmar, Fritz: Begriff und Wesen des Risikos in der Betriebswirtschaftslehre, Unternehmung und Betrieb, Band 55, Bern 1957.

VORMBAUM/BAUMANNS (1984)

Vormbaum, Herbert/Baumanns, Frans Joseph: Die rechtzeitige Auslösung von Insolvenzverfahren - Ein Kernproblem der Insolvenzrechtsreform -, in: DB 1984, S. 1971-1975.

VRANITZKY (1984)

Vranitzky, Frank: Sanierung und Revitalisierung von Unternehmungen aus bankmäßiger Sicht, in: ÖBA 1984, S. 285-295.

WÄCHTER (1969)

Wächter, Hartmut: Unternehmungs- und Unternehmerziele im sozio-ökonomischen Feld, Göttinger Wirtschafts- und sozialwissenschaftliche Studien, hrsg. von der Wirtschafts- und Sozialwissenschaftlichen Fakultät der Georg-August-Universität Göttingen, Band 10, Diss., Göttingen 1969.

WÄCHTERSHÄUSER (1971)

Wächtershäuser, Manfred: Kreditrisiko und Kreditentscheidung im Bankbetrieb - Zur Ökonomisierung des Kreditentscheidungsprosesses im Bankbetrieb -, Diss., Wiesbaden 1971.

WAHL (1975)

Wahl, Adalbert: Die Vermögenslage des atypischen stillen Gesellschafters in der Handelsbilanz und im Überschuldungsstatus der GmbH, in: GmbHR 1975, S. 169-177.

WALB (1932)

Walb, Ernst: Die Bankenkrise von 1931, in: ZfhF 1932, S. 1-28.

WEBER, EBERHARD (1986)

Weber, Eberhard: Bilanzierung und Prüfung von kapitalersetzenden Darlehen an Aktiengesellschaften beim Darlehensgeber, in: WPg 1986, S. 1-7 und S. 37-43.

WEBER, KARL (1970)

Weber, Karl: Entscheidungsprozesse unter Verwendung des Theorems von Bayes, in: Entscheidung bei unsicheren Erwartungen - Beiträge zur Theorie der Unternehmung, hrsg. von Hax, Herbert, Köln - Opladen 1970, S. 69-99.

WEGMANN (1987)

Wegmann, Jürgen: Die Sanierungsprüfung (Reorganisationsprüfung) - Möglichkeiten der formellen und materiellen Konkretisierung, in: DB 1987, S. 1901-1908.

WEIBEL (1973)

Weibel, Peter, F.: Die Aussagefähigkeit von Kriterien zur Bonitätsbeurteilung im Kreditgeschäft der Banken - Eine empirische Untersuchung -, Bankwirtschaftliche Forschungen, Band 21, Diss. Zürich, Bern - Stuttgart, 1973.

WEIGEL (1980)

Weigel, Klaus: Das Informationsverhalten von Kreditmanagern bei der Analyse von Jahresabschlüssen gewerblicher Kreditnehmer - Eine empirische Untersuchung -, Diss. Saarbrücken 1980.

WEIMAR, ROBERT (1987)

Weimar, Robert: Die KG & Still - eine stille Gesellschaft?, in: DB 1987, S. 1077-1082.

WEIMAR, WILHELM (1979)

Weimar, Wilhelm: Die Kreditsicherheiten bei Insolvenz des Schuldners, 2., erweiterte und überarbeitete Auflage, Stuttgart 1979.

WEINRICH (1978)

Weinrich, Günter: Kreditwürdigkeitsprognosen - Steuerung des Kreditgeschäfts durch Risikoklassen, Schriftenreihe des Instituts für Kredit- und Finanzwirtschaft, hrsg. von Süchting, Joachim, Ruhr-Universität Bochum, Abt. für Wirtschaftswissenschaft, Band 6, Diss. Bochum 1977, Wiesbaden 1978.

WEINRICH (1980)

Weinrich, Günter: Wann ist eine Unternehmung noch kreditwürdig?, in: Management-Zeitschrift io 1980, S. 52-54.

WEINRICH (1980a)

Weinrich, Günter: Wie läßt sich die Insolvenz einer Unternehmung voraussehen? - Am Konkurs der deutschen Beton- und Monierbau AG erläutern wir ein Verfahren für Insolvenzprognosen -, in: Management-Zeitschrift io 1980, S. 100-103.

WEISEL (1982)

Weisel, Eckhard: Ansätze einer Theorie der Verursachung von Unternehmungsinsolvenzen, Reihe Wirtschaftswissenschaften, Band 261, Thun - Frankfurt a.M. 1982.

WEISS (1976)

Weiss, Michael: Diskriminanzfunktionen aus Bilanzkennzahlen zur Fusionsprognose deutscher Aktiengesellschaften, Diss. Kiel 1976.

WEISS (1985)

Weiss, Michael: Finanzierungsfragen, in: Handbuch des Unternehmens- und Beteiligungskaufs - Grundfragen, Bewertung, Finanzierung, Steuerrecht, Arbeitsrecht, Vertragsrecht, Kartellrecht, Vertragsbeispiele - hrsg. von Hölters, Wolfgang, Köln 1985, S. 159-211.

WENZEL (1975)

Wenzel, Frank: Entscheidungsorientierte Informationsbewertung, Beiträge zur betriebswirtschaftlichen Forschung, hrsg. von Albach, Horst/Hax, Herbert/Riebel, Paul/Wysocki, Klaus v., Band 42, Opladen 1975.

WERHAHN (1965)

Werhahn, Jürgen W.: Der notleidende Kredit - Maßnahmen bei Zahlungsunfähigkeit von Bankkunden -, Wiesbaden 1965.

WESTERMANN (1982)

Westermann, Harm Peter: Banken als Kreditgeber und Gesellschafter - Zur Entscheidungsfreiheit der Bank im Kreditgeschäft -, in: ZIP 1982, S. 379-391.

WESTERMANN (1983)

Westermann, Harm Peter: Kreditwirtschaft und öffentliche Hand als Partner bei Unternehmenssanierungen - Vortrag gehalten vor der Juristischen Gesellschaft zu Berlin am 1. Juni 1983 -, Schriftenreihe der Juristischen Gesellschaft zu Berlin, Heft 82, Berlin - New York 1983.

WESTPHALEN (1980)

Westphalen, Friedrich Graf von: Die AGB der Privatbanken im Licht der jüngsten Judikatur und Literatur, in: WM 1980, S. 1406-1427.

WIEGEL (1985)

Wiegel, Klaus Dieter: Rentabilität und Risiko im Kreditgeschäft der Banken - Eine Untersuchung zur Risikoproblematik in der Kreditvergabeentscheidung von Banken und zu Möglichkeiten ihrer Bewältigung -, Kölner Bankwirtschaftliche Studien, Band 7, Schriftenreihe des Instituts für Bankwirtschaft und Bankrecht an der Universität zu Köln, Abteilung Bankwirtschaft, hrsg. von Büschgen, H.E./Rittershausen, H./Pleyer, K./ Klug, U./Meyer-Cording, U., Köln 1985.

WIEMANN (1973)

Wiemann, Hans Günter: Untersuchungen zur Frage der optimalen Informationsbeschaffung - Eine literaturkritische Analyse zur Problematik der betriebswirtschaftlichen Informationstheorie -, Frankfurt a.M. - Zürich 1973.

WILD (1970)

Wild, Jürgen: Input -, Output- und Prozeßanalyse von Informationssystemen, in: ZfbF 1970, S. 50-72.

WILD (1970a)

Wild, Jürgen: Informationskostenrechnung auf der Grundlage informationeller Input-, Output- und Prozeßanalysen, in: ZfbF 1970, S. 218-240.

Wild (1971)

Wild, Jürgen: Zur Problematik der Nutzenbewertung von Informationen, in: ZfB 1971, S. 315-334.

WILD (1973)

Wild, Jürgen: Kosten der Information, in: BFuP 1973, S. 616-624.

WILDEMANN (1984)

Wildemann, Horst (Hrsg.): Frühwarnsysteme - Gestaltung und Nutzen von Frühwarnsystemen -, fmt-Report 5, München 1984.

WILHELM (1982)

Wilhelm, Jochen: Die Bereitschaft der Banken zur Risikoübernahme im Kreditgeschäft, in: KuK 1982, S. 572-601.

WILLEMSEN (1986)

Willemsen, Heinz Josef: Die neuere Rechtsprechung des Bundesarbeitsgerichts zu § 613a BGB - Tendenzen und Schlußfolgerungen für die Praxis -, in: ZIP 1986, S. 477-487.

WILLKE (1975)

Willke, Armin: Vermögensübernahme durch Sicherungsübereignung?, in: NJW 1975, S. 2098-2099.

WIRTSCHAFTSMINISTERKONFERENZ (1983)

Wirtschaftsministerkonferenz der Bundesländer: Mindestanforderungen für staatliche Hilfen zur Sanierung von Einzelunternehmen in Ausnahmefällen, in: ZIP 1983, S. 876-877.

WITTE (1972)

Witte, Eberhard: Das Informations-Verhalten in Entscheidungsprozessen, in: Das Informationsverhalten in Entscheidungsprozessen, Empirische Theorie der Unternehmung, hrsg. von Witte, Eberhard, Band 1, Die Einheit der Gesellschaftswissenschaften - Studien in den Grenzbereichen der Wirtschafts- und Sozialwissenschaften, Band 13, hrsg. von Boettcher, Erik, Tübingen 1972.

WITTE (1979)

Witte, Eberhard: Die Unternehmenskrise - Anfang vom Ende oder Neubeginn?, in: Unternehmenskrise - Ursachen, Frühwarnung, Bewältigung, hrsg. von Bratschitsch, Rudolf/ Schnellinger, Wolfgang, Stuttgart 1979, S. 7-24.

WITTMANN (1959)

Wittmann, Waldemar: Unternehmung und unvollkommene Information - Unternehmerische Voraussicht - Ungewißheit und Planung -, Köln - Opladen 1959.

WITTMANN (1980)

Wittmann, Waldemar: Information, in: HWO, hrsg. von Grochla, Erwin, 2., völlig neu gestaltete Auflage, Enzyklopädie die Betriebswirtschaftslehre, Band 2, Stuttgart 1980, Spalten 894-904.

WITTSTOCK (1970)

Wittstock, Jan: Elemente eines allgemeinen Zielsystems der Unternehmung, in: ZfB 1970, S. 833-852.

WOESTE (1986)

Woeste, Axel: Banken als Sanierer, in: Kreditwesen 1986, S. 810-813.

WOLFF (1984)

Wolff, Eberhard: Kredite an Fortführungsgesellschaften, in: ZIP 1984, S. 669-676.

WOLFF (1986)

Wolff, Eberhard: Zivilprozeß- und Zwangsvollstreckungsrecht - Eine systematische Darstellung -, 3., überarbeitete Auflage, Sparkassenheft 53, hrsg. vom Deutschen Sparkassen- und Giroverband e.V., Stuttgart 1986.

ZANGEMEISTER/BORNSDORF (1983)

Zangemeister, Christoph/Bornsdorf, Eckart: Empfindlichkeitsuntersuchungen in der Nutzwertanalyse (NWA): Ermittlung kritischer Zielgewichte und Empfindlichkeitsmaße, in: ZfbF 1983, S. 375-397.

ZEISS (1986)

Zeiss, Walter: Wirksamkeitsvoraussetzungen für Forderungsabtretungen, insbesondere zu Sicherungszwecken, in der Bundesrepublik Deutschland, in: Die Forderungsabtretung, insbesondere zur Kreditsicherung, in der Bundesrepublik Deutschland und in ausländischen Rechtsordnungen - Beiträge zu den Wirksamkeitsvoraussetzungen einer Forderungsabtretung in Belgien, Frankreich, Italien, Japan, den Niederlanden, Österreich, der Schweiz, Spanien und den Vereinigten Staaten von Amerika -, hrsg. von Hadding, Walter/ Schneider, Uwe H., Untersuchungen über das Spar-, Giro- und Kreditwesen, Abteilung B: Rechtswissenschaft, Band 47, Berlin 1986, S. 49-77.

ZELLWEGER (1983)

Zellweger, Bruno: Überwachung kommerzieller Bankkredite, Bankwirtschaftliche Forschungen, Band 77, Diss. St. Gallen 1982, Bern - Stuttgart 1983.

ZELLWEGER (1983a)

Zellweger, Bruno: Erkennen von Bonitätsrisiken bei der Überwachung kommerzieller Bankkredite, in: geldinstitute 1983, S. 189-193.

ZELLWEGER (1984)

Zellweger, Bruno: Erkennen von Bonitätsrisiken bei der Überwachung kommerzieller Bankkredite - Ergebnisse einer empirischen Untersuchung -, in: ÖBA 1984, S. 146-150.

ZIEBE (1984)

Ziebe, Jürgen: Der Genußschein als kapitalmarktpolitisches Instrument zur Verbesserung der Eigenkapitalausstattung von Unternehmen, in: BB 1984, S. 2210-2214.

ZILAHI-SZABO (1985)

Zilahi-Szabó, Miklos Géza: Die betriebliche Finanzrechnung als Grundlage für Gefährdung anzeigende Indikatoren, in: ZfB 1985, S. 669-687.

ZILIAS (1977)

Zilias, Manfred: Unterbilanz und Überschuldung der Aktiengesellschaft, in: WPg 1977, S. 445-455.

ZIMMERMANN (1984)

Zimmermann, Klaus: Kreditsicherheiten in der Insolvenz, in: B.Bl. 1984, S. 18-22.

ZWOLL (1984)

Zwoll, Jürgen van: Instrumente der Standardisierung von Kreditwürdigkeitsprüfungen, Diplomarbeit Münster 1984.

URTEILSSAMMLUNG

BGH (1953)

BGH: Urteil vom 9.7.1953 - IV ZR 242/52
in: BGHZ 10, S. 228-234.

BGH (1954)

BGH: Urteil vom 13.10.1954 - II ZR 182/53
in: BGHZ 15, S. 52-61.

BGH (1955)

BGH: Urteil vom 9.2.1955 - IV ZR 173/54
in: WM 1955, S. 404-407.

BGH (1957)

BGH: Urteil vom 13.6.1957 - VII ZR 221/56
in: WM 1957, S. 949-953.

BGH (1957a)

BGH: Urteil vom 10.4.1957 - V ZR 240/56
in: BB 1957, S. 941-942.

BGH (1957b)

BGH: Urteil vom 20.12.1957 - VI ZR 188/56
in: WM 1958, S. 249-252.

BGH (1958)

BGH: Urteil vom 11.12.1958 - VII ZR 14/58
in: WM 1959, S. 406-408.

BGH (1959)

BGH: Urteil vom 12.2.1959 - VII ZR 70/58
in: WM 1959, S. 626-631.

BGH (1959a)

BGH: Urteil vom 30.4.1959 - VIII ZR 179/58
in: KTS 1960, S. 38-39.

BGH (1959b)

BGH: Urteil vom 14.12.1959 - II ZR 187/57
in: BGHZ 31, S. 258-279.

BGH (1960)
BGH: Urteil vom 21.1.1960 - VII ZR 170/58
in: WM 1960, S. 576-579.

BGH (1960a)

BGH: Urteil vom 15.11.1960 - V ZR 35/59
in: WM 1961, S. 28-32.

BGH (1961)

BGH: Urteil vom 27.9.1961 - VIII ZR 94/60
in: BB 1962, S. 3.

BGH (1962)

BGH: Urteil vom 15.6.1962 - VI ZR 268/61
in: WM 1962, S. 962-966.

BGH (1962, Steuerschuldfall)

BGH: Urteil vom 4.5.1962 - VI ZR 226/61
in: WM 1962, S. 764-765.

BGH (1963)

BGH: Urteil vom 23.10.1963 - V ZR 63/61
in: WM 1963, S. 1274-1276.

BGH (1964)

BGH: Urteil vom 14.4.1964 - VI ZR 219/62
in: WM 1964, S. 671-674.

BGH (1965)

BGH: Urteil vom 24.5.1965 - VII ZR 46/63
in: WM 1965, S. 918-920.

BGH (1965a)

BGH: Urteil vom 24.11.1965 - VIII ZR 222/63
in: WM 1965, S. 1248-1250.

BGH (1969)

BGH: Urteil vom 27.1.1969 - II ZR 222/66
in: WM 1969, S. 334-335.

BGH (1969a)

BGH: Urteil vom 11.3.1969 - III ZR 198/65
in: WM 1969, S. 721-725.

BGH (1969b)

BGH: Urteil vom 9.12.1969 - VI ZR 50/68
in: NJW 1970, S. 657-659.

BGH (1969c)

BGH: Urteil vom 2.7.1969 - VIII ZR 96/67
in: WM 1969, S. 968-969.

BGH (1971)

BGH: Urteil vom 20.1.1971 - VIII ZR 129/69
in: WM 1971, S. 441-443.

BGH (1972)

BGH: Urteil vom 15.3.1972 - VIII ZR 159/70
in: BGHZ 58, S. 240-245.

BGH (1975)

BGH: Urteil vom 10.7.1975 - III ZR 16/74
in: DB 1975, S. 2032-2033.

BGH (1977)

BGH: Urteil vom 10.11.1977 - III ZR 39/76
in: WM 1978, S. 234-237.

BGH (1977a)

BGH: Urteil vom 26.1.1977 - VIII ZR 122/75
in: WM 1977, S. 254-255.

BGH (1979)

BGH: Urteil vom 26.11.1979 - II ZR 104/77
in: ZIP 1980, S. 115-117.

BGH (1979a)

BGH: Urteil vom 19.9.1979 - III ZR 93/76
in: WM 1979, S. 1176-1180.

BGH (1979, Herstatt)

BGH: Urteil vom 9.7.1979 - II ZR 118/77
in: BGHZ 75, S. 96-116.

BGH (1980)

BGH: Urteil vom 24.3.1980 - II ZR 213/77
in: ZIP 1980, S. 361-366.

BGH (1980a)

BGH: Urteil vom 10.1.1980 - III ZR 108/78
in: WM 1980, S. 380-382.

BGH (1980b)

BGH: Urteil vom 18.12.1980 - III ZR 157/78
in: WM 1981, S. 150-152.

BGH (1981)

BGH: Urteil vom 13.7.1981 - II ZR 256/79
in: BGHZ 81, S. 252-263.

BGH (1981a)

BGH: Urteil vom 5.3.1981 - III ZR 115/80
in: WM 1981, S. 679-681.

BGH (1981b)

BGH: Urteil vom 13.5.1981 - VIII ZR 117/80
in: ZIP 1981, S. 716-719.

BGH (1981, Sonnenring)

BGH: Urteil vom 21.9.1981 - II ZR 104/80
in: ZIP 1981, S. 1200-1205.

BGH (1983)

BGH: Urteil vom 14.7.1983 - III ZR 176/82
in: WM 1983, S. 1038-1039.

BGH (1984, BuM/WestLB)

BGH: Urteil vom 26.3.1984 - II ZR 171/83
in: ZIP 1984, S. 572-583.

BGH (1984, Nutzfahrzeuge)

BGH: Urteil vom 26.3.1984 - II ZR 14/84
in: BGHZ 90, S. 370-381.

BGH (1985)

BGH: Urteil vom 6.5.1985 - II ZR 132/84
in: WM 1985, S. 1028-1030.

BGH (19585a)

BGH: Urteil vom 10.1.1985 - IX ZR 4/84
in: NJW 1985, S. 1785-1786.

BGH (1985, BuM/WestLB)

BGH: Urteil vom 11.11.1985 - II ZR 109/84
in: BB 1986, S. 417-421.

BGH (1986)

BGH: Urteil vom 20.3.1986 - IX ZR 88/85
in: WM 1986, S. 594-597.

BGH (1987)

BGH: Urteil vom 28.9.1987 - II ZR 28/87
in: DB 1988, S. 38-39

LG Mainz (1986)

LG Mainz: Urteil vom 18.9.1986 - 12 HO 53/85
in: AG 1987, S. 91-96.

OLG Düsseldorf (1976)

OLG Düsseldorf: Urteil vom 31.5.1976 - 6 U 225/75
in: WM 1976, S. 882-886.

OLG Düsseldorf (1978)

OLG Düsseldorf: Urteil vom 18.9.1978 - 6 U 112/77
in: WM 1978, S. 1300-1305.

OLG Düsseldorf 1983, BuM/WestLB)

OLG Düsseldorf: Urteil vom 30.6.1983 - 6 U 120/81
in: ZIP 1983, S. 786-803.

OLG Frankfurt a.M. (1977)

OLG Frankfurt a.M.: Urteil vom 26.5.1977 - 15 U 209/76
in: WM 1977, S. 1291-1294.

OLG Hamburg (1959)

OLG Hamburg: Urteil vom 20.3.1959 - 1 U 224/58
in: BB 1959, S. 506.

OLG Hamburg (1985)

OLG Hamburg: Urteil vom 6.12.1985 - 11 U 158/85
in: WM 1986, S. 130-131.

OLG Hamburg (1986)

OLG Hamburg: Urteil vom 16.5.1986 - 11 U 219/85
in: DB 1986, S. 1328-1330.

OLG Hamm (1985)

OLG Hamm: Urteil vom 21.6.1985 - 11 U 111/84
in: ZIP 1985, S. 1387-1390.

OLG Hamm (1986)

OLG Hamm: Urteil vom 7.7.1986 - 8 U 278/85
in: DB 1986, S. 2320-2321.

OLG Koblenz (1986)

OLG Koblenz: Urteil vom 28.5.1986 - 6 U 140-141/86
in: AG 1987, S. 88-91.

OLG München (1983)

OLG München: Urteil vom 25.2.1983 - 19 U 3659/82
in: WM 1984, S. 128-131.

OLG Oldenburg (1973)

OLG Oldenburg i.O.: Urteil vom 27.4.1973 - 6 U 189/72
in: BB 1973, S. 1141-1142.

OLG Schleswig (1981)

OLG Schleswig: Urteil vom 2.10.1981 - 11 U 160/80
in: WM 1982, S. 25-28.

RG (1912)

RG: Urteil vom 26.11.1912 - Rep. II 359/12
in: RGZ 81, S. 17-22.

RG (1932)

RG: Urteil vom 9.4.1932 - IX 74/31
in: RGZ 136, S. 247-260.

GPSR Compliance

The European Union's (EU) General Product Safety Regulation (GPSR) is a set of rules that requires consumer products to be safe and our obligations to ensure this.

If you have any concerns about our products, you can contact us on ProductSafety@springernature.com

In case Publisher is established outside the EU, the EU authorized representative is:

Springer Nature Customer Service Center GmbH
Europaplatz 3
69115 Heidelberg, Germany

Batch number: 10816188

Printed by Printforce, the Netherlands